CONRAD BLACK

Couverture
- Maquette:
GAÉTAN FORCILLO

Maquette intérieure
- Conception graphique:
JEAN-GUY FOURNIER

DISTRIBUTEURS EXCLUSIFS:

- Pour le Canada:
AGENCE DE DISTRIBUTION POPULAIRE INC.*
955, rue Amherst, Montréal H2L 3K4 (tél.: 514-523-1182)
*Filiale de Sogides Ltée

- Pour la France et l'Afrique:
INTER-FORUM
13, rue de la Glacière, 75013 Paris (tél.: 570-1180)

- Pour la Belgique, la Suisse, le Portugal, les pays de l'Est:
S.A. VANDER
Avenue des Volontaires 321, 1150 Bruxelles (tél.: 02-762-0662)

Peter C. Newman

CONRAD BLACK

**traduit de l'anglais
par
Michèle Venet et Jean Lévesque**

Les Éditions de l'Homme*

CANADA: 955, rue Amherst, Montréal H2L 3K4

*Division de Sogides Ltée

Bibliothèque nationale du Québec
Dépôt légal — 1er trimestre 1983

ISBN 2-7619-0261-0

Ce livre est dédié,
avec toute mon affection
et ma gratitude,
à mon ami et mentor,
Jack McClelland.

*Un homme
se mesure
à l'usage
qu'il fait
de son pouvoir.*

Pittacos de Mytilène
(650 — 570 av. J.-C.)

Prologue

Les doyens suffisants qui montent la garde sur les remparts de l'Establishment canadien considèrent d'un fort mauvais oeil l'assaut que livre contre leur suprématie celui qu'ils refusent d'accepter comme un prétendant au trône. Mais que cela leur plaise ou non, ils sont à l'aube d'une nouvelle ère, qui est bel et bien celle de Conrad Black.

Depuis que j'ai commencé à explorer l'univers de l'Establishment canadien, je me suis borné à décrire dans mes volumes (celui-ci est le quatrième de la série) des groupes d'individus, et ce, tant par choix que par nécessité. Je m'étais donné pour objectif, dans mon premier ouvrage, de définir et de préciser les mécanismes internes qui régissent l'élite économique canadienne, ses interrelations, ses rivalités et ses péchés véniels. L'idée même d'une telle stratification (à savoir l'existence d'une structure de classes dans notre propre pays) a bouleversé bien des Canadiens, car elle s'inscrivait en faux contre la croyance populaire voulant que le Canada offre à tous ses citoyens des possibilités immenses et quasi illimitées de gravir les échelons de la structure sociale. Du fait même qu'il ne s'appuie sur aucune aristocratie (comme en Grande-Bretagne), ni sur des richesses accumulées au cours de plusieurs générations (comme aux États-Unis), l'Establishment est toujours apparu aux yeux des Canadiens comme une classe sociale que seuls son style de vie et son degré de raffinement différenciaient des autres.

Mon étude présente au départ l'Establishment comme un cercle composé d'un millier d'individus liés par des degrés d'intimité très variables selon qu'ils ont des objectifs plus ou moins communs à un moment donné de leur existence. Ces hommes et ces quelques femmes, unis par la similitude de leur pensée en un groupe flexible, tiennent compte les uns des autres, s'acceptent, se comprennent et se protègent mutuellement. Dans mon premier volume, publié en 1975, j'ai donc entrepris de cerner les grandes dynasties financières du Canada, tout en soulignant d'ores et déjà que la richesse et le pouvoir autrefois concentrés entre les mains de familles entières tendaient de plus en plus à devenir l'apanage des grandes corporations nationales et multinationales.

La famille Bronfman, ce clan mystérieux et complexe de Juifs montréalais et new-yorkais, qui s'était hissée à la hauteur des plus riches citoyens du monde, constituait cependant une intéressante exception à la règle. Malgré mon intention initiale d'étudier l'ensemble de l'Establishment juif au Canada, je me suis vite aperçu qu'un nombre considérable de sphères de pouvoir menait en droite ligne aux diverses ramifications de la dynastie des Bronfman, et il m'a bien fallu admettre que cette remarquable tribu de rêveurs impénitents, atteints de troubles de la vue et d'une hypertrophie de l'ego, devait faire l'objet d'un ouvrage distinct... qui fut publié en 1978.

Le pouvoir continuait à changer de mains, et il apparaissait clairement, dès le début des années 80, que le centre de gravité de l'Establishment se déplaçait vers l'Ouest, où de nouvelles fortunes se bâtissaient non seulement sur les gisements de pétrole et la construction immobilière, mais également sur des fondations aussi inattendues que les "cheeseburgers", les films de vampires et les micro-plaquettes. La nouvelle race de marchands qui cherchaient désormais à se garantir l'avenir est celle qui a inspiré mon second volume sur l'Establishment canadien: *Les Nouveaux Riches*, qui, par leur naissance et leurs comportements, se posaient en étrangers face à l'Establishment en place, combinant une attitude commerciale de type "machiste" à un mode de vie des plus extravagants.

L'ouragan de succès financiers qu'a déclenché l'arrivée de ces nouveaux venus tapageurs s'est éteint complètement au cours de la violente récession survenue peu après la publication de cet ouvrage, au mois de novembre 1981. Un autre groupe, composé des héritiers naturels de l'Establishment, a cependant fort bien résisté à ces bouleversements. À la différence de la plupart des élites, qui tombent dans l'oubli en raison de leur tendance congénitale au gaspillage ou de l'imbécillité innée de leurs descendants, l'Establishment canadien s'est préoccupé d'assurer une relève des plus impressionnantes. La philosophie des membres de cette relève, qui appartient à part entière à un groupe dont le pouvoir est solidement établi, se distingue nettement de celle de leurs cousins nouveaux riches. Sûrs d'eux-mêmes au sein de l'univers hermétique de l'Establishment, les héritiers savent qu'aussi intangible et abstraite que puisse être la qualité de leur appartenance, il reste plus facile de les envier que de les imiter. Leur confiance en soi est enracinée dans le fait que leurs comportements sont ennemis de l'affectation et que, contrairement à la mode, l'élégance ne s'achète pas. Leur personnalité et leur distinction reposent, selon eux, sur leurs convictions internes, et c'est pourquoi, à la différence des nouveaux riches, les héritiers mêmes de l'Establishment peuvent attirer sur eux toute l'attention voulue sans jamais avoir l'air de la rechercher.

En dépit du sombre climat économique de l'année 1982, la poursuite du pouvoir personnel et la consécration des princes de l'Establishment se poursuivent sans entraves. Les membres de l'élite financière du pays maintiennent leur hégémonie, tels des régents s'employant sans relâche à perpétuer l'idée qu'ils sont les uniques bénéficiaires valables du pouvoir qu'ils se sont acquis.

Conrad Black, ce millionnaire torontois des mieux établis, joue en quelque sorte un rôle de charnière entre les deux groupes distincts qui composent l'Establishment canadien. Étoile scintillante parmi les météores qui illuminent le firmament de la finance, à la fois héritier par son éducation et nouveau riche par tempérament, Black est devenu le vivant symbole du capitalisme canadien. Son époustouflante acquisition de Argus Corp. (qui représente une énorme concentration tant de capitaux que d'influences), en 1978, est certes l'un des *coups d'État** les plus audacieux et les plus profitables de l'histoire économique du Canada. S'appuyant sur un actif de 7 millions de dollars dont il avait hérité, et aidé de son "escadron de la mort", Black s'est emparé de 5 milliards de dollars au bout de quatre mois de manoeuvres frénétiques, multipliant ainsi par vingt sa fortune personnelle.

"Il est vrai, admet Conrad Black, que j'ai toujours eu deux ambitions: celle de franchir au moins le cap des 100 millions, et celle de fuir les hivers canadiens." Bien que ces deux objectifs soient maintenant réalisés, il cherche sans cesse à élargir son champ de bataille financier et est devenu, chemin faisant, l'un des personnages les plus controversés et les plus fascinants de la classe dirigeante économique du Canada. Toutefois, ce n'est pas à sa richesse (qui s'élève à peu près à 150 millions de dollars, le plaçant ainsi au second rang des citoyens fortunés de ce pays) que Conrad Black doit sa prééminence sur la scène financière du Canada. Ce n'est pas non plus au nombre de conseils d'administration dont il est membre (qui lui ouvrent à l'heure actuelle les portes de 17 compagnies totalisant des actifs de 100 milliards de dollars**) qu'il doit son

---

* *N. des T.:* En français dans le texte.
** Depuis la restructuration d'Argus, Conrad Black (de concert avec son frère, George Montegu Black III, ainsi que leurs associés David Radler et Peter White) s'est acquis le contrôle de plusieurs grosses compagnies telles que Dominion Stores, Hollinger Argus, Standard Broadcasting, Labrador Mining & Exploration et Norcen Energy Resources. Black est membre non seulement du conseil d'administration d'Argus, mais encore de ceux de la Banque Impériale de Commerce, de Confederation Life, de Carling O'Keefe et d'Eaton. Il possède, en association avec son frère et leurs deux associés, une chaîne de journaux (Sterling Newspapers), la seconde compagnie de maltage (Dominion Malting) au Canada, une participation majoritaire dans une société de motels de Colombie-Britannique

importance. Mais c'est par cette indiscutable faculté qu'il a d'hypnotiser tant ses confrères que ses détracteurs que Conrad Black se singularise surtout.

À l'âge incroyablement jeune de 38 ans, il est devenu la quintessence même de l'Establishment canadien. Sa carrière, qui a connu un essor particulièrement rapide, a pris une direction pour le moins inattendue. Les doyens suffisants qui montent la garde sur les remparts de l'Establishment canadien considèrent d'un fort mauvais oeil l'assaut que livre contre leur suprématie celui qu'ils refusent d'accepter comme un prétendant au trône. Mais que cela leur plaise ou non, ils sont à l'aube d'une nouvelle ère, qui est bel et bien celle de Conrad Black.

Black fait en quelque sorte figure de métaphore au sein du cercle sans cesse plus restreint de l'Establishment financier du Canada. Son nom est passé dans la langue à titre de terme générique servant à désigner soit "la richesse et l'influence acquises en pleine jeunesse", soit "des manoeuvres financières vraiment trop subtiles". "Ce n'est pas un Conrad Black", murmure-t-on à Bay Street, aussi souvent avec déférence que par moquerie. Le *Globe and Mail* a déjà écrit qu'il personnifie "la renaissance de la droite... intelligente". Le Théâtre Passe Muraille a joué, à l'automne 1980, une pièce intitulée *Torontonians*, dont le personnage principal n'était nul autre que Conrad Black. L'acteur qui interprétait ce rôle, John Jarvis, s'exprime ainsi: "Black me fascine littéralement. Ce prince des affaires, qui suscite autant d'admiration que de mépris autour de lui, n'est pas sans rappeler Napoléon."

Sa mainmise sur Argus s'avère être le fruit d'un jeu de pouvoir des plus classiques. Black était persuadé qu'il devrait, pour réaliser les fantasmes qui le hantent depuis sa prime jeunesse, commencer par s'emparer d'une base stable, puis la consolider avec suffisamment de fonds pour en faire une forteresse imprenable. Ce n'est que de cette manière qu'il finirait par s'appartenir en propre et devenir à même de lancer les croisades spirituelles et intellectuelles qui sous-tendent ses objectifs véritables. Les vrais dirigeants s'octroient le pouvoir en défiant les structures économiques et sociales existantes. Et Black ne s'en est pas privé. Toutefois, jusqu'à preuve du contraire, son tour de passe-passe financier n'a guère

---

(Slumber Lodge), une participation de 20 p. 100 dans Bytec Management Corp., (dont l'actionnaire majoritaire est Michael Cowpland, président de Mitel Corp. of Ottawa, une compagnie en plein essor), ainsi que des propriétés foncières considérables en Californie. De concert avec leurs cousins Riley, les Black contrôlent United Canadian Shares. Les frères Black, Radler et White détiennent ensemble une participation majoritaire dans Sterling Energy Corp., dont sont également actionnaires trois grands de la côte Ouest: Peter Brown (Canarim Investment Corp. Ltd.), Harbanse S., dit Herb, Doman (de l'entreprise forestière Doman Industries Ltd.) et Joseph Segal, qui a fait fortune dans le commerce de détail (Zeller's Ltd. et Fields Stores Ltd.).

profité qu'à une minorité d'investisseurs, à l'exception du cercle restreint de ses associés. C'est donc dire qu'Argus n'est en quelque sorte pas sorti de la famille.

Black est possédé au fond de lui-même de cette superbe, si fréquente chez les fils de riches, qui le pousse à se considérer comme absolument dépourvu de toute mauvaise intention. C'est un homme pénétré de sa bonne conscience, imbu de lui-même au point d'être bien au-delà de l'arrogance pure et simple.

Conrad Black ne doute pas un seul instant qu'il ne doive sa richesse qu'à son mérite. Cette conviction de détenir un droit divin se manifeste dans la férocité avec laquelle il condamne ses concurrents, ainsi que dans son postulat de base voulant que tout ce qui va à l'encontre de son bien-être constitue une négation délibérée de ce qui lui revient de droit. Son comportement impérieux n'est pas sans abriter une nette tendance à l'avarice. "La cupidité", confesse-t-il, tandis qu'un éclair de malice traverse son regard, "a toujours fait l'objet d'une condamnation et d'un dédain excessifs, selon moi. Je crois qu'il n'y a rien de mal à nous laisser guider par l'avarice dans la mesure où nous ne commettons pas d'actes malhonnêtes ou antisociaux en son nom. Je ne pense pas que la cupidité soit un sentiment dont nous puissions être fiers. Il n'en reste pas moins qu'un sens modéré de la possession n'est pas étranger à l'instinct de conservation. Je dois avouer que je n'en suis pas dépourvu à l'occasion."

AU NOMBRE DES IMAGES QUE BLACK PROJETTE DE LUI-MÊME, s'ajoutant les unes aux autres pour former cette personnalité unique qui est la sienne, la plus marquante résulte sans conteste de ce désir obsessionnel qu'il a d'incarner aux yeux de tous les traditions de la toute-puissante Argus Corporation de Toronto. À titre de président du conseil d'administration d'Argus, il est l'héritier de ses deux augustes prédécesseurs qui firent réellement figure de doyens au sein de l'Establishment canadien, soit E.P. Taylor et John A., dit Bud, McDougald.

Tout comme E.P. Taylor avant lui, Black considère essentiellement le capitalisme comme un mode d'organisation pratique des choses humaines, destiné à profiter avant tout à ceux qui savent le mieux s'en servir. Toutefois, à la différence de la plupart des détenteurs de grosses fortunes au Canada (les Bronfman et Ken Thomson, en particulier), Black ne fait appel à aucun intermédiaire dans la conduite de ses affaires. C'est avec consternation que ses partenaires, plus paisibles, le voient se lancer tout feu tout flamme au coeur même de l'action et oser ce genre de paris qui font de la sécurité une situation fort banale. "La flambée de discordes qui a suivi la mort de McDougald n'était pas sans présenter des risques énormes, admet-il. L'esprit de conquête qui régnait alors était aiguillonné par des enjeux considérables. L'excitation était devenue très tangible."

"C'est vraiment Bud en plus jeune", constate Doug Ward, le président honoraire du conseil d'administration de Dominion Securities, qui était le meilleur ami de McDougald, "à cette exception près qu'il jouit d'une éducation nettement supérieure et s'avère plus constructif. Je n'aimerais vraiment pas compter au nombre de ses ennemis."

À UNE ÉPOQUE OÙ LE CLIMAT ÉCONOMIQUE CANADIEN N'EST PAS SANS ÉVOQUER LA PESTE BUBONIQUE, il est assez rare de rencontrer un paladin de la haute finance encore convaincu du triomphe final de la libre entreprise, et plus rare encore de découvrir un individu dont les compulsions internes et les déclarations politiques jettent la lumière sur le système qu'il défend.

Plus remarquable encore est l'attraction qu'exercent sur l'imagination des Canadiens les pitreries de Black. Ses comportements outrageants et ses déclarations non moins outrageantes ont armé tant les détracteurs du capitalisme, qui considèrent que ce système encourage l'avarice et la cupidité, que ses chantres, qui le voient au contraire comme le vivant symbole de la souplesse et de l'endurance. Nul ne peut nier que, en participant avec un esprit de malice à peine voilé et un amour non dissimulé des jeux de pouvoir, Black a su conférer aux guerres de la haute finance une dimension à proprement parler théâtrale. Ne dirait-on pas, en le voyant, le dompteur aux prises avec le tigre au coeur du chapiteau?

C'est exactement en raison de ces traits de caractère que Conrad Black m'a inspiré pour la première fois le désir d'écrire un livre entier, non pas sur une classe, un groupe ou une famille, mais bien sur un individu. Tenant à la fois de l'héritier et du nouveau riche, Black a un pied dans chaque camp et est doté d'une vivacité intellectuelle ainsi que d'une détermination aiguë rares au sein de ces deux catégories d'individus. (Quiconque réussit à se faire exclure du Upper Canada College, de la Trinity College School et du Osgoode Hall ne risque guère d'être sans intérêt!)

Ma première rencontre avec Conrad Black remonte au printemps 1974, à son retour à Toronto de l'exil qu'il s'était imposé à Montréal. Je l'ai revu régulièrement par la suite pour discuter avec lui de ses aventures dans le monde des affaires. Je ne pense pas avoir été animé à l'époque par une quelconque impulsion de biographe. Il s'agissait plutôt de rencontres informelles motivées par ma curiosité de journaliste, au cours desquelles je me plaisais à en apprendre davantage sur ce phénomène d'un type nouveau qui commençait à hanter l'Establishment canadien. Plus la carrière de Black devint mouvementée et plus nos rencontres devinrent fréquentes. Mais ce n'est qu'au cours de l'automne 1981 que je

16

décidai d'écrire un livre fondé sur nos conversations, ainsi que sur la centaine d'entrevues que j'avais accumulées à son sujet dans l'intervalle.

Le présent ouvrage se veut donc une étude du pouvoir personnel: comment il a été obtenu, comment il est exercé et comment il est maintenu par cet entrepreneur en complet rayé d'un style nouveau qu'est Conrad Moffat Black.

Chapitre un

L'enfance
d'un petit riche

Jack Campbell, un ami de la famille, se souvient encore de l'incrédulité qui fut la sienne, par une belle journée d'été, à la vue du jeune Conrad (alors âgé de huit ans) lavant soigneusement des billets d'un dollar avant de les suspendre sur une corde à linge tendue dans le patio sur lequel donnait le salon familial.

La plupart des confrères de Black se souviennent de leur jeunesse comme d'une période magique au cours de laquelle ils se sont métamorphosés en fils de leur père, et ce, avec tout le bagage de traditions et d'uniformité imposé par le rituel qui mène à l'âge d'homme. De leur enfance ils gardent le souvenir d'avoir été portés en permanence sur une vague douce et chaude, bruissante de promesses tenues et de désirs satisfaits, d'avoir dès la naissance bénéficié des leçons particulières de papa, ponctuées de vacances langoureuses dans d'immenses résidences d'été construites sur les berges impeccablement ratissées de lacs couleur d'émeraude.

Les riches n'ont pas d'enfants, ils se contentent d'avoir des héritiers.

Leur progéniture acquiert sur les genoux de papa l'air de vertu outragée qui caractérise les rejetons de l'Establishment canadien (et qui prospère dans la quiète atmosphère de leurs salons solidement retranchés du monde extérieur par un réseau d'innombrables privilèges et de règlements discriminatoires). Les parents ne se soucient guère que de protéger leurs descendants des inconvénients les plus marquants de l'existence en les emmaillotant d'un cocon de biens matériels et transmettent leur affection, à l'instar d'un bijou de famille, par l'intermédiaire de ces gouvernantes presque désintéressées et en général délicieusement cultivées qui jouent le rôle d'exécuteurs fiduciaires en la matière.

Mais George Montegu Black junior résolut de dispenser à son second fils une éducation fort différente de celle-ci.

Le jeune Conrad, n'éprouvant guère d'affinités avec sa mère, grandit sous l'égide de son père dont il devint le protégé tant sur le plan intellectuel que sur le plan spirituel. Le patriarche des Black, qui vécut délibérément les 18 dernières années de sa vie en reclus, était devenu en quelque sorte l'ermite doré de l'Establishment canadien. George Black, qui ne quittait guère son obscure demeure, mais dont la solitude était tempérée par un régime à base de vodka et d'Old fashioned des plus soutenus, consacra ses forces déclinantes à une activité des plus méritoires: l'éducation quotidienne de son fils cadet. Il devait jouer un rôle primordial dans la formation du jeune Conrad. "Ils avaient bien plus une relation d'homme à homme que de père à fils", devait affirmer Gordon Osler, l'un des oncles de Conrad.

Le père et le fils ont tellement de points communs sur le plan psychologique que quiconque souhaite interpréter les forces animant Conrad et les buts ultimes qu'il s'est fixés doit commencer par étudier la vie singulièrement décevante de son père.

Peu de fils auront vu leur destin et leur enfance aussi exclusivement orientés en vue de faire de leur existence un conte de fées. La nostalgie a certes embelli leurs années communes *a posteriori*, mais il n'en reste pas moins vrai que la vie de Conrad se résume étonnamment à l'histoire d'un héritier découvrant au fond de lui-même les ressources insoupçonnées grâce auxquelles le monde reconnaîtra enfin la valeur de son père.

Quoiqu'il nie énergiquement la dimension psychologique pourtant transparente de cette relation, Conrad avoue volontiers "éprouver dans une certaine mesure le besoin de rétablir les faits". Il marmonne sombrement que certains des partenaires de son père au sein d'Argus ont "abusé" de celui-ci et se souvient avec tendresse des soirées durant lesquelles, en compagnie de ce dernier, il se consacrait à apprendre l'histoire de sa famille, s'initiait aux rudiments de la haute finance et discutait des mystères de l'existence.

L'INSTALLATION À WINNIPEG DE LA FAMILLE BLACK (jusqu'alors établie à Halifax) date de 1882. George Montegu Black, le premier du nom, devait y entrer, à titre d'associé, dans une compagnie d'assurances et d'investissements. Il finit par devenir le principal action-naire de la brasserie Drewrys, qui devint ultérieurement Western Breweries Ltd., mais la Crise devait tarir les revenus de ses placements. Son fils suivit des cours de littérature, tant anglaise que française, à l'Université du Manitoba, avec un tel succès qu'il pouvait espérer en 1931 se voir décerner cette distinction remarquable que constitue la Rhodes Scholarship. Mais le jeune George devait tomber amoureux de Jean Eliza-beth Riley, l'une des filles de Conrad Stephenson Riley, et abandonna du même coup toute ambition universitaire. Il prit la décision de se lancer dans les affaires afin d'amasser suffisamment d'argent pour pouvoir se marier. Ses fiançailles avec Betty Riley durèrent six ans, de 1931 à 1937*.

La famille Riley, au sein de laquelle son mariage introduisit le père de Conrad, occupait une place de premier plan dans la bonne société de Winnipeg. Elle descendait de Robert Thomas Riley, né le 1er juillet 1851 à Beverly dans le Yorkshire. Son père, qui avait fondé le *Maritime Gazette* de Londres, faisait partie du syndicat propriétaire du *Daily Telegraph*. Le jeune Riley, entré comme commis au Premier Bureau de l'État-Major de l'armée, devait tomber gravement malade à la suite d'une épreuve de marche de 131 kilomètres dont il fut le seul à franchir la ligne d'arrivée, son dernier concurrent ayant renoncé après 117 kilo-mètres. Ayant obtenu une permission de deux ans, il débarqua au Canada en 1873, espérant que le travail en plein air lui permettrait de recouvrer la santé. Sur la route du comté de Dane au Wisconsin, il fit étape à Hamilton en Ontario et y épousa Harriet Murgatroyd. Remis sur pied, il retourna en Grande-Bretagne en 1875, afin de faire savoir au Bureau de l'État-Major qu'il n'avait plus l'intention de vivre en Angleterre, et, moins d'un mois plus tard, il reprit le chemin du Canada. Au cours des six années qui suivirent, il exploita sa ferme située à proximité de Hamilton et s'associa à un homme d'affaires des environs, du nom de W.E. San-ford. (Celui-ci, qui possédait de vastes propriétés au Manitoba, devait être nommé sénateur conservateur en 1887 et mourut noyé dans le lac de Windermere à Muskoka, en 1889.) En 1881, Sanford envoya Riley à Winnipeg prendre soin des intérêts qu'il détenait dans l'Ouest. En 1891, Riley s'associa avec J.H. Brock pour mettre sur pied la Great-West Life Assurance Company, dont il devint membre du conseil d'administration, contractant du même coup la première police (5000$ pour une durée de 10 ans) émise par cette compagnie, qui ouvrit ses portes en août 1892. Il devait être membre de ce conseil d'administration jusqu'en 1943, après avoir accédé au poste de vice-président en 1910. En 1895, il devint directeur général de Canadian Fire Insurance Company, dont il prendra

---

* Conrad Black a trois "doubles" cousins germains, puisque le frère de sa mère, Ronald T. Riley, a épousé la soeur de son père, Margaret Montegu Black.

ultérieurement la présidence. En 1904, il devient également président de Northern Trusts Company et, en 1912, de Canadian Indemnity Company. Il était membre également des conseils d'administration de Manitoba and North-West Loan Company, Compagnie Hypothèque of Antwerp, Canadian National Railways et Union Bank of Canada. La gestion de cette dernière lui causant du souci, il renonça au siège qu'il y occupait, puis, se ravisant, joua un rôle déterminant lors de l'absorption de Union par la Banque Royale, dont il devint membre du conseil d'administration par la suite. Ce partisan convaincu des Conservateurs, pilier de l'Église méthodiste et franc-maçon de surcroît, s'affichait comme un ardent défenseur des droits provinciaux tout en soignant sa réputation bien méritée de philanthrope municipal. Marcheur impénitent (il parcourait certains jours entre 50 et 80 kilomètres), il s'intéressa sur le tard aux chevaux, élevant dans son haras tant des sauteurs que des montures destinées à la chasse à courre.

Lorsque la mort le terrassa en 1944, à l'âge de 93 ans, R.T. Riley laissait trois fils et une fille ainsi qu'une marmaille de 22 petits-enfants et de 24 arrière-petits-enfants. Comme l'indique leur arbre généalogique (*voir les pages suivantes*), les Riley ont été (et demeurent) l'un des clans les plus imposants de l'Establishment canadien.

Le second fils de Robert Thomas Riley, Conrad Stephenson, vit le jour à bord du *Ontario*, transatlantique appartenant à la compagnie Dominion Line (et dont la cloche devait un jour orner sa demeure de Winnipeg), mais il choisit de désigner Hamilton comme lieu de sa naissance après avoir connu quelques démêlés avec les autorités frontalières américaines. Ayant eu, au cours de sa jeunesse, à s'expliquer avec un responsable incrédule des services d'immigration des États-Unis (auquel il avait avoué avec candeur être né en mer), il décida de ne plus indiquer à l'avenir que l'Ontario comme lieu de naissance et d'éviter de préciser que dans ce cas précis l'*Ontario* était un navire. (Plus tard, lorsque l'*Ontario* sera démoli et mis à la ferraille, l'un de ses frères en rachètera la cloche et l'offrira à Riley qui l'a toujours en sa possession à Winnipeg.) Il devait succéder à son père à la tête de Canadian Indemnity, de Canadian Fire Insurance et de Northern Trusts, accéder à la présidence du comité canadien de la Compagnie de la baie d'Hudson et devenir membre du conseil d'administration londonien de celle-ci. Il servit durant la Première Guerre mondiale à titre de chef de bataillon d'une unité canadienne d'artillerie de campagne. Revenu à la vie civile, il fut membre du conseil d'administration de Beaver Lumber Company puis, à l'instar de son père, de celui de la Banque Royale et de la compagnie d'assurance-vie Great-West Life. Ses remarquables qualités de rameur lui valurent d'être cité au temple de la renommée.

LE JEUNE GEORGE BLACK, qui choisit de devenir comptable, ne devait éprouver aucune difficulté à se couler dans le moule rigide des traditions en vigueur dans la famille Riley. Au moment de la déclaration de la Seconde Guerre mondiale, il occupait le poste de contrôleur de gestion de la brasserie appartenant à la famille Black. Grand et dégingandé (il grandit de 30 centimètres en une seule année, à la suite d'une maladie d'enfance), il ne pratiquait d'autre sport que le golf*. Sa mauvaise vue devait l'empêcher de s'enrôler sous les drapeaux. ("Ils ne jugeaient pas utile d'envoyer un grand aveugle dans une tranchée pour que, l'air idiot, il tire du fusil sur quelque chose qu'il ne verrait pas.") Il fut donc versé au service de la comptabilité de l'armée de l'air canadienne. Lorsque, quelque temps plus tard, le vérificateur Walter Macdonald de Winnipeg reçut instruction de venir à Ottawa afin de réorganiser les livres de paye du quartier général des forces aériennes, il exigea que Black lui soit adjoint. George Black mit au rancart son uniforme d'aviateur, revêtit une tenue civile et s'attela à la tâche sans plus tarder, négligeant cependant d'avertir ses supérieurs. Ne le voyant pas réapparaître, ceux-ci le firent porter déserteur, et la Gendarmerie royale du Canada reçut instruction de lui mettre la main au collet. Le mystère devait cependant s'éclaircir le jour où Harold Edwards, dit Gus, qui dirigeait alors le service du personnel de l'armée de l'air, mentionna la chasse à l'homme entreprise pour retrouver George Black en présence d'un fonctionnaire d'Ottawa. C'est avec sécheresse qu'il lui fut répondu que les policiers ne risquaient guère de mettre la main sur Black, étant donné que celui-ci travaillait dans un bureau voisin... depuis déjà six mois.

Au printemps de 1941, les Alliés demandèrent au gouvernement canadien de les fournir en hélices d'avions. Une usine fut mise en chantier au Québec, et George Black, nommé président de Canadian Propellers Ltd., vint s'installer à Montréal**. Son entreprise fut l'une des rares sociétés de la Couronne à enregistrer des bénéfices au cours de la guerre. Ayant produit 12 500 hélices, la compagnie pouvait déclarer un surplus de 5000 $ que Black remit au département de mécanique de l'université McGill en déclarant: "Le premier qui m'accusera d'être un profiteur de guerre sera un sacré menteur!" Sa réussite devait lui valoir l'attention de E.P. Taylor, le président du conseil d'administration de Canadian Breweries, qui était alors chargé de voir à l'acheminement des fournitures de guerre de fabricatioin canadienne à destination des États-Unis et de la Grande-Bretagne. En juillet 1944, les deux hommes furent invités à dîner

---

* George Black était membre du St. Charles Golf and Country Club. Le jour où il battit le record établi pour ce parcours, il décida qu'il ne pourrait jamais mieux jouer que cet après-midi-là. Il renonça donc à son unique sport et ne s'approcha plus jamais d'un terrain de golf.

** C'est lors du séjour de George Black à Montréal, le 25 août 1944, que naquit son second fils, Conrad.

L'arbre généalogique
des familles Riley et Black

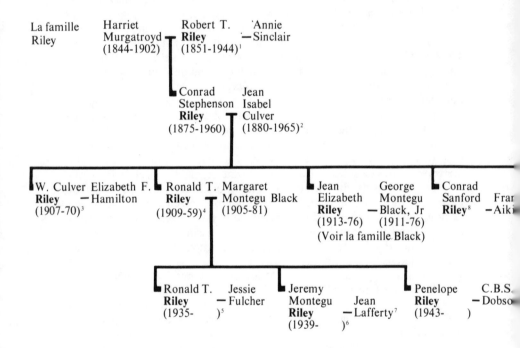

La famille
Riley

Harriet
Murgatroyd
(1844-1902)

Robert T.
Riley
(1851-1944)[1]

Annie
Sinclair

Conrad
Stephenson
Riley
(1875-1960)

Jean
Isabel
Culver
(1880-1965)[2]

W. Culver
Riley
(1907-70)[3]

Elizabeth F.
Hamilton

Ronald T.
Riley
(1909-59)[4]

Margaret
Montegu Black
(1905-81)

Jean
Elizabeth
Riley
(1913-76)
(Voir la famille Black)

George
Montegu
Black, Jr
(1911-76)

Conrad
Sanford
Riley[8]

Frar
Aiki

Ronald T.
Riley
(1935-   )[5]

Jessie
Fulcher

Jeremy
Montegu
Riley
(1939-   )[6]

Jean
Lafferty[7]

Penelope
Riley
(1943-   )

C.B.S.
Dobso

24

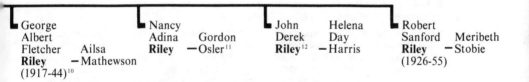

George
Albert
Riley
(1917-44)[10]
Fletcher — Ailsa
— Mathewson

Nancy
Adina
Riley — Gordon
— Osler[11]

John
Derek
Riley[12]
Day
— Harris
Helena

Robert
Sanford
Riley
(1926-55)
— Meribeth
— Stobie

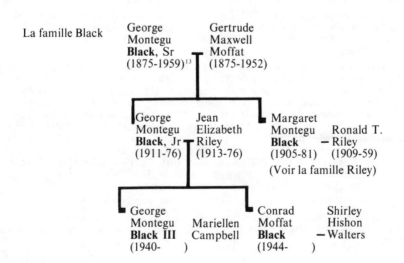

La famille Black

George
Montegu
Black, Sr
(1875-1959)[13]
Gertrude
Maxwell
Moffat
(1875-1952)

George
Montegu
Black, Jr
(1911-76)
Jean
Elizabeth
Riley
(1913-76)

Margaret
Montegu
Black
(1905-81)
Ronald T.
— Riley
(1909-59)

(Voir la famille Riley)

George
Montegu
Black III
(1940-   )
Mariellen
Campbell

Conrad
Moffat
Black
(1944-   )
Shirley
Hishon
— Walters

25

1 Il eut deux filles et sept fils. Conrad Stephenson était son deuxième enfant. Il ne naquit aucun enfant de son second mariage.

2 Fille de William H. Culver, qui était associé à Sir James Aikins, au sein de l'étude légale Aikins, Culver de Winnipeg. Ses deux fils, George W. et Albert F., firent carrière chez Izaak Walton Killam's Royal Securities. Les deux fils de George W., Gerald, un directeur de la Compagnie de la baie d'Hudson aujourd'hui à la retraite, et Dennis, comptable agréé, vivent à Vancouver, cependant que les fils d'Albert, Bronson et David, respectivement avocat et président de la société Alcan Aluminium, sont établis à Montréal.

3 Président du conseil d'administration de Canadian Indemnity et de United Canadian Shares; membre du conseil d'administration de la Banque Royale, de Dominion Bridge et de Southam Press; dirigeant responsable de l'organisation des Jeux panaméricains tenus à Winnipeg en 1967; président des Blue Bombers de Winnipeg et membre de l'équipe canadienne d'aviron aux Jeux olympiques de 1928.

4 Président de Canadian Pratt & Whitney.

5 Vice-président de C.P.

6 Ex-principal de Stanstead College.

7 Petite-fille de Louis S. Saint-Laurent.

8 Président de United Canadian Shares et membre du conseil d'administration de la Banque Canadienne Impériale de Commerce.

9 Petite-fille de Sir James Aikins et fille de G.H. Aikins, qui fit carrière comme avocat à Winnipeg, dont l'une des filles, Margaret Anne, épousa George Henry Sellers de Winnipeg, président de Riverwood Investments and Sellers, ainsi que de Dickson Securities; une autre de ses filles, Jean Somerset Aikins, épousa R.D. (Peter) Mulholland, qui devait accéder à la présidence de la Banque de Montréal et à celle du conseil d'administration de Brinco.

10 Tué sur le front d'Italie en 1944, il avait épousé la fille de J. Arthur Mathewson, trésorier provincial du Québec dans le gouvernement libéral de J. Adélard Godbout (de 1939 à 1944) avant d'accéder à la présidence du conseil d'administration des minoteries Ogilvie.

11 Membre du conseil d'administration d'entreprises torontoises, il dirigea par le passé la société de placements de Winnipeg Osler, Hammond & Nanton. Au nombre de ses frères, il convient de citer John Harty Osler, juge de la Cour suprême de l'Ontario, ainsi que E.B. Osler, écrivain, autrefois cadre d'une compagnie d'assurances, qui vit maintenant à Winnipeg. Ce dernier a épousé Jean Cameron Stobie, dont la soeur Meribeth, veuve de Robert Sanford Riley, devait épouser en secondes noces James E. Coyne, ancien gouverneur de la Banque du Canada. Susan Harty Osler, l'une des filles de Gordon Osler, a épousé l'avocat torontois Robert Beverley Matthews, dit "Biff", fils du général de division Beverley Matthews. Les frères Osler sont les fils de Hugh Osler de Winnipeg et les petits-fils du financier torontois Sir Edmund Osler.

12 Membre du conseil d'administration de diverses entreprises de Winnipeg.

13 Président de Black & Armstrong, de Western Breweries, de Drewrys Ltd., de Moose Jaw Brewing, de Premier Brewing, de Saskatchewan Brewing et de Barry Hotel Co.

au Rideau Club d'Ottawa par Terence Sheard. Cet avocat torontois, qui était un ami de Black, avait occupé au début de la guerre le poste d'adjoint au président de Massey-Harris, James S. Duncan, avant d'être nommé sous-ministre responsable de l'aviation. Taylor, qui avait déjà entrepris de se démobiliser, se prit d'amitié pour le jeune comptable de Winnipeg auquel il offrit un salaire annuel de 15 000 $ et le poste d'adjoint au président de Canadian Breweries, D. Clive Betts. Quinze mois plus tard, Black entrait en fonction et, en février 1950, il remplaçait Betts à la tête de l'entreprise.

Sous l'impulsion vigoureuse de Black, Canadian Breweries accrut sa production au rythme de 25 p. 100 par an, envahissant le marché américain (la Carling passa du soixante-deuxième au troisième rang des bières les plus vendues) et devenant le plus important et le plus fructueux empire de la bière dans le monde. Quoique, en l'occurrence, E.P. Taylor ait récolté tous les lauriers, il ne fait guère de doute que le succès de la compagnie ait été en grande partie attribuable au modèle de gestion décentralisée, élaboré par George Black, qui devait entrer en vigueur en novembre 1951. Black évoque ainsi cet épisode: "Ça leur a causé un sacré choc. J'avais convoqué tous nos responsables importants pour le Canada. Si mon souvenir est bon, ils devaient bien être une cinquantaine. Il n'y a eu aucune discussion. Je leur ai simplement remis un exemplaire de ma note de service avant de la lire à haute voix. Un point c'est tout. Par la suite j'ai appris qu'il y avait eu un tas de réunions de gens qui envisageaient de démissionner, mais ils se sont ravisés, et tout a fini par s'arranger."

Les rapports de Taylor et de Black oscillèrent toujours entre l'admiration et l'irritation. Taylor gérait l'argent, alors que Black dirigeait les hommes. Aux yeux de Taylor, Black péchait par manque de rigueur et consacrait trop d'attention à des broutilles quotidiennes, au détriment de l'édification de l'empire international de brasseries qu'il rêvait pour sa part de mettre sur pied. Black estimait quant à lui que l'ambition sociale nourrie par Taylor (qui souhaitait devenir le brasseur le plus important au monde, espérant que cela lui vaudrait un titre nobiliaire britannique) avait pris le pas sur son sens des affaires, et qu'il l'amenait à conclure des ententes avec des individus pour le moins originaux. "Eddie aurait pu signer un pacte avec le diable lui-même, devait-il un jour déclarer; il aurait pu négocier avec n'importe qui, même avec Hitler. Je ne dis pas ça pour l'insulter, mais je pense qu'il aurait pu se débrouiller dans n'importe quelle situation jusqu'à ce qu'elle aboutisse. Il se fichait complètement du caractère, de l'apparence ou de l'éducation des gens." En privé, c'était à peine avec une touche de sarcasme voilé que Black appelait invariablement Taylor "notre grand homme".

Pour une raison inexplicable, le don prodigieux de George Black pour le calcul mental avait la particularité d'impressionner et d'agacer Taylor tout à la fois. Black était capable de multiplier mentalement deux nombres de six chiffres et de trouver sur-le-champ la réponse juste, à deux décimales près. Au cours de réunions du conseil d'administration de Canadian Breweries, Taylor se faisait un malin plaisir de demander: "George, ça fait combien en pourcentage?" Mais s'il obtenait une réponse instantanée ("12,36 p. 100"), il se sentait contrarié et demandait à un comptable de vérifier les calculs, qui s'avéraient invariablement corrects.

Les deux hommes avaient en commun d'être peu sociables, ce qui n'empêcha pas Black de mettre la main aux préparatifs d'une réception organisée le 29 janvier 1951, à l'occasion du cinquantième anniversaire de E.P. Taylor. La fête eut lieu à Windfields Farm, la résidence torontoise de Taylor. Une fois le repas terminé, les 80 invités s'assemblèrent dans le sous-sol aménagé en théâtre afin d'assister à un spectacle mis en scène pour la circonstance par Jim Baxter, qui dirigeait à l'époque McKim Advertising Ltd. Black s'en souvient encore: "Nous étions décidés à jouer un bon tour à Eddie et avions engagé une troupe de huit girls de music-hall pour chanter des chansons de circonstance. J'avais sans doute déjà vu des milliers de girls, et celles-ci étaient, entre toutes, les moins gâtées par la nature. Mais ça ne les a pas empêchées de nous pousser leurs chansonnettes."

Le clou de la soirée fut un sketch joué par les huit femmes fort dévêtues qui dansaient le cake-walk en jonglant avec des cannes, dont le pommeau était orné de petites têtes de chevaux en papier mâché, et en chantant sur l'air de *Camptown Races* de Stephen Foster:

D'Argus, c'est le grand chef
Tam di delam
Qui tout dirige derechef
Oui, c'est le grand Taylor!

Eddie, qui jour et nuit
Travaille sans répit,
Transforme tout en or.
Oui, c'est le grand Taylor!

Des fèves soja, il est le roi
Tam di delam
Et partout impose sa loi.
Oui, c'est le grand Taylor!

C'est durant ce même hiver que Taylor, grâce à Black, fit son entrée au sein de la haute société des Bahamas. En 1949, alors qu'ils étaient en vacances dans la région, les Black avaient été invités à séjourner dans la maison de villégiature d'Izaak Walton Killam, à l'île Hog. Le financier montréalais l'avait rachetée au baron de l'aluminium, l'Américain Arthur

28

Vining Davis, puis avait consacré 4 millions de dollars à son réaménagement*. Finalement les Killam parrainèrent la candidature des Black au Porcupine Club, qui était à l'époque le cercle le plus fermé des Bahamas. Black se souvient que "tous les grands noms s'y retrouvaient, même les Mellon et les du Pont. En 1951, lorsque Eddie Taylor vint visiter Nassau en compagnie de Lord Hardinge, je l'ai présenté à Killam. C'est de ce jour que date l'engouement d'Eddie pour les Bahamas**".

En 1954, Taylor chargea Black de vendre l'usine torontoise de traitement de fèves soja appartenant à Victoria Mills Ltd. qu'il avait acquise, en 1945, pour 2 millions de dollars. Black réussit à convaincre Procter & Gamble de payer près de quatre fois plus cher cette usine située sur les quais, qui s'appelle aujourd'hui Victory Soya Mills.

En 1955, face à la menace d'une grève de longue durée risquant de paralyser les brasseries appartenant à Taylor, Black sut faire preuve de fermeté en déjouant les grévistes, qui postèrent leurs piquets de grève devant un immeuble déserté. En effet, alors que les travailleurs four-

---

* La demeure des Killam comportait une grande salle de séjour, couvrant la superficie de deux courts de squash, au plafond très élevé et en forme de voûte, ainsi que trois ailes réservées aux chambres, qui se composaient chacune de trois pièces doubles. Personnage de premier plan chez Calgary Power et Newfoundland Light & Power, ainsi que dans plusieurs autres sociétés de services publics, Killam détenait le *Mail and Empire* de Toronto et Royal Securities Corp., à Montréal, où son meilleur vendeur était sans conteste Ward Pitfield, le père de Michael Pitfield, qui devint plus tard secrétaire du cabinet Trudeau. Killam mourut en 1955, dans le camp de pêche qu'il possédait près de la baie de Cascapédia, au Québec, laissant derrière lui une fortune de plus de 100 millions de dollars. Les droits de succession afférents, ajoutés à ceux provenant d'une fortune équivalente laissée par Sir James Dunn, permirent de financer le Conseil du Canada à ses débuts. Un jour qu'elle faisait venir son chien à New York, sa veuve, Dorothy Killam, fit réserver une suite sur un train, par l'entremise de l'un des vice-présidents de Royal Securities, en précisant que son petit protégé devait absolument dormir sur l'une des couchettes inférieures.
** Trois ans après cette rencontre, Taylor fonda une société (Lyford Cay Development Company) afin de transformer 1133 hectares de terrains inhabitables en l'une des agglomérations les plus luxueuses du monde. Il vint s'y installer en 1961, après avoir engouffré 35 millions de dollars dans cette entreprise et devint citoyen des Bahamas six ans plus tard. Bien que Taylor ait au départ proposé à George Black, J.A. McDougald, W. Eric Phillips et M. Wallace McCutcheon (ses associés d'Argus) d'investir un million de dollars chacun dans Lyford, tous déclinèrent son offre. Eric Phillips avait d'ailleurs fait remarquer à Taylor: "Tu sais, Eddie, je ne leur donne pas plus de vingt ans à tes îles. Après cela, les bateaux de plaisance vont y affluer, les autochtones vont commencer à manifester de l'hostilité, et elles ne vaudront plus un sou." Lorsque Taylor commença à parler de changer de nationalité, Black explosa: "Non, mais tu as complètement perdu la tête, Eddie? Tu ne te rends pas compte que la famille a toujours vécu ici! Mais qu'est-ce qui te prend à vouloir réduire tes impôts à tout prix? Tu ne crois pas que tu devrais laisser ton argent dans le pays où tu as pu le gagner?" Ce à quoi, de rappeler Black, Taylor répondit en soupirant: *Je n'ai pas les moyens* de mourir au Canada."

bissaient leurs pancartes et se préparaient à placer leurs hommes devant l'entrée du siège social de Canadian Breweries, de la rue Victoria, au centre-ville de Toronto, Black fit déménager une partie des meubles et s'installa avec ses principaux subordonnés dans un bureau loué pour la circonstance, sur la rue Adelaide. "C'est la manoeuvre la plus intelligente que j'aie jamais vu exécuter en matière de relations de travail!" devait s'exclamer Wally McCutcheon, l'un des associés de Argus.

Dès le milieu des années 50, les activités de la compagnie se décentralisèrent à un point tel, sous l'impulsion de Black (qui déléguait lui-même la plupart de ses pouvoirs à ses subordonnés), qu'il ne lui restait plus grand-chose à faire. Il ne consacrait pas à l'époque plus de dix heures par semaine à son bureau, où il allait en règle générale l'après-midi, de 14 à 16 heures. À ses yeux, les rendez-vous du matin incombaient à la "patrouille de l'aube", et il n'envisageait pas plus de se porter volontaire pour en faire partie que de faire acte de présence au bureau durant la période des séries mondiales. La direction désinvolte de Black n'empêcha pas Canadian Breweries de prospérer sur le marché nord-américain, et ce, en dépit des problèmes que soulevèrent les ambitions expansionnistes de Taylor. Celui-ci devait en effet tenter d'amener son entreprise sur le marché britannique, théâtre de féroces empoignades, en négociant la prise de contrôle de Hope & Anchor Breweries Ltd. et de Hammonds United Breweries Ltd.

Le déclenchement d'une nouvelle grève devait alors sonner le glas de l'association déjà chancelante qui liait Taylor et Black. Les syndicats frappèrent leurs usines canadiennes mais, sous l'impulsion de George Black, les brasseries leur opposèrent un front uni. Le manque à gagner quotidien de son entreprise s'élevant à 100 000 $, Taylor penchait en faveur d'ententes négociées isolément. Mais Black lui opposa une fin de non-recevoir, lui déclarant au cours d'une conversation téléphonique transatlantique: "Si tu n'es pas capable de jouer au plus fin et de déjouer ces gars-là, ils te tailleront en pièces."

À son retour à Toronto, le président du conseil d'administration de Canadian Breweries ne se fit pas faute d'exprimer son mécontentement face à la manière dont Black s'était comporté dans le cadre de ce conflit, ajoutant qu'à ses yeux il était devenu impératif de procéder à une recentralisation des mécanismes de commande de l'entreprise. Puis Taylor dévoila le fond de sa pensée: "Le moment est peut-être venu, George, de nommer un nouveau président à la tête de Canadian Breweries."

Black rétorqua sans s'émouvoir: "Ça me va, mais, pour ce qui est de recentraliser, je pense que tu as perdu la tête, Eddie... et je n'y toucherai ni de près ni de loin."

À cette époque, Black gagnait 75 000 $ par année, et son fonds de retraite s'élevait à 15 000 $ par an. Taylor revint finalement sur sa brutale décision et offrit à Black de signer un contrat très strict de cinq ans en vertu duquel il assumerait la responsabilité de restructurer la compagnie, moyennant un salaire annuel de 150 000 $. Mais il n'eut jamais l'occasion d'en discuter avec Black. Celui-ci avait débarrassé son bureau pour ne jamais remettre les pieds ne serait-ce qu'à proximité du siège social de Canadian Breweries. En 1973, lorsqu'il accorda une entrevue à Maurice Hecht (alors professeur en administration à l'Université de Toronto), dans le cadre des recherches qui devaient permettre ultérieurement à Richard Rohmer de publier la biographie officielle de Edward Plunket Taylor, son amertume n'était pas encore dissipée. S'adressant au magnétophone de Hecht, Black déclara: "Lorsque j'étais à la tête de Canadian Breweries (et j'espère que tu m'entends, Eddie,), le moral y était au beau fixe. Je ne correspondais peut-être pas à l'idée que tu te faisais d'un président, mais, le ciel m'en soit témoin, je correspondais à celle que s'en faisaient les employés!''

SE RETROUVANT SOUDAINEMENT DÉSOEUVRÉ à l'âge de 47 ans et ne nourrissant nul désir de reprendre du service dans une grande entreprise, George Black prit la décision de se consacrer désormais à la passion lucrative qu'il nourrissait depuis sa sortie de l'Université du Manitoba, soit la découverte d'obligations et d'actions sous-évaluées. L'intérêt qu'il éprouvait pour ces titres datait du milieu des années 30. À l'époque, il avait jugé que le gouvernement albertain, bien que menacé de faillite, honorerait sans aucun doute ses obligations. Il entreprit par conséquent de racheter les titres au rythme où les investisseurs frappés de panique s'en débarrassaient, si bien que lorsqu'elles lui furent rachetées à leur valeur nominale, en 1940, il s'enrichit considérablement pour la première fois.

Il dut sa seconde bonne fortune à un renseignement fourni par Alfred Duffield (alors à l'emploi du bureau montréalais de Wood Gundy), qui devait le convaincre d'acquérir des actions privilégiées de seconde catégorie de Abitibi Power and Paper. Cette compagnie papetière venait d'être mise sous séquestre et ses actions ne trouvaient guère preneur; cependant, une fois remise sur pied, elle vit leur cote passer de 6 $ à 180 $. Black consacra le formidable pécule qu'il s'était ainsi constitué à l'achat d'un bloc important d'actions mises en circulation pour la première fois par Argus, devenant ainsi le principal actionnaire de cette société de portefeuille. En 1951, il était nommé membre du conseil d'administration de la compagnie.

Ayant abandonné ses responsabilités au sein des brasseries, il entreprit de se consacrer presque exclusivement à son passe-temps lucratif. C'est ainsi qu'il devait jouer à la baisse puis à la hausse sur des actions ordinaires de IBM lors de l'effondrement boursier de 1967, qui vit

31

les cours choir de cent points avant de remonter presque aussi rapidement de deux cents points. Il devint à cette occasion le second actionnaire en importance de Industrial Acceptance Corp., future Banque Continentale du Canada. Les seuls titres dont il ne devait jamais se départir étaient ceux d'Argus. "En 1945, je suis devenu l'un des premiers actionnaires d'Argus. Je jugeais à l'époque que jamais auparavant dans l'histoire commerciale canadienne on n'avait vu s'associer quatre partenaires aussi doués. Rien de comparable n'a eu lieu depuis, et je doute que cela puisse se reproduire un jour. Aucune association d'hommes d'affaires, aussi perspicaces soient-ils, n'aurait pu leur arriver à la cheville. Ils nourrissaient un idéal commun: gagner de l'argent. Et je dois dire que je le partageais. En fait, Argus était dirigé par un quatuor: je n'étais, quant à moi, que la cinquième roue du carrosse. Eddie Taylor jouait le rôle de promoteur; le colonel Phillips était, pour sa part, le véritable cerveau de l'entreprise; le principal responsable de l'exécution des décisions s'appelait Wally McCutcheon; quant à Bud McDougald, c'était de loin le plus rusé des quatre."

Black fut nommé membre du conseil de direction d'Argus en 1955 et devait y siéger plus longtemps que Bud McDougald lui-même. Il acquit par l'intermédiaire de sa compagnie de portefeuille personnelle, Western Dominion Investment Company Ltd., 340 000 actions de catégorie C d'Argus ainsi que 231 297 actions ordinaires (soit 13 p. 100) de cette même société.

Les transactions de George Black (portant sur une douzaine d'autres valeurs) devaient se révéler immanquablement profitables. Ne recevant presque jamais personne et ne mettant qu'exceptionnellement les pieds hors de chez lui, Black devait ses réussites bien plus à une étude approfondie de la théorie de Dow* qu'à des confidences d'agents de change ou à des études de marché. Le téléscripteur qu'il s'était fait installer lui permettait même d'effectuer des transactions sans avoir à quitter son salon. Il aimait mesurer son flair à celui des négociants de profession et avait fait sienne la formule du financier américain Bernard Baruch, qui affirmait: "Je me contente de m'asseoir et de réfléchir jusqu'à ce que je comprenne ce qui est l'évidence même."

L'habileté de Black transparaît également dans ses transactions immobilières. Au début des années 50, le commandant James Emanuel

---

* Cette théorie, qui tient son nom du premier rédacteur du *Wall Street Journal*, Charles Dow, postulait que le marché boursier était animé de trois mouvements distincts: "Le premier est celui des transactions quotidiennes; le deuxième a trait aux transactions dont les répercussions s'étalent sur deux à quatre semaines, voire même un peu plus; quant au troisième, il est lié aux forces économiques et échappe forcément à tout groupe de spéculateurs." Dow a élaboré une série complexe d'indicateurs permettant de suivre ces fluctuations.

Hahn*, qui présidait aux destinées de John Inglis Co. Ltd. (compagnie à laquelle le Canada doit d'avoir découvert le pistolet mitrailleur Bren), avait la haute main sur une compagnie torontoise du nom de Property Holdings Ltd. Celle-ci était propriétaire de la plupart des terrains voisins de Park Lane Circle et de Bridle Path, dans un faubourg de Toronto on ne peut plus à la mode alors, où devaient s'ériger par la suite certaines des plus prestigieuses résidences d'Amérique du Nord. Hahn envisageait de morceler ces terrains en 70 petites parcelles, mais Black les lui racheta en bloc (60 hectares) puis, après s'en être réservé près de 3 hectares sur lesquels se dressait une maison dessinée par Eric Arthur, il entreprit de vendre progressivement le tout, en ayant soin d'établir la superficie des parcelles à un minimum de 0.8 hectare. Cette série de transactions devait lui permettre de réaliser un important gain en capital.

Exception faite des entretiens téléphoniques qu'il avait avec ses agents de change (Lord Hardinge, Charlie Burns ou Brian Heward en l'occurrence), il vivait en reclus chez lui, coupé du monde. George Black consacra en effet les 18 années qui suivirent son départ de Canadian Breweries à lire, à fumer (parfois deux cigarettes en même temps) et à sonner Fernando Aranda (son maître d'hôtel espagnol) pour qu'il lui remplisse son verre. Souffrant de cataractes aux deux yeux, il devait vers la fin de sa vie éprouver de la difficulté à lire. Il finit par se servir d'une loupe afin de déchiffrer les mots, sa tête suivant le mouvement de son regard pour passer d'une ligne à l'autre, de telle sorte qu'il semblait assister à une perpétuelle partie de tennis.

Black était extrêmement méticuleux. L'écrivain et explorateur Norman Elder, qui fut son voisin pendant plus de 20 ans, se souvient que Black lui avait fait remarquer l'orientation parfaitement nord-sud des lignes sillonnant les dalles de marbre de son jardin d'hiver. "Si j'avais le malheur de téléphoner à George pour lui donner rendez-vous dans 10 minutes, et de n'arriver sur place que 15 minutes plus tard, j'étais sûr de m'entendre dire: "Vous avez 5 minutes 30 secondes de retard."

Les rares tentatives de George Black au croquet (à quelques pas suivait l'inévitable Fernando et son précieux chariot de martinis) ne furent jamais couronnées de succès. "Physiquement, il était sans nul doute l'une

---

* Hahn a combattu avec bravoure au cours de la Première Guerre mondiale: il se vit décerner la DSO (Distinguished Service Order), fut blessé à trois reprises et cité deux fois à l'ordre du jour. Il fut nommé à la tête du comité de perfectionnement technique de l'armée canadienne, lors de la Seconde Guerre mondiale, et participa à la gestion de Victory Aircraft Ltd., la plus grosse usine de bombardiers du pays. Chasseur, pêcheur et plaisancier enthousiaste, il accorda son soutien financier à Sir Thomas Octave Murdoch Sopwith, lorsque celui-ci tenta d'arracher la coupe de l'America des mains de Harold S. Vanderbilt. Il choisit de construire sa demeure de Park Lane Circle assez loin du "centre-ville", afin que Toronto ne soit pas mentionné dans son adresse. Cette maison est maintenant habitée par Tom et Sonja Bata.

des personnes les plus paresseuses que l'on puisse trouver'', affirme John, dit Jack, Garfield Campbell, son successeur à la présidence de Canadian Breweries. "Nous étions voisins des Black, et je lui téléphonai à quelques reprises pour l'inviter à venir voir la piscine intérieure que nous avions offerte à notre fille* à l'occasion de Noël. Il finit par venir, jeta un coup d'oeil sur la piscine puis dit: "Eh bien, Garf, je pense que j'en ai assez vu pour aujourd'hui." Il était hors de question qu'il fasse l'effort de monter pour visiter la maison, et, bien entendu, il n'est jamais revenu."

Durant ses longues années de retraite volontaire, George Black ne reçut que fort peu de visiteurs. Au nombre de ceux-ci, Terence Sheard**, qu'il avait connu pendant la guerre, et Michael de Pencier, l'éditeur du *Toronto Life*, qui avait pris Honor Bonnycastle de Winnipeg pour épouse. Mais sa grande joie consistait à consacrer de longues soirées à jouer aux échecs avec Conrad. Père et fils se mesuraient aux grands maîtres de l'histoire des échecs, rejouant les gambits imaginés tant par José Raúl Capablanca (l'enfant prodige cubain qui avait commencé à jouer aux échecs à l'âge de quatre ans et devint champion du monde en 1921) que par Alexandre Alexandrovitch Alekhine, le grand maître russe qui devait détrôner Capablanca en 1927 et conserver le titre mondial durant 16 années consécutives. Le gambit de Evans devint l'ouverture favorite de Conrad.

C'est également lors de ces longs tête-à-tête que le père devait bercer son cadet d'histoires brodées sur le thème de coups d'audace et de réussites financières dont le souvenir lui enflammerait à jamais l'imagination.

CONTRAIREMENT AUX OPULENTS PATRIARCHES qui n'ont de cesse de doter leurs rejetons préférés des biens matériels qui concrétisent leur succès durement gagné, George Black entreprit de léguer de

---

* Le fils aîné de George Black, Montegu III, épousa la fille de Campbell, Mariellen, en 1964.

** Sheard, à qui Black confiait ses dossiers juridiques, avait étudié à Cambridge et était de nature très indépendante. Il fut le seul et unique membre du Toronto Club à jamais s'opposer à Bud McDougald au cours d'une réunion annuelle. C'est en 1969, alors que le président d'Argus tentait de faire passer les inévitables résolutions de circonstance, que Sheard défia ce dernier en se plaignant de l'état lamentable des poivrières et des salières du Club. McDougald grommela une réponse assez vague, dans laquelle il insistait sur le fait qu'étant plus riche que Sheard, il était forcément plus intelligent et que, par conséquent, il n'était pas tenu de relever ses propos. Sur ce, Sheard se leva et fit un discours qui ne fut jamais inscrit au procès-verbal du Club. "Je ne vois pas l'intérêt d'assister à ces réunions annuelles si je dois y subir les insultes de Bud McDougald, déclara-t-il. Je me souviens très clairement de l'époque où il n'était qu'un simple garçon de course et avait pour mission suprême de vider les encriers. Suffit-il pour avoir le droit d'insulter les autres d'avoir plus d'argent qu'eux?" Ce à quoi McDougald rétorqua: "Bien sûr, que j'en ai le droit, et pour bien d'autres raisons."

son vivant un héritage fort différent, quoique d'une utilité incontestablement plus grande. Il inculqua au jeune Conrad les fondements de l'économie de marché, lui instilla la légende d'Argus et lui apprit à prévoir les fluctuations boursières afin de les mettre à profit. Il insuffla à son fils encore adolescent le sens de la perspective historique et, par-dessus tout, il lui enseigna l'art de pénétrer les mensonges des adultes. Il entreprit de démontrer le caractère pernicieux du jeu sous toutes ses formes en faisant installer une machine à sous dans son salon, afin de faire comprendre aux enfants que de tels appareils étaient réglés de manière que les joueurs soient toujours perdants. Le jour où madame C.O. Dalton, l'épouse d'un vice-président de Canadian Breweries, eut le malheur de toucher le gros lot trois fois de suite, il lui demanda poliment de rendre l'argent ainsi obtenu. Black se faisait une règle de présenter cérémonieusement Conrad aux rares visiteurs de la retraite familiale. C'était là une forme de politesse qui lui venait de son père. "Il m'emmenait serrer la main de toutes les personnalités de passage à Winnipeg et ne manquait jamais de me présenter, en dépit de ma très grande jeunesse. Plus âgé, on peut éprouver le désir d'impressionner les gens en leur glissant: "Un jour, j'ai serré la main de Son Altesse Royale, le prince de Galles." C'est d'ailleurs ce qui m'est arrivé, en 1919 (sic), alors que j'étais tout juste âgé de huit ans."

Conrad apprit à se fixer des priorités dès sa plus tendre enfance.

Sa décision d'accéder à la présidence d'Argus remonte à l'époque où il n'était âgé que de sept ans. Laurier LaPierre, historien et animateur de télévision montréalais, qui fut l'un des professeurs de Black au Upper Canada College, se souvient de lui avoir demandé un jour, après les cours: "Il me semble, Conrad, que tu attends quelque chose, qu'est-ce que c'est?"

Conrad lui confia sa décision et conclut: "J'y arriverai, un jour."

Et LaPierre ajoute: "Il avait tout d'un athlète. Lorsque j'assiste à une compétition de niveau international, je suis fasciné de constater la tension qui habite les concurrents attendant le signal de plonger ou de s'élancer sur la piste. Conrad était comme ça, mais en outre il donnait l'impression de savoir exactement quand serait donné le coup d'envoi. Sa conception de l'existence est centrée sur la conviction que, en vertu d'un concours de circonstances, d'accidents de parcours et de la théorie de l'évolution, Dieu lui a accordé un pouvoir extraordinaire qu'il lui incombe tant de préserver que de transmettre. Il s'est toujours considéré comme un authentique outil de l'histoire, investi de la faculté de créer les événements."

Conrad n'avait que huit ans lorsqu'il décida, de son propre chef, d'épargner 60$ sur son argent de poche afin d'acheter une action de General Motors. Le jeune Black s'en souvient fort bien: "J'ai acheté cette action pour des raisons que partageaient un grand nombre de mes aînés.

La guerre de Corée faisait rage, Staline régnait encore, et la guerre froide battait son plein. L'achat d'actions de General Motors constituait à l'époque une façon fort sage de participer à la croissance du capitalisme en donnant notre appui à la plus symbolique de ses institutions et en accordant notre suffrage aux défenseurs de la justice et de la liberté affrontant le péril rouge, que l'on craignait de retrouver sous chaque lit et derrière chaque bosquet. Ce geste équivalait à l'achat d'un bon de la Victoire durant la Seconde Guerre mondiale. C'était l'époque des premiers balbutiements de la télévision. John Cameron Swayze et David Brinkley énuméraient chaque soir la liste des aviateurs abattus au-dessus de la Corée. Je quittais mes cours en toute hâte, à la fin de la journée, pour suivre les audiences de la Commission McCarthy à la télévision. L'émission la plus populaire de l'époque était sans conteste "Victory at Sea".

"En dépit du zèle que je déployais à titre d'actionnaire et de partisan acharné dans le cadre de la guerre froide, je fus stupéfait lorsque le président de General Motors, Frederic Donner, déclara que l'industrie automobile américaine visait l'obsolescence à long terme. Il prétendait que, compte tenu des effets positifs exercés par une telle politique sur l'économie américaine, il était plus approprié de parler d'obsolescence *dynamique* que d'obsolescence planifiée. J'avais beau être jeune et raisonnablement crédule, je compris instinctivement que c'était une aberration. Néanmoins, je persistais à considérer qu'il valait mieux investir dans General Motors, en dépit des doutes que m'inspiraient ses dirigeants, que dans l'acquisition de disques ou autres objets du même genre."

Le moins que l'on puisse affirmer, c'est que son culte de l'argent remonte à sa plus tendre enfance. Jack Campbell, un ami de la famille, se souvient encore de l'incrédulité qui fut la sienne, par une belle journée d'été, à la vue du jeune Conrad (alors âgé de huit ans) lavant soigneusement des billets d'un dollar avant de les suspendre sur une corde à linge tendue dans le patio sur lequel donnait le salon familial.

Ronald T. Riley, l'oncle de Conrad, se souvient qu'un beau jour George, exaspéré, se plaignit amèrement à lui: "Comment diable peut-on enseigner le théorème de Pythagore à un garçon de 10 ans qui n'a pas encore entendu parler de géométrie à l'école?" Ian Dowie, qui faisait également partie des cadres supérieurs de Canadian Breweries, n'a pas oublié le jour où, rendant à George une biographie de Napoléon qu'il lui avait empruntée, il lui demanda certains éclaircissements concernant les rapports de Napoléon et de ses maréchaux. Monsieur Black le renvoya à son fils: "Demande à Conrad, le spécialiste c'est lui." Le jeune garçon, à peine âgé de 10 ans, dévoila à Dowie bien plus qu'il ne souhaitait en apprendre sur les intrigues byzantines qui permirent à Napoléon de conserver son ascendant sur ses ambitieux lieutenants. "Dès mon plus jeune âge, j'éprouvai le besoin de considérer le monde d'un point de vue quelque peu particulier", dit Conrad lorsqu'il évoque cette époque. "Même si j'éprouvais quelques difficultés à l'exprimer à l'âge de 10 ans, je n'étais pas exagérément persuadé de la pérennité de l'univers anglo-saxon né de l'après-guerre, un univers caractérisé par un nouveau matérialisme répandu dans le monde par la vertu de la langue anglaise et du dollar américain. Ayant la vague intuition de vivre dans un paradis artificiel, je commençai à m'intéresser davantage à la culture française, et plus particulièrement à Napoléon et à de Gaulle."

Au sortir de ses années d'apprentissage intense sous la férule de son père, Conrad était devenu à la fois trop indiscipliné et trop éveillé pour subir une éducation plus conventionnelle. Au grand désappointement de son père, il réussit à se faire renvoyer de deux écoles privées et échoua à ses examens de droit, se contentant de subir bien plus que d'absorber les connaissances conventionnelles qui lui étaient inculquées.

Les années d'études de Conrad ne furent guère prometteuses. Le jeune Black jugeait que le milieu des écoles privées, au sein duquel il se retrouvait involontairement plongé, était artificiel, que l'enseignement y était médiocre et trop entaché d'esprit sportif, sur les terrains de sport et en dehors. La mère de Conrad, mi-indignée, mi-embarrassée, devait un jour confier à sa belle-sœur, Nancy Osler, que son fils qualifiait de "tissu de mensonges" la publicité du Upper Canada College où il était inscrit.

Le problème découlait en grande partie de ce que, à l'époque, le collège recrutait sa clientèle au sein de l'élite torontoise, qui désirait voir inculquer à ses rejetons de quelle façon on peut être riche sans ostentation. L'école leur enseignait ce qu'était l'autorité et de quelle façon lui faire face, instillant à ses diplômés une délicate insouciance quant au rôle qui leur était dévolu à titre de gardiens des valeurs authentiques de l'Establishment, rôle qu'ils se devaient d'assumer bien plus par leur comportement que par une quelconque profession de foi. Or, Conrad n'avait nul besoin d'un tel enseignement.

John Fraser, collaborateur attitré du *Globe and Mail* et auteur d'un excellent ouvrage sur la Chine, fut l'un des rares enfants auxquels Conrad se lia durant les années qu'il devait passer à l'école préparatoire du Upper Canada College. "Mon premier souvenir de lui remonte à l'époque où nous étions en sixième. La conscience qu'il avait de la richesse et du pouvoir était quelque peu effrayante, rappelle Fraser. Un jour où nous nous promenions aux alentours de l'école, Conrad vitupérait la stupidité des professeurs. Soudain, englobant tout le collège d'un geste ample, il me dit: "E.P. Taylor pourrait acheter cet endroit assommant cinquante fois s'il le voulait. Il le morcellerait et le revendrait avec bénéfice." Il ne cessait d'imaginer des moyens de s'emparer du collège. L'enfance à ses yeux n'était qu'une prison. Conrad m'a laissé le souvenir de quelqu'un qui se ronge d'impatience à l'idée d'entrer dans le monde réel en échappant à cette aberration qu'est une école de garçons."

Black se souvient pour sa part d'avoir demandé à Fraser: "Es-tu conscient qu'il (le collège) n'a rien à envier aux camps de la mort du IIIe Reich? Nous sommes obligés de jouer, obligés de changer de vêtements, menés en troupeau jusqu'aux douches — et je prie le ciel qu'il n'en sorte pas du Cyclon-B, mais bien de l'eau!"

C'est à cette époque que remonte également son amitié pour George Hayhurst (dont le père dirigeait l'agence de publicité responsable des campagnes de promotion de Canadian Breweries) qu'il devait côtoyer durant cinq ans à Upper Canada College. Hayhurst se souvient que "Conrad venait à l'école conduit par Tommy Dair, le chauffeur de la famille, dans l'une des cinq voitures des Black (le plus souvent dans la Cadillac), et c'était là qu'il faisait ses devoirs".

Il a conservé un souvenir vivace des nombreuses fins de semaines passées chez les Black. "Le dimanche, nous dînions dans la grande salle à manger, et, croyez-moi, c'était une pièce gigantesque. Mark, le cuisinier, faisait le service et le repas aurait été très agréable si ce n'avait été du fait que monsieur Black mangeait à 10 mètres de moi, au bout de la table, tout en discutant à bâtons rompus des guerres napoléoniennes, des moteurs à combustion interne, de la politique des États-Unis ou d'un autre sujet qui m'était tout aussi peu familier. Conrad en savait sans nul doute plus que moi. Après le repas, il nous arrivait de jouer au billard avec un jeu que Conrad avait adapté, les boules y figurant des bateaux que nous nous efforcions de couler. Faut-il le préciser, Conrad gagnait toujours. À cette époque, la machine à sous se trouvait dans *sa* chambre, et nous y jouions très souvent. J'y laissais bien de la monnaie, mais, de temps en temps, je lui disais: "Écoute, j'ai encore tout perdu... ouvrons-la!" Et, comme il en avait la clé, nous l'ouvrions et recommencions à jouer. En ce temps-là, ce n'était pas rien d'avoir sa propre machine à sous. La maison était très vaste, et nous y trouvions sans cesse l'occasion de nous amuser. Nous passions des heures à jouer dans les automobiles de la famille Black. C'était l'époque des premières voitures à vitres électriques, et elles nous ont valu de bons moments. Je me souviens que la sortie des modèles de l'année était pour nous prétexte à téléphoner aux concessionnaires de voitures. Nous leur demandions de nous indiquer la puissance de leurs plus gros modèles, et, le lendemain, nous nous livrions à de fiévreuses comparaisons."

Norman Elder se rappelle que Conrad adolescent disposait en propre d'un appartement plaisamment décoré dans la maison. "Nous y passions des heures à discuter, feuilletant à l'occasion un exemplaire du Bottin mondain du Canada, énumérant les noms des gens qui y étaient cités, de leurs actions passées, et tentant d'évaluer nos propres vies en comparaison. J'organisais des fêtes assez réussies sur Park Lane, et il ne se faisait pas faute de venir, affirmant que j'étais un fameux "ingénieur social", sans me préciser ce qu'il entendait par là. Nous aimions jouer des tours aux gens.

Ainsi, je me rappelle que lorsque de nouveaux venus emménageaient dans les grandes maisons des alentours, nous y allions et leur proposions d'inviter les voisins pour faire connaissance. Ceux qui avaient le malheur d'acquiescer nous voyaient bientôt arriver à la tête d'une douzaine de voisins noyés dans un groupe considérable d'habitants de Scarborough, si bien que nos hôtes étaient incapables de distinguer les invités des indésirables. Conrad raffolait de ce genre de situations."

Un ami de la famille se souvient encore du jour où, raccompagnant Conrad et d'autres adolescents qui revenaient d'un anniversaire, il avait été frappé d'entendre le jeune Black demander à chaque enfant présent dans la voiture de combien de domestiques il disposait à la maison, apparemment soucieux de surpasser tout un chacun en la matière. Il n'eut guère de petites amies. Jack Campbell se rappelle d'une visite rendue inopinément par Conrad à sa fille Mariellen. L'après-midi était déjà fort avancé lorsqu'il vint demander à celle-ci de lui enseigner la valse, car il devait ce soir-là assister à son premier bal.

Le jour où George Black fut invité à prendre la parole devant les élèves du collège où son fils était inscrit, le jeune Conrad, fier comme un paon, ne devait pas le quitter d'une semelle, expliquant à qui voulait l'entendre combien son père était important et à quel point sa famille serait riche un jour. Le seul autre souvenir relativement agréable qu'il conserve de ses années de collège, c'est qu'il y apprit à admirer les individus qui faisaient de leur mieux pour réussir dans des activités pour lesquelles ils n'avaient aucune aptitude, particulièrement dans le domaine sportif. Conrad confie encore aujourd'hui: "J'éprouvais une gratitude profonde à l'égard des quelques personnes qui réussissaient le tour de force d'être plus mal lotis que moi encore au chapitre de la coordination musculaire. Je me souviens en particulier de John Bosley*. Enfant, il souffrait d'obésité et était affligé de lunettes aux verres épais perpétuellement maculés de traces de doigts. Il faisait l'objet d'une dérision généralisée, et je m'entichai de lui, persuadé qu'il devait être bourré de qualités puisque personne ne l'aimait."

La carrière équivoque de Conrad à Upper Canada College connut son apogée en 1959, quoiqu'il n'en soit nullement fait mention dans les annales de l'établissement, car, si l'on en croit l'histoire officielle, cette année ne se distingue en rien de celles qui précédèrent ou qui suivirent. Ce fut néanmoins celle qui devait marquer l'entrée de Conrad dans le

* Bosley, qui devint par la suite courtier immobilier à Toronto, s'engagea au niveau de la politique tant fédérale que municipale et devint l'un des membres les plus brillants du caucus conservateur de Joe Clark. "À cette époque", dit-il, en évoquant son séjour au Upper Canada College, "il était très important d'être soit un petit malin (ce qui excluait 80 p. 100 des étudiants au départ), soit de se faire passer pour un génie (ce qui permettait de s'intégrer dans un petit groupe d'une dizaine d'élus). Conrad n'appartenait ni à l'une ni à l'autre de ces catégories."

domaine de la grande entreprise. Faut-il le rappeler, dans les années 50, les frasques des étudiants du collège ne défrayaient guère la chronique. Dans ce contexte, l'on comprend sans peine combien le fameux vol des questions d'examen devait alimenter les conversations animées dont les boudoirs de l'Establishment torontois furent témoins à l'époque. Il n'est pas exclu que la décision de Conrad de s'exiler à Montréal ait été due en partie à ces événements.

Le collège, dont le bâtiment principal avait été condamné pour des raisons de sécurité, faisait à l'époque l'objet de transformations importantes. La plupart des cours se donnaient par conséquent dans des classes en préfabriqué, érigées pour la circonstance dans le parc de l'établissement. Le désordre aidant, les mesures de surveillance s'étaient relâchées, et Conrad mit la main sur la clé du bureau du principal du collège, le révérend C.W. Sowby. De concert avec deux complices, il décida de frapper un coup d'éclat et de s'introduire dans le saint des saints, afin d'éplucher les dossiers confidentiels. Par le plus grand des hasards, le trio mit alors la main sur les questions prévues pour l'examen de fin d'année qui devait avoir lieu la semaine suivante. Ayant perçu sur-le-champ les possibilités de bénéfices qu'offrait une telle découverte, Conrad reproduisit dans le plus grand secret le document sur un photocopieur d'Argus et entreprit de le vendre à ses condisciples rongés d'angoisse. Toujours épris de justice, le jeune Black élabora pour la circonstance une échelle de prix mobile, faisant payer moins cher les enfants les plus démunis, mais exigeant des cancres, immanquablement voués à l'échec, près du double du prix fixé. "Déployant pour la première fois ses talents d'administrateur, Conrad avait monté l'opération de main de maître, avec une maestria digne de James Bond", prétend Ralph Heintzman, qui enseigne aujourd'hui l'histoire à Ottawa après avoir suivi les cours du même collège. "Après avoir surveillé les allées et venues des professeurs aux alentours du bureau du principal durant des semaines, Conrad se procura un double des clés de celui-ci à la quincaillerie du village de Spadina, puis mit les questions d'examen en vente à des prix variant en fonction d'une échelle mobile qu'il avait élaborée."

Conrad et ses associés amassèrent en un rien de temps près de 5000$, mais, malheureusement pour eux, l'un de leurs condisciples répondant au surnom de "Pogo" Diakiw devait se faire prendre en possession de ses réponses toutes faites par le professeur J.L. Coulton. Celui-ci n'eut aucune peine à arracher le fin mot de l'histoire à l'adolescent paniqué. Le principal, Sowby, réunit sur-le-champ toute l'école pour annoncer la tenue d'un nouvel examen. Certains condisciples de Conrad, hors d'eux parce qu'ils avaient échoué à ce second examen, allèrent jusqu'à se rassembler devant la résidence familiale des Black, où ils abreuvèrent leur camarade d'injures.

Pour sa part, Conrad fut expulsé sans plus de cérémonie*, malgré les efforts déployés par l'avocat de son père, Terence Sheard, chargé de plaider pour la circonstance la cause du cadet des Black. Faut-il le préciser, en dépit de son statut d'ancien de la maison (où il avait étudié de 1910 à 1915), Sheard ne se faisait guère d'illusions quant au résultat de sa démarche. L'argument invoqué pour la défense de son jeune client, soit que "la tricherie faisant partie depuis toujours de l'ordinaire des écoles secondaires, le seul reproche que l'on puisse par conséquent faire à Conrad serait d'avoir été le premier à en faire commerce", devait faire long feu.

"L'un des gars auxquels nous avions vendu un de nos dossiers s'est fait prendre et il s'est laissé tirer les vers du nez sans se faire prier. J'ai quitté le collège le 9 juin 1959. Je me souviens qu'en passant le portail j'ai été accueilli par une foule d'étudiants me menaçant du poing et me couvrant d'injures tout en se drapant dans les plis d'une vertu d'autant plus outragée que, la veille encore, la plupart d'entre eux me suppliaient de les aider (l'un d'eux s'abaissant même jusqu'à se traîner à mes genoux). Jamais je ne devais oublier la couardise et l'avidité dont je fus alors témoin."

Se retrouvant en rupture d'école alors qu'il était âgé d'à peine 15 ans, Conrad se vit sans plus tarder inscrit à la Trinity College School de Port Hope, en Ontario, par des parents au bord de l'exaspération. Ses résultats scolaires n'en furent pas améliorés pour autant. Il en parle en des termes peu équivoques: "Si Upper Canada n'avait rien d'un cadre agréable ou propice à inspirer l'imagination, je dois reconnaître qu'il avait cependant tout d'un paradis, comparé à Trinity College. Mon passage dans cet établissement devait pour un temps me persuader du ridicule achevé de ce que l'on désignait communément comme l'Establishment de ce pays. Pour autant que je puisse en juger, l'éducation était exclusivement fondée sur l'athlétisme." L'une des tâches les plus exécrées de Black consistait à servir Ronald Atkey, futur ministre de la Main-

---

* Coïncidence des plus frappantes, John A. McDougald, le principal mentor de Conrad, n'a guère passé plus de temps au collège que son disciple. Alors qu'il n'avait que 12 ans, le petit Bud tenait absolument à venir à l'école au volant de son chariot Briggs & Stratton, afin d'échapper à l'ignominie des tramways, ce qui lui valait immanquablement une correction du directeur des études, J. L. Somerville, pour avoir enfreint les règlements de l'école. Il dut quitter le collège en 1921, après avoir attaché à une branche d'arbre l'essieu arrière de la Ford modèle T du principal, W.L. Grant, dit Choppy. Lorsque le malheureux enseignant, qui n'était guère porté sur la mécanique, fit partir son moteur, il en fut réduit à voir ses roues tourner dans le vide, jusqu'à ce que Bud consente à rendre sa liberté au véhicule. McDougald s'inscrivit alors à St. Andrew's College, où il ne brilla pas par son assiduité puisqu'il allait parier sur les chevaux de la piste de courses voisine (Thorncliffe) pour le compte de ses camarades de classe.

d'oeuvre et de l'Immigration dans le gouvernement de Joe Clark*, dont il était le "petit" attitré. C'était là un aspect des brimades imposées aux nouveaux, appelés par leur statut à faire tant les lits que les commissions de leurs aînés. Black prétend néanmoins: "Je n'ai jamais ciré les souliers d'Atkey. À mes yeux, il y avait des limites à l'ignominie, et cette tâche dépassait précisément les bornes. Je considérais les élèves de cet établissement comme des nigauds, et demeurais intimement convaincu que le fait que quelqu'un excelle au football (selon les canons locaux, qui, faut-il le préciser, étaient loin d'arriver à la cheville de ceux qui sont en vigueur dans les équipes scolaires de la catégorie la plus minable aux États-Unis) ne laissait nullement présumer de sa réussite professionnelle ultérieure." Atkey garde de Conrad le souvenir d'un "délicieux excentrique voué, de l'avis de tous, à un avenir on ne peut plus exotique, tel qu'ingénieur dirigeant un gros consortium au Moyen-Orient".

À l'instar de son passage à Upper Canada College, son séjour dans l'établissement de Port Hope devait s'avérer bref, la direction suggérant avec insistance aux parents de Conrad d'envoyer celui-ci chercher le bonheur ailleurs qu'en ses murs. ("Il ne s'est rien passé de grave, ils se sont contentés de me mettre à la porte. J'ai été invité à faire mes valises, et l'on m'a offert le statut d'étudiant libre, créé pour la circonstance. En vertu de cette proposition j'obtenais le droit de me présenter aux examens sans avoir suivi les cours dispensés par l'école.")

En désespoir de cause, George Black fit entrer son fils rebelle dans un établissement privé de Toronto voué à la réhabilitation des rejetons les plus rétifs de l'Establishment. Thornton Hall School est installé dans une modeste maison particulière de trois étages, réaménagée en fonction des besoins de l'établissement et sise au 241, Poplar Plains Road. Conçue sur le modèle d'une école secondaire suisse, Thornton Hall n'accepte pas plus de 50 inscriptions par année et dispose d'un professeur par groupe de sept élèves. Les frais de scolarité s'élèvent à 4000 $ par an. Fondée en 1947 par Stuart Mackey, Thornton Hall dispense un enseignement portant sur des sujets aussi affriolants que "l'étude de la démocratie libérale face à ses ennemis" ou "l'art médiéval et l'art byzantin". La vice-principale de l'établissement, Angela Greig, résume en quelques mots la conception de l'éducation sur laquelle est fondé son enseignement: "Je suis fermement convaincue qu'aucun être humain un tant soit peu valable ne peut demeurer totalement insensible à Shakespeare, Milton, Keats, Michel-Ange et Goya. Ces géants nous jugent bien plus que nous ne pouvons les

---

* La roue de l'Establishment poursuivait sa course. Michael Meighen, petit-fils de l'ancien premier ministre du Canada, dont l'oncle Max fut le principal opposant de Conrad lors de la mainmise de ce dernier sur Argus, fréquenta lui aussi cette école. Le "souffre-douleur" attitré du jeune Michael Meighen, à la Trinity College School, ne fut d'ailleurs nul autre que George Montegu III, le frère aîné de Conrad.

juger nous-mêmes. Si quelqu'un affirme: "Je n'aime pas Milton", ou "Shakespeare m'ennuie", ou même "Goya m'indiffère", il ne nous apprend pas grand-chose sur ces artistes, mais il nous en dit long sur lui-même. Il nous laisse soupçonner un esprit tellement étroit et une intelligence si égocentrique qu'ils ne peuvent appartenir à un véritable être humain. En 25 ans d'enseignement, je n'ai pas rencontré plus de quatre individus de cet acabit... Il m'arrive souvent, au début d'une heure de classe, de regarder tous ces jeunes gens assis en face de moi, armés de leur stylo, de cahiers, de ciseaux et de colle, et braquant sur moi leur regard attentif et sérieux. J'éprouve alors avec acuité l'importance de ce moment et de la dette que j'ai à leur égard. Je me dois de leur transmettre un héritage important et inoubliable, qui changera leur vie; alors je leur donne Dante, Isaïe et Rembrandt."

L'école compte parmi ses diplômés trois Eaton, un Bassett, un Gardiner, trois Phelan, un Sifton, plusieurs Osler, un Weston, ainsi que la fille de Robertson Davies, Rosamond. Aucun sport ne figure parmi les matières enseignées par l'établissement, mais les élèves doivent exécuter un portrait d'eux-mêmes et mettre la main à la mise en scène d'une pièce donnée traditionnellement le premier samedi du mois de juin dans le minuscule amphithéâtre grec qui se dresse à l'arrière de l'école. Angela Greig a gardé de Conrad le souvenir "d'un garçon mince comme un fil à la chevelure flamboyante. Timide, mais très vif, il m'a laissé l'impression profondément agaçante qu'il aurait pu faire bien plus qu'il n'y condescendait".

Un autre de ses professeurs, Eric Johnson, se rappelle le jeune Black comme un "être fascinant, doté d'une sensibilité et d'une force de caractère peu communes, que la littérature et l'histoire captivaient. Il devait être fort doué puisqu'il obtenait toujours d'excellents résultats sans efforts particuliers". Sortant de Thornton Hall, Conrad finit par décrocher son diplôme de fin d'études secondaires. C'est à cette occasion, il s'en souvient fort bien, qu'il fut félicité pour la première fois de son existence par son père.

DE SES ANNÉES D'ÉTUDES CHAOTIQUES, Conrad garde des souvenirs très vifs. Ainsi, en 1956, il eut avec Laurier LaPierre, qui enseignait alors au Upper Canada College, une conversation qui devait le marquer. LaPierre était arrivé en classe au bord des larmes, découragé par la victoire de Duplessis. Le jeune Black, levant la main, l'interrogea: "Si Duplessis est si mauvais, comment peut-on expliquer qu'il gagne à tous les coups?" En dépit de la pertinence de sa question, il n'obtint qu'un rire amer en guise de réponse. "J'avais pris le parti de Duplessis, affirme

Conrad, comme je prenais celui des Canadiens de Montréal ou des Yankees de New York. J'aimais les champions."

De tous les champions, le joueur étoile du Canadien, Maurice Richard, dit le Rocket, était sans conteste celui dont les frasques passionnaient le plus le jeune Black. "Pendant des années, le Rocket a été opposé à Ted Lindsay des Red Wings de Detroit par une rivalité implacable. À l'époque, les équipes jouaient dans une ville canadienne le samedi et sur une patinoire américaine le dimanche soir. Après leur mémorable affrontement, Richard et Lindsay prirent le même train de nuit à destination de Detroit. Mais le Rocket ne parvenait pas à trouver le sommeil. En désespoir de cause, il se releva et partit à la recherche de Lindsay, fouillant systématiquement tous les compartiments du train, afin de lui casser la figure. Personnellement, je n'ai jamais été tenté par la violence physique, mais Richard m'impressionnait par son intensité."

La première passion de Black, celle qui prenait le pas sur toutes les autres, était cependant celle qu'il éprouvait pour les intrigues dont Argus était à la fois l'objet et le cadre. H.N.R., dit Hal, Jackman, qui devait par la suite être membre du conseil d'administration d'Argus, prétend que "Conrad baignait là-dedans depuis l'âge de sept ans". Peter White, qui devint l'un des trois principaux associés de Conrad, assure pour sa part que Black avait commencé à se passionner pour Argus encore plus tôt, soit dès l'âge de six ans. "Et, ajoute-t-il, je crois que Bud McDougald pensait également que, dès cet âge, Conrad était conscient qu'un jour ou l'autre son destin serait de mettre la main sur Argus. C'était un enfant remarquablement précoce, mais il ne fallait pas être grand clerc pour constater que McDougald n'avait aucun enfant, pas plus que Max Meighen, et que ceux de Phillips, de McCutcheon et de Taylor n'étaient pas dans la course. Par conséquent, les enfants Black étaient les seuls héritiers disponibles."

McDougald et Taylor se faisaient tous deux un point d'honneur de faire plaisir aux enfants Black. McDougald devait des années durant se souvenir de la première conversation sérieuse qu'il eut avec Conrad, alors âgé d'à peine sept ans. Ayant entendu le garçonnet se vanter de ses connaissances maritimes, McDougald voulut le mettre à l'épreuve: il lui annonça qu'il était sur le point de se rendre en Grande-Bretagne, et sollicita son opinion quant au transatlantique qu'il devrait emprunter pour la circonstance. "Eh bien, répondit l'enfant le plus sérieusement du monde, le *Normandie*, qui était le plus grand, n'assure plus le service. Le *Mauritanie*, qui l'égalait presque, a également été désarmé. Il ne vous reste donc plus qu'à choisir entre le *Queen Mary*, réputé pour son service, l'*Île de France*, renommé pour son atmosphère (mais je me demande si c'est là ce que vous recherchez) et le *Queen Elizabeth* qui, tout en étant un excellent bateau, manque de charme. Je vous suggérerais d'en rester au *Queen Mary*."

Fort impressionné, McDougald ne put que grommeler: "C'est bien ce que je pensais", avant de raconter au petit Conrad comment, lors d'un récent voyage à bord du *Queen Mary*, il avait fait la connaissance d'un acteur hollywoodien fascinant du nom de Ronald Reagan.

En 1951, George Black offrit un canot pneumatique de 36 kilos à son aîné, George Montegu III, à l'occasion de son onzième anniversaire. E.P. Taylor insista pour organiser le lancement officiel de l'esquif dans sa piscine. Son jardinier (un ancien agent de la G.R.C.) vint en prendre livraison au volant d'une familiale, et c'est ainsi que les deux familles rassemblées assistèrent à la mise à l'eau du bateau, sous l'oeil ravi d'un fier papa, armé pour la circonstance d'un appareil-photo destiné à conserver pour la postérité le souvenir de ces réjouissances. Et vogue la galère!

Eddie Taylor devait un jour faire l'observation suivante à George Black: "Tu sais, si l'on se fie à la dimension de son crâne, ce jeune homme aura un cerveau extraordinaire." Taylor était venu rendre visite aux Black en revenant de Caroline du Nord, où il était allé assister à une vente de chevaux. Pour s'amuser, il demanda à Conrad, alors âgé de 12 ans: "Dis-moi, quelle est la position de la Caroline du Nord pour ce qui est de la population, comparativement aux autres États?"

Conrad répondit du tac au tac: "La quatorzième!"

Interdit, Taylor ne put qu'ajouter: "Si c'est vrai, je te donne 25 cents."

Le jeune garçon gravit les escaliers en courant pour réapparaître triomphant, brandissant un répertoire géographique en criant: "Regardez, c'est écrit là-dedans!" Ce qui lui valut la récompense promise.

Une fois démis de ses fonctions au sein de Canadian Breweries, George Black fit de son mieux pour atténuer l'inimitié croissante qui opposait Taylor à McDougald. "Je les priais, les suppliais presque à genoux, d'enterrer la hache de guerre. Mais le jour où ils m'affirmèrent solennellement que c'était fait, je leur dis: "Tout ce que je peux dire, Messieurs, c'est que, si tel est le cas, vous ne l'avez vraiment pas enfouie très profondément et vous gardez le manche bien à portée de la main, à ce qu'il me semble!"

Ayant renoncé à réconcilier les deux hommes, George Black se rangea progressivement aux côtés de McDougald. Celui-ci devait d'ailleurs faire de son mieux pour favoriser ce rapprochement. Ainsi organisait-il à l'occasion des réunions du conseil de direction d'Argus dans le salon de George, mais c'est à l'occasion du vingt et unième anniversaire de Conrad qu'il devait frapper un coup décisif. Ce jour-là, il offrit au jeune Black une enveloppe blanche... dans laquelle était glissée une carte de membre du Toronto Club au nom de Conrad.

Le jeune homme se voyait ainsi dispensé de se plier aux formalités compliquées qu'impose le Club aux candidats souhaitant être admis en son sein. Lorsque Paul Desmarais, le président de Power Corporation, apprit l'anecdote de la bouche d'un ami commun, il dit d'un ton railleur: "Diable, Bud a dû inscrire Conrad au Club dès sa naissance!"

CONRAD QUITTA LA DEMEURE FAMILIALE EN 1962, pour s'inscrire en histoire et en sciences politiques à Carleton. Rares sont les autres universités qui auraient accepté sa candidature, mais il était fort satisfait de se retrouver à Ottawa, car il éprouvait un intérêt grandissant pour la politique canadienne. Constatant qu'il avait tendance à négliger ses études, Naomi Griffiths, qui enseignait alors l'histoire (avant de devenir doyenne de la faculté des lettres de l'université Carleton), lui fit parvenir une note des plus sèches: "Il semble que vous soyez sur le point d'échouer à vos examens, par conséquent je vous saurai gré de bien vouloir soit abandonner, soit venir me rencontrer, à condition bien entendu d'être disposé à travailler." Elle garde intact le souvenir de l'entretien qui devait suivre et surtout de l'air penaud qu'affichait Black en entrant dans son bureau. "Il était si interloqué que quelqu'un lui demande de faire un choix qu'il n'en éprouvait que de la reconnaissance. Je présume que l'on peut en partie attribuer son diplôme en histoire à la sollicitude réelle dont la faculté faisait preuve à l'égard de ses étudiants."

En dépit du fait que ses années à l'université aient coïncidé avec la décennie la plus remuante qu'aient jamais connue les campus, Conrad ne devait jamais s'intégrer au milieu contre-culturel ou contestataire. Brian Stewart, qui devint son meilleur ami durant ces années de campus, dit de lui: "Aussi cultivé qu'il était raffiné, il se passionnait pour la politique française, s'était entiché de Napoléon et de De Gaulle, et il était fort versé dans l'art militaire. Il était en outre le seul de mes condisciples à s'intéresser aux cotes de la Bourse. Il a eu une ou deux amourettes sans lendemains à Carleton, mais je ne pense pas qu'il se sentait fort doué en la matière, en dépit du vif intérêt qu'il semblait manifester à cet égard. Il m'a laissé l'impression d'attendre, en quelque sorte, d'être touché par la grâce. Il avait le don de décourager la plupart des femmes. Mais il faut se mettre à la place des jeunes filles auxquelles, sitôt présenté, il entreprenait d'expliquer de manière fort détaillée les subtiles manoeuvres déployées par Napoléon lors de sa campagne des Flandres. Elles auraient été bien en peine de soutenir la conversation, ...qui ne s'éternisait guère."

Conrad affichait alors des sympathies pour le Parti libéral et devait contribuer, avec David Smith (qui siégea par la suite aux Communes sous l'étiquette libérale), à évincer le N.P.D. du parlement modèle de Carleton (dont il détenait la majorité des sièges). Mais c'est au sein de la compagnie théâtrale de l'université qu'il devait déployer ses talents avec le plus de brio. L'organisme parrainait la sortie d'un film quelque peu osé intitulé *Bitter Ash*, et Conrad réussit à écouler tous les billets, grâce à un appel téléphonique effectué depuis la salle de rédaction du journal étudiant demandant à l'escouade de la moralité de la police d'Ottawa d'intervenir. Les agents réagirent avec célérité, menaçant de perquisitionner le théâtre, ce qu'ils firent d'ailleurs, saisissant le film sitôt la première bobine projetée. Le second spectacle s'intitulait *Mille et un délices freudiens*. "Nous pensions, et l'avenir devait nous donner raison, qu'un grand nombre d'étudiants de première année de Arnprior et de Smiths Falls se laisseraient tenter. Le rideau à peine levé, l'un des membres de la compagnie entra en scène entièrement nu et le corps enduit des pieds à la tête de peinture aux nuances psychédéliques. Il évolua sur la scène au son du célèbre *Yellow Submarine* des Beatles. À la fin du morceau, le rideau retomba et notre vedette s'éclipsa, plantant là une foule de spectateurs que la frustration rendait pour le moins agressifs."

Conrad passait presque tous ses étés à voyager en Europe avec Brian Stewart. Son ami s'en souvient comme d'un "compagnon de voyage extraordinaire. Il était plein de verve, s'intéressait à tous les films, voulait voir toutes les pièces de théâtre, courait les filles; bref il aimait tout ce qui donne du sel à la vie. Il connaissait immanquablement l'histoire des endroits que nous visitions. C'est la seule époque où je l'ai vu porter autre chose qu'un complet-veston. Il allait jusqu'à se donner un air débraillé et il a même réussi à être à court d'argent à une occasion. Nous nous étions séparés et voyagions chacun de notre côté, moi en Espagne, lui en France, lorsque je reçus un télégramme me demandant de le rencontrer de toute urgence à la gare de Madrid. À mon arrivée, je le retrouvai presque à bout de ressources, et il lui fallut attendre près de deux semaines sans un sou avant que lui parvienne un chèque de chez lui. C'était curieux de voir quelqu'un comme lui racler le fond de ses poches pour parvenir à manger".

Après avoir obtenu cahin-caha ses diplômes de Carleton, Conrad, qui n'avait aucune idée précise quant à son avenir, s'inscrivit à Osgoode Hall, célèbre école de droit torontoise. Au bout de sa première année, il n'avait même pas réussi à obtenir la note de 35 p. 100 nécessaire dans au moins une matière principale pour suivre les cours de rattrapage d'été. Il vagabonda ensuite en Angleterre, guida des touristes à Paris et caressa l'idée d'embrasser une carrière dans le quartier des affaires de Londres. Il réussit un cycle d'études en psychanalyse, se consacra quelque temps à l'écriture puis, à l'automne de 1966, délaissa Toronto pour le Québec. Il parlait un français laborieux à l'époque, mais la Belle Province l'attirait irrésistiblement. Il se sentait fasciné par le nationalisme militant qui faisait bouillonner ses campus, ainsi que par la fièvre qui animait Montréal à l'approche du centenaire de la Confédération. Il éprouvait déjà une fascination croissante pour un homme politique quasiment relégué aux oubliettes de l'histoire, qui avait pour nom Maurice Duplessis.

Chapitre deux

La bohème

Il se fit adopter sans difficulté par les habitués des bistros tant du centre-ville de Montréal que de la basse ville de Québec, dis-cutant des nuits entières avec des étudiants contestataires et s'entichant d'une nuée de jolies filles.

La période qui sépare le glorieux été de 1966 et le mélancolique hiver de 1974 vit Conrad Moffat Black, le WASP manqué, devenir à la fois un brasseur d'affaires de premier plan et un *Québécois** averti. Il prit fait et cause pour la société canadienne-française avec le zèle du néophyte. À son arrivée à Montréal, Black ne connaissait pas plus d'une centaine de mots de français et n'avait d'autre titre que celui de ses sentiments anglo-phobes. (La manière dont les Britanniques avaient perdu leurs colonies lui inspirait un mépris non dissimulé. Il condamnait en particulier la décision prise par Harold Wilson en 1966 de rappeler les porte-avions de la Royal Navy qui croisaient dans le golfe Persique et de les envoyer à la refonte. À ses yeux, le démission immédiate de Christopher Mayhew, ministre de la Marine, fut "l'ultime signe de bon sens dans ce pays avant l'arrivée au pouvoir de Maggie Thatcher".) Au printemps de 1974, date de son retour à Toronto, Black était devenu parfaitement bilingue (maniant même avec aisance le *joual** aux sonorités nasillardes), avait obtenu un diplôme en droit civil, avec mention, de l'université Laval ainsi qu'une maîtrise en histoire de l'université McGill. Il comptait parmi les familiers de deux premiers ministres du Québec, tout en étant l'auteur d'une bio-

---

* *N. des T.:* En français dans le texte.

49

graphie d'un troisième. En outre, il avait joué auprès de l'archevêque Paul-Émile Léger, responsable du diocèse de Montréal et figure de proue de l'Église du Québec, le rôle de conseiller temporel et financier. C'est également durant son séjour au Québec qu'il découvrit l'univers féminin et qu'il entreprit de bâtir son empire commercial.

L'attrait de Conrad pour tout ce qui est français découlait de la fascination que provoquait en lui le personnage de De Gaulle, tour à tour stratège, exilé, sauveur, reclus, sauveur encore puis savant et finalement saint. Bien qu'il n'en soit jamais venu à faire sienne la vision illuminée qu'avait de la France le Général, aux yeux duquel elle n'était rien de moins qu'une "madone de la Renaissance", il se sentait irrésistiblement séduit par l'idée que l'esthétique de la civilisation française se fonde principalement sur la faculté créative du libre choix. En vertu de cet axiome, les décisions sont le reflet, non des influences contradictoires de la publicité et de la concurrence, mais des goûts et des préférences des individus (en fonction de ce que les Français appellent la *mesure**, c'est-à-dire la juste répartition des choses). "J'ai toujours été frappé par l'extrême élasticité de l'esprit français, quelque insignifiantes que puissent en être les manifestations, remarque-t-il. Ainsi cette affaire criminelle remontant à 1924, dont les deux femmes de chambre d'une dame aisée résidant dans la banlieue parisienne étaient les protagonistes. Leur maîtresse les avait chargées de repasser l'une de ses robes. Malheureusement, le fer à repasser se brisa, et elles se montèrent la tête tant et si bien qu'elles assassinèrent leur maîtresse à son retour, puis entreprirent de dépecer son corps. Prises sur le fait, elles se retrouvèrent sans plus tarder sur le banc des accusés. Leur avocat demanda à la Cour de considérer ce qui semblait au premier abord être un crime comme l'aboutissement inéluctable d'une accumulation de frustrations à laquelle nul être humain n'eût pu résister. Continuant sur ce ton, il se lança dans une envolée incroyable, quoique des plus éloquentes, tant elle confinait au radotage. Mais, en définitive, il parvint à faire retirer l'accusation de meurtre qui pesait sur ses clientes. Bien que sa réussite n'ait rien d'admirable, elle n'en est pas moins révélatrice."

Son séjour au Québec passe pour la phase bohème de la vie de Conrad Black. Il se fit adopter sans difficulté par les habitués des bistros tant du centre-ville de Montréal que de la basse ville de Québec. Discutant des nuits entières avec des étudiants contestataires et s'entichant d'une nuée de jolies filles, au nombre desquelles l'on peut citer Monique Benoît, Margaret Jones et Odette Beaudoin.

C'est également à cette époque que remonte sa rencontre avec le docteur Clifford Scott. Fondateur de l'Institut canadien de psychanalyse, celui-ci comptait au nombre de ses illustres clients passés le fameux Rudolf

_____

* *N. des T.:* En français dans le texte.

Hess et avait remplacé le docteur Ernest Jones à la tête de la Royal Psychoanalytic Society de Londres. Diplômé de la faculté de médecine de l'Université de Toronto, Scott, qui pratiquait la psychanalyse depuis 1932, revint s'installer au Canada vers le milieu des années 50. Conrad le juge comme "un homme véritablement remarquable", ajoutant néanmoins, "mais je ne le consulterais pas en matière d'investissements".

Au cours de ces mêmes années, il devait être très fréquemment vu en compagnie d'un réformateur spirituel et grimaçant nommé Nick Auf der Maur, qui après avoir été l'un des rédacteurs-fondateurs du *Last Post*, finit par être élu conseiller municipal de la ville de Montréal. Auf der Maur rappelle: "À l'époque, je participais activement à la lutte contre la guerre au Viêt-nam, tandis que Conrad, pour sa part, était probablement le seul et unique fan canadien de Lyndon B. Johnson. Il m'arrivait souvent d'aller souper avec lui, et la soirée dégénérait invariablement en un affrontement verbal. Nous finissions la nuit chez lui, arrosant nos interminables engueulades de généreuses rasades de fine Napoléon. Nous formions une fameuse équipe. Bien entendu, il était homme d'affaires jusqu'au bout des ongles, alors que moi, je défendais avec ardeur la cause des travailleurs. Nous ne nous le cédions en rien pour ce qui était du bagout. D'une certaine manière, nous étions deux agents doubles. Au plus fort de ma folle crise de radicalisme, je demeurais cependant convaincu de sa sincérité, de son désir de faire le bien tout en réalisant ses ambitions."

Le courage avec lequel Conrad affiche ses opinions constitue sans aucun doute l'une de ses qualités les plus touchantes. Souvent mis à l'épreuve, son sens de l'indignation est rarement pris en défaut. Auf der Maur se rappelle qu'ayant un jour rencontré Conrad à l'improviste dans la rue Sherbrooke, il l'invita à prendre un verre. "Histoire de rigoler, j'entraînai Conrad au Truxx, rue Stanley. Ce bar était à l'époque l'un des hauts lieux de l'homosexualité montréalaise. L'établissement, qui occupait la totalité d'un immeuble de trois étages et avait un aspect repoussant, devait être investi quelques semaines plus tard par l'escouade de la moralité. Je frappais à la porte, mais rien à faire pour entrer: Conrad, vêtu de son traditionnel complet-veston, faisait beaucoup trop sérieux. Il eut alors une réaction aussi contradictoire que cocasse. L'espace d'une demi-minute, il fut d'abord en proie à une indignation forcenée à l'idée de se retrouver devant ce qu'il devait appeler par la suite les "portes de la dépravation". Puis il fut bientôt envahi d'une colère non moins forcenée à l'idée qu'un libre citoyen comme lui se voie refuser l'entrée d'un établissement public. Il aurait été bien en peine de dire ce qui des deux l'indignait le plus. Nous ne sommes jamais parvenus à franchir l'entrée du bar, mais je n'oublierai pas de sitôt sa réaction aussi violente que paradoxale."

Un beau jour, Auf der Maur, qui n'avait pas touché à un échiquier depuis l'école secondaire, mit Black au défi de l'affronter en un tournoi d'échecs de sept parties. Leurs amis ne se firent pas faute de monter en épingle ce défi, dont ils firent bien vite un règlement de comptes idéologique. Il fut convenu d'organiser les rencontres au Rainbow Bar & Grill, en sept journées consécutives. "La première partie devait avoir lieu trois semaines plus tard, afin de nous laisser la possibilité de nous entraîner. Nos amis respectifs pariaient frénétiquement sur les chances de leur favori. Ne prenant pas les choses au sérieux, je me fis battre de peu à la première partie. Or, Conrad sait à l'occasion faire preuve d'une force de caractère peu commune et ne boit jamais lorsqu'il joue aux échecs, tandis que je suis, pour ma part, incapable d'un tel exploit. J'avais déjà bu copieusement, raison pour laquelle je lui proposai de jouer la revanche sans plus tarder. Il me battit avec un peu plus de facilité que la première fois. Puisant le réconfort dont j'avais besoin dans quelques verres supplémentaires, je décrétai que l'on joue la troisième partie sur-le-champ... pour me faire battre à plate couture. Les tournées s'étant généreusement succédé, j'insistai pour que la quatrième partie ait lieu immédiatement. À ce moment-là, j'étais ivre mort alors que Black sirotait toujours son sempiternel Perrier. M'ayant littéralement pulvérisé une dernière fois, il se mit à ramasser les mises des "acteurs en quête d'auteur" et autres chômeurs qui avaient parié à coup de billets de cent dollars sur mes chances de l'emporter sur lui."

En dépit de leurs divergences, les deux jeunes hommes s'entendaient au moins pour condamner avec hauteur l'absence de cohésion des milieux d'affaires anglophones de Montréal ainsi que leur incapacité à s'adapter aux événements. Conrad, qui s'affichait à l'époque comme un chaud partisan des aspirations du Québec, s'était réellement pénétré des diverses nuances de son nationalisme. Ainsi, si l'on en croit Auf der Maur, "il faisait preuve de bien plus d'ouverture d'esprit et de bien plus de compréhension à l'égard du Québec que je ne l'aurais espéré de la part d'un homme d'affaires anglophone. Il avait également approfondi considérablement sa connaissance de l'histoire de la province et en savait sans nul doute bien plus sur le sujet que la plupart des intellectuels canadiens-français, qui ignorent souvent tout ce qui s'est produit avant 1950". Black se sentait particulièrement attiré par les dirigeants des milieux d'affaires francophones de Montréal, qui pour la plupart s'étaient taillé leur place au soleil eux-mêmes, en dépit des coups du sort. Il ne se faisait jamais faute de souligner qu'il se sentait bien plus de points communs avec ces *arrivistes** qu'avec les héritiers des fortunes westmountoises. Il tenait à bien faire comprendre à qui lui prêterait attention qu'il n'avait rien d'un fils à papa, qu'il avait réussi tout seul, que, même s'il pouvait par sa naissance prétendre à des privilèges, il avait bâti sa propre entreprise, dont le succès n'était dû qu'à ses qualités personnelles, à son intelligence et à ses aptitudes au travail.

---

* *N. des T.:* En français dans le texte.

Cette interprétation toute personnelle de la fondation de sa chaîne de journaux (le groupe Sterling) embellit quelque peu la façon dont les événements devaient se succéder. D'autre part, comme se plaît à le faire remarquer Auf der Maur: "Conrad jouissait d'un crédit légèrement plus élevé que la plupart d'entre nous."

LA GENÈSE DU GROUPE STERLING REMONTE AU SÉJOUR DE CONRAD À CARLETON, où il se lia d'amitié avec Peter Gerald White. Vif, tout en carrure et pétri de bonne volonté, White était né à Sâo Paulo, au Brésil, en 1938 et avait étudié dans un lycée français de Lausanne, en Suisse. Puis, nanti d'un diplôme du Bishop's College School de Lennoxville (dans les Cantons-de-l'Est), il s'inscrivit en droit à Laval. C'est au cours de ses années de droit qu'il se rendit à Ottawa afin d'assister à un congrès du Parti progressiste-conservateur. Il y rencontra un vieil ami de collège, Jeremy Riley (qui devait plus tard diriger le Stanstead College), auquel il dut de faire la connaissance de Conrad Black, cousin de Riley. Les deux étudiants sympathisèrent sur-le-champ, et c'est ainsi qu'un an plus tard Conrad offrit à White (qui venait d'être nommé adjoint au ministre des Forêts, Maurice Sauvé) de partager son agréable repaire du Juliana, qui passait alors pour l'immeuble le plus luxueux et le plus en vogue de la capitale fédérale. L'appartement en terrasse situé au-dessus de celui qu'occupaient Black et White était habité par le propriétaire minier John C. Doyle, qui avait coutume de jouer de l'orgue jusqu'aux petites heures du matin. C'est également cet immeuble qui avait servi de cadre aux ébats de Gerda Munsinger, la prostituée montréalaise qui, outre ses liens avec le milieu interlope, entretenait des relations avec Pierre Sévigny (alors ministre adjoint de la Défense nationale dans le cabinet Diefenbaker).

De son colocataire, White se rappelle qu'il "était la prunelle des yeux de son père. À l'époque où nous partagions cet appartement, George habitait Park Lane Circle à Toronto. Je ne sais ce qu'il faisait de ses nuits, mais je me rappelle qu'invariablement, vers quatre heures du matin, il téléphonait à Conrad. À cette heure-là, bien entendu, je dormais, mais Conrad (qui devait en avoir pris l'habitude depuis son installation à Ottawa) n'ignorait pas que ce satané téléphone finirait par sonner, si bien que tous les soirs il devait décider soit d'aller se coucher en sachant qu'il se ferait tirer du lit à quatre heures du matin, soit d'attendre que le téléphone sonne. C'est en général cette dernière solution qui l'emportait, car à l'époque il menait une vie plutôt nocturne. Tout ceci pour dire que, lorsque le téléphone se mettait à sonner vers quatre heures du matin, Conrad décrochait et se lançait avec George dans une conversation d'au moins une heure, parfois même de deux ou trois. Je m'imaginais George assis dans son fauteuil à Park Lane Circle, venant passer un moment avec son fils, simplement parce qu'il aimait sa conversation, et qu'il le trouvait des plus stimulants du point de vue intellectuel. Si, pour sa part, Conrad appréciait ces discussions, il les subissait néanmoins comme une contrainte. N'était-il pas censé étudier? George semblait prendre pour acquis que son fils pouvait mener deux activités de front (à moins qu'il ne se soit tout simplement jamais posé la question). Je n'avais de ma vie jamais rencontré quelqu'un qui passait trois heures par jour en conversation interurbaine. Je n'en revenais pas''.

White, faisant preuve de flair et d'esprit de décision tant en matière politique qu'en matière commerciale, avait acquis pour la somme symbolique d'un dollar un hebdomadaire québécois en pleine déconfiture portant le nom de *Knowlton Advertiser*. Cette obscure publication tirait jusqu'à 300 exemplaires durant la saison estivale. White convainquit Conrad, que son année désastreuse à Osgoode laissait désoeuvré, d'en prendre la direction. Ils changèrent le nom du journal en *Eastern Townships Advertiser*, entreprirent de le publier toute l'année et acquirent un hebdomadaire similaire publié en français non loin de là, à Cowansville. Au bout de six mois, leurs bénéfices s'élevaient à 350 $ par mois. Conrad vint s'installer dans un hangar à canots que la mère de Peter White possédait sur le bord du lac de Brome, dans les environs de Knowlton. La petite maison était habituellement occupée par un prêtre, le révérend Jonathan Robinson, fils du ministre des Mines de Maurice Duplessis, qui remplissait les fonctions de secrétaire du cardinal Léger. Au-dessus de la porte d'entrée de la maisonnette, il avait écrit en hébreu: "La maison de Jonathan, le secrétaire''.

Ce qui devait au départ n'être qu'une plaisanterie finit par devenir une véritable entreprise. Aidé uniquement par son frère Monte, chargé de la rubrique financière, Conrad rédigeait la presque totalité de chaque numéro, vendait la plus grande partie de la publicité et voyait au renouvellement des abonnements, qui finirent par atteindre le nombre record de 2100.

Conrad vécut en solitaire dans la minuscule cabane durant tout un interminable hiver québécois, passant de longues nuits à échafauder des projets d'avenir en compagnie d'un verre de fine Napoléon. Sur la rive opposée du lac pris dans les glaces, il voyait se dresser l'imposante silhouette de Tyrone, la maison d'été de feu John Bassett, un *véritable* éditeur s'il en fut, qui possédait en son temps le *Sherbrooke Record* après avoir dirigé la *Gazette* de Montréal. "J'ai éprouvé bien des nuits la tentation de brandir mon poing dans sa direction, devait-il avouer par la suite, mais je ne crois pas y avoir jamais succombé.''

Dans l'intervalle, White était devenu l'adjoint particulier de Daniel Johnson et il présenta Conrad au premier ministre du Québec, lors d'une réunion organisée à Granby. Sans pour autant négliger ses activités journalistiques, Black décida de se rapprocher quelque peu des centres vitaux. Il s'inscrivit en droit à l'université Laval et emménagea place Sillery, l'endroit à la mode à Québec. Ayant ainsi mis fin aux accès d'envie nocturnes que provoquait en lui le symbole de la réussite de Bassett qui le narguait par delà le lac de Brome, Conrad passa désormais ses nuits québécoises à contempler, non sans convoitise, les navires de la Canada Steamship Lines de Paul Desmarais et les cargos de la Upper Lakes Shipping de Jack Leitch, qui parcouraient le Saint-Laurent.

Black devint rapidement l'un des familiers du premier ministre puis de son successeur, Jean-Jacques Bertrand, ce qui s'explique non seulement par le fait que White était l'un des proches collaborateurs de Daniel Johnson, mais également par le caractère incongru de la présence de Black à Québec à cette époque: les WASP de haut lignage, vêtus de sombres complets-vestons et maniant la langue française avec aisance n'y étaient pas légion. L'un des souvenirs préférés de Black remonte à un vendredi après-midi, alors qu'il sirotait une bière en compagnie de plusieurs membres du cabinet rassemblés dans le bureau de Johnson. L'irruption d'un proche collaborateur du premier ministre, porteur d'un important dossier relatif à l'environnement, vint troubler la quiétude du petit groupe. Johnson promit vaguement de lire le document, mais, son collaborateur s'étant permis d'insister sur l'urgence de prendre une décision, il lui déclara sans ambages: "Non, j'ai trimé dur pour parvenir à un poste où je puisse enfin m'asseoir le vendredi après-midi pour boire une bière avec mes amis, et j'ai bien l'intention d'en profiter."

Black finit par compter au nombre des intimes de Daniel Johnson, rédigeant même une douzaine de discours pour celui-ci (dont un seul fut d'ailleurs prononcé). C'est alors qu'il fit la connaissance de Franklin David Radler.

Si c'est à White que Black doit sa première entreprise et ses premiers succès, c'est néanmoins Radler qui devait devenir son véritable alter ego. Curieux mélange de gamin des rues et d'esprit universitaire toujours en éveil, jamais satisfait, Radler ne s'en laissait pas imposer par l'Establishment. Vouant une confiance immodérée aux bilans financiers, il faisait malgré tout preuve d'un jugement très sûr, fondé sur sa conviction de l'omniprésence du contrat social.

Le père de Radler, qui devait par la suite détenir un poste important à l'hôtel Fontainebleau de Miami, avait été propriétaire du fameux restaurant montréalais Au lutin qui bouffe. Entre autres attractions de cet établissement, les clients pouvaient s'amuser, et même se faire photographier en compagnie de petits cochons de lait lâchés en liberté dans la salle. (À l'âge de 10 semaines, les porcelets devenus trop gros étaient remplacés.) L'un des serveurs de l'établissement, Mario Beaulieu, devait connaître une brillante carrière et finir ministre des Finances dans le cabinet de Jean-Jacques Bertrand. C'est à l'occasion d'une réception organisée au Club Renaissance (qui était alors un haut lieu unioniste) pour fêter la réélection de Beaulieu que Radler fit la connaissance de White et, par ricochet, celle de Black.

Diplômés ès arts de McGill, Radler s'était inscrit en maîtrise à l'université Queens. À cette époque, on lui avait demandé de mettre sur pied un programme de mise en marché de produits d'artisanat à l'intention de la réserve indienne de Curve Lake, située au nord de Peterborough en Ontario. C'est en suivant ses conseils que Clifford Whetung, l'artisan le plus créatif de la bande, devait être le premier Indien du Canada à devenir millionnaire à la force de ses bras. Par la suite, Radler élabora des projets du même type pour une trentaine de communautés indiennes ("La population de chaque réserve compte toujours au moins un gars qui veut devenir riche, et ça suffit!"), s'attirant ainsi une réputation de conseiller en administration fort enviée.

En juin 1969, Black, White et Radler s'associèrent en vue d'acquérir le journal de Sherbrooke. Propriété de John Bassett depuis 1936, le *Record* était le seul quotidien de langue anglaise des Cantons-de-l'Est. Il avait échoué aux mains de l'héritier de la famille, le commandant John W. Bassett, qui se cherchait une activité après sa démobilisation. Le rédacteur gérant, Doug Amaron, qui gagnait 80 $ par semaine, rappelle: "Chaque année, à l'approche de Noël, nous recevions une dinde. La grosseur du volatile était déterminée par l'importance du poste que nous occupions. Moi, qui n'avais pas d'enfants, je me voyais gratifié d'un animal pesant 10 kilos, tandis qu'un pauvre gars, père de sept enfants, qui travaillait à la composition ne recevait qu'une dinde de 3,6 kilos. Des années durant je lui ai donné la mienne en échange de la sienne." Le directeur du journal, Ivan Saunders, fit l'acquisition d'une presse Goss coûtant 144 000 $, dans l'espoir d'étendre le champ d'activités de l'entreprise à l'imprimerie. Mais les recettes du *Record* décrurent, et les Bassett se désintéressèrent du journal une fois le cadet de la famille déménagé à Toronto. Saunders, devenu président du *Record*, le racheta en 1968 pour sa valeur de liquidation. Mais les pertes continuèrent à s'accumuler. Au moins de juin 1969, Black, White et Radler rachetèrent l'entreprise (sauf la presse, déjà vendue par ailleurs) pour la modique somme de 20 000 $. Ce montant fut le seul que les trois associés aient jamais eu à investir dans Sterling. White dut contracter un emprunt auprès de la succursale de Knowlton de la Banque de Montréal pour verser sa part de l'acompte, tandis que Black utilisait les profits du *Eastern Townships Advertiser* à cette fin, bien que son frère, Monte, et lui-même aient déjà hérité, à cette époque, des 200 000 $ que leur avait légués leur grand-père. (Judicieusement géré par l'aîné de la famille, ce pécule devait faire boule de neige et atteindre finalement le million de dollars.)

Les nouveaux propriétaires se mirent sans tarder en quête de l'imprimerie la moins chère qu'ils puissent trouver. Leur choix se porta sur une entreprise ayant pignon sur rue à Newport, au Vermont, le *Record* jouissant du même coup de la distinction pour le moins équivoque d'être l'unique quotidien canadien jamais imprimé à l'étranger. Le trio vint s'installer à Sherbrooke, Conrad et Radler établissant leurs pénates au motel L'Ermitage, de la rue King, dont les chambres coûtaient 8,50$ par nuit, cependant que White préférait pour sa part louer une chambre à 4$ à l'hôtel Royal, ce qui lui donnait l'occasion de dénoncer aussi fréquemment que bruyamment les folles dépenses de ses associés. Ils réduisirent le personnel du journal de moitié, adoptèrent une comptabilité des prix de revient des plus strictes et se mirent en campagne avec ardeur en vue de décrocher des contrats de publicité. Le bilan du mois de juin indiquait des pertes de 8000$ tandis qu'en août l'entreprise enregistrait des bénéfices de 1132$. George MacLaren, avocat de Sherbrooke qui s'intéressa de près aux méthodes adoptées par Black afin de réduire ses coûts d'exploitation, estime que: "Comme éditeur, Black aurait pu en remontrer à Lord Thomson lui-même. Il tenait compte de tout, des rouleaux de papier hygiénique aux crayons fournis aux journalistes." Lewis Harris, qui occupait à l'époque le poste de rédacteur gérant, se souvient de certains repas d'affaires auxquels il a participé. Ils partaient dans la grosse Cadillac de Black pour aller manger un hamburger dans un resto-route au bord de la rivière.

L'indépendance de l'équipe de rédaction fut mise à l'épreuve lorsque Peter White prit la décision de se présenter au scrutin provincial de 1970. À cette occasion, Black décréta que le journal couvrirait intégralement la campagne de son associé. John Fraser, qui était entré comme journaliste au *Record* en 1963, s'en souvient encore: "Il ne semblait guère y avoir d'issue: il fallait céder ou plier bagages. Le personnel eut l'intelligence de choisir une troisième solution, qui consistait à faire preuve d'un zèle acharné. Il ne se passait pas deux jours sans que la première page du journal ne se fasse l'écho du panégyrique de White. Cette abondance finit par être plus embarrassante qu'autre chose, d'autant plus que le candidat libéral n'eut droit qu'à deux entrefilets, l'un le comparant à Adolf Hitler, le second publié par erreur. Il va sans dire que White devint la risée de la région, ce qui devait contribuer à lui faire mordre la poussière."

Black évoque ainsi cet épisode de sa vie: "Nous nous sommes vraiment demandé comment nous avions fait pour ne pas y songer plus tôt, lorsque nous avons vu les profits s'accumuler de la sorte." Monte Black, qui travaillait alors pour la société torontoise d'investissements Draper Dobie and Company Ltd., mit la main sur une liste de 15 hebdomadaires de Colombie-Britannique alors qu'il visitait les bureaux de Vancouver de Draper Dobie. C'est à la même époque que fut rendu public le rapport de la Commission sénatoriale d'enquête sur les médias de masse, dirigée par le sénateur Keith Davey. Conrad eut le bonheur de dénicher dans l'une des annexes du rapport une énumération fort pratique de journaux susceptibles d'intéresser le trio. Ses associés et lui-même puisèrent également des renseignements intéressants dans un ouvrage de référence intitulé *Canadian Advertising Rates & Data*. Radler, qui s'en souvient encore, raconte: "Nous passâmes un après-midi à en feuilleter les listes. Le premier chapitre traitait de la Colombie-Britannique et du Yukon. Nous avons téléphoné à des dizaines de propriétaires, ici et là, pour leur demander s'ils envisageaient de vendre. Il n'y en a que deux qui aient accepter de nous parler. Les autres nous raccrochaient au nez purement et simplement. Mais nous avons discuté avec Dan Murray de Fort St. John, ainsi qu'avec les propriétaires des publications Milner de Prince Rupert. Nous prîmes donc l'avion, Conrad et moi, pour la Colombie-Britannique, où nous conclûmes les marchés en bonne et due forme."

En mars 1972, Radler partit s'installer à Prince Rupert afin d'y prendre les leviers de commande, et, au cours de la décennie qui suivit, Sterling mit la main sur la presque totalité des journaux de la province*. Black et ses associés finirent par posséder un groupe de presse comptant 21 entreprises, pour l'achat desquelles ils avaient emprunté 6,7 millions de dollars auxquels s'étaient ajoutés les bénéfices réinvestis (mais pas le moindre apport d'argent appartenant à la famille). Le trio parvint à de nombreuses reprises à battre la chaîne Thomson au poteau. Ce succès est en grande partie attribuable au fait que les trois associés évitèrent toujours de se laisser engluer dans une paperasserie lourde et tracassière. Radler affirme: "Il était plus facile de traiter avec nous qu'avec Thomson. Il nous suffisait d'échanger un regard, un clin d'oeil, et l'affaire était conclue."

Interrogé sur les critères de mise en marché appliqués par le groupe lors de ses acquisitions (faisait-il, par exemple, procéder à des études démographiques des régions concernées, compter le nombre de commerces pouvant éventuellement devenir annonceurs ou, pourquoi pas, analyser en détail les surplus des quotidiens des grands centres?), David Radler répliqua: "Nous visitons de nuit les bureaux de chaque nouvelle acquisition éventuelle afin de compter les pupitres. Cela nous permet de connaître le nombre d'employés de l'entreprise. L'expérience acquise à Sherbrooke nous a appris que là où il y a, par exemple, 42 bureaux, nous n'aurons besoin que de 30 personnes. Nous savons donc que 12 employés devront se chercher du travail ailleurs avant même de les avoir rencontrés." La plupart des quotidiens appartenant au groupe Sterling ne comptent que trois ou quatre rédacteurs à temps plein. Cette attitude à l'emporte-pièce eut au moins une fois des conséquences confinant à l'absurde. Ainsi, lorsque, le 11 février 1978, un avion de la Pacific Western Airlines s'abîma à proximité de Cranbrook en Colombie-Britannique, entraînant dans la mort 43 de ses passagers, le *Daily Townsman*, journal local appartenant à la chaîne Sterling, dut se rabattre pour couvrir la tragédie sur les dépêches émises par la Presse Canadienne (de Toronto!).

---

* *Voir le tableau de la page suivante.*

Journal	Tirage	Coût pour Sterling ($)
Alaska Highway News (Fort St. John)	5000 quotidien	240 000
Mackenzie Times (Mackenzie)	1350 mercredis	10 000
Northern Horizons (Dawson Creek)	26 000 lundis, 1 sem./2	480 000
Peace River Block News (Dawson Creek)	5000 quotidien	
Chetwynd Echo (Chetwynd)	1500 mercredis	
Trail Daily Times (Trail)	6500 quotidien	1 300 000
Nelson Daily News (Nelson)	9600 quotidien	
Alberni Valley Times (Port Alberni)	8000 quotidien	690 000
Lloydminster Daily Times (Lloydminster, Sask.)	8000 quotidien	350 000
Weekly Times (Lloydminster, Sask.)	17 400 mercredis	
Summerside Journal-Pioneer (Summerside, Î.-du-P.-É.)	11 500 quotidien	500 000
North Shore Citizen (Vancouver Nord et Ouest)	49 200 mercredis (publication interrompue en 1980)	725 000
The Enterprise (Région de Port Coquitlam)	36 300	50 000
Surrey-Delta Messenger (Banlieue de Vancouver)	37 000	52 000
White Rock & Surrey Sun (White Rock et Surrey)	18 000	125 000
Richmond Review (Ladner et Tsawwassen)	23 000	459 000
Daily Townsman (Cranbrook)	4200 quotidien	
Courier Merchandiser (East Kootenays)	23 000 lundis	480 000
Kimberley Bulletin (Kimberley)	2000 quotidien	

Terrace Daily Herald (Terrace)	3100 quotidien	
Prince Rupert Daily News (Prince Rupert)	4500 quotidien	160 000

La seule acquisition de Sterling dans les provinces de l'Atlantique fut le *Journal-Pioneer* de l'Île-du-Prince-Édouard pour laquelle le groupe déboursa 500 000 $*. Monte raconte volontiers l'épisode suivant: "Conrad m'a appelé du Holiday Inn de Summerside alors qu'il était en pleine négociation. Il me souffla qu'il ne voulait pas que l'on puisse l'entendre et qu'il avait dû se cacher sous une couverture tellement les cloisons étaient minces."

En juin 1973, la maison d'édition Harlequin offrit de racheter pour 5 millions de dollars le groupe Sterling, fondé moins de cinq ans auparavant avec un capital de 20 000 $. (L'offre devait demeurer sans suite.) En 1981, Sterling enregistrait un chiffre d'affaires de plus de 20 millions de dollars, dont 5 millions de bénéfices nets. La propriété du groupe se répartissait entre Conrad (42 p. 100), Radler (33 p. 100) et White (25 p. 100). Ils avaient cédé le *Sherbrooke Record* en 1977 à un avocat des Cantons-de-l'Est, George MacLaren. La transaction leur avait rapporté 840 000 $, ce qui, compte tenu du prix d'achat initial (soit 20 000 $, payé huit ans auparavant) constituait une marge bénéficiaire d'autant plus appréciable que le trio avait déjà tiré du journal près d'un million de dollars de bénéfices, immédiatement réinvestis afin de financer la croissance du groupe. Outre les éléments d'actif qu'ils détiennent dans Argus, les associés possèdent aujourd'hui la compagnie Dominion Malting, une participation majoritaire au sein de la chaîne Slumber Lodge (qui compte 11 motels en Colombie-Britannique) ainsi que dans Sterling Energy, une jeune société pétrolière, et ils accroissent rapidement leurs investissements fonciers en Californie.

En 1978, Maclean Hunter Ltd. de Toronto offrit à son tour de racheter Sterling pour 14 millions de dollars. La transaction devait échouer, les parties en présence ne parvenant pas à s'entendre sur ses conséquences du point de vue fiscal et un désaccord de dernière minute étant apparu quant à la vérification des comptes de la chaîne de journaux. Alors que les démarches semblaient sur le point d'aboutir, Radler, contrairement à ses habitudes, accepta d'accorder une entrevue exceptionnelle à Phil Adler. Celui-ci dirigeait à l'époque le bureau de Vancouver de la Presse Canadienne. "C'est la première fois en 10 ans que je me paye mon propre repas, lui confia-t-il mi-figue mi-raisin, car je n'ai plus accès

---

* Appuyés par leur père, Bud McDougald, et la Banque Impériale de Commerce, les frères Black soumirent une offre de 15 millions de dollars pour le *Toronto Telegram*, juste avant l'effondrement de cette compagnie, initiative qui n'a finalement rien donné.

à la petite caisse." Le dîner, pris sur le pouce sur le coin d'un bureau enfoui sous les journaux et dont seule une machine à calculer sans cesse sollicitée émergeait, consistait en deux hot-dogs arrosés de citronnade et de deux sandwiches destinés à son visiteur. Le repas était on ne peut plus conforme à la réputation de frugalité faite à Radler par certains de ses employés.

Radler devait résumer sa philosophie en matière d'édition dans l'article publié par le *Financial Post* le 17 octobre 1981. Il y tirait à boulet rouges sur la Commission royale d'enquête sur la presse, balayant le rapport qu'elle avait rendu public en le qualifiant de "manifeste élitiste prônant la mainmise du gouvernement et visant à convaincre les Canadiens qu'ils ne sont pas suffisamment intelligents pour savoir ce qu'ils aimeraient lire dans leurs journaux". Aux yeux de Radler, ce rapport menaçait non seulement la liberté de presse, mais également le système capitaliste tout entier. "Voilà une méthode fort commode pour un gouvernement (quel qu'il soit) de venir à bout de ses détracteurs tout en mettant un frein aux éditorialistes les plus critiques: il lui suffit de supprimer ces détracteurs par voie de législation. L'idée qu'un gouvernement soit prêt à franchir ce pas (pour ne pas dire qu'il en brûle d'envie) constitue la menace la plus grave à laquelle la presse de ce pays ait jamais été soumise. Une Commission qui pense détenir la vérité risque un jour d'être remplacée par un gouvernement qui est pour sa part persuadé de la détenir. C'est là une possibilité dont tous les Canadiens devraient se pénétrer et qui mérite d'être combattue avec toute la vigueur et tous les moyens que nous puissions lui opposer."

En matière de journalisme, la conception de Radler est la simplicité même: "D'un côté vous avez une pile d'articles, de l'autre un monceau de feuilles sur lesquelles figurent les annonces, et au milieu il y a la presse à imprimer."

C'EST AVANT QUE STERLING NE PRENNE SON ESSOR, et alors qu'il finissait ses études à Laval, que Conrad (qui vivait toujours à Québec) se lança dans une des rares entreprises de caractère altruiste de son existence. Ayant rencontré le cardinal Paul-Émile Léger par l'intermédiaire de leur ami commun, le révérend Jonathan Robinson, il tomba immédiatement sous le charme de l'éminent homme d'Église. "J'ai eu de fréquentes discussions avec Léger, se souvient-il, qui ne roulaient pas sur des sujets religieux et qui étaient alimentées par la perspicacité dont il faisait montre en matière politique. Il était sans l'ombre d'un doute le plus intelligent des Canadiens français de son époque. Mais il ne se limitait pas seulement au Québec. Il faisait preuve d'une compréhension peu commune des événements animant la scène internationale. Il entretint des liens d'amitié plutôt étroits avec De Gaulle pendant un certain temps."

C'est Conrad qui, devenu l'un des principaux responsables financiers du cardinal Léger, devait rédiger le document de 31 pages soumettant la candidature du cardinal au prix Nobel de 1973. Il y décrit la décision du cardinal de quitter Montréal afin de se consacrer aux lépreux d'Afrique noire en des termes dignes de s'appliquer à un bienheureux. "Cet homme, affirme Conrad dans une envolée lyrique, qui a choisi d'assumer délibérément un fardeau digne de Sisyphe, témoigne d'une symbiose réussie entre les besoins matériels et le bien spirituel, de l'union des progrès accomplis par l'Occident et de la force inaltérable de cultures plus anciennes. Par son exemple, dont l'histoire conservera la mémoire, il nous prouve de façon éclatante combien puissante peut être l'image d'un individu, aussi humble soit-il, et à quel point ses bonnes actions peuvent faire reculer les limites de l'espoir tout en témoignant de la valeur inaltérable de la vie humaine. Paul-Émile Léger a choisi de couronner une carrière pavée de hauts faits, illuminée par la charité et l'empire de l'esprit, en nous offrant une source d'inspiration aussi puissante que symbolique, marquée au coin tant de l'historicité que de la pérennité, et qui trouve à s'exprimer dans un domaine menaçant l'avenir de l'humanité et pourtant bien au centre de ses préoccupations actuelles."

En dépit des fleurs de rhétorique prodiguées par Conrad, le prix Nobel de la paix 1973 fut décerné à messieurs Henry Kissinger et Le Duc Tho. Grâce à ses entretiens avec Léger, Conrad acquit progressivement une connaissance approfondie des politiques de l'Église catholique. Il se plaisait à citer le mot de Maurice Duplessis confiant à Malcolm Muggeridge, critique britannique et iconoclaste professionnel: "Il n'y a pas grande difficulté à gouverner la province de Québec. On n'a qu'à laisser les jésuites et les dominicains se quereller."

La relation des deux hommes, surtout dans les premiers temps, se traduisait par une admiration sans bornes de Conrad pour le prélat. Brian McKenna, qui travaille comme journaliste dans une station de télévision montréalaise, raconte l'anecdote suivante: "Un soir où nous nous étions attardés avec quelques amis chez Black, celui-ci nous fit soudain écouter l'enregistrement d'un long sermon du cardinal Léger. Il suivait le texte des lèvres. Éteignant l'appareil, il nous récita intégralement le sermon que nous venions d'entendre, sans négliger d'y mettre les intonations du cardinal. Ce n'est pas par hasard si Black est devenu le confident de monseigneur Léger; en fait, je pense que Conrad n'est autre que la réincarnation d'un cardinal du XVIIIe siècle. La pourpre cardinalice lui irait comme un gant."

Pour sa part, Nick Auf der Maur avance une interprétation moins charitable des liens unissant Black au prélat. "J'ai toujours été intimement persuadé que Conrad rêvait d'orchestrer l'accession du cardinal au trône papal. Rien n'aurait pu lui faire plus plaisir que d'avoir ses entrées auprès du souverain pontife. La facilité avec laquelle Léger pouvait, en dépit de son extraction roturière, adopter un comportement et une grâce tout aristocratiques avait le don de fasciner Black, prétend Auf der Maur; mais le jour où le cardinal, renonçant à sa charge afin de redevenir simple prêtre, partit en Afrique soigner les lépreux, Conrad fut convaincu qu'il venait de gâcher ses chances d'accéder au Saint-Siège et en fut on ne peut plus contrarié. Il voyait s'évanouir ses rêves d'entrée au Vatican. Il prétendit que Léger manquait de suite dans les idées, affirmant que désormais nul ne le prendrait plus au sérieux. Finalement, Conrad devint fort irritable et, alors qu'il avait longtemps marqué le plus profond respect pour le prélat, il finit par grommeler que le cardinal semblait être devenu quelque peu excentrique, et qu'il valait mieux qu'il se fasse oublier."

Conrad reconnaît volontiers aujourd'hui que "Léger souffrait peut-être de ce que les Français appellent le goût du sensationnel, à l'instar de ces toréadors auxquels les *olés* de la foule inspirent des gestes sans cesse plus audacieux. Dans son désir d'en imposer, il fut peut-être amené à poser des gestes irréfléchis. Mais, dans l'ensemble, je demeure fort impressionné."

En dépit du fait qu'il vive à une époque où l'abandon d'absolus moraux est devenu chose commune, Black préserve jalousement la dimension spirituelle de son existence, qui l'a amené à deux doigts de jeter aux orties son éducation anglicane pour entrer au sein de l'Église catholique, apostolique et romaine. "Il s'agit d'une question qui ne concerne que Conrad et son Dieu", considère le cardinal G. Emmett Carter, archevêque de Toronto, qui, bien que se refusant à toute spéculation de cet ordre, devait prendre la place du cardinal Léger comme conseiller spirituel de Black. "Je n'en serais pas surpris outre mesure. Il a une personnalité très riche et se considère comme un membre de l'Église catholique, mais lui seul peut savoir s'il se sent à l'aise au sein de son rameau anglican."

L'amitié du prélat et de Black, qui devait devenir l'un de ses confidents, date du retour de Conrad à Toronto. Les deux hommes passèrent nombre de soirées à discuter interminablement de la subtilité des intrigues vaticanes, de l'histoire du Québec ou de vérités théologiques. "Conrad est extraordinaire, d'affirmer le prélat, il me laisse pantois. Je ne sais pas comment il se débrouille, mais il n'est pas un sujet sur lequel il n'ait une idée arrêtée. J'ai passé la plus grande partie de mon existence au Québec, et pourtant il en sait plus que moi sur le Canada français. L'histoire le préoccupe au plus haut point, et je dirais de lui que, d'une certaine manière, il est plus attaché aux traditions que moi. Il adore discuter des cardinaux et évoque à tout bout de champ des personnages ecclésiastiques dont je ne connais rien ou dont je n'ai que très vaguement entendu parler. Il en sait sans aucun doute plus long que moi sur la vie vaticane du XVIIIe siècle. Il est stupéfiant."

TOUT AU LONG DES HUIT ANNÉES QU'IL VÉCUT AU QUÉBEC, Black prit soin de demeurer en contact avec Toronto qu'il considérait de plus en plus, le temps aidant, comme la cité impériale dont on l'avait exilé, mais où il était de son destin de retourner en triomphateur, à l'instar d'un Clive des Indes moderne. Il prodiguait principalement son affection à Bud McDougald, d'Argus, auquel il ne se fit jamais faute de communiquer les états financiers les plus récents de Sterling, qu'il assaisonnait de commentaires destinés à tenir son correspondant au courant des derniers exploits financiers du jeune trio.

En 1968, Black convainquit la *Gazette* de Montréal de l'envoyer en reportage en Amérique du Sud. Les articles qu'il en ramena témoignent de la justesse de son jugement. Ainsi, de Buenos Aires, il écrivait, prévoyant le retour ultérieur de Juan Perón au pouvoir: "Juan Perón est parvenu au sommet en s'appuyant sur l'armée vers la fin des années 30, puis, faisant preuve d'une faculté d'adaptation remarquable ainsi que d'une clairvoyance exceptionnelle, il a su prendre ses distances à l'égard des militaires, brandissant le flambeau des syndicats ouvriers et des *descamisados* (les "sans chemises") ruraux. Perón, qui ne correspond nullement à l'image classique du despote sud-américain fanfaronnant, était et demeure un meneur populiste unique en son genre. Sa démagogie lui a valu bien des imitateurs, mais rares sont ceux qui l'ont surpassé. Les dernières années de son régime se caractérisent par un gauchisme désordonné et entaché d'une terreur qui connut son apogée en 1954, alors qu'au cours de la même nuit il mettait à sac et incendiait l'aristocratique Jockey Club et sept églises. Ses excès étant oubliés de tous ceux qui n'en furent pas victimes, Perón jouit d'une réputation qui va s'améliorant d'année en année et qui, à l'instar de la légende napoléonienne, l'auréole d'un prestige fabuleux aux yeux d'un bon nombre de ses concitoyens."

Cette série d'articles éveilla sans nul doute l'intérêt de McDougald, puisque celui-ci fit présent à Conrad, le 11 septembre 1968, d'un superbe portrait de Napoléon signé Lefebvre, qui avait appartenu à l'un des principaux associés d'Argus, Eric Phillips. Il l'accompagnait d'un petit mot assurant sur le ton de la plaisanterie que "Napoléon se sentirait sans aucun doute mieux chez Conrad qu'à Sainte-Hélène". Mais Black ne fut pas dupe: "Mon père s'apprêtait à l'époque à fonder la compagnie de portefeuille Ravelston, et Bud ne manquait pas une occasion de faire obstacle à Eddie Taylor. Comme toujours, il se peut que son apparente générosité ait masqué des sentiments moins louables." Il n'en fit pas moins encadrer le petit mot de McDougald afin de l'exposer à côté du tableau.

Outre les liens qu'il entretenait avec McDougald, Conrad entreprit d'en nouer avec le cercle de jeunes héritiers torontois qui se frayaient un chemin dans la mêlée*. Le premier, et non le moindre d'entre eux, Fred Eaton, héritier de la dynastie propriétaire des magasins du même nom, suivit de près la croissance de Sterling. ("Conrad, je te remercie pour le bilan fort intéressant que tu m'as transmis. Tu sais que, tel Thomas, j'ai besoin de voir pour croire. Tu sembles être sur le bon chemin, et je te souhaite de continuer dans la même voie.")

Le 15 juillet 1970, Conrad, alors âgé de 25 ans, eut avec son ami Peter White un entretien à coeur ouvert portant aussi bien sur son avenir que sur celui de leur pays. White prit note des réflexions de Black prévoyant entre autres que "les gouvernements fédéral et provinciaux tenteraient de se supplanter avec un manque de logique époustouflant". D'un point de vue plus personnel, Black prit la décision d'écrire "un livre qui lui vaudrait les honneurs tant universitaires que politiques, journalistiques ou savants", afin d'être en mesure, "le moment venu, de faire des déclarations politiques ou de lancer des appels aux armes" qui seraient pris au sérieux.

Caressant d'abord le projet d'écrire une biographie de Lyndon Johnson qui aurait présenté celui-ci sous un jour favorable, il se rendit au Hudson Institute afin de soumettre son idée à Herman Kahn. Ses réflexions et ses consultations devaient cependant amener Black à conclure qu'il était particulièrement bien documenté pour se faire le biographe d'un des acteurs les plus controversés de la scène politique canadienne. Feu Joseph Maurice Le Noblet Duplessis avait présidé aux destinées de la province de Québec durant quatre mandats, de 1936 à 1959, ce record de longévité politique correspondant à ce que les Canadiens français désignent d'une manière imagée comme *la grande noirceur***.

Brian Stewart se souvient que, "à l'époque où il étudiait à Carleton, Conrad marquait sans doute plus d'intérêt pour l'ancien homme politique québécois que la propre mère de celui-ci n'en aurait montré. Déjà, à l'époque, il était fasciné par les hommes puissants qu'à ses yeux leurs contemporaions avaient méjugés. Il visitait fréquemment Québec, et il lui arrivait d'aller à Montréal dans le but d'étudier la genèse de la ville. En chemin, il s'arrêtait dans les petites agglomérations afin d'y étudier les mécanismes du pouvoir, de percer à jour le fonctionnement du système politique. C'est ainsi que son intérêt pour Duplessis s'éveilla très tôt. Il considérait que celui-ci, bien qu'il ait réussi à maîtriser habilement ce

---

* *N. des T.:* En français dans le texte.

** En 1970, Black consentait à financer la version montréalaise de *Hair*, dont le metteur en scène au Canada était Johnny F. Bassett. Un malheureux hasard voulut que la première de cette exubérante comédie musicale coïncide avec la découverte du corps de Pierre Laporte, dans le coffre d'une voiture, en plein coeur de la Crise d'octobre.

réseau, source de son pouvoir, semblait finalement être tombé dans les poubelles de l'histoire."

D'abord, Black avait partagé l'opinion communément répandue dans les années 60 "qui dépeignait Duplessis comme une variante locale de Hitler, le tenant au mieux pour un ogre primitif et corrompu, bref un exécrable premier ministre". Mais, à la faveur des recherches toujours plus approfondies qu'il fut amené à faire sur l'époque de Duplessis, Conrad se sentit gagné par la conviction, combien palpitante, de pouvoir glisser quelques fausses notes dans un concert aussi unanime. "À ma naissance, au Québec, en 1944, la presque totalité des commissions scolaires de langue française de la province, un grand nombre de municipalités et même l'Université de Montréal étaient au bord de la faillite, pour ne pas dire au-delà. Le gouvernement n'avait même pas les moyens de défrayer les coûts de déneigement des routes de la province et devait limiter celui-ci à quelques artères d'importance vitale. Le Québec français était à tous points de vue sous-développé. La rumeur populaire présente les 15 années subséquentes, au cours desquelles Duplessis dirigea la province, comme une époque de régression et de corruption. En fait, ce fut là l'unique période de son histoire où la progression du Québec, tant du point de vue économique que du point de vue social, fut plus rapide que celle de l'Ontario. Au cours de ces mêmes années, la province diminua sa dette de 40 p. 100, et les taux d'imposition y furent considérablement réduits... À l'instar de maints novateurs, Duplessis fit preuve d'une certaine brutalité, mais il fut non seulement le premier politicien québécois à établir la prééminence de l'autorité de l'État sur celle de l'Église, mais également le premier à s'opposer à la tendance centralisatrice d'Ottawa qui voulait accroître sans cesse ses pouvoirs constitutionnels."

Ce n'est qu'après avoir obtenu son diplôme de droit de l'université Laval que Black, auquel ses activités au sein de Sterling laissaient bien du temps libre, se mit à envisager sérieusement la possibilité de se consacrer à l'écriture. Le 1er mai 1971, il se rendit à Trois-Rivières afin d'y assister à un colloque portant sur Duplessis. Les universitaires assemblés pour l'occasion, qui déversaient les fielleuses condamnations de rigueur sur l'ancien chef de l'Union Nationale, furent interrompus par un vieil homme qui, brandissant des liasses de documents, les accusa d'une voix chevrotante de profaner la mémoire de Duplessis en colportant des inepties sur son compte. Le hasard avait voulu que Conrad prenne place à proximité de ce monsieur; il apprit qu'il s'agissait de Robert Rumilly, alors âgé de 76 ans, auteur de la monumentale *Histoire de la province de Québec*, en 41 volumes, et principal exécuteur testamentaire de feu le premier ministre. L'amitié ne fut pas longue à naître entre les deux hommes. Rumilly présenta Black à Auréa Cloutier, qui, après avoir durant 36 ans occupé le poste de secrétaire de Duplessis, veillait jalousement sur les archives de celui-ci, conservées dans l'ancienne résidence trifluvienne du premier ministre. Au cours des 55 visites que Conrad devait lui faire par la suite, elle lui donna accès à une partie sans cesse croissante de la correspondance privée de Duplessis. La vingtième fois, elle émergea d'un réduit du sous-sol avec une chemise bourrée à craquer en précisant: "Tout ce qui est là-dedans m'a été confié par monsieur Duplessis en personne; il me disait de le mettre de côté pour le jour où nous écririons ses mémoires."

Conrad y découvrit, pêle-mêle, des lettres révélatrices du cardinal Rodrigue Villeneuve, des suppliques mal orthographiées sollicitant une intervention en faveur du signataire qui souhaitait obtenir un emploi à la Commission des Alcools du Québec, des factures jamais payées, des déclarations d'impôt de membres du cabinet Duplessis fraudant le fisc, des brouillons de discours, des bribes d'informations obtenues par espionnage politique, des photos compromettantes, une liste des contributions politiques versées par chaque tenancier de la province. Il s'agissait de tout un bric-à-brac accumulé au cours d'une vie longue et mouvementée.

Mademoiselle Cloutier confia finalement tous ces documents à Conrad, et ses amis se souviennent des anecdotes qu'il leur contait sur Duplessis tout en conduisant sa grosse voiture. De temps à autre, il immobilisait celle-ci sur le bas-côté de la route, se précipitait en arrière, fouillait dans le coffre du véhicule et revenait, triomphant, un document à la main afin d'étayer ses dires. Un jour, se rendant de Mansonville à Knowlton, Conrad s'enflamma au point de perdre la direction de son véhicule, quittant la route de manière assez brutale. "La voiture s'envola comme un avion mal profilé, et je me suis fait un peu secouer. J'en ai gardé une cicatrice. Avec le temps, il ne m'en reste qu'une image assez cocasse de vaches farfouillant près de l'Oldsmobile, toute cabossée à l'avant et à l'arrière, autour de laquelle elles s'étaient rassemblées."

Souhaitant donner un cadre à son projet, Black s'inscrivit à McGill comme étudiant de maîtrise à temps partiel. Sous la tutelle du professeur Laurier LaPierre, il consacra les deux années suivantes à rédiger sa thèse, "Career of Maurice L. Duplessis As Viewed Through His Correspondence, 1927-1939". Le professeur LaPierre jugea ses efforts dignes d'être couronnés d'un diplôme, tandis que son examinateur, le professeur Ramsay Cook de l'université York, condamnait l'ouvrage, estimant que son auteur "avait manqué de rigueur dans ses recherches, et faisait preuve d'une absence de discernement quant à ses sources". Cook critiqua de manière cinglante l'oeuvre de Black, grosse de 700 pages, la jugeant "d'un intérêt médiocre à tous points de vue". Black n'était, à l'en croire, qu'un écrivaillon faisant preuve, à peu de chose près, d'un manque absolu de discipline. Pis encore, Cook affirma que Black souffrait de "diarrhée verbale" et qu'il faisait un usage immodéré de "mots pour le moins déplacés dans une oeuvre universitaire"... dont il dressait une liste impressionnante, à l'appui de ses dires.

En réponse au commentaire glacial de Cook, Conrad remania sa thèse, y ajoutant cependant une remarque de quatre pages qu'il terminait en affirmant sur un ton cinglant, ne laissant pas de rappeler de Gaulle: "Ayant lu tous les ouvrages traitant de ce sujet, y compris les travaux récemment publiés de monsieur Rumilly, ayant entre autres consacré d'innombrables journées et soirées dans le sous-sol poussiéreux et mal éclairé de la maison de monsieur Duplessis, où sont entassées dans le plus grand désordre les archives de celui-ci, ayant enfin remanié consciencieusement la version originale de cette thèse en remarquant de nombreuses objections, dont certaines m'apparaissaient comme mal fondées et erronées, j'ose affirmer en toute modestie apporter avec le présent document une contribution définitive et universelle sur le sujet."

Black obtint son diplôme à l'automne de 1973, mais il ne pardonna jamais à Cook, et leur premier différend marqua le début d'une vendetta littéraire, qui, pour n'être qu'anecdotique, n'en fut pas moins implacable. Les deux hommes s'affrontèrent une fois de plus, quatre ans plus tard, lorsque Black fit publier sa thèse sous la forme d'un volume de 743 pages *.

L'ouvrage fourmille de révélations intimes. Ainsi le lecteur y apprend-il que Duplessis était affligé d'un hypospadias, c'est-à-dire d'une malformation de l'urètre qui s'ouvre sur la face inférieure de la verge, dans son cas à environ 2,5 centimètres de l'extrémité. Black suit pas à pas les efforts de l'ancien premier ministre du Québec qui devait réussir à faire du ridicule Parti conservateur des années 30 la machine politique la plus puissante de l'histoire de la province. Sans pour autant excuser toutes les manoeuvres de Duplessis, Black condamne sans appel les détracteurs de ce dernier, coupables à ses yeux de "calomnies perverses". S'il s'élève en faux contre certaines accusations voulant que son personnage principal soit un vulgaire prévaricateur, il trace cependant un portrait sans indulgence des personnalités de l'époque, dévoilant ainsi, preuves à l'appui, qu'un juge en chef du Canada, Thibaudeau Rinfret, avait sollicité (et obtenu) de Duplessis qu'il approuve le transfert du permis d'alcool d'un hôtel; que des journalistes émargeaient aux frais du gouvernement (Tracy S. Ludington cumulait les postes de rédacteur à la *Gazette* de Montréal et de chef des relations publiques anglaises pour le premier ministre); que, lors des campagnes électorales provinciales de 1952 et de 1956, l'éditeur du

---

* Ce livre fut publié sous le titre *Duplessis*, par McClelland and Stewart, en 1977. Afin de ramener le prix de vente de cet énorme volume à 16,95 $, l'éditeur en imprima 10 000 exemplaires, en assumant uniquement la moitié des frais de reliure. L'autre moitié de ces frais fut assumée par Conrad Black, qui revendit sa partie du livre à McClelland moyennant un warrant de vente. Jusqu'à ce jour, *Duplessis* s'est vendu à 8000 exemplaires en anglais et à 13 000 exemplaires en français. (La version française a été publiée en deux volumes aux Éditions de l'Homme, Montréal, en 1977.)

Montreal Star, J.W. McConnel, fit parvenir à Duplessis des contributions qui "consistaient en billets de banque neufs pour la valeur de 50 000 $ à 100 000 $ livrés dans des boîtes de carton, à l'attention du premier ministre lui-même*". Black révèle qu'au cours de son règne mouvementé Duplessis parvint à amasser la somme fabuleuse de 100 millions de dollars en pots de vin.

Il trace ainsi le portrait de ce politicien passé maître dans l'art de tirer avantage du mythe populaire de la Conquête afin de laisser perpétuellement ses électeurs sur le qui-vive, persuadés d'être assiégés, à une époque où le grand lit occupait encore dans l'univers familial la place qu'usurperait un jour le récepteur de télévision. Black considère "le parti politique de Duplessis comme l'une de ses plus incontestables réussites. Balayant irrésistiblement toute opposition du vivant de son fondateur, l'Union Nationale devait s'effriter et tomber en poussière après sa disparition. Ses adversaires, auxquels se joignirent nombre d'ignorants, ont beau avoir attribué son succès à un primitivisme aussi silencieux que ténébreux, il convient en fait de le mettre au compte d'une combinaison magistrale de patriotisme sincère allié à un conservatisme social, un modernisme économique, un goût pour la grandeur ainsi qu'un profond bon sens, de grandes qualités de plaideur et un flair infaillible pour conserver ses électeurs".

Sans farder outre mesure les gestes parfois douteux du premier ministre (qui, passant en voiture par un après-midi de l'hiver 1938 devant le Club de Réforme de Québec, siège des Libéraux, enjoignit à son chauffeur de faire halte, se précipita à l'intérieur de l'établissement à la grande stupéfaction des membres présents, urina dans la cheminée et sortit en coup de vent sans avoir prononcé un traître mot), Black ne dissimule cependant pas l'admiration qu'il éprouve à son égard: "Maurice Duplessis avait un sens consommé du ridicule, ce qui l'empêchait de succomber à l'arrogance. L'essentiel de ce que ses détracteurs invoquent pour crier à la dictature et à la corruption se réduit en fait à l'expression d'un penchant espiègle pour la plaisanterie."

Il est facile de déceler, à la lecture de cet ouvrage imposant, les points communs à l'auteur et à son personnage, à croire que Black a cherché à exorciser ses inquiétudes personnelles en couchant la vie d'un autre sur papier. Conrad s'extasie sur la répugnance de Duplessis à pratiquer tout exercice physique, hormis le croquet. Il souscrit à ses idées conservatrices, loue la mémoire photographique de l'homme d'État, justifie le fait qu'il ait utilisé la police pour briser des grèves et adopte sans réserve le jugement qu'il porte sur la presse. ("Les dirigeants du *Devoir* étaient portés aux nues dans tout le Canada anglais en dépit de leurs

---

* *N. des T.:* Conrad Black. *Duplessis*, volume II, Montréal, Les Éditions de l'Homme, 1977, p. 462.

opinions ouvertement racistes, de leur nationalisme exacerbé et de leurs déclarations diffamatoires, ainsi que des manquements à la plus élémentaire décence dont ils se rendaient coupables, de leur manque d'impartialité et de leur dédain avéré pour toute éthique professionnelle!") Cet ouvrage qu'anime un souffle puissant est bourré de passages évocateurs, telle cette description de Trois-Rivières en 1890, année où Maurice Duplessis y naquit: "Ses édifices en pierre massive symbolisaient la suprématie sévère, vigilante, immuable, de l'Église. La simplicité des maisons de bois révélait les ambitions modestes de la bourgeoisie[...] Une impression de vigueur émanait des quais, des moulins à papier, du cours impétueux des rivières qui ont donné à la ville son nom et ses origines, et conférait un petit air désinvolte aux habitants de la Mauricie. La société agricole des environs gardait depuis des siècles les mêmes méthodes de travail et les mêmes croyances. Les fermes étaient petites; la vie y était dure, honnête et simple[...] Dans ces domaines qui se prolongeaient en longues bandes étroites à l'intérieur des terres, des bords du Saint-Laurent aux frises des vieilles montagnes laurentiennes à l'air résigné, et dont les seigneurs avaient autrefois été les maîtres, l'autorité ecclésiastique surveillait la lutte que soutenait vaillamment l'habitant contre la médiocrité de sa situation, l'encourageait et lui donnait son sens*."

Alors qu'il était sur le point de publier son livre, Black entendit circuler des rumeurs de mauvais augure. Le professeur John English, avec lequel il était lié et qui avait fait pour lui certaines recherches aux Archives publiques d'Ottawa, l'avertit que le professeur Ramsay Cook avait vaguement parlé de rédiger une critique des plus destructrices du livre de Black pour le compte du *Globe and Mail*. Conrad entra sur-le-champ en contact avec son ami, le général R.S. Malone, qui éditait à l'époque le quotidien torontois. Il apprit ainsi que Cook avait bel et bien été chargé de la critique de son livre. "Je pourrais la lui faire retirer, confia Malone à Conrad, mais il se ferait publier ailleurs et, pis encore, pourrait crier sur tous les toits que tu l'as fait museler chez moi."

Lorsque la critique parut, le 18 décembre 1978 (avant même que le livre ne soit lancé), force fut à Black de constater que ses craintes étaient loin d'être vaines. "D'un point de vue historique, affirmait Cook, il ne s'agit que d'une masse de renseignements mal digérés, assaisonnés d'un violent parti pris hostile à tout individu ou à tout organisme qui se refuse à reconnaître en Duplessis le sauveur de la succursale québécoise de la civilisation chrétienne." Les travaux de Black ne trouvèrent aucune grâce auprès de Cook qui terminait son oeuvre destructrice en glissant: "On peut supposer que quiconque parvient à supporter ce livre boiteux jusqu'au bout sera prêt à admettre que[...] si Duplessis vint assez faci-

---

* *N. des T.:* Conrad Black. *Duplessis*, volume I, Montréal, Les Éditions de l'Homme, 1977, p. 9-11.

lement à bout de la plupart de ses ennemis, il n'a pu éviter l'échec aux mains d'un biographe trop zélé.''

Quelques heures à peine après la publication de cette critique, Black sonnait à la porte de la résidence de Malone, à Forest Hill. C'est sans surprise que le général accueillit l'auteur outragé qui fondit sur lui, ''à discours raccourci''. Les accusations de Black furent publiées sous forme de lettre ouverte et corrigées afin de ne pas prêter le flanc à des poursuites pour diffamation. Conrad y mettait en doute les motifs réels animant Cook qu'il qualifiait de ''petit salopard tordu et sourcilleux''. Cook répliqua quelques jours plus tard, tentant de se laver les mains de tout et niant avoir entrepris la moindre vendetta personnelle.

La fureur de Conrad n'en fut qu'exacerbée. ''Tu te souviens de ces parties des Canadiens au Forum de Montréal, quand, au bout d'à peine deux minutes de jeu, le Rocket étendait un joueur des Maple Leafs et que les deux équipes au complet sautaient sur la glace pour se lancer dans la bagarre?'' demandait-il avec insistance à son ami Brian McKenna. ''Eh bien! tu vas voir la belle bagarre que je réserve à Ramsay Cook.''

Pour sa part, le professeur n'avait d'autre souci que de se faire oublier aussi vite que possible de Black. Mais celui-ci n'était pas d'humeur à s'arrêter en chemin. Il demanda à son ami Doug Bassett d'expédier au *Globe* une lettre l'appuyant, gardant pour la bonne bouche des missives du même genre émanant de John Robarts, Jack McClelland et John Bassett. Il écumait: ''Ce n'est pas difficile de définir Ramsay; c'est un méthodiste manitobain transfuge du CCF auquel échappe tout l'humour dont sont empreintes bon nombre d'actions de Duplessis. Quoique sa conception de l'univers m'apparaisse quelque peu moralisante et fatigante, je lui reconnais entièrement le droit de la professer.''

Le livre fut cependant salué par un certain nombre de critiques favorables. D'après le professeur Robert Bothwell du Trinity College, rattaché à l'Université de Toronto, il s'agit d'un ouvrage qui ''quoique épuisant à lire [...] est honnête et fait autorité. Le parti pris relatif de l'auteur (en faveur de Duplessis) ne justifie en rien que l'ouvrage soit condamné. Ce livre traite d'une façon qui n'a pas d'équivalent l'histoire du Québec des années 40 et 50''. .

Certains critiques prirent le même parti que Cook. Ainsi le professeur Walter Young, qui dirigeait le département de sciences politiques de l'Université de Victoria, démolit-il le livre dans le *Vancouver Sun*, le qualifiant de ''ridiculement long, décousu et superficiel'', ce qui lui valut une réponse immédiate de Black dans laquelle celui-ci affirmait que, en 28 phrases, Young avait proféré 26 mensonges. Il concluait abruptement: ''C'est la première fois que j'entendais parler de monsieur Young, et j'espère bien que c'est la dernière.''

Pour leur part, les critiques de la presse québécoise devaient dans l'ensemble réserver un accueil chaleureux à l'ouvrage. Pour saluer le vingtième anniversaire de la mort de Duplessis, *Le Devoir* lui consacra des articles inspirés essentiellement du livre de Black*. C'est en franchissant la porte du Toronto Club, le jour où le *Globe* publiait sa lettre vitupérant Ramsay Cook, que Conrad connut son instant de gloire. "J'exagérerais en disant qu'on m'a applaudi, mais j'ai reçu plusieurs tapes d'encouragement sur l'épaule, et il y a même quelqu'un qui a battu des mains à quelques reprises."

BIEN QU'IL PARLÂT COURAMMENT LA LANGUE DU QUÉBEC et qu'il se considérât comme un observateur averti de ses politiques, Black se sentait de moins en moins à l'aise dans cette province. Les intellectuels canadiens-français n'étaient pas prêts de lui pardonner l'entrevue qu'il avait accordée à la télévision et au cours de laquelle il avait affirmé de façon désinvolte que l'application de la Loi des mesures de guerre par Pierre Trudeau n'équivalait somme toute qu'à un séjour d'une semaine désagréable en prison pour 500 personnes.

En 1974, la réalisatrice Susan Farkas, qui travaillait pour Radio-Canada à Montréal, décida d'exploiter les opinions peu orthodoxes de Black. Elle réalisa une série d'émissions hebdomadaires présentées le mercredi à CBM Montréal, au cours desquelles Conrad dialoguait à bâtons rompus avec Laurier LaPierre. "Conrad jouait à merveille le rôle du WASP indigné, dit-elle, et c'est un rôle qui lui va comme un gant." LaPierre, qui à l'époque occupait le poste de vice-président du NPD, se souvient de discussions particulièrement animées. "Conrad n'était pas très favorable aux mesures sociales; il était convaincu qu'il y avait des emplois à profusion. Mais ceux qui l'ont taxé d'être francophobe ne l'avaient pas compris."

Incapable d'appliquer un cadre philosophique familier aux remous qui balayaient la province, annonçant une époque de bouleversements sans précédent, Black percevait toute intrusion gouvernementale dans le domaine privé comme un signe avant-coureur de la révolution. Ce fut le cas en particulier pour la loi 22, régissant l'usage de la langue, présentée au printemps par le premier ministre Robert Bourassa. "Je frisais l'apoplexie chaque matin en lisant les journaux au saut du lit, s'indigne Conrad; je me sentais joué par les francophones, mais cela ne me rapprochait pas pour

---

* Black se plaît encore à envoyer des lettres au *Devoir*, chaque fois que son analyse de Duplessis est mise en doute. "Il y a toujours un vieux curé pour faire surface et se plaindre de l'attitude attribuée à Duplessis à l'endroit de l'Église en 1952 ou quelque autre détail de ce genre, commente Nick Auf der Maur. Et Conrad se lance alors avec un malin plaisir dans la rédaction d'une lettre, écrite dans un français superbe, où il accuse le type en question d'être un coupeur de cheveux en quatre. Je suis convaincu que son seul regret est de ne pouvoir l'écrire en latin."

autant des anglophones. Je n'étais pas prêt à lier mon sort à celui du Québec sur le plan psychologique. Je ne pouvais admettre l'interminable cheminement visant à tronquer le cadre culturel de la province. Les Anglais n'avaient pas de droits, mais des privilèges [...] les hommes politiques accumulaient des mesures sans cesse plus restrictives tout en se rengorgeant sur la façon dont ils traitaient leur prétendue minorité, comme si le groupe de 800 000 à 1 000 000 de non-francophones du Québec n'avaient été qu'une bande de romanichels et non les représentants locaux du groupe linguistique qui compte 98 p. 100 de la population de ce continent.''

Le 26 juillet 1974, Black déterra la hache de guerre au cours d'une émission de radio, dont le souvenir demeure gravé dans la mémoire des journalistes indépendantistes de Montréal. Il y affirmait notamment: ''Le gouvernement actuel est sans aucun doute le plus corrompu, tant financièrement qu'intellectuellement, que le Québec ait connu. Je me contenterai de citer pour mémoire les ententes clandestines conclues avec cynisme, les promesses rompues (plus particulièrement celle faite en octobre dernier de maintenir la loi 63). Mais, par-dessus tout, il faut se rappeler de l'agitation dont les dirigeants politiques et intellectuels du Québec ont fait preuve au cours des années 50 et 60 afin d'obtenir l'instauration croissante du bilinguisme, plus particulièrement aux dépens des anglophones. Or, aujourd'hui qu'il est instauré, nous lisons presque chaque jour dans les pages du *Jour* et du *Devoir*, ou nous entendons de la bouche même des membres du gouvernement, que le bilinguisme est l'outil *par excellence* de l'assimilation. Il n'est plus permis de demeurer modéré lorsqu'on est soumis au gouvernement de l'élite technocratique de la province que personnifie Robert Bourassa, intrigant, insensible, ennuyeux et amoral.

''Le gouvernement a sorti des limbes le spectre démodé et fallacieux de l'assimilation afin de justifier l'adoption de la loi 22 et l'abolition du droit de libre choix en matière d'éducation, la soumission de l'éducation anglaise au moindre caprice ministériel, les atteintes à la liberté d'expression par le biais des règlements régissant entre autres la langue des affaires et l'instauration d'une nouvelle caste de bureaucrates infatués d'eux-mêmes chargés d'ériger la délation, le harcèlement et le patronage en système. En seconde lecture, le ministre de l'Éducation devait retirer l'argument de l'assimilation et avouer publiquement ce que personne n'ignorait plus: qu'au Québec la langue française ne s'est jamais aussi bien portée qu'aujourd'hui.

''Cette province souffre de paralysie sociale: aucun francophone du Québec ne s'est élevé contre la loi 22, n'a invoqué son caractère antidémocratique ou l'amoindrissement des libertés qu'elle annonce. La Ligue des libertés civiques du Québec, fondée par Pierre Trudeau, dont on aurait pu espérer semblable prise de position, exige bien au contraire l'abolition de toute éducation anglaise, par la voix de son porte-parole Jean-Louis Roy, qui pourtant vit du salaire que lui verse l'université McGill.

"Pour ce qui est des dirigeants anglophones, je me bornerai à constater que là où siégeaient naguère Jonathan Robinson, George Marler et même Eric Kierans, l'on ne retrouve plus aujourd'hui qu'un docteur [Victor] Goldbloom, dont la naïveté nous désole, [William] Tetley et [Kevin] Drummond.

"Il ne fait aucun doute que monsieur Bourassa, qui est parvenu, avec l'aide de messieurs Trudeau et Jean Lesage, à évincer Claude Wagner et Pierre Laporte de la direction du Parti libéral et qui a réussi à éliminer toute opposition non séparatiste en présentant deux élections consécutives comme des référendums sur l'indépendance, cherchera maintenant à éliminer le Parti québécois en faisant progressivement des éléments non francophones de la population les boucs émissaires de la province.

"Il tombe sous le sens que la seule différence entre messieurs Bourassa et Lévesque réside dans le fait que le premier sait compter. Il est acculé pour l'instant à escroquer les autres provinces afin de pratiquer le patronage au Québec. C'est là sa conception du "fédéralisme rentable".

"La *bonne entente** se résume en fait à jouer au chat et à la souris. Les anglophones, qui s'obstinent en dépit du bon sens à considérer que Montréal est une ville incomparable, n'ont aucun dirigeant ni même d'existence propre, otages qu'ils sont devenus d'un gouvernement malhonnête.

"Le mois dernier, l'un des membres les plus modérés du cabinet, Guy St-Pierre, déclarait à un groupe d'industriels anglophones: "Si vous n'aimez pas le Québec, vous n'avez qu'à le quitter." C'est avec tristesse, mais sans regret, que j'accepte de faire ce choix."

Ce même soir, Conrad Black quittait son appartement du Port-Royal et transportait définitivement ses pénates à Toronto.

---

* *N. des T.:* En français dans le texte.

Chapitre trois

Manoeuvres préliminaires

Argus fut certainement, à son époque, l'entreprise la plus prospère du pays.

La fin de l'exil à Montréal que Black s'était imposé se solda par un retour des plus joyeux. Bien qu'il se sentît aussi vulnérable que Gulliver au terme de son dernier voyage, Conrad Black n'avait en fait vraiment pas de quoi se tourmenter. L'Establishment torontois lui réserva cet accueil chaleureux qu'il destine habituellement à ceux de ses héritiers qui font un tant soit peu montre de foi dans ses traditions et semblent vouloir les perpétuer.

Au cours des cinq années qui suivirent, Black se prépara méthodiquement à accéder à la présidence d'Argus, se comportant comme un bernard-l'hermite, ce crustacé qui vit dans les coquilles des autres, accapare ce qui est nécessaire à sa croissance et continue son chemin. C'est au cours de cette période qu'il fit son apprentissage d'homme d'affaires, accumulant les connaissances dont il avait besoin, nouant les relations qui lui seraient utiles lorsqu'il serait prêt à s'emparer d'Argus. Il se réfugia sous l'aile de divers mentors recrutés dans le monde des affaires, à la manière d'un jeune enfant qui a grandi trop vite et accumule les conquêtes. "Ce sont eux qui m'ont formé, admet-il. D'ailleurs je m'entends généralement très bien avec mes aînés. Ne *suis-je* pas un historien, après tout? Il faut savoir éprouver un respect sincère pour ce qu'ils ont fait, et pas seulement parce qu'ils sont vieux. Je crois qu'il est particulièrement remarquable qu'un homme comme P.C. Finlay, de Hollinger, ait encore toute sa tête à lui à près de 84 ans. De toute façon, je ne me considère pas comme un homme jeune. Mon associé, David Radler, prétend que j'ai 80 ans d'âge mental."

Conrad et son frère, Monte, avaient, pour des raisons de succession, récupéré la totalité des avoirs (à 125 actions près) que leur père détenait dans Argus, en prenant le contrôle des entreprises familiales, et plus particulièrement de Western Dominion Investment qui gérait l'essentiel de leurs actions. C'est ainsi que Conrad entra en contact pour la première fois avec la société de gestion qui le préoccupait depuis son enfance.

LA SOCIÉTÉ ARGUS, QUI PORTE LE NOM DU REDOUTABLE GARDIEN GÉANT AUX CENT YEUX DE LA MYTHOLOGIE GRECQUE, fut fondée par E.P. Taylor, en 1945, sous la forme d'une société de gestion à capital fixe, dans laquelle il investit 8,5 millions de dollars au départ*. La philosophie qui régissait l'exploitation de cette nouvelle entreprise s'avérait trompeusement simple, puisqu'il s'agissait de conserver ce capital en l'investissant dans des compagnies qu'il était possible de contrôler sans en être actionnaire majoritaire. Une fois que ces dernières avaient payé à leurs actionnaires (au nombre desquels se trouvaient les associés d'Argus) des dividendes pouvant s'élever jusqu'à 65 p. 100 de leurs gains annuels, le solde devait servir à étendre la sphère d'influence d'Argus. Le portefeuille d'Argus comptait au départ le com-

---

* Le premier conseil d'administration de la compagnie était constitué de Eric Phillips (président du conseil); E.P. Taylor (président); Wallace McCutcheon (vice-président et directeur); David G. Baird de New York (qui, de concert avec Roger Gilbert, représentait la société de gestion américaine Atlas Corp. appartenant à Floyd Odlum et dont la structure d'Argus était inspirée); W.L. Bayer, industriel montréalais qui, en compagnie de Taylor, était membre du conseil d'administration de Canadian Breweries et présidait le conseil d'administration de Canadian Bronze Co. Ltd.; E.W. Bickle, courtier en valeurs immobilières de Toronto, qui présidait en outre à l'époque aux destinées du Maple Leaf Gardens; H.J. Carmichael, que Taylor avait côtoyé à l'armée et qui venait d'entrer au conseil d'administration de la Banque de Toronto; James S. Duncan, président de Massey-Harris; W. Kaspar Fraser, l'un des principaux avocats-conseils de Taylor; J. William Horsey, président de Dominion Stores Ltd.; K.S. MacLachlan, président de Standard Chemical Co. Ltd.; H.R. MacMillan, qui en son temps avait également été à Ottawa en compagnie de Taylor et avait depuis fait son chemin dans l'industrie forestière de Colombie-Britannique; Allan Miller de Londres, président de Broadcast Relay Services; Felix E. Notebaert, influent Montréalais membre du conseil d'administration d'Asbestos Corp. et de Dosco; enfin J.S.D. Tory, l'un des conseillers juridiques les plus en vue au Canada, à l'époque. Le premier portefeuille d'Argus était essentiellement constitué d'éléments d'actifs appartenant en propre à Taylor. Celui-ci les investit dans la nouvelle société de gestion. En retour, ses emprunts furent remboursés, et il reçut la moitié des actions émises.

plexe Canadian Breweries de Taylor (vendu à Rothman en 1968, moyennant un profit de 17,7 millions de dollars); une participation majoritaire dans Dominion Stores (achetée à une société française le jour de l'évaluation); Standard Chemical (qui devint Dominion Tar et Chemical Company Ltd. en 1951; Argus vendit sa part de Domtar en 1978); Massey-Harris (qui devint plus tard Massey-Ferguson et fut abandonnée en 1980); Canadian Food Products (vendue en 1961); Orange Crush (liquidée en 1959) et Dominion Malting (qui passa aux mains de la famille Black en tant que compagnie privée). Argus fonda B.C. Forest Products (qu'elle céda en grande partie à son associée américaine en 1973, moyennant un profit de 9 millions de dollars) et prit le contrôle de Standard Broadcasting (qui s'appelait alors Standard Radio et se composait essentiellement de CFRB à Toronto, mais qui acquit par la suite CJAD à Montréal, ainsi que divers postes de télé et de radio-diffusion tant à Ottawa qu'au Royaume-Uni).

Argus prit un essor considérable au cours des années 50 et 60 si bien qu'au cours d'une journée boursière normale, tel le 5 juin 1964, au moins 10 p. 100 de la totalité des actions vendues à la Bourse de Toronto appartenaient à des entreprises sur lesquelles Argus avait la mainmise. Ses revenus de placements étaient passés de 1,5 million de dollars, l'année de sa fondation, à 34 millions de dollars en 1974. Bien que la compagnie ait compté au nombre de ses acquisitions des curiosités aussi exotiques que la Peruvian International Airways (qui assura brièvement le service entre Montréal et Lima vers la fin des années 40), elle ne s'en était pas moins assuré une position des plus solides en acquérant le contrôle réel de Hollinger Mines Ltd. entre 1961 et 1968.

Hollinger, l'une des grosses compagnies minières du Canada, est née d'un syndicat formé en 1903 par les frères Timmins, Noah et Henry, épiciers à Mattawa dans la haute vallée de la rivière Outaouais, David Dunlap, jeune avocat du même village, et les frères McMartin, John et Duncan, entrepreneurs auxquels fut confiée la construction de la première voie de chemin de fer à traverser le bouclier précambrien du nord de l'Ontario. Le syndicat investit tout d'abord dans une mine d'argent du riche gisement de Cobalt, qui fut découvert de façon tout à fait inattendue lorsque Fred LaRose, un forgeron membre de l'équipe de construction de la voie de chemin de fer, jeta négligemment son marteau à côté de lui, alors qu'il s'asseyait pour prendre son repas de midi. Le syndicat s'intéressa ensuite aux concessions de Benny Hollinger, qu'il acheta en 1909 et qui devint la mine la plus productive du district de Porcupine, puisqu'on en a extrait pour 600 millions de dollars d'or avant sa fermeture, en 1968. Le syndicat se mit en quête d'autres mines et en exploita plusieurs douzaines. En 1925, il achetait ses premières actions de Noranda, dans laquelle sa participation finirait par atteindre 10,7 p. 100.

En 1960, alors que Bud McDougald était responsable des acquisitions d'Argus, Percy Finlay, à jamais conseiller de Hollinger, l'appela pour lui annoncer que les héritiers de Noah Timmins étaient prêts à céder en bloc des actions de Hollinger à Gilbert W. Humphrey, président de M.A. Hanna Company de Cleveland, et que toute contre-offre devait être faite immédiatement. Membre du conseil d'administration de Hollinger et cousin des héritiers McMartin, auprès desquels il était membre du conseil d'administration de Crown Trust, McDougald connaissait bien la valeur des actions de Hollinger. Il fit donc une offre des plus intéressantes, au nom de Caymac Investments, compagnie privée appartenant aux associés d'Argus. En achetant les actions par l'intermédiaire d'une tierce entreprise, qui les revendit immédiatement à Argus, les associés réussirent à faire un gain net de capital qui s'élevait à 1,25 million de dollars, en une seule après-midi.

Cette technique d'achat détourné était solidement implantée dans les traditions d'Argus. En effet, 10 ans avant Hollinger, les associés avaient fondé une société de façade, portant le nom de Arbor Corporation Ltd., de façon à racheter, au coût de 30 $ pièce, les actions de St. Lawrence Corporation, une compagnie de pâtes et papier située au Québec. Ces actions, qui furent revendues à Argus en 1955 à 75 $ pièce, permirent aux associés de faire un gain personnel de 9 millions de dollars.

Non contents de connaître un énorme succès (1000 $ investis dans Argus en 1945, année de sa fondation, valaient 8400 $ en 1975), les associés d'Argus savaient comment manoeuvrer et "écrivirent" eux-mêmes leur légende, de telle sorte qu'ils devinrent des personnages clés au sein de l'élite ontarienne, alors que le pouvoir économique passait peu à peu de Montréal à Toronto. Argus fut certainement, à son époque, l'entreprise la plus prospère du pays. Le fait que ses associés aient pu devenir les chefs spirituels de l'Establishment canadien de la finance est certes révélateur de la simplicité de cette "institution". De toute société surgit une élite qui reflète ses valeurs. C'est aux dirigeants d'Argus que l'Establishment canadien doit son visage public, dont ils dessinèrent les traits de façon beaucoup plus prononcée que ne le justifiait leur contribution réelle. C'est en effet à leur sens démesuré du décorum que l'Establishment doit tout le panache dont il ait pu s'enorgueillir à l'époque.

Le colonel Eric Phillips était peut-être le plus intéressant de ces quatre associés. Diplômé du Upper Canada College et de l'Université de Toronto (en chimie analytique), il s'engagea comme simple soldat dans l'armée britannique lorsque éclatèrent les hostilités en 1914. Il s'évada, après avoir été fait prisonnier, et fit preuve d'un tel courage au combat qu'il fut nommé lieutenant-colonel (le plus jeune de l'armée britannique) sur le champ de bataille et se mérita ces deux remarquables distinctions que sont la Distinguished Service Order (DSO) et la Military Cross. Dans l'intervalle qui sépare les deux guerres mondiales, il fit de la modeste entreprise de cadres de fenêtres de ses parents le principal fournisseur de vitres de General Motors of Canada Ltd. Il fut aidé en ceci par le fait qu'il avait épousé, en premières noces, la fille de Sam McLaughlin, fondateur de la compagnie qui avait précédé General Motors. Au cours de la Seconde Guerre mondiale, Phillips fut nommé à la tête d'une société de la Couronne qui avait pour nom Research Enterprises Ltd. C'est à cette époque de restrictions qu'il devint l'associé de E.P. Taylor.

Une fois qu'il eut pris place à la table d'Argus, Phillips devint rapidement et sans difficulté l'intellectuel incontesté de cette société de gestion. Lecteur invétéré, Phillips pouvait dévorer quatre ou cinq livres par nuit et se les rappeler presque intégralement. Non seulement entretenait-il des relations amicales avec des artistes tels que Pietro Annigoni, Augustus John et Picasso, mais il possédait en outre une vaste collection de Gainsboroughs. Il aimait également passer ses moments libres à bord de son imposant yacht, le *Sea Breeze*, un ancien Fairmile ancré dans la baie Géorgienne, ou du navire jumeau qui se trouvait aux Bahamas. Phillips, qui s'astreignait à une discipline des plus rigoureuses et avait pour don de mener à bien tout ce qu'il lui prenait fantaisie d'entreprendre, fut président du conseil des gouverneurs de l'Université de Toronto pendant plusieurs mandats. Son sens de l'humour s'exprimait parfois de façon étrange. "Il lui arrivait d'être vraiment très facétieux", constate le général de division Bruce Matthews, ancien dirigeant d'Argus, qui comptait au nombre des meilleurs amis de Phillips. "Sa femme, Doris, et lui-même en étaient tous deux à leur second mariage. Ce soir-là, ils recevaient un ami que Doris avait fréquenté pendant deux ans avant de rencontrer Eric. Ce monsieur se montrait des plus courtois et délicats. Voulant, à un moment donné, mettre l'emphase sur les enfants que Doris avait eus de son premier mariage, il commença adroitement: "Je suis émerveillé de votre capacité d'accepter ces jeunes enfants. Le bruit et..." "Mais pas du tout, cher ami, de répondre dignement Phillips. C'est tout juste si je remarque leur présence." C'est à ce moment qu'éclata un vacarme effroyable, qui fit trembler toute la maison. Montant les escaliers quatre à quatre, Doris se précipita à l'étage, où elle découvrit que les enfants avaient renversé une énorme commode sur le palier du premier, à ce qui semblait être visiblement un signal prévu d'avance. "Je vous préviens que je ne veux plus rien entendre", déclara Doris, hors d'elle, aux enfants qui affichaient un sourire des plus espiègles. "Sinon je vous flanque une raclée dont vous vous souviendrez longtemps." Ce à quoi le plus jeune répliqua: "Papa nous a promis un autre billet de cinq dollars, si tu nous bats!"

Des quatre associés, Phillips était le dirigeant le plus efficace, et il prit la tête de Massey après que James Duncan eut été évincé de la présidence de cette entreprise, à l'instigation d'Argus. Naguère le plus proche allié de Taylor, Phillips montra une impatience sans cesse croissante à l'endroit des airs de grand seigneur qu'affichait Taylor, et, lorsqu'il mourut à Palm Beach, le lendemain de Noël, en 1964, c'était à peine s'il adressait encore la parole à l'âme dirigeante d'Argus.

Edward Plunket Taylor se détacha, sur la scène canadienne du milieu de ce siècle, comme le symbole ultime du pouvoir et de l'opulence, dans le cadre de la classique lutte entre les possédants et les non-possédants. L'image de Taylor, invariablement coiffé d'un haut-de-forme gris, le ventre rebondi et les jumelles en bandoulière, recevant d'innombrables trophées hippiques, ne pouvait que renforcer chez les citoyens ordinaires la conviction que, quelle que soit la manière dont ils dépensaient leur misérable chèque de paye, ils ne pouvaient que contribuer à enrichir cet omniprésent personnage. Jugé par la gauche (qui l'avait surnommé l'E(ffroyable) P(rofiteur) Taylor) comme un "exploiteur du peuple" par excellence, il n'était guère plus apprécié par le clergé qui tenait le "baron de la bière" comme personnellement responsable de la misère de tous les alcooliques du Canada. Taylor était animé d'un enthousiasme naturel et de cette confiance en soi dont font preuve les arrivistes qui ont frappé haut. (Sa famille possédait nettement plus d'éducation que d'argent, et son père, le lieutenant-colonel Plunket Bourchier Taylor, lui laissa très exactement 12 225 $.)

À son meilleur, Taylor n'eut certainement rien à envier pour ce qui est de la poigne et de l'imagination à tous ces grands entrepreneurs qui ont vu le jour depuis qu'Adam Smith se fit, le premier, le porte-parole de l'éthique capitaliste*. Mais, au fur et à mesure que les compagnies sous la coupe d'Argus s'épanouissaient, Taylor se dispersa de plus en plus, consacrant une partie toujours plus grande de son temps et de ses biens aux courses de pur-sang et au somptueux complexe de Lyford Cay auquel il avait donné le jour aux Bahamas. Il se montra extrêmement fier, lorsque, à l'occasion d'une rencontre au sommet avec le premier ministre Harold Macmillan, tenue à Lyford en 1962, le président John Kennedy choisit la demeure de Taylor comme lieu de résidence.

Comptant au nombre de ses richesses des animaux de race pure et des propriétés foncières évaluées à plus de 100 millions de dollars, tant à Oshawa qu'au Maryland, Taylor devint l'un des plus grands éleveurs de chevaux au monde. Son cheval le plus célèbre fut probablement Northern Dancer, qui remporta le Derby du Kentucky et le Preakness en 1964 et se mérita depuis les plus gros prix jamais vus dans les annales du sport hippique. Un syndicat français offrit 40 millions en échange du prolifique étalon, tandis que Robert Sangster, le roi britannique des paris sportifs dans le domaine du football, achetait l'un de ses poulains pour 3,5 millions de dollars et que l'armateur grec Stavros Niarchos acquérait l'un des

---

* La vie et la carrière de E.P. Taylor sont décrites au chapitre XI de *Flame and Power*, Toronto, Longmans Canada Ltd., 1959.

petits-fils du grand champion moyennant une somme de 1,7 million de dollars. Les prix remportés par Northern Dancer ne furent jamais inférieurs au quart de million. Lorsqu'il prit sa retraite aux Bahamas, Taylor donna ses écuries à son unique fils (et le plus jeune de ses enfants), Charles, qui préféra devenir journaliste et écrivain plutôt que de succéder à son père chez Argus*.

Wallace McCutcheon, entré "à la cour" d'Eddy Taylor à l'occasion de la série de prises de contrôle et de fusions éminemment féroces qui aboutirent à la formation de Canadian Breweries, est très différent tant de Taylor lui-même que des autres fondateurs d'Argus. Représentant la Dominion Bank au conseil d'administration de Canadian Breweries, McCutcheon se rangea bien vite aux côtés de Taylor, en raison de son sens de l'organisation et de son sang-froid. Il atteint une telle notoriété comme conseiller que lorsqu'il décida soudain d'abandonner les affaires pour obtenir un poste dans le cabinet de John Diefenbaker, en 1962, il dut remettre sa démission à 17 conseils d'administration différents. Cet homme coloré, au visage de général de brigade britannique en retraite, se fit le porte-parole aussi authentique que solitaire du conservatisme canadien, au cours de sa courte carrière politique. Ce vieux lion de Bay Street affrontant, à l'échelle du pays tout entier, des auditoires toujours plus restreints afin de défendre un point de vue qui ne trouvait ni son expression ni même d'écho dans aucun des partis politiques canadiens, et dans le sien moins que dans tout autre, n'était pas dépourvu de courage. Dernier conservateur outré au sein de la vague déferlante de libéralisme, McCutcheon s'était certes écarté du courant politique prédominant en défendant vaillamment le droit à la sécurité des millionnaires canadiens. Il ne s'en était pas moins montré capable de lutter dur au nom de ses principes, et sa mort, qui survint en 1969, suscita de vifs regrets.

La disparition de McCutcheon déclencha, au sein d'Argus, une importante lutte de pouvoir, dont les causes remontaient en fait à bien plus longtemps. Les risques pris par Taylor lorsqu'il fonda Canadian Equity and Development Company Ltd., en 1953, pour acheter aux environs de Toronto 850 hectares de terrain qui devinrent par la suite la banlieue résidentielle de Don Mills, engendrèrent déjà de sérieux conflits. Bud McDougald, qui semblait devoir s'emparer bien vite de la couronne d'Argus, se montrait particulièrement critique vis-à-vis des méthodes de Taylor et de ses collègues promoteurs immobiliers**. ("Ils

---

* Auteur de trois ouvrages particulièrement fins, Taylor s'est en outre distingué comme journaliste au *Globe and Mail*. Son rédacteur en chef, Dic Doyle, a déjà fait la remarque suivante: "Le plus productif des biens de E.P. Taylor, et celui dont il devrait être le plus fier, est certes son fils Charles."

** Le rôle joué par McDougald chez Argus est décrit au chapitre I de *l'Establishment canadien*, tome 1, Montréal, Les Éditions de l'Homme, 1981.

s'étaient mis d'accord, de commenter Black par la suite, pour s'emparer de la totalité des profits et de les jeter en l'air: tout ce qui restait en suspension allait aux autres actionnaires; quant à eux, ils se contentaient de ce qui retombait!")

"Je me souviens d'une réunion que les quatre associés tinrent dans le bureau de Taylor, sur Bayview Avenue", rappelle Harry Edmison, l'économiste d'Argus. "Au bout d'un moment, l'atmosphère devint vraiment électrique. Ils se querellaient pour savoir s'ils devaient poursuivre leurs opérations dans l'immobilier ou non. Taylor voulait qu'Argus investisse dans Lyford Cay, mais le colonel Phillips et Bud McDougald refusaient d'en entendre parler. Une fois la réunion terminée, je sortis en compagnie de McCutcheon, qui se tourna vers moi en me disant: "Il me semble, Harry, que tu n'as rien entendu du tout. Est-ce que je me trompe?" Ce à quoi je répliquai: "Bien sûr que non, Wally, pas un traître mot."

Au cours des nombreux conflits qui suivirent, tant à ce sujet qu'à d'autres, Taylor se trouva de plus en plus isolé. George Black, remercié par Taylor alors qu'il présidait Canadian Breweries (et qui n'eut même pas droit aux compliments d'usage dans le rapport annuel de l'année suivante), avait pris parti contre son ancien employeur et s'était joint à la faction de McDougald. À la chute du gouvernement Diefenbaker, les associés refusèrent de réadmettre McCutcheon. À la mort de son mari, Doris Phillips fit de son beau-frère, McDougald, son fondé de pouvoir, lui confiant ainsi le soin de gérer ses actions. Par ailleurs, l'investisseur torontois Maxwell Meighen, qui était membre du conseil d'administration d'Argus depuis 1961 et avait acheté un nombre considérable d'actions de la société de gestion, se sentit fort offensé lorsqu'il apprit que Taylor ne faisait que peu de cas de lui en privé. McDougald, pour sa part, ne cachait pas le mépris dont il accablait Taylor, l'accusant, dans ce temple de l'intrigue que constitue le Toronto Club, d'être devenu un égocentrique apatride, qui se couvrait de ridicule en cherchant à tout prix à être armé chevalier britannique aux Bahamas. Quant à Taylor, il estimait que McDougald ne pouvait prendre la tête d'Argus en raison de son conservatisme, qui l'empêcherait de donner à la société l'étincelle de renouveau dont elle avait besoin. Ils avaient raison l'un et l'autre. L'association avait fait son temps.

La paranoïa et la fourberie eurent bientôt force de loi. Désirant ardemment tirer parti de la succession, les associés encore en lice passaient le plus clair de leur temps à se nommer mutuellement candidat de façon à bien faire comprendre à Taylor qu'il n'avait plus la haute main sur la société. Au cours de ces réunions, Meighen, qui avait été colonel au sein de l'armée canadienne, se mettait au garde-à-vous et proclamait: "*Je* suis prêt à attacher le grelot!", mais il ne se passa pas grand-chose, jusqu'au jour où les conspirateurs anti-Taylor se réunirent chez George Black, au printemps de 1962, pour fonder une société de gestion du nom de Ravelston dans le seul but d'évincer Taylor d'Argus.

Les associés regroupèrent les 50 p. 100 d'actions que McDougald, Black, Meighen, Matthews et Phillips détenaient dans Argus, ainsi que quelques actions que McDougald avait réussi à investir dans Dominion Stores et Crown Trust, pour fonder Ravelston et conclurent une entente qui permettait aux associés de s'opposer à ce que l'un d'entre eux vende ses actions sans leur consentement exprès*. McDougald négocia par la suite une convention de vote valable pour sept ans avec Taylor, qui conservait 10,34 p. 100 d'actions ordinaires et un paquet de plus de 18 p. 100 d'actions privilégiées d'Argus à l'extérieur de Ravelston. Taylor, qui fut remplacé peu après par McDougald à la présidence d'Argus, disparut de la liste des dirigeants de la société deux ans plus tard.

Dès qu'il eut la société de gestion bien en main, McDougald la laissa sommeiller sous sa gouverne personnelle. "Nous ne faisons absolument rien et ne vendons rien du tout", remarquait alors le vice-président d'Argus, Bruce Matthews. "Nous nous contentons de faire nos petites affaires personnelles." Lorsque Matthews, qui était membre du conseil d'administration de Dome Mines et avait donc une bonne idée de ce qui se tramait chez Dome Petroleum, suggéra que McDougald aille faire un tour à Calgary, celui-ci répliqua qu'il ne voyait pas l'intérêt d'un tel voyage. Les membres du conseil d'administration d'Argus ne se réunissaient que quatre fois par an, et il était rare que leur nombre dépasse le quorum de sept membres. Quant aux compagnies satellites, elles étaient efficacement dirigées par leur propre conseil de direction.

Toutefois, McDougald se lança dans l'action à corps perdu lorsqu'il se rendit compte que Paul Desmarais, le président de Power Corporation, tentait de mettre la main sur Argus, au printemps 1975, avec une offre de 150 millions de dollars. La société de gestion montréalaise, qui avait acquis sur le marché 10,37 p. 100 des actions d'Argus avec droit de vote, était sur le point d'acheter les actions de E.P. Taylor. Avec cette offre, Desmarais augmentait considérablement sa participation dans Argus, puisqu'il s'octroyait ainsi 26 p. 100 de ses actions ordinaires et 59,8 p. 100 de ses actions privilégiées de catégorie C, ce qui lui donnait la mainmise sur plus de la moitié des capitaux propres d'Argus. Mais l'entente conclue

---

* La société Ravelston, fondée le 10 octobre 1968, se composait au départ des avoirs suivants: McDougald et la succession Phillips, 23,6 p. 100 chacun; Black, 22,4 p. 100; Meighen, 26,5 p. 100; Matthews, 3,9 p. 100. L'entente (reproduite à l'annexe A) comportait en outre une clause en vertu de laquelle lorsque 51 p. 100 des actionnaires s'entendaient pour acheter la part de l'un de leurs associés, ils pouvaient produire une demande de cession obligatoire. Un prédécesseur de Ravelston, Meadowbrook Holdings Ltd. (qui comprenait les blocs d'actions de Taylor, McDougald, Phillips et McCutcheon), avait distribué ses actions le 5 mars 1969. (Wallace McCutcheon était mort le 23 janvier de la même année.)

lors de la création de Ravelston tint bon, et Desmarais dut se contenter de jouer le rôle aussi onéreux que rebutant d'actionnaire passif. Conrad Black se montra un allié des plus articulés pour McDougald, condamna publiquement "ce raid de kamikaze lancé sans raison de Montréal" et ne fléchit pas un instant face à la déclaration, peu surprenante au demeurant, de Desmarais, qui estimait qu'Argus se montrait tout à fait injuste à l'endroit de ses actionnaires minoritaires, notamment lui-même. Bien qu'il exerçât déjà un contrôle absolu sur Argus, McDougald consolida encore sa position en signant une convention de vote avec Hal Jackman (qui détenait 9 p. 100 des actions d'Argus par le truchement de Empire Life Insurance) et en achetant à 30$ pièce (soit 8$ de plus que le prix du marché) les 11 p. 100 d'actions que possédaient approximativement les cinq héritiers de McCutcheon. Cette transaction de 25 millions de dollars se négocia dans une petite salle à manger privée, située au second étage du Toronto Club, au cours du dîner de Hollinger de 1975. Cette réunion secrète, à laquelle assistaient McDougald, Frederic et James McCutcheon, Max Meighen, Alex Barron, Bruce Matthews et Conrad Black, se tint dans l'obscurité quasi totale car, en dépit de l'influence qu'il se vantait d'avoir au Toronto Club, Bud McDougald ne réussit jamais à faire allumer les lumières ce soir-là.

Au cours des trois années qui suivirent, Conrad continua à multiplier ses relations. Après avoir établi son bureau dans le vieil édifice de la Banque de Commerce pendant quelque temps, il déménagea au siège social de Draper Dobie, maison de placement de taille moyenne qu'il acheta de concert avec son frère, afin de se donner une base d'opérations bien identifiée à Toronto. Il donnait des déjeuners hebdomadaires, avec, au menu, du rosbif, auxquels il conviait Fred Eaton, John Robarts, Galen Weston et Doug Bassett entre autres. La publication de son ouvrage sur Duplessis donnait à Black toute latitude pour pontifier au sujet de la scène politique québécoise, tout particulièrement à la suite de l'élection du parti indépendantiste de René Lévesque, en 1976. Son pronostic était invariablement des plus sombres. "Il ne faut pas confondre Lévesque et Dave Barrett. Le premier ministre de la Colombie-Britannique n'est guère qu'un gros imbécile de travailleur social. Par contre, Lévesque est le plus dangereux des hommes politiques canadiens. Son élection a mis en branle une machine infernale qu'il semble impossible d'arrêter. Je crois que la partie est perdue pour le Canada."

Personnellement, Black limitait ses activités politiques au rôle de stratège et de commis voyageur de Claude Wagner, lorsque celui-ci tenta de se faire élire à la tête du Parti conservateur. Il offrit un dîner pour son candidat au Toronto Club, auquel assistèrent bon nombre de membres de l'Establishment local, ce qui lui permit d'élargir encore l'éventail de ses relations.

84

Bien qu'il ait désormais acquis son autonomie, Black n'en essayait pas moins d'imiter le style de certains des associés d'Argus, au cours de cette période de cheminement vers le pouvoir. "Conrad ne pouvait s'empêcher d'éprouver une certaine admiration pour ces hommes capables de se lever et de sortir d'une pièce sans la moindre trace de déséquilibre, après avoir bu un litre de whisky", rappelle David Smith, député libéral qui connaissait bien Black. "Il aimait bien venir chez nous, au début des années 70, et ingurgiter une quantité invraisemblable de scotch jusqu'à trois heures du matin, puis se lever, le moment venu, et quitter la maison la tête haute. Je savais alors qu'il pensait dans son for intérieur: Il faut que je tienne aussi bien que Wally McCutcheon. Je *sais* que c'est là ce qu'il se disait."

Une fois sa notoriété établie au sein de la bonne société torontoise, Black déménagea au Lonsdale, un immeuble situé en face du Upper Canada College où résident bon nombre des puissants et des fortunés de la société torontoise. À cette époque, il s'affichait en compagnie de quelques-unes des plus jolies femmes de Toronto. La plus exotique de ses cavalières fut sans conteste Anna Maria Marston, née au Brésil de parents italiens et divorcée depuis peu de John Marston de Toronto. Mme Marston appartient de plain-pied à ce que Linda Hurst, du *Toronto Star*, a baptisé "les abonnés canadiens du Concorde, qui lézardent au soleil de Cuernavaca, fréquentent les pistes de ski de Klosters, vont faire un tour chez leurs amis de Rio et ne penseraient jamais à passer par Rome sans s'arrêter chez Roloff (Beny)". Ex-conservatrice de la collection d'argenterie ancienne de Henry Birks, Mme Marston jouit visiblement d'un style de vie des plus aristocratiques et constate en toute simplicité que "Toronto n'est pas Rio: le personnel de maison n'y a vraiment pas la même classe".

À LA FIN DU PRINTEMPS 1976, Alex Barron, qui était alors membre du conseil d'administration d'Argus et directeur général de l'empire financier de Meighen, reçut une invitation du père de Conrad Black le pressant de venir le voir. George Black savait en effet sa femme atteinte d'un mal incurable et se sentait lui-même de plus en plus faible. Il expliqua à Barron qu'il voulait quitter tous les conseils d'administration dont il était membre et lui demanda de veiller à ce que ce soit ses deux fils qui prennent sa place. Barron persuada Black de retarder son départ, et McDougald assura à ce dernier que ses deux fils lui succéderaient bel et bien aux conseils d'administration des compagnies d'Argus.

Les parents de Conrad moururent un mois plus tard, à une dizaine de jours d'intervalle seulement. George Black passa sa dernière soirée en compagnie de son fils cadet. Il en profita pour lui faire son discours d'adieu, un discours profondément amer dans lequel il disait à son fils de ne jamais oublier que "la vie était un enfer, la plupart des gens des salauds et tout le reste de la merde". Comme il arrivait sur le pallier, juste avant le dîner, il sentit ses genoux céder sous lui, s'effondra en traversant la rampe pour s'écraser au rez-de-chaussée, et mourut quatre heures plus tard à l'hôpital général de Scarborough.

George Black avait exprimé le désir d'être inhumé dans la plus stricte intimité au cimetière St. John de Winnipeg. Mais ses deux fils décidèrent de faire revivre ses jours de gloire et organisèrent une cérémonie funéraire à Grace Church on-the-Hill, près du Upper Canada College, le 2 juillet 1976. La liste des porteurs, au nombre de 32, se composait des plus grands noms de l'Establishment. Les drapeaux qui flottent habituellement au sommet des immeubles d'Argus et du siège social de la Banque de Commerce furent mis en berne ce jour-là. Sachant que E.P. Taylor prenait l'avion d'Europe pour assister aux funérailles, les deux frères prévirent de faire chanter "Mon cher pays" sur l'air de "Danny Boy", dont les paroles condamnent implicitement ceux qui désertent leur terre natale. Une bonne partie de l'assistance ne se fit pas faute de contempler Taylor tandis que résonnait la voix de basse du soliste de la chorale:

Nulle terre qui me soit plus chère au monde.

Doux me sont les liens chargés d'amour et de beauté

Qui me retiennent à toi, ô beau pays où je suis né.

À peine huit jours s'étaient-ils écoulés depuis les funérailles de George Black que McDougald fit venir les deux frères dans sa propriété torontoise de Green Meadows pour leur proposer d'être membres de divers conseils d'administration: Conrad serait nommé à ceux d'Argus et de Ravelston, tandis que Monte deviendrait membre des conseils d'administration de Dominion Stores et de Standard Broadcasting. C'est à peu près au même moment que Conrad fut invité à devenir membre des conseils d'administration de Eaton et de Confederation Life. Les deux jeunes hommes engloutirent Draper Dobie dans Dominion Securities et s'installèrent des bureaux leur permettant d'assumer le rôle de propriétaire dans cette société de gestion d'importance. "Rencontrer Conrad, à cette époque sereine, équivalait à attendre trois bons quarts d'heure", écrivit dans le *Saturday Night* Ron Graham, producteur à Radio-Canada. "Il glissait le long des corridors de Dominion Securities, à Toronto, présentait ses excuses, tendait la main à une hauteur telle qu'il fallait s'incliner involontairement pour la saisir, puis saluait sur un ton d'ennui aussitôt contredit par son regard inquisiteur. Le visiteur était introduit avec gentillesse dans une petite pièce en désordre, où l'on trouvait pêle-mêle des boîtes encore fermées, une photo de Joe Clark, une fournée de petits messages téléphoniques roses, ainsi qu'une pile de biographies de Maurice Duplessis. Là, Black discourait pendant des heures, alternant facéties et insinuations perfides, sans oublier de lire la dernière lettre aussi drôle que mordante qu'il venait d'écrire en français au

86

rédacteur en chef du *Devoir*. L'interlocuteur riait au bon moment, admirait l'intelligence de Black, se soumettait à son avis et repartait avec la promesse d'une entrevue."

Prétendre que Black était doté d'un don de prescience suffisant pour prévoir avec certitude le cours des événements qui lui permirent de mettre la main sur Argus le ferait peut-être passer pour plus machiavélique qu'il ne l'est en réalité. Il n'en reste pas moins vrai qu'au cours de la période qui suivit son retour à Toronto jusqu'à la mort de Bud McDougald, il rencontra et courtisa chacun des hommes qui devaient jouer un rôle clé au moment de sa prise de pouvoir. Il fit la connaissance d'Alex Barron, de Dixon Chant (associé d'Eric Phillips qui représentait la société immobilière du défunt colonel), ainsi que de Louis Guolla (l'avocat de McDougald) au cours des négociations qui précédèrent la formation de Ravelston. McDougald le présenta à Ainslie Shuve, expliquant qu'il était indispensable que le directeur de Crown Trust rencontre Conrad, car "celui-ci était appelé à jouer un rôle très important dans le déroulement des événements". Lors d'une soirée offerte par Roy et Lee MacLaren, le couple "Renaissance" de la société torontoise, Black rencontra Derek Hayes, secrétaire de Massey-Ferguson, qui lui fit connaître à son tour Victor Rice, le contrôleur de la compagnie. À compter de ce moment-là, Rice tint Black au courant de tout ce qui se passait réellement au sein du géant perturbé qu'était alors la compagnie productrice de machines agricoles. Par ailleurs, Black ne manqua pas de rendre visite à Dixon Chant à plusieurs reprises, lorsque celui-ci fut hospitalisé à la suite d'une grave crise cardiaque.

Mais, de toutes ces rencontres, la plus importante est sans conteste celle que Black eut avec Percy Finlay et son fils, John. En véritable "argusologue" qu'il était déjà, Black comprit immédiatement que ce duo d'avocats, père et fils, déciderait du futur de la société de gestion et peut-être même du sien. À ce moment, bien que McDougald lui ait soufflé le premier poste de la compagnie, monsieur Finlay père était le conseiller de Hollinger depuis plus de 50 ans déjà. Les deux Finlay exerçaient encore une influence considérable sur Hollinger, car ils agissaient à titre d'avocats-conseils et d'anges gardiens auprès d'un bon nombre des héritiers des premiers associés. "Nous nous sommes rencontrés, Conrad et moi, au cours des banquets offerts par Hollinger à la fin de ses assemblées annuelles, rappelle John Finlay. Il y avait toujours une table à l'arrière qui réunissait les pilotes, le personnel de bureau et les plus jeunes. J'étais frappé par la remarquable intelligence de Conrad et sentis bien vite qu'il deviendrait un jour l'âme dirigeante d'Argus. J'étais très mécontent de l'apathie qui régnait chez Hollinger, et Conrad partageait mes sentiments à ce sujet."

Les efforts déployés par Conrad pour se créer ce réseau de relations ne passèrent pas inaperçus, surtout après que Bud McDougald eut confié au vice-président directeur de la Banque de Montréal, Hartland MacDougall, que Conrad personnifiait à ses yeux le fils qu'il aurait aimé avoir. "Contrairement à la plupart des hommes de son âge, de renchérir Bud McDougald, Conrad a le tour d'être de son temps tout en maintenant les traditions."

C'en était assez pour déclencher des rumeurs. "Ce n'est pas sans déplaisir que je contemple cette vision de moi-même à côté de McDougald à la manière de ces maréchaux soviétiques couverts de médailles qui entouraient Staline", déclara Black lors d'une entrevue télévisée au cours de laquelle il lui fut demandé de clarifier les rumeurs qui couraient au sujet de sa succession. "Que l'on se pose des questions sur mon rôle au sein d'Argus ne me paraît ni surprenant ni déraisonnable, puisque notre participation, à mon frère et à moi-même, y est très importante, et que la compagnie possède, outre un nombre considérable d'actions, plus de 200 millions de dollars en liquidités."

Black prenait bien soin de dissimuler en public toute trace de ses ambitions personnelles. "Je ferais preuve d'injustice à mon propre égard, devait-il déclarer tandis qu'une expression de droiture absolue éclairait son visage, et pis encore, j'irais contre la vérité, si je prétendais que je me frotte les mains en attendant que la grande Faucheuse vienne s'emparer de mes collègues plus âgés et les envoie de la salle du conseil d'administration aux cieux. Il n'y a rien de plus faux."

Toutefois, dans l'orbite immédiate d'Argus, Black faisait des pieds et des mains pour se faire connaître. Il n'ignorait pas qu'une nomination au conseil d'administration d'une grande banque consacrait l'acceptation d'un nouveau membre à tous les niveaux hiérarchiques de l'Establishment canadien.

L'un des amis de Black, John Hull, alors à la tête de Public Relations Services Ltd., glissa à W.O. Twaits, ex-président de Imperial Oil et vice-président de la Banque Royale, que Conrad pouvait être un candidat valable. Le président du conseil de la Banque Royale, Earle McLaughlin, désireux de cicatriser la blessure occasionnée par son soutien à Desmarais au moment de la grande bataille d'Argus, fit des manoeuvres d'approche auprès de Conrad, ce qui n'aboutit à aucune décision précise. Mais, dans l'intervalle, Hull avait averti le président de la Banque de Commerce, Page Wadsworth, qu'il serait sage de mettre la main sur Conrad avant qu'il ne soit trop tard, puisque la Banque Royale avait déjà l'oeil sur lui.

McDougald, avec qui Black avait abordé la question et qui n'aimait pas McLaughlin, déclara au jeune homme: "Je ne veux vraiment pas jouer les mères poules, Conrad, mais la Banque Royale n'est pas pour toi. Je vais m'arranger pour te faire entrer à la Banque de Commerce." Black lui fit alors remarquer que, d'après McLaughlin, il ne pouvait être membre du conseil d'administration de la Banque de Commerce, puisque la Loi sur les banques interdisait que plus d'un quart des membres d'un conseil d'administration soit nommé au conseil d'une même banque, et qu'il y avait déjà quatre des seize membres d'Argus au conseil d'administration de la Banque de Commerce. "Je ne vais sûrement pas me faire donner la leçon par ce *guichetier!*" s'exclama McDougald, qui décida sur-le-champ d'accroître le conseil d'administration d'Argus de cinq nouveaux membres, de façon à respecter la Loi.

McDougald considéra que le temps était venu de nommer James R. Wright et Harry Edmison, directeurs administratifs d'Argus depuis fort longtemps, au conseil d'administration de la société de gestion. Il proposa alors de nommer un troisième membre de concert avec Conrad, tandis que les deux derniers seraient choisis individuellement par Conrad et lui-même. Ils tombèrent immédiatement d'accord sur Fred Eaton, l'héritier des grands magasins. Puis McDougald nomma le président de Rheem Canada Ltd., Trumbull Warren, industriel compétent et membre du conseil d'administration de Massey. Il suggéra enfin à Black, qui pesait sa décision de son côté, de choisir le colonel Charles, dit Bud, Baker, président du Ontario Jockey Club.

Bien que Baker soit un homme d'affaires renommé, c'est pour une tout autre raison que McDougald choisit de le recommander: "Tandis que l'on ramenait d'Angleterre quelques chevaux destinés à l'équipe olympique, l'un des animaux fut pris de panique. Il aurait fallu l'achever, car il risquait de faire un trou dans l'une des parois de l'avion, si Bud Baker ne lui avait pas tenu la queue pendant tout le trajet!" Ce à quoi Black répliqua que l'art de tenir la queue des chevaux ne faisait pas partie des compétences indispensables pour devenir membre du conseil d'administration d'Argus.

Lorsque McDougald, furieux, demanda qui était *son* candidat, Black répondit: "Nelson Davis. Il se retire de la Banque de Commerce en raison de son âge, c'est un de nos bons amis et un grand homme d'affaires. Je pense qu'il est temps que nous allions chercher des propriétaires."

"Bon sang! c'est toi qui as raison. Je n'avais pas pensé à lui! Eh bien, ce sera Nelson!"

Et c'est ainsi que Nelson Davis, qui s'avéra être un acteur de premier plan lors de la prise du pouvoir par Black, entra dans l'équipe d'Argus.

Chapitre quatre

La succession d'un titan

Tout comme le roi Lear sur le déclin tempêtait contre sa propre mortalité tandis que les confins de son empire s'effritaient, McDougald continuait à se traîner jusqu'à son "bureau-salle de bain" pour appeler le monde entier, dans sa quête d'un tour de passe-passe capable de sauver Massey... et constatait que sa magie n'opérait plus.

En ce début d'hiver 1977, John Angus, dit Bud, McDougald, président d'Argus et, de sa propre autorité, doyen de l'Establishment canadien, était méconnaissable à ses propres yeux. Il n'avait pas retrouvé, au cours de son traditionnel séjour de six semaines en Angleterre, le plaisir qu'il savourait d'ordinaire lorsqu'il se mêlait à l'aristocratie financière londonienne. Il avait effectué son habituel circuit de visites à la manière d'un vieux lion qui, parcourant son territoire, découvre qu'il ne fait plus peur même s'il a gardé toute sa fierté d'antan. Comme toujours, il avait occupé la suite 358 qui lui est réservée en permanence au Claridge et avait circulé dans Londres à bord de sa Rolls Phantom V. Comme d'habitude, il avait rendu visite à ses amis, le duc de Wellington, la marquise d'Abergavenny et Lord Crathorne, avant d'aller faire un tour dans les Costwold pour y inspecter ses chevaux d'attelage dans leurs écuries. Il passa plus de temps qu'à l'accoutumée à Kingsclere, dans ses écuries historiques du Hampshire dont les 85 boxes abritent tant ses pur-sang que les montures de la reine, de Paul Mellon et du colonel Julian Berry, l'un des plus célèbres cavaliers du Royaume-Uni. Rares sont les membres de la vaste et enthousiaste communauté hippique britannique qui savent que la plus fameuse des écuries de course anglaises a été discrètement acquise en 1976 par un millionnaire canadien de peu de renom. Huit gagnants du Derby sont issus de Kingsclere dont la magnifique propriété domine une douzaine de cottages, une piste couverte construite depuis peu, ainsi que 80 hectares de terrain en pente que parcourent au galop les chevaux de McDougald (identifiés aux couleurs gris et cerise de leur écurie), de superbes bêtes entraînées sur toute distance inférieure à 3,2 kilomètres.

Lorsque Peter Towers-Clark, rédacteur en chef de la revue de grande classe *Stud & Stable*, lui demanda pourquoi il avait décidé d'investir dans une industrie hippique britannique en perte de vitesse, McDougald répliqua: "L'Angleterre est une grande nation sportive, et la compétition équestre a toujours fait partie intégrante de son mode de vie. Elle n'est pas prête de mourir et, pour reprendre la fameuse remarque de Bismarck à Disraeli, "tant que vous aurez des compétitions équestres en Angleterre, votre nation ne connaîtra jamais de révolution."

McDougald adorait ce sport, mais ses chevaux (à l'exception de Idiot's Delight, qui se classa lors de sa première course à Ascot) remportèrent peu de trophées. Il aimait particulièrement tout le décorum qui entoure les événements hippiques. Lorsque G. Allan Burton, grand veneur de la chasse de Toronto et de North York, lui demanda la permission de traverser son domaine, McDougald, non content d'accéder à sa requête, invita en outre les 300 chasseurs à déjeuner, leur offrant de la tourtière au porc Melton Mowbray sur sa pelouse. Comme bon nombre des arbres de quelque 4,5 mètres de haut qu'il venait de planter le long des allées de Green Meadows étaient morts et desséchés, à la veille de cet événement, McDougald engagea une équipe de jardiniers supplémentaires pour faire vaporiser en vert les feuilles récalcitrantes.

C'est à peine si, irritable et soucieux comme il l'était, McDougald prêta attention à ce qui se passait au sein des filiales britanniques de Massey-Ferguson, Standard Broadcasting et Dominion Stores, préférant consacrer le plus clair de son temps à organiser des déjeuners intimes au Turf, son club favori à Londres. (McDougald ne se faisait jamais faute de proclamer sur tous les tons que le Turf comptait 16 ducs au nombre de ses membres.) Qu'un de ses hôtes britanniques ose remettre en question l'utilité de la reine à long terme entraînait inévitablement chez McDougald une profession de foi des plus inhabituelles: "Je pense, quant à moi, rétorquait-il sans ambages, que la monarchie se vend sacrément bien. Si j'étais Britannique, je serais littéralement entiché de la monarchie... parce que j'ai le sens des affaires. Je me demande ce qui leur prend à tous ces Anglais de vouloir se débarrasser de leur reine. Quelle bande d'idiots! Ils n'ont que ça à vendre. Imaginez juste le nombre d'appareils-photos et de films qu'ils vendent grâce à la monarchie. Le fait d'aimer la reine ou non n'a rien à voir avec le coeur du problème, selon moi. Elle se vend bien, un point c'est tout. Il suffit d'aller à Buckingham Palace n'importe quand pour voir une véritable foule amassée devant les portes afin de prendre des photos ou simplement d'attendre sous la pluie. Que personne ne vienne me dire que le public n'aime pas l'apparat. Il adore ça!"

DANS L'AVION QUI LE RAMENAIT AU CANADA, McDougald occupait un siège situé au-dessous d'une bouche de ventilation défectueuse et contracta un début de pneumonie. Il fut la proie, à l'atterrissage, de douaniers zélés qui voulurent savoir ce qu'il avait fait en Angleterre pendant si longtemps. "J'y ai été envoyé par Dominion Stores, de répondre McDougald. Je travaille dans la vente au détail en quelque sorte. Nous y avions une rencontre des plus importantes et je n'ai pas le droit d'en parler." Ce à quoi le douanier rétorqua: "Si vous êtes dans la vente, je suis sûr que vous avez une valise d'échantillons, et j'aimerais y jeter un coup d'oeil." Quelque temps auparavant, McDougald aurait peut-être proféré un discours cinglant vantant les mérites de la libre entreprise et du droit de chacun à voyager comme bon lui semblait, mais, cette fois-là, il se contenta de murmurer avec obligeance: "Je n'ai pas de valise d'échantillons."

La fièvre persistant, le cercle d'intimes qui entourait Bud McDougald au Toronto Club s'inquiéta de voir ce dernier si fatigué et vieilli, ses mâchoires relâchées, son visage qui trahissait les années. McDougald se souciait beaucoup de son âge, surtout parce qu'il était impossible de rester membre du conseil d'administration de la Banque de Commerce au-delà de 70 ans, âge qu'il devait atteindre sous peu. Il se lança dans une campagne de courte durée pour prouver qu'il avait en fait deux ans de moins que son âge officiel, fouillant les archives du 48e Highlanders et affirmant d'un ton dégagé qu'il avait falsifié sa date de naissance afin de pouvoir s'engager plus tôt lorsqu'il était jeune. Mais les preuves de cette affirmation ne furent jamais établies. Il se retira davantage dans l'univers qu'il s'était créé, grommelant contre les carences de cette société libérale qu'il méprisait. Toutefois, la mauvaise foi et l'entêtement qui avaient soutenu sa vigueur désormais perdue se firent de plus en plus rares. Ainsi, McDougald fixa-t-il d'un regard impérieux le policier qui avait arrêté sa limousine, un beau matin, parce que les passagers n'avaient pas attaché leurs ceintures de sécurité, en déclarant: "Je crois, Monsieur, que la loi fédérale prime sur ce règlement ridicule que vous tentez de faire appliquer. Le Code criminel ne reconnaît pas le droit au suicide, à ce qu'il me semble. Voyez-vous, Monsieur, en respectant le droit fédéral plutôt que le droit provincial, je me contente d'être un bon fédéraliste." Et, donnant l'ordre à son chauffeur de poursuivre la route, il laissa derrière lui un agent de police complètement interloqué.

Bien qu'il continuât de déjeuner presque tous les jours à son bien-aimé Toronto Club, il lui semblait que les choses avaient bien changé. Ainsi, un jour qu'il contemplait un groupe d'hôtes installés dans la salle du rez-de-chaussée, il fit remarquer à son compagnon: "Mon Dieu, on pourrait se croire à une assemblée de plombiers, ici. Vraiment, les gens n'enlèvent même pas leurs sabots pour venir au Toronto Club!" McDougald, qui avait son mot à dire quant à l'acceptation des membres du Club, bien qu'il ne détînt aucun titre officiel à cet égard, n'aurait jamais laissé admettre un membre portant de socquettes à losanges. Maude, sa femme, que tout le monde appelait Jim, se souvient encore du jour où elle a vu les socquettes d'un homme mettre fin à sa carrière: "Ils cherchaient un cadre supérieur pour l'une des compagnies d'Argus sans trouver personne qui convienne au poste. Enfin arrive l'homme qui avait toutes les apparences du candidat idéal. Le pauvre avait été reçu en entrevue par plusieurs autres dirigeants, avant d'être enfin admis dans notre salon. C'est alors que, remontant les jambes de son pantalon pour s'asseoir, il découvrit des socquettes blanches. Mon mari se tourna vers ses collègues et déclara simplement: "Inutile... il ne fait pas l'affaire."

C'est au Toronto Club que Bud McDougald rencontra Jack Campbell, ancien président de Canadian Breweries. Cet homme des plus perspicaces en matière de commercialisation aimait beaucoup la plaisanterie. Il était allé voir McDougald, quelques jours après que sa fille, Mariellen, eut épousé Montegu Black III, en 1964, et lui avait dit: "Bud, j'ai pensé à quelque chose. Je sais que tu n'as ni enfant ni héritier. Je suis sûr que tu as toujours rêvé d'avoir un fils comme moi*. Tu devrais m'adopter, maintenant que j'ai pris l'un des fils Black dans mes filets, non? Nous pourrions demander à McIntosh** de faire tous les papiers." McDougald acquiesça en riant, et "l'adoption"devint une plaisanterie traditionnelle entre les deux hommes. Apercevant son ami souffrant au Club, au début de 1978, Campbell se dirigea vers sa table pour lui déclarer: "J'espère que tu n'es pas en train de tomber malade, Bud, parce que nous n'avons pas encore réglé cette histoire d'adoption." McDougald rit de bon coeur, mais son regard demeura vide.

Voyant que sa santé continuait à décliner, McDougald prit l'avion d'Argus pour la Floride et s'installa sur Ocean Boulevard, dans la grande maison de style basque qu'il avait achetée quelques années auparavant à madame Felix Du Pont.

Les Du Pont, qui fabriquaient de la peinture, entre autres choses, avaient recouvert la plus grande partie des surfaces visibles de la maison, y compris une cheminée en pierre, de 20 couches de peinture semi-émail

---

* Campbell, qui pesait 113 kilos, était alors âgé de 48 ans.
** Donald A. McIntosh était l'avocat principal d'Argus et membre du conseil d'administration de la société de gestion.

kaki. McDougald redécora son *pied-à-terre**, qu'il utilisait pour recevoir ses relations américaines, et devint l'une des personnalités marquantes de Palm Beach. Nommé au conseil des clubs Everglades et Bath and Tennis, membre actionnaire du conseil d'administration de la First National Bank, McDougald n'aimait rien tant que de passer de longs et paisibles après-midi en compagnie de ses amis, recrutés au sein de la haute aristocratie financière de la côte Est.

Benjamin Oehlert junior, ancien avocat de Philadelphie qui fut nommé par la suite président de Minute Maid Corporation et fut ambassadeur des États-Unis au Pakistan, vers la fin des années 60, était au nombre de ces amis. McDougald adorait raconter comment Oehlert devint membre à part entière de l'État-providence. "Ben a plein d'argent, expliqua-t-il un jour à l'un de ses invités qui venait de Toronto. Nous déjeunions avec quelques amis au Everglades, et la conversation roulait sur la situation actuelle ainsi que sur tous les problèmes de l'aide sociale, lorsque Ben s'exclama soudain: "Bon sang, à bien y penser je suis sans emploi... j'ai perdu le mien! Je crois bien que je vais aller faire un tour au bureau de l'aide sociale de West Palm Beach et voir ce que je peux faire." Sitôt dit, sitôt fait. Une fois le repas terminé, il monte dans sa Rolls et s'en va faire la queue avec tous les autres.

"Que puis-je faire pour vous? lui demande l'employé, une fois son tour venu.

— Je n'ai plus de travail.

— Quel est votre métier?

— Je suis ambassadeur. J'ai perdu mon emploi et je cherche un autre poste d'ambassadeur."

"Et l'employé d'examiner ses dossiers pour vérifier si l'on recherchait un ambassadeur, puis d'aller vérifier de plus belle au premier étage où sont rangés les dossiers les plus complexes, pour dire enfin à Oehlert de rappeler au bureau au cas où il y aurait un poste d'ambassadeur de disponible.

"Sur ce, Ben revient au club et remarque: "C'est la plus grosse bande d'andouilles que j'aie jamais vue.".... Eh bien! croyez-le ou non, il recevait un chèque d'assurance-chômage trois jours plus tard!"

Il était intarissable au sujet de sa formidable voisine, l'une des personnalités les plus colorées de Palm Beach, la redoutable Marjorie Merriweather Post Close Hutton Davies May. Fille d'un fabricant de céréales (dont la compagnie Postum and Grape-Nuts devint General Foods), Marjorie s'était mariée quatre fois et avait un train de vie inégalable, même sur la "côte d'or" de la Floride.

Elle aimait se détendre à bord du *Sea Cloud*, son quatre-mâts barque de 96 mètres, doté d'un équipage de 72 membres pour une dizaine

---

* *N. des T.:* En français dans le texte.

d'invités. Elle collectionnait, dans des pièces réservées à cet effet, des oeufs de Pâques de Fabergé et autres trésors du même acabit, des diamants sans prix, un saphir de 51 de carats et un service de vaisselle en porcelaine créé pour la Grande Catherine de Russie. Les soirées qu'elle donnait tous les jeudis dans sa somptueuse résidence de Mar-a-Lago, qui comptait 50 pièces et 60 serviteurs (dont son confiseur personnel), étaient *de rigueur** pour toutes les personnalités en vue. Bon gré mal gré, ses invités devaient passer quelques heures à danser des sets carrés au son de son orchestre, les femmes obligatoirement chaussées de pantoufles gracieusement fournies par la maison, afin de ne pas faire de marques, avec leurs talons aiguilles, sur le parquet luisant comme un miroir de la salle de bal. Les récriminations entraînées par ces vicissitudes obligatoires ne risquaient pas de troubler l'immunité dont madame Post était dotée pour faire face aux petits problèmes de l'existence: elle était devenue presque complètement sourde. Elle mourut en 1973. Au début de 1982, Mar-a-Lago fut mise en vente par un courtier immobilier de Palm Beach au prix de 20 millions de dollars.

Alors qu'elle était encore à son apogée, il lui était arrivé de demander conseil à McDougald, surtout au moment où le conseil de direction de General Foods la pressait de diversifier les activités de la compagnie. "Les dirigeants voulaient absolument qu'elle consente à se lancer dans les hamburgers, rappelait McDougald. Bien sûr, McDonald remportait un succès fantastique dans le domaine, et tant mieux pour eux. Mais la vieille dame ne se sentait guère intéressée, parce que, me dit-elle à l'époque "Mon père répétait sans arrêt que notre vocation c'était les céréales, et non la viande."

"Ce à quoi je répliquai: "Parfaitement d'accord avec vous, Marjorie.

— Mais que feriez-vous à ma place, poursuivit-elle? Il faut que je retourne à la réunion!

— Je les flanquerais tous dehors en disant que je m'en tiendrai aux céréales."

"L'affaire était claire. Elle retourna déjeuner, mais ses collègues l'intimidèrent tant et si bien qu'elle plia l'échine, et, lorsque je la revis quelques semaines plus tard, elle m'annonça: "Eh bien, nous voilà dans la viande!"

"Et, il y a un an et demi, la viande en question coûtait 83 millions à General Foods."

Au cours des dernières semaines de sa vie, McDougald passa des heures heureuses dans son ranch de Floride, d'où il dut chasser les alligators que ses prédécesseurs y avaient laissés. La propriété avait en effet abrité un zoo privé, et McDougald s'engagea, au moment de l'achat, à se

---

* *N. des T.:* En français dans le texte.

débarrasser de tous les animaux qui y logeaient. Son ex-propriétaire, fille de l'industriel sportif Jim Norris, expliqua, en réponse à la question de McDougald, qu'elle avait conservé les alligators parce qu'elle avait entendu dire qu'il aimait porter des souliers en crocodile et que, par conséquent, ces animaux suffiraient à ses besoins pour le reste de sa vie. McDougald n'osa pas lui préciser que les seuls souliers en crocodile qu'il appréciait provenaient d'une échoppe située près du Claridge à Londres où il se les faisait faire sur mesure.

Des 18 pièces que comportait sa maison de Palm Beach, McDougald préférait sans conteste la salle de bain que Felix du Pont avait aménagée à côté de sa chambre à coucher et que McDougald, quant à lui, avait transformée en salle de travail. Dotée d'un petit bureau, de deux téléphones, d'une corbeille à papier et d'un taille-crayon, elle était devenue le centre de communications d'où il appelait Toronto pour rythmer la vie de son empire financier.

BIEN QU'IL FÛT INCAPABLE D'ACCEPTER OU MÊME D'ENVISAGER PAREILLE VÉRITÉ, il n'en est pas moins indéniable que McDougald s'était transformé en conservateur de musée au cours de ses dernières années. Les six compagnies qui faisaient naguère la fierté d'Argus manquaient visiblement de l'énergie et de l'imagination de E.P. Taylor ou du McDougald des jeunes années. Il y avait longtemps que B.C. Forest Products avait échappé à l'empire d'Argus, qui, tout en étant encore le plus gros actionnaire de Noranda, n'exerçait plus aucune influence sur la politique de cette dernière. Quant à Dominion Stores, Domtar Inc. et Standard Broadcasting, elles semblaient quasiment plongées dans le coma. Pis encore, tout indiquait clairement que Massey-Ferguson, le joyau des multinationales appartenant à Argus, connaissait des problèmes graves. McDougald était devenu une araignée léthargique tapie dans une immense toile financière des plus complexes, qui semblait l'avoir paralysé.

Il avait perdu le désir d'augmenter le capital d'Argus. Au cours de l'été qui précéda la mort de McDougald, Harry Edmison, le secrétaire de la société de gestion, était entré dans son bureau, alors qu'il parlait au téléphone, et avait posé la note suivante en face de lui: "Il y a 30 000 actions de Hollinger sur le marché, à 22 $ pièce". Bien que le prix soit des plus intéressants et qu'Argus ne détienne à l'époque que 23,1 p. 100 des actions de la prospère compagnie minière, McDougald griffonna: "Sans intérêt", et congédia son ami. "Je me souviens du souci que je me faisais pour Massey cet été-là, rappelle Edmison, et McDougald se montrait très ennuyé d'avoir à produire un tas de rapports à titre de dirigeant d'Argus. Il me demanda si je devais en produire tout autant, moi aussi, à titre de membre du conseil d'administration de la société. Je lui rappelai que j'avais décidé, par principe, de ne détenir aucune action du portefeuille d'Argus. D'ailleurs, ajoutai-je, il n'y a rien que je voudrais acheter.

— Sans farce? me demanda-t-il.

— À vrai dire, répondis-je, je ne voudrais certainement pas acheter Massey, en raison de l'énormité de ses dettes.

"Peu après, je tombai sur un article publié dans le *Magazine of Wall Street*, dans lequel un professeur d'université engagé par une compagnie d'assurances américaine avait établi un barème complexe qui permettait d'évaluer les dettes réelles d'une entreprise industrielle. J'analysai la situation de Massey à la lumière de ce barème et m'aperçus qu'elle était à la limite de l'acceptable. Je posai les résultats ainsi obtenus sur le bureau de Bud, qui me demanda: "Qui est ce type?" Lorsque je lui répondis qu'il s'agissait d'un universitaire, il se désintéressa totalement de la question."

McDOUGALD REÇUT UN IMPORTANT VISITEUR, à la mi-janvier 1978. Alex Ethelred Barron, président de Canadian General Investments Ltd. et membre du conseil d'administration de Massey depuis fort longtemps, avait été convié, quelques mois auparavant, à faire partie du conseil de direction de cette dernière. Il avait donc pu, pour la première fois, avoir accès à tous les aspects de la situation financière de la compagnie, ce qui confirma les pires craintes qu'il ait jamais nourries quant à la viabilité à long terme de Massey. Il était à Miami lorsqu'il appela McDougald dans le but de passer quelques heures en sa compagnie. Barron fut invité à Palm Beach le jour même où le président et directeur général de Massey, Albert A. Thornbrough, était lui-même attendu. "J'arrivai quelques minutes à peine avant Thornbrough, rappela Barron par la suite, de telle sorte que nous n'eûmes pas le temps de discuter en privé, Bud et moi. À ma grande surprise, il demanda à Alex de ne plus présider les assemblées de Massey, ajoutant qu'il le ferait lui-même. Je rappelai Bud quelques jours plus tard pour lui dire à quel point j'étais d'accord pour qu'il écarte Thornbrough, mais qu'il me semblait, par contre, qu'il était incapable, ne serait-ce que physiquement, de prendre sa place. "Alex, me répliqua-t-il, la compagnie traverse une crise grave, et il faut que quelqu'un soit prêt à faire face aux banques et à la critique. C'est là ma responsabilité. Il me faudra donc l'assumer."

Doté de la sensibilité aiguë d'un paranoïaque en vase clos, McDougald sentait la crise de Massey à des centaines de kilomètres de distance et tentait désespérément d'élaborer un ultime plan de sauvetage. Il n'y renonça jamais, bien qu'il sentît ses forces décliner sans arrêt. La secrétaire du bureau torontois d'Argus, Evelyn Young, rappela par la suite à quel point elle sentait la voix de McDougald faiblir au fur et à mesure que ses conversations téléphoniques quotidiennes se poursuivaient, et qu'elle l'interrompait gentiment pour lui demander: "Peut-être devrions-nous en rester là pour aujourd'hui?"

McDougald était si faible, au début du mois de mars, qu'il parvenait à peine à se vêtir sans aide. Il avait tant dépéri que ses chemises flottaient autour de lui et qu'il devait sans cesse remonter ses pantalons. Le soleil de Floride lui irritait les yeux. Tout comme le roi Lear sur le déclin qui tempêtait contre sa propre mortalité tandis que les confins de son empire s'effritaient, McDougald continuait à se traîner jusqu'à son "bureau-salle de bain" pour appeler le monde entier, dans sa quête d'un tour de passe-passe capable de sauver Massey... et constatait que sa magie n'opérait plus. Bruce Matthews, alors vice-président directeur d'Argus, évoque ainsi cette période de sa vie: "Les médecins insistaient pour que Bud se repose et garde la chambre. Nous apprîmes finalement qu'il ne pouvait plus quitter son lit. Mais il arriva une ou deux fois qu'en entendant madame McDougald répondre à mes appels il se saisît du téléphone pour me parler de Massey."

Le 9 mars, cinq jours avant le soixante-dixième anniversaire de son mari, Jim McDougald invita quelques amis (Bev Matthews, l'avocat torontois ancien responsable de la campagne de financement du Parti conservateur, sa femme Phyllis, ex-madame Neil McKinnon, Signy Eaton, veuve de John David, et enfin John Parkin, architecte en titre de l'Establishment canadien). "Nous avons pris un verre chez Doris Phillips, évoque Parkin, avant de traverser la rue. Jim nous offrit un dîner des plus réussis: la précision du service était époustouflante. Bev Matthews en fut profondément impressionné; quant à moi, j'en étais renversé. Jim McDougald tint à me faire visiter la maison, qui avait été construite, bien entendu, par Addison Mizner, et ouvrit la porte d'une penderie pour me montrer un costume oublié par le duc de Wellington. Je n'eus pas l'esprit de lui rappeler que le père du duc avait été architecte et qu'en fait le duc actuel avait lui-même été architecte pendant des années à Londres où il pratiquait sous le nom de Arthur Wellesley & Partners. J'aurais tant aimé taquiner madame McDougald."

Le président de Dominion Securities, qui était aussi le meilleur ami de McDougald, Doug Ward, téléphona à Palm Beach quelques jours avant cette soirée. Les deux hommes avaient pris leur café ensemble tous les matins et avaient déjeuné ensemble au Toronto Club au moins deux fois par semaine pendant 30 ans. Comme Ward était le principal conseiller boursier de McDougald, ils avaient tendance à s'exprimer en pourcentage. Aussi, lorsque Ward demanda à son ami comment il se sentait ce jour-là, Bud répondit d'une voix faible: "Oh! 25 p. 100!"

Le 14 mars, jour de son anniversaire, Bud McDougald, frappé d'une grave crise cardiaque, fut transporté précipitamment au Good Samaritan

Hospital. "J'aurais préféré qu'il aille à la clinique Mayo, de rappeler madame McDougald, mais, d'après les médecins, la situation était sans espoir. J'étais à son chevet le jour suivant et je l'ai vraiment senti partir."

"Il faut que je parle à Thornbrough, émit Bud, à l'article de la mort.

— Oui, mon chéri, dès que tu seras sorti d'ici.

— Non. Je veux qu'il vienne ici. Il faut que je lui parle. J'ai trouvé comment sortir Massey du trou...

— Aucune importance. Laisse tomber. Massey s'en sortira. Elle finit toujours par s'en sortir.

— Non, pas cette fois-ci. Ça va vraiment mal. Il faut que je parle à Al. Demande-lui de venir ici. Dis-lui simplement que je sais comment sortir Massey du trou..."

Ce furent là ses dernières paroles. Le 15 mars 1978, à 10 h 45, John Angus McDougald quitta à regret le monde de pouvoir et de privilèges qu'il avait tant aimé.

QUINZE MINUTES PLUS TARD, Doris Phillips, belle-soeur du défunt président d'Argus, appela Evelyn Young à Toronto pour lui annoncer la nouvelle et lui demander d'avertir Bruce Matthews. Interrompu en pleine réunion du conseil d'administration de Canada Permanent, l'ancien général de division prit la situation en main dans le plus pur style militaire: il rédigea le déroulement des opérations en précisant le compte à rebours des préparatifs et organisa ainsi les funérailles les plus somptueuses depuis celles de George Black, deux ans plus tôt.

Ce jour-là, Conrad Black et John Bassett recevaient Billy Graham, l'évangéliste américain qui avait recours aux installations de télévision de John Bassett pour enregistrer ses croisades mondiales sur bande vidéo. "J'ai présenté Billy à John Bassett, qui le remercia, et nous nous sommes mis à nous taquiner sans méchanceté, de raconter Black par la suite. J'appris la nouvelle de retour à mon bureau, chez Dominion Securities, et nombreux furent ceux qui me téléphonèrent au cours de l'après-midi pour me dire à quel point ils étaient désolés. Il semble que j'aie été la seule personne à remarquer que McDougald était mort aux ides de mars. À l'instar de César, auquel il ressemblait, il n'avait pas préparé sa succession."

LA MORT DE McDOUGALD ne mettait pas seulement fin à une carrière unique et ne marquait pas simplement le départ d'une personnalité prépondérante, pendant trois décennies, sur la scène de la finance canadienne. Sa succession revêtait l'importance cérémonieuse d'un couronnement et symbolisait la fin d'une époque. McDougald avait, en cette aube de l'ère de l'informatique, conféré à tout ce qu'il touchait un air de grandeur et de chevalerie. Bien que suranné à l'occasion, il n'en était pas moins un individu conscient de sa valeur et prêt à l'afficher.

Page Hufty, l'un des confidents de McDougald, dont le père avait été un important actionnaire de Standard Oil (compagnie appartenant à John D. Rockefeller), téléphona de Palm Beach au gouverneur de la Floride afin qu'il exempte la famille du défunt des fastidieuses formalités d'usage, de telle sorte que le corps puisse être rapatrié dans les 24 heures. Le déroulement des funérailles fut confié à Rosar-Morrison, entrepreneurs de pompes funèbres établis depuis 1861, qui détiennent la quasi-exclusivité des enterrements catholiques au sein de l'Establishment canadien. C'est ici que surgit la première difficulté. Un membre de la famille remarqua en effet que les six employés de Rosar-Morrison avaient les cheveux longs jusqu'aux épaules. Il leur fallut donc se les faire couper pour la cérémonie, en raison de l'aversion qu'éprouvait le défunt à l'endroit de ce style de coiffure*.

LA JOURNÉE ÉTAIT FROIDE POUR UN ENTERREMENT. Des trombes d'eau cinglaient les marches du parvis de la cathédrale St. Michael. Le groupe endeuillé d'hommes au chef surmonté de huit-reflets, dont la respiration se condensait en une fine buée dans l'atmosphère glaciale, n'eût aucunement détonné dans la Russie tsariste de la fin du siècle dernier. Si la proche famille du défunt se laissait aller ouvertement à exprimer une détresse des plus sincères, la plupart des autres membres de l'assistance semblaient peu absorbés par la cérémonie, plus préoccupés qu'ils étaient à dénombrer les présences ou à interpréter l'ordre dans lequel les prie-dieu étaient occupés afin d'en déduire le nom du

---

* McDougald avait fait exclure deux actionnaires de l'assemblée annuelle de Crown Trust, sous prétexte que leurs cheveux étaient trop longs. Le vice-président et directeur général de la Banque de Montréal, Hartland MacDougall, qui est en quelque sorte l'incarnation de l'Establishment canadien (issu de la famille Molson, il a suivi ses études à LeRosey en Suisse et fait partie des dix clubs privés les plus en vue du Canada), rencontra un jour McDougald à sa sortie du Toronto Club. MacDougall avait alors les cheveux un peu plus longs que d'habitude, quoique toujours aussi soignés, en partie pour entretenir son image de propriétaire terrien (il venait en effet d'emménager dans son domaine situé près de Belfountain, en Ontario). "Hartland!" appela McDougald. "Oui, Monsieur", répondit MacDougall. Et Bud McDougald de décocher sa flèche: "Une minute. Qu'est-il arrivé à vos cheveux? Est-ce que vous essayez de vous faire passer pour un hippy entre deux âges?"

successeur éventuel du monarque défunt. La famille avait demandé à l'archevêque Philip Pocock de célébrer l'office à cette occasion, Mais il s'y était refusé. Le prélat n'avait pas pardonné au disparu les excès verbaux dont celui-ci s'était rendu coupable, non seulement à l'encontre de l'Église et de son serviteur, qui, prenant fait et cause pour les travailleurs agricoles de Californie, avait demandé à la compagnie Dominion Stores d'appuyer le boycottage des produits agricoles "jaunes", mais également à l'égard du Tout-Puissant, dont McDougald avait mis la sagesse en doute puisqu'il permettait une telle offense. Il fallut l'intervention personnelle du sénateur Joseph Sullivan pour faire fléchir Pocock, qui consentit finalement à assister au service funèbre, sans pour autant revenir sur son refus de le célébrer. Aussi se contenta-t-il de siéger, sombre figure hiératique, à côté de l'autel.

"Jusqu'à l'instant de notre mort, nous devrions prier Dieu avec un ferveur particulière afin de le remercier pour la vie qu'il nous a accordée, psalmodia monseigneur Pearse Lacey, vicaire de St. Michael. Vivre, ne serait-ce que quelques années, n'est-ce pas déjà beaucoup plus que ce que n'importe lequel d'entre nous mérite? C'est pourquoi l'existence du défunt, Bud McDougald, dont les 70 années ont été illuminées tant par les dons précieux que la volonté divine avait cru bon de lui dispenser que par ses qualités de travailleur acharné, mérite sans nul doute que nous remercions Dieu avec ferveur et humilité pour ce miracle que constituent non seulement l'oeuvre de Bud, mais également sa réussite. En dépit de l'héritage inestimable qui est le nôtre puisque nous sommes créés à l'image du Seigneur, notre humanité fait de nous des colosses aux pieds d'argile, fragiles, imparfaits et pécheurs. La cérémonie eucharistique à laquelle nous participons ce matin est destinée à implorer la pitié et l'absolution d'un Dieu bienveillant et rempli de compassion pour les péchés de notre regretté défunt. Quelque mortification ou sacrifice qu'Il puisse exiger de Bud, implorons Jésus, notre Seigneur, avec confiance pour qu'il le délivre et lui ouvre le royaume des cieux... Amen."

Nombreux étaient, ce jour-là, les policiers qui escortaient la procession de Cadillac, longues comme des contre-torpilleurs, et de Rolls, massives et carrées, jusqu'au cimetière de Mount Hope. La brève cérémonie de l'inhumation terminée, Conrad Black, qui avait présenté ses condoléances à la famille éplorée, remarqua la silhouette d'un homme vêtu d'un pardessus en poil de chameau s'attardant parmi les derniers membres de l'assistance. Il s'agissait de John Prusac, mystérieux promoteur immobilier de Toronto d'origine yougoslave, auquel McDougald s'était lié sur le tard.

Prusac devait demeurer près d'une heure devant le tumulus, à sangloter sous la pluie.

BUD McDOUGALD NE POUVAIT PAS PLUS SE FAIRE À L'IDÉE DE SA PROPRE MORT qu'il n'était capable d'accepter une invitation de personnes qu'il ne connaissait pas. Il stupéfiait ceux de ses proches qui avaient l'audace d'aborder la question de sa succession, en commençant par répondre: "*Si* et quand je mourrai..." Son refus obstiné d'envisager l'inéluctable était tel qu'il négligea de faire établir devant notaire ses droits sur le terrain où il serait inhumé. Le moment venu, Harry Edmison, qui était secrétaire d'Argus, dut effectuer en toute hâte les démarches nécessaires. McDougald n'acceptait sous aucun prétexte d'entendre évoquer l'hypothèse de sa propre mort. Il se contenta, pour tout préparatif, de signer un testament, et encore, à regret. Mais il n'avait rien prévu de particulier pour assurer la continuité d'Argus.

Le degré de torpeur dans lequel Argus avait sombré était tel que l'annonce du décès de McDougald fit monter de trois points (jusqu'à 33,50 $) la cote de ses rares actions ordinaires en circulation sur les marchés. Les augures de Bay Street avaient beau ne pouvoir deviner à quel point la succession s'avérerait compliquée, la froide logique du marché voulait qu'un changement, quel qu'il fût, ne pût être que bénéfique.

Si l'on en croit Doug Ward de Dominion Securities, "Bud n'a jamais vraiment cru qu'il mourrait, sinon il aurait pris des dispositions plus appropriées en ce qui concerne Argus. Il était probablement convaincu que les fils Black finiraient par jouer un rôle prépondérant au sein de l'entreprise, mais il pensait qu'ils seraient tout d'abord parrainés par Max Meighen et par le général Matthews avant d'accéder au sommet, le moment venu".

En dépit de toutes ses protestations de partisan de la libre entreprise canadienne, McDougald avait perdu toute confiance en son pays ainsi qu'en son système. Il avait converti la quasi-totalité de ses investissements en argent liquide, exception faite des éléments d'actif qu'il détenait dans Argus. Outre l'essentiel de ses biens il léguait à son épouse la totalité de "son mobilier, son argenterie, ses bijoux, sa lingerie, sa verrerie, sa porcelaine, ses livres, tableaux, estampes, provisions, biens périssables, automobiles, motos, véhicules motorisés et autres, étalons, juments, chiens, harnachements, sa sellerie, son bétail, tout l'équipement de ses étables et de ses garages, sa piscine, ses outils, instruments et autres équipements et accessoires*".

---

* Mis à part quelques legs laissés à sa famille, il distribua divers montants entre les membres de son personnel: 15 000 $ à sa secrétaire Evelyn Young; 5000 $ à sa secrétaire Ruth Smith; 10 000 $ à la bonne de sa femme, Kathleen Coffey; 10 000 $ à sa cuisinière, Esther Kalio; 15 000 $ à son chauffeur, John Mous; 10 000 $ à son jardinier, William Van Veen; 5000 $ à son premier valet, Godfrey Lockyer; 5000 $ à sa gouvernante, Edith Jones; 5000 $ à sa bonne personnelle, Rose Coffey; et enfin 20 000 $ à son maître d'hôtel, Arthur Durham.

SUR LE COUP, LA DISPARITION DE McDOUGALD NE SEMBLA GUÈRE ÊTRE LE PRÉSAGE D'ÉVÉNEMENTS PARTI-CULIERS. Les deux veuves, Jim McDougald et Doris Phillips, retournèrent à Palm Beach. Leur avocat, Lou Guolla, eut une entrevue avec Bruce Matthews, qu'il consulta sur la nécessité de rédiger une entente officielle avec les héritiers pour qu'Argus puisse poursuivre ses opérations. Le général rétorqua que Bud et lui-même n'avaient jamais éprouvé le besoin de rédiger un contrat quelconque sur papier, et qu'il n'en voyait nullement l'utilité en l'occurrence. "Dites simplement à Jim que je veille à ses intérêts, déclara-t-il à Guolla. Quelles que soient les décisions des héritiers, je verrai à les faire respecter."

Interrogé sur l'avenir d'Argus par Adrienne Clarkson, dans le cadre de l'émission "The Fifth Estate" qu'elle anime sur le réseau anglais de Radio-Canada, Conrad Black répondit d'un ton on ne peut plus aimable:

Ma foi, j'imagine que les nombreux postes importants laissés vacants à la suite de la mort de monsieur McDougald seront repris par ses principaux collègues, tous hommes d'égale envergure qui peuvent s'enorgueillir de carrières à la fois longues et remarquables. Je pense en particulier au général Matthews, au colonel Meighen et à monsieur Alex Barron. Par ailleurs, je ne suis nullement habilité à vous dire si la politique des compagnies faisant partie d'Argus risque d'être modifiée, quoique je ne prévoie aucun motif de rupture avec le passé. Monsieur McDougald avait un style qui lui était propre, et rien ne pourra ternir son prestige. Il a toujours tenu à consulter ses associés, et ses décisions lui étaient dictées par l'intérêt de la majorité. Je dirais que les affaires vont continuer comme d'habitude.

Clarkson: Les gens vous considèrent comme le dauphin, et d'aucuns vous voient déjà prendre la relève. Qu'en dites-vous?

Black: Non, rien n'est plus erroné, il n'y a que les journaux pour colporter de telles rumeurs. Chaque fois que l'on m'a demandé qui remplacerait monsieur McDougald le jour où il disparaîtrait pour une raison quelconque, j'ai répliqué en évoquant le général Matthews, le colonel Meighen et monsieur Barron, et, aujourd'hui encore, c'est ce que je fais. Ce qui se produira ne dépend en fait nullement de moi. Je crois qu'Argus est dirigée d'une façon quelque peu plus collective que d'autres compagnies, mais, à ma connaissance, il n'y a pas de dauphin en l'occurrence.

Black s'émerveilla, sur les ondes, du style de McDougald: "Je me rappelle lui avoir demandé quelle était, à son avis, la plus belle voiture jamais vue à ce jour. Il me décrivit alors l'Isotta Fraschini 1924 fabriquée en bois de rose pour le roi d'Espagne, Alphonse XIII. Comme je me demandais où elle pouvait bien se trouver à l'heure actuelle, il répondit: "Dans mon garage."

Il loua, à la télévision, les talents de conteur de McDougald. "Il m'a un jour parlé de l'époque où il était le trésorier de Mitch Hepburn, qui se présentait alors comme chef de l'opposition en Ontario, dans le courant des années 30. Sa tâche consistait, entre autres, à offrir de l'argent aux personnes payées par les adversaires de Hepburn pour saboter ses assemblées publiques. Leurs interventions étaient préparées d'avance et répétées, tandis qu'Hepburn apprenait par coeur ce qu'il devait leur répondre. Or, ces mêmes personnes vinrent trouver McDougald au plus fort de la campagne en disant: "Nous ne sommes vraiment pas payés assez cher pour nous faire ridiculiser ainsi dans toutes les salles de réunions de l'Ontario." Bud improvisa une bonne quinzaine de minutes sur ce thème, et j'étais vraiment mort de rire. Il avait en réserve une quantité inépuisable d'anecdotes de ce genre, qui remontaient jusqu'aux années 20."

Toutefois, Conrad Black se montrait nettement moins mesuré dans le cadre des plaisanteries, jamais diffusées, qui furent lancées en studio. À un moment donné, Adrienne Clarkson lui demanda:

À quel personnage historique Bud McDougald s'apparentait-il? Se montrait-il napoléonien? Ou exerçait-il son pouvoir à la façon d'un pape?
Black: Un peu des deux. Euh... voyons voir... je ne voudrais pas tomber dans la facilité, mais j'aimerais encore moins peiner ou heurter sa femme. En répondant comme je viens de le faire à votre question, je pourrais paraître un peu injuste. Je ne veux pas dire n'importe quoi. Je suppose que je pourrais vous redire cette phrase citée par le *Star* sur la façon dont il divisait le monde en amis et ennemis...
Clarkson: Oui? D'accord... allons-y... Comment exerçait-il son pouvoir? Quel genre de personnage était-il? Comment concevait-il le monde?
Black: Il avait tendance à diviser le monde en deux camps: celui de ses amis et celui de ses adversaires. Cet homme, qui se montrait d'une loyauté à toute épreuve à l'égard de ses amis, pouvait être d'une indifférence absolue face à ses ennemis. Il était profondément convaincu de la pertinence et de la justesse des valeurs qu'il tentait de véhiculer et qu'il personnifiait lui-même dans une large mesure. C'était là ce qui faisait sa force, en grande partie. C'était un homme de grande classe, dont la bonne conscience face à son

succès personnel, l'ardeur qu'il mettait à défendre sa propre perception de la société et la vision qu'il avait de la façon dont il faut influer sur les événements frisaient l'ostentation.

S'IL N'AVAIT PAS ÉLU DE PRINCE HÉRITIER, McDougald avait pris soin, par contre, au cours de la dernière année de sa vie, de s'entourer de deux amis capables de l'aider à diriger Argus. Membre du conseil d'administration de 14 entreprises et travaillant dans quatre bureaux à la fois (chez Argus, Canada Permanent, Excelsior Life et Dome Mines), Bruce Matthews, alors âgé de 68 ans, estimait qu'il avait trop dispersé ses énergies pour pouvoir accorder à Argus l'attention qu'elle méritait. C'est pourquoi, à l'automne 1977, McDougald avait demandé à Alex Barron d'accepter la vice-présidence d'Argus, nomination qui fut ratifiée lors de l'assemblée annuelle de la compagnie en 1978. Barron avait partiellement déménagé au 10, Toronto Street, dès le mois de janvier 1978, et passait donc la matinée dans l'ancien bureau de Wally McCutcheon, où il prenait progressivement en main une partie des fonctions assumées par Matthews.

À cette époque, sept hommes représentant des entreprises extrêmement différentes, voire même parfois concurrentes, présidaient aux destinées d'Argus. Outre Conrad Black et sa suite, il s'agissait des personnes suivantes:

Le colonel Maxwell Charles Gordon Meighen. À l'âge de 70 ans, Meighen était convaincu qu'il n'avait rien à faire pour qu'Argus lui tombe dans les bras, parce qu'en vertu de l'entente complexe signée en 1969 par les principaux actionnaires d'Argus pour régir Ravelston, sa compagnie, Canadian General Investments Ltd., détenait, avec une entreprise connexe, le plus gros bloc d'actions (26,5 p. 100) de la société de gestion. Il pensait donc que, lorsque ses associés seraient tous morts ou auraient tous vendu leurs actions, sa participation proportionnelle lui vaudrait d'occuper une situation clé chez Argus.

Scott Fennell. Le gendre du défunt Eric Phillips était le seul proche de McDougald capable de prévoir avec exactitude ce qu'il adviendrait de l'empire d'Argus. Ayant compris que la clé du pouvoir d'Argus résidait dans la prise de contrôle de Crown Trust, il demanda à McDougald, au début de 1977, de prendre certaines dispositions qui lui permettraient d'acheter des actions de la compagnie de fiducie. "McDougald me répondit tout de go: "Non, Scotty, c'est moi qui tiens les rênes", de rappeler Fennel par la suite. Je rétorquai que ce n'était pas pour tout de suite, mais que j'aimerais avoir cette possibilité pour plus tard. Il refusa tout simplement d'envisager la question."

Albert Thornbrough et Albert Fairley. Directeurs de Massey-Ferguson et de Hollinger Mines, les "jumeaux d'or" étaient très conscients des critiques formulées à leur endroit tant par les membres extérieurs de leur propre conseil d'administration que par d'autres actionnaires d'Argus. Une fois que leur mentor et protecteur eut quitté la scène, ils se mirent à s'agiter en tous sens à la recherche d'un garde-fou.

John Prusac. L'homme qui s'était attardé sur la tombe de McDougald entreprenait maintenant de poser les jalons qui lui permettraient d'accéder à la présidence d'Argus. Manquant de discrétion au point de discuter de son projet avec un courtier immobilier de Toronto, il alla jusqu'à offrir à deux personnalités éminentes de l'Establishment torontois d'être membres de son futur conseil d'administration d'Argus. Les indiscrétions de Prusac furent bientôt au centre des commérages qui couraient bon train, le midi, au Winston.

Percy Finlay. Jugé trop âgé, en 1964, tant par McDougald que par Phillips, pour prendre la tête de Hollinger, Finlay était encore l'avocat en charge des successions Dunlap et Duncan McMartin, ainsi que d'une partie de la succession Timmins, à l'âge de 80 ans. Les 15 p. 100 qu'il détenait ainsi, ajoutés aux 8 p. 100 qu'il possédait chez Crown Trust (par l'entremise de la succession John McMartin) et aux 23,1 p. 100 qu'il avait investi dans Argus, lui donnaient la mainmise sur cette dernière. Mais Finlay était l'un des rares joueurs en présence à comprendre que Hollinger risquait de succomber à une offre de prise de contrôle en l'absence de la force avec laquelle McDougald réunissait ce groupe dépourvu de toute cohésion par ailleurs.

PARVENU À CE MOMENT CRITIQUE, Black jouissait essentiellement d'un avantage: contrairement aux autres personnes qui gravitaient autour d'Argus, il n'avait jamais succombé au charme sous lequel McDougald tenait le groupe. "Bud est exactement comme mon chat Sidney*", confia-t-il un jour à un ami qui, comme lui, était membre du conseil d'administration d'Argus, "il a du chic et de la classe, mais il se fiche de tout. Il peut être aussi agréable que destructeur, selon son humeur du moment."

Black a toujours voué une grande admiration au président du conseil d'administration d'Argus, mais, contrairement à la plupart des membres

---

* Mort depuis, Sidney a été remplacé par de nouveaux chats répondant aux noms de Suzy et Oliver.

de l'entourage de McDougald, qui faisaient preuve d'une indulgence exagérée à son encontre, il observait son mentor avec un recul plein de sang-froid. "Il est indéniable que monsieur McDougald avait de la classe, se plaît-il à rappeler, une grâce peut-être un peu surfaite parfois, mais qu'importe, car, dans un pays aussi terne que le Canada, il a su donner à Toronto le peu de fantaisie dont cette ville ait jamais pu se targuer. Et puis, il y avait aussi la relation qu'il entretenait avec ma famille. Nous étions alliés en quelque sorte. Mais il excellait surtout comme escroc de haute volée. J'en savais peut-être plus qu'il ne l'aurait souhaité sur sa carrière. Ses anciens camarades de classe étaient fort impressionnés par sa réussite, surtout ceux qui avaient travaillé avec lui lorsque, pour reprendre l'expression d'un ami de mon père, il partait à Malton, le cul à l'air, pour aller vendre des obligations municipales pour le compte de Dominion Securities... Il semble difficile d'imaginer sous ce jour le Bud McDougald que nous avons connu des années plus tard. Au fil des années, il finit par persuader presque tout le monde qu'il était l'autorité suprême dans le monde des affaires canadien. Et c'était vrai de bien des points de vue. Mais, pour ma part, je l'ai toujours un peu considéré comme un cardinal italien, particulièrement en raison de sa manière de s'assurer la loyauté d'autrui."

Alors même que tout le monde s'interrogeait sérieusement sur le type de succession prévu par McDougald, Conrad entreprit d'étayer sa position afin de s'assurer que l'héritage lui reviendrait, ainsi qu'à son frère. "Bud était un darwiniste authentique, confia-t-il à l'époque à un ami; par conséquent, il considérait qu'après sa disparition le butin devrait échoir au meilleur concurrent. Ce fut une sacrée mêlée. Bien des gens m'ont demandé, à l'instar de Nelson Davis, ce que, d'après moi, Bud aurait pensé de la ruée quelque peu inconvenante qui a suivi son décès. J'ai l'impression qu'il se serait senti flatté. S'il avait tenu à ce que tout se passe dans l'ordre, il aurait sans aucun doute fait le nécessaire. Bien sûr, il nous avait confié qu'il voulait que nous lui succédions, mon frère et moi, mais nous n'étions pas les seuls dans ce cas. Bud avait l'art de présenter une carotte tout en veillant à ce qu'elle demeure hors d'atteinte.

"Notre succès provient en partie du fait que ceux qui ont échoué n'ont jamais vraiment assimilé sa technique. Personne, avant moi, n'avait véritablement reconnu l'essence même des méthodes de McDougald. Il avait érigé en système la manipulation des individus et la mainmise sur les successions. Il pouvait aussi bien parrainer l'entrée du fils d'un ami au Toronto Club que lui offrir une voiture ancienne: c'est ainsi que j'interprète son geste lorsqu'il m'offrit ce fameux portrait de Napoléon."

Black, qui avait soigneusement étudié les méthodes de McDougald, était prêt à s'en inspirer. Il entreprit d'exploiter, avec un brio qui eût fait la fierté et l'envie du défunt, les faiblesses tant financières que personnelles de la surprenante cohorte de personnages qui guignaient la couronne d'Argus.

Chapitre cinq

Mainmise sur Argus

*"Hormis saint François d'Assise, je ne vois pas quel homme
aurait dédaigné de mettre la main sur Argus."*

Conrad Black

L'affrontement dont Argus fut l'enjeu tenait tout autant d'un *coup
d'État** militaire brillamment orchestré que d'un roman à l'eau de rose
fourmillant de machinations tarabiscotées. À l'issue d'une lutte sans
merci, qui vit au cours du printemps de 1978 des dirigeants de compagnies
se dresser les uns contre les autres durant près de 125 jours, près de
4 milliards de dollars d'actifs changèrent de mains, et il n'en coûta pas
plus de 18 millions à ceux à qui ils échurent. Faisant preuve d'un sang-
froid qui devait laisser pantois plus d'un observateur impartial, Conrad
Black, mettant à profit le désarroi où les plongeait la situation inattendue dans laquelle ils se sentaient pris au piège, fit manger la poussière
à certains des personnages les plus illustres de l'Establishment canadien.

Deux bandes de fins tireurs avides de pouvoir, séparés autant par l'âge
que par le degré de férocité, des intérêts opposés et une méfiance réciproque, partirent en guerre. Ils étaient armés de mots (menaces à peine
voilées, sous-entendus prometteurs), mais leur attitude à tous face à
l'argent ne laissait planer nul doute quant au type d'affrontement qui était
le leur: il s'agissait bel et bien d'une lutte à mort. Car, en dépit des apparences, l'opulence du champ de bataille ne faisait que masquer la cruauté

---

* *N. des T.:* En français dans le texte.

des coups infligés, et les détenteurs du pouvoir durent bel et bien céder leur place.

Les mobiles de Black étaient on ne peut plus limpides: il était fermement décidé à s'emparer de la société de gestion qui depuis sa plus tendre enfance hantait ses rêves. "Hormis saint François d'Assise, je ne vois pas quel homme aurait dédaigné de mettre la main sur Argus", avoue-t-il sans ambages. À l'instar de Salvador Dali, qui poussa le souci de prévoir les moindres aspects de sa vie jusqu'à s'inspirer des portraits de Philippe IV brossés par Velázquez pour tailler sa célèbre moustache, Black veilla à ne rien laisser au hasard et fit appel à tout son sens de la mesure. "Tout cela, c'est essentiellement une question de cadence", confiait-il à un ami à la veille des hostilités. "Il faut suivre le rythme des événements et observer une certaine symétrie à la manière d'un chef d'orchestre."

C'est pourtant bien plus de Napoléon que de Toscanini que Black semble s'être inspiré en l'occurrence, mettant en pratique l'une des règles tactiques favorites du Petit Caporal, qui pour rien au monde ne serait intervenu lorsqu'il voyait l'ennemi se perdre lui-même. Face à un adversaire formidable, il adopta une stratégie inspirée de Bonaparte lors de la campagne que vint couronner la victoire de Rivoli en janvier 1797. "Sans vouloir me vanter, je dois reconnaître qu'en matière de stratégie il y a des points communs, déclara Black ultérieurement. Napoléon n'a jamais livré bataille en Italie. C'est grâce à sa rapidité qu'il parvint à chasser les Autrichiens de deux provinces italiennes, à s'emparer du pont d'Arcole, par ce qui était en fait une manoeuvre de génie, et à sans cesse déborder l'ennemi en franchissant les rivières. C'est exactement ce que nous avons fait, nous aussi."

Tout comme son héros, Black fut sans merci pour ses ennemis qu'il dépouilla de toute influence, ce qui devait faire dire à son condisciple du Upper Canada College, John Fraser: "Conrad était déjà animé d'un esprit de vengeance. Je n'avais jamais rencontré d'être aussi pétri du désir de se venger de toute marque de mépris, du moins jusqu'au jour où je suis allé à Terre-Neuve, où tout semble respirer l'esprit de vengeance."

L'histoire de la prise d'Argus et de ses filiales, au cours de laquelle de vagues alliances se firent et se défirent, tandis que d'anciens régimes s'effondraient sous les yeux de jeunes loups impavides occupés à lisser leurs moustaches, n'est pas sans évoquer ces sagas des jours anciens. Il convient cependant de passer en revue les principaux personnages de ce drame avant de reconstituer le cours des événements.

Outre Black et le fantôme omniprésent de Bud McDougald, l'on relève, au sein de la distribution, les noms d'un ancien partisan yougoslave rêvant de se faire le chantre de l'Establishment canadien, de riches ex-patineuses olympiques persuadées d'avoir été spoliées de leur héritage légitime, d'un colonel solitaire né pour la gloire, de rejetons de riches familles établies au Liechtenstein, en Espagne, en France et aux Pays-Bas, d'un multimillionnaire excentrique prêt à jeter de l'argent par les fenêtres, d'une ravissante divorcée dont le grand-oncle rédigea les paroles anglaises du *Ô Canada*, d'exécuteurs testamentaires d'un héritage colossal affrontés à des intérêts divergents ainsi que d'une héritière tapie dans une station balnéaire du nord de l'État de New York, qui se prenait pour l'impératrice de Chine. Cette liste serait incomplète si l'on n'y faisait mention des innombrables francs-tireurs, plaideurs à l'affût et mercenaires qui traversèrent la scène, sans oublier le serviteur albinos qui fit une fugace apparition avant de disparaître dans les coulisses.

Voici donc les principaux personnages de cette distribution.

Le général de division Albert Bruce Matthews,
CBE, DSO, ED, CD

REPRÉSENTANT TYPIQUE DE LA RACE DES SOLDATS DE CARRIÈRE qui conservent un étrange détachement, quel que soit le cours des événements une fois que les canons se sont tus sur les champs de bataille, le général Matthews est sans nul doute le partenaire rêvé pour un safari au tigre, du moins pour qui n'envisage pas de discuter philosophie autour d'un feu de camp.

Bruce Matthews fut l'un des plus remarquables commandants de division de l'armée canadienne au cours de la Seconde Guerre mondiale. S'il ne lui vaut pas d'être immortalisé dans le granit du mont Rushmore, son profil frappe néanmoins par sa mâchoire volontaire d'homme promis à un grand destin. Fils d'un prospère courtier torontois qui devint ultérieurement le seizième lieutenant-gouverneur de l'Ontario, il naquit à Toronto et fit ses études au Upper Canada College (où, à l'instar de tous les gardiens de guichets enthousiastes, il devait se déboîter l'articulation supérieure du médius en jouant au cricket). Après un bref séjour à l'Université de Genève, il s'orienta vers le commerce des valeurs et s'engagea dans la milice canadienne (après avoir dû renoncer à entrer dans la réserve navale canadienne en raison de son daltonisme). Trois ans plus tard, il se joignait à l'entreprise familiale Matthews & Company. Appelé sous les drapeaux en septembre 1939, il est envoyé Outre-Atlantique en 1940 à la tête de la 15e Batterie d'artillerie de campagne. Promu général de division à 35 ans, il se voit confier en novembre 1944 le commandement de la 2e Division canadienne, forte de 20 000 hommes, à la tête de laquelle il participe à la percée alliée en Belgique, puis en Hollande. Deux fois cité à l'ordre du jour, il se voit décerner la DSO (Distinguished Order Service) ainsi que la croix de guerre avec palme et s'est toujours distingué comme un soldat émérite.

De retour au Canada, Matthews entre à Excelsior Life Insurance Company dont il occupe le siège de président en 1949, succédant ainsi à son père. Il consacre ensuite la fortune familiale à l'acquisition d'une participation majoritaire au sein de l'entreprise, et c'est dans le cadre du conseil d'administration de cette dernière qu'il retrouve E.P. Taylor. "En fait, ma première rencontre avec Eddie remonte à 1940, alors qu'il était installé à l'hôtel Dorchester, à Londres, où il venait d'arriver après avoir survécu à un torpillage dans l'Atlantique, raconte-t-il. Le général Andy McNaughton, qui commandait alors nos troupes, m'avait chargé à titre d'officier d'artillerie de rencontrer Taylor et ses amis afin de discuter de nos besoins en munitions. En fait, étant plutôt un utilisateur, je ne connaissais rien au problème de ravitaillement. J'y allai néanmoins et pris le thé en sa compagnie et celle de C.D. Howe. Ce fut un moment très agréable." Taylor occupait un bureau voisin du siège social de Excelsior Life, situé sur Toronto Street, et Matthews fut fréquemment invité à assister aux réunions du conseil d'administration d'Argus. Ses activités à titre de président de la Fédération libérale nationale lui valurent de ne pas succéder à Georges Vanier comme gouverneur général, en dépit de la sympathie avérée de Lester Pearson à son égard.

Matthews, qui avait longtemps compté au nombre des amis de Bud McDougald, fut nommé vice-président directeur d'Argus lorsque, en juin 1969, Taylor abandonna la présidence de la société. Il était chargé de "freiner Bud", dit-il, ce qui à toute fin pratique signifiait qu'il détenait toutes les prérogatives dévolues au directeur de la société de gestion, du moins dans la mesure où celle-ci avait réellement besoin d'être dirigée. Lors de la mise sur pied de Ravelston, Matthews fut autorisé à acheter un paquet de près de 4 p. 100 des actions de la société, qui joua d'ailleurs un rôle capital dans le plan élaboré par Conrad Black pour s'emparer d'Argus.

Au fil des événements qui devaient déterminer dans quelles mains Argus finirait par échoir, le général acquit la stature d'un personnage de tragédie. Gentilhomme jusqu'au bout des ongles, il ne put se départir de l'indéfectible sens de la loyauté dont sa vie tout entière portait la marque. Pris au dépourvu par la vitesse à laquelle les événements se succédèrent et ne sachant trop, à plusieurs reprises, où devaient aller ses allégeances pour que se perpétue l'ordre des choses, le général Matthews devint un élément perturbateur, en dépit de ses bonnes intentions, promettant son appui tantôt aux uns, tantôt aux autres, de telle sorte que toutes les parties en cause le mirent sur la touche d'un commun accord.

Ce malaise devait se dissiper de la manière la plus agréable qui soit le 14 décembre 1979. Ce jour-là, en effet, les frères Black réservèrent le Toronto Club afin d'y organiser un souper d'adieux en l'honneur de Matthews et de Lord McFadzean, qui tous deux quittaient le conseil d'administration de Standard Broadcasting. Les tables étaient décorées de pommes McIntosh cirées disposées à la lueur de chandelles brunes parmi des noeuds de velours d'un rouge éclatant. La fille et le fils du général, Taddy et Bryn, assistaient au repas, en compagnie de la plupart des actionnaires d'Argus avec lesquels il avait été à couteaux tirés. Ce fut une soirée remarquable. Le général fut accueilli au son de la "Bruce Matthews March", composée en 1945 par Neil Sutherland, chef cornemuseur du Calgary Highlanders, et interprétée par Archibald Dewar du 48e Highlanders. Les convives furent ensuite bercés tout au long du repas par un pot-pourri de mélodies écossaises composées spécialement à l'intention de la visite dont la reine mère avait honoré Toronto en 1974.

Conrad Black observait le déroulement des festivités du coin de la salle où il s'était retiré. Il se fit la remarque que Bruce Matthews vivait là sans nul doute son moment de gloire, qu'il valait plus qu'il n'y paraissait, mais qu'en même temps il était difficile de l'imaginer menant une division au combat sans frissonner...

Rayonnant, le général présidait l'assemblée, se laissant étourdir par l'élégance protocolaire de la cérémonie. Il se sentait à la fois charmé de ce branle-bas en son honneur et ravi d'avoir survécu à l'épreuve d'Argus sans se déshonorer.

Igor Kaplan

S'IL FALLAIT DÉSIGNER LE MARIONNETTISTE DU DRAME DONT ARGUS FIT L'OBJET, nul doute que le titre échoirait à un avocat d'origine lituanienne répondant au nom de Igor Kaplan. Seul un conseiller juridique aussi peu orthodoxe que Kaplan pouvait prodiguer à Black les conseils hardis qui devaient lui valoir son triomphe. (Est-il un autre avocat de l'Establishment canadien qui puisse se targuer de travailler dans un bureau circulaire et d'être propriétaire d'un cabaret nommé Cav-A-Bob?) Si Kaplan s'était contenté d'être de ce genre d'avocats qui fréquentent le Toronto Club, il aurait sans nul doute prodigué nombre de conseils de prudence à ses clients, et Black aurait vu sa chance lui échapper. Le respect et la gratitude qu'éprouve l'actuel président du conseil d'administration d'Argus à l'égard de Kaplan se mesurent au fait que seule la photographie de son ami Igor, aujourd'hui disparu, vient rompre l'agencement couleur feuille-morte des toiles du Groupe des Sept qui tapissent les murs de la salle à manger de réception de la compagnie. Sur cette photographie, Kaplan arbore d'ailleurs un sourire qui rappelle le fameux chat du Cheshire d'*Alice au pays des merveilles*.

Terrassé par un cancer, Kaplan s'éteignit à l'âge de 49 ans, moins de deux ans après la prise de contrôle d'Argus. N'eut été son décès, cet avocat élégant, plein d'entrain et de verve, serait devenu l'une des figures les plus marquantes du milieu des juristes canadiens.

Après avoir fui la Lituanie lors des événements de 1940, il vint s'établir à Williamstown, non loin de Cornwall, dans l'est de l'Ontario. Diplômé de droit en 1955, il chercha alors frénétiquement à se constituer une clientèle. Marchant en dehors des sentiers battus, il fit son apparition à Vancouver au moment où la Bourse de cette ville traversait l'une de ses périodes les plus noires; il sollicita des permis d'exploitation d'agences de paris sportifs en Ontario pour certains groupes de clients; il se lança enfin à corps perdu dans l'achat à crédit d'un hôtel montréalais en piteux état, de restoroutes et de cabarets de cinquième ordre. Ses dettes personnelles avoisinant les 400 000 $, il déclara faillite. En 1974, il fut présenté à Black par un ami commun, David Smith. Conrad se cherchait alors un avocat coriace capable de le faire acquitter d'une accusation d'infraction au Code de la route. Kaplan se chargea de l'affaire et devint, de ce jour, l'avocat-conseil attitré des frères Black. "La plupart des avocats sont fermés comme des huîtres, prétend Conrad, ils ont l'impression de déchoir lorsqu'ils ont à prendre la défense de clients dont ils méprisent le manque d'éducation, c'est pourquoi ils affectent une certaine indifférence à l'égard du sort de leurs protégés. Igor n'était pas du tout comme ça. Il s'est démené comme un possédé pour nous, a obtenu des résultats à la mesure de ses efforts et a pu constater que nous n'étions pas des ingrats. À l'époque où je l'ai rencontré, il avait installé son bureau dans une pièce circulaire du Colonnade. Je n'ai jamais vu un bureau d'avocat installé dans un cadre plus surprenant."

Black lui ayant suggéré avec insistance de s'associer avec une étude légale d'envergure, Igor fit son nid chez Aird & Berlis, étude respectable s'il en fut. Il n'en perdit pas pour autant l'entrain et l'impertinence qui le caractérisaient. Il confia à Jack Batten, auteur de *Lawyers*: "La plupart des avocats spécialisés en droit commercial se prennent très, très au sérieux. Ils sont persuadés que les grosses affaires doivent inévitablement passer par leurs imposantes études, puisqu'ils prétendent être les seuls capables de les traiter. Je n'en crois rien, le droit commercial n'a rien de sorcier. Le gars qui s'assoit en compagnie de deux bouchers immigrés depuis peu afin de rédiger un contrat d'association fait exactement la même chose que celui qui rédige un contrat destiné à lier Massey-Ferguson et Hollinger. Je sais de quoi je parle, j'ai fait les deux."

Rifet John Prusac

DE TOUS LES PERSONNAGES, POURTANT EXCEPTION-
NELS, qui furent entraînés dans la prise de contrôle d'Argus, John Prusac
fut sans nul doute le plus inattendu.

Au sein du peloton de concurrents non classés, il fut le plus proche de
décrocher le grand prix, et pourtant sa présence demeura sans cesse
auréolée de mystère. Surgissant à point nommé, muni d'impressionnants documents juridiques, il disparaissait sans plus attendre, ne
laissant sur son passage qu'une piste jalonnée de téléphones débranchés et
d'adresses inutilisées. L'un de ses conseillers juridiques, l'avocat torontois
Rudolph Bratty, le décrit ainsi: "Il m'a toujours fait penser au Mouron
Rouge de la haute finance canadienne. Il est terriblement énigmatique.
Personne ne connaît le moindre détail de sa vie privée. Il possède
plusieurs résidences à Toronto et y élit domicile au hasard de ses pérégri-
nations. Une fois que vous l'avez rencontré, vous ne pouvez plus l'oublier."

Élancé, le cheveu grisonnant, mais le port athlétique, il fait penser à
ces élégants colonels de la cavalerie confédérée qui hantent les vieux
westerns dont le titre se ramène toujours aux "Sept clairons du crépus-
cule". En public, Prusac, invariablement coiffé d'un feutre noir, porte un
long pardessus en poil de chameau négligemment posé sur ses épaules et
arbore une rose fraîche à la boutonnière, blanche le jour, rouge la nuit.
Le type même du solitaire, il descend en droite ligne de ces élégants
Européens qui claquent des talons en s'inclinant devant leur hôtesse pour
un baisemain d'adieu avant de disparaître au coeur de la nuit, emportés
par une Lincoln d'un noir immaculé.

Ancien combattant aux côtés des partisans yougoslaves, Prusac fit
son apparition au Canada vers le début des années 50, sans un sou
vaillant. Après avoir travaillé dans une ferme de la vallée de l'Outaouais,
l'ex-officier fut engagé comme monteur de lignes par l'Hydro-Ontario. Il
se rendait au travail à pied, parcourant 16 kilomètres par jour afin
d'économiser sur ses frais de transport. Ayant acquis pour 80 $ un terrain
sur Bogert Avenue, dans le quartier de Willowdale à North York, il
entreprit d'y construire une maisonnette à temps perdu. Sitôt le rez-de-
chaussée terminé, il s'installa dans un coin du sous-sol et loua le reste afin
d'accroître plus rapidement ses économies. Le petit pavillon à peine
terminé, il le revendit pour acheter le terrain voisin et tout recommencer.

En 1964, il avait mis suffisamment d'argent de côté pour acheter au
rabais les actifs de la compagnie W.P. Sullivan Construction Ltd., qui
était alors en liquidation, mais qui devait, sous son impulsion, devenir une
entreprise de construction domiciliaire d'importance. À la même époque,
il épousa Gloria Griffith, petite-fille de l'éditeur canadien Sir William
Gage (elle vit aujourd'hui à Zurich). "Il est aussi excessif que réservé",
dit de lui son beau-frère Charles Tisdall, qui exerce la profession de con-

seiller en relations publiques à Toronto. "La vie a dû l'éprouver durement, et il ne vit que pour son travail. Je me souviens qu'un jour il m'annonça son départ imminent pour Nassau; je m'en réjouis pour lui, persuadé qu'il prendrait un peu de repos, mais il me détrompa sur-le-champ, car il ne s'agissait que d'un aller retour, un voyage d'affaires parmi tant d'autres."

Outre qu'il prend ses repas à La Scala, boit du whisky Crown Royal et possède quatre résidences (dont un appartement en Floride, situé dans le même immeuble que celui du premier ministre ontarien, Bill Davis), Prusac semble consacrer le plus clair de son énergie à préserver le mystère qui l'entoure. Personne, pas même son banquier, George Hitchman de la Banque de Nouvelle-Écosse, ne peut se targuer d'avoir vu ses états financiers, et il a même préféré perdre un procès de 5 millions de dollars plutôt que de divulguer la valeur exacte de ses avoirs. Si l'on en croit Rudolph Bratty: "John est si taciturne qu'il renvoie invariablement des questions en réponse à celles qui lui sont posées. Demandez-lui: "Combien de maisons as-tu vendues la semaine dernière, John?", et il y a des chances qu'il vous réponde: "Combien de *maisons* ai-je vendues la semaine dernière?" un point c'est tout."

Prusac finit par devenir le plus important promoteur immobilier privé du Canada. Il acquit la puissante compagnie Y & R Properties (avec le soutien de capitaux allemands fournis par l'intermédiaire du docteur Hans Abromeit du consortium Lehndorff), les compagnies Deltan Corporation et Imperial General Properties ainsi que l'hôtel Shalimar de Freeport aux Bahamas. Mais son principal titre de gloire était avant tout de prendre le thé presque tous les dimanches en compagnie du grand Bud McDougald.

Prusac avait fait affaire avec le président d'Argus au cours de l'automne de 1969. À cette époque, McDougald s'était décidé à vendre en partie la propriété qu'il possédait aux abords de la rue Leslie dans la banlieue nord de Toronto. Il ne s'agissait pas d'une simple transaction de 10 millions de dollars. Bud, tatillon, exigeait de l'acheteur qu'il établisse entre les deux propriétés une zone tampon plantée de pins sylvestres destinés à épargner à McDougald l'affligeant spectacle de banales cours arrière. En outre (même s'il ne pouvait les voir), il posa comme condition que toute maison érigée à cet endroit soit couverte d'un toit en bardeaux et interdit la construction de piscines dans les cours arrière. Prusac accéda à toutes ces conditions et versa 2 millions de dollars comptant, McDougald conservant une hypothèque de 7,9 millions de dollars sur la propriété. Les deux hommes se lièrent d'amitié. "John encensait littéralement Bud, soutient son beau-frère, et disait à qui voulait l'entendre que ce qu'il savait, il le devait à monsieur McDougald. Ce qui n'était pas *tout à fait* vrai, puisqu'au moment de leur rencontre sa fortune s'élevait déjà à près de 30 millions de dollars. Mais il lui rendait visite le dimanche lorsque le personnel était en congé, et ils partaient ensemble pour aller prendre le thé et grignoter un sandwich.''

McDougald ne poussa jamais les choses au point d'inviter Prusac au Toronto Club ou de se montrer en sa compagnie en public, mais sa veuve se souvient de l'avoir entendu demander: ''John, pourquoi ne voulez-vous pas vous acheter une maison digne de vous, engager du personnel, devenir membre de certains clubs et faire savoir aux gens qui vous êtes, au lieu de jouer au conspirateur?''

Par la suite, Prusac, qui devait également mettre en valeur des propriétés ayant appartenu à E.P. Taylor et à Phillips, finit par être obnubilé par ses rapports avec Argus, aussi marginaux qu'ils aient été. Son intimité grandissante avec Bud persuada le promoteur yougoslave qu'il était destiné à revêtir la dépouille de McDougald, si bien qu'au printemps 1978, alors que le président d'Argus agonisait à Palm Beach, Prusac entreprit de liquider ses compagnies afin de disposer de suffisamment d'argent liquide pour racheter la société de son maître à penser. Il céda la part majoritaire qu'il détenait dans Y & R à Donald Love, entrepreneur d'Edmonton. L'affaire se conclut pour 27 millions de dollars à l'issue d'une négociation-fleuve de près de neuf heures*. Abacus Cities Ltd. de Calgary lui racheta l'une de ses entreprises immobilières, Imperial General Properties, pour 18,7 millions de dollars. Enfin, il liquida la plupart des immeubles qu'il possédait en copropriété aux mains de Bob Lee de Vancouver par l'intermédiaire d'un autre promoteur immobilier torontois, Karsten von Wersebe. Cette dernière transaction lui rapporta 18 millions de dollars. En l'espace de très peu de temps, il s'assura ainsi de disposer de 93 millions de dollars en liquide, se promettant bien de coiffer au poteau tous les prétendants au trône d'Argus.

Shirley Gail Hishon

MARUJA TRINIDAD JACKMAN, ÉPOUSE DE HAL, l'un des associés d'Argus, déclara une fois que Conrad Black ne présentait que

---

* Prusac a toujours été en conflit avec Ken Rotenberg, le président de Y & R, particulièrement à propos de la nécessité d'établir une caisse de retraite pour les dirigeants de la compagnie. Rotenberg s'était procuré un ouvrage sur la question. Non seulement Prusac s'opposait-il à un tel programme, mais encore se montrait-il très agacé par la dépense que représentait le livre acheté par Rotenberg. Il s'objecta même à l'achat d'élastiques à 50 cents la boîte pour le bureau, soulignant que désormais Rotenberg devrait choisir des élastiques à 35 cents.

deux traits remarquables: *l'air innocent* que lui conférait son nuage de taches de rousseur ainsi que le fait qu'il ait eu le bon goût d'épouser Shirley. La cérémonie, qui eut lieu au plus fort de la tourmente dont Argus était l'objet, fit d'autant plus de bruit que, quelque éblouissante qu'elle fût, Shirley venait bouleverser les projets dynastiques élaborés par les expertes marieuses de Rosedale et dont le jeune Black était le centre.

Il était considéré comme l'homme à marier de la décennie, et les mères n'avaient de cesse de lui présenter leurs filles folâtres, jeunes pouliches fringantes toutes disposées à servir sa cause et dont la vie sentimentale était aussi immaculée et ordonnée que leur dentition et leur argenterie de chez Birks. Mais Black n'en avait cure. Il souhaitait un mariage, pas une fusion. "Ma vie sentimentale offre certains points communs avec celle de Duplessis, confia-t-il un jour à un ami; j'ai eu un bon nombre de passades d'une nuit et quelques liaisons qui étaient assez sérieuses, mais jusqu'à ce que je rencontre Shirley, je ne nourrissais nulle intention matrimoniale." À l'époque où il fit la connaissance de Shirley Walters (alors en instance de divorce à la suite d'un premier mariage), elle remplissait les fonctions de trésorière et de secrétaire des compagnies privées des Black, qui étaient établies dans l'édifice de Draper Dobie. Jeune femme vive au regard limpide, elle dégageait une impression de tranquille fierté, et son sourire lumineux évoquait la paix d'un havre longtemps cherché. Cette petite-fille du juge Robert Stanley Weir, de Montréal, auteur des paroles de la version anglaise officielle du *Ô Canada*, fille d'un comptable montréalais, n'a jamais totalement intégré les valeurs artificielles qui régissent la bonne société de Toronto, dont les représentants les plus en vue ne sont à ses yeux qu'une bande de "gros propres à rien".

La cérémonie du mariage eut lieu vers la fin de l'après-midi du 14 juillet, en l'église torontoise de Grace-on-the-Hill, en présence des seuls témoins, Monte Black et Leigh Beauchamp, d'Ottawa. Personne n'accompagna la mariée jusqu'à l'autel.

La réception, organisée par Winston (où le couple avait passé plus d'une soirée à se faire la cour), fut des plus joyeuses. Conrad y fit preuve de l'un de ses rares accès de modestie, lorsqu'il répondit aux toasts portés à la mariée par Peter White et Monte, à grand renfort de Dom Perignon.

Rien ne pouvait témoigner plus de leur amour que le fait de le consacrer au moment même où Argus faisait l'objet d'un tumultueux *coup d'État**. Les événements rapprochèrent les deux tourtereaux, qui aujourd'hui encore forment l'un des couples les plus unis et les plus heureux de l'Establishment canadien.

---

* *N. des T.:* En français dans le texte.

Dixon Samuel Chant

HOMME DE CONFIANCE EFFACÉ PAR EXCELLENCE, amical avec déférence, Dixon Chant est de ces êtres dont l'apparence trahit les vicissitudes de la vie plutôt que l'âge. Ce comptable agréé semble souffrir en permanence d'une blessure de guerre secrète. L'impression de rigidité qu'il dégage provient avant tout de la géométrie parfaite de son discours: il semble éternellement réciter une liste de renseignements clandestins. Doté d'un instinct infaillible pour fourbir ses alibis psychologiques, il s'est frayé un chemin au sein de la société financière canadienne sans presque laisser de traces de son influence pourtant considérable.

Fils d'un dirigeant de Shaw Business Schools à Toronto, Chant fit ses premières armes chez Clarkson Gordon, puis entra chez Duplate Canada Ltd. à titre de trésorier et de conseiller financier personnel du colonel Eric Phillips, l'un des associés fondateurs d'Argus. "J'ai fait la connaissance de Bud McDougald, de raconter Chant, parce qu'il était le beau-frère du colonel. Et nous avons tenu bon nombre de réunions de Duplate à Oriole, la propriété des Phillips sur Sheppard Avenue." Chant devint bien vite le premier confident du colonel, fut nommé président de Grew Corporation, l'un des meilleurs constructeurs d'embarcations de plaisance au Canada, puis succéda à Phillips à la tête de Duplate en 1965.

Chant, McDougald et la veuve du colonel Phillips devinrent les exécuteurs testamentaires de ce dernier lorsqu'il mourut en 1964; ils vendirent Grew Corporation et engloutirent le portefeuille d'actions de Phillips (y compris celles qu'il détenait dans Argus) dans ce qui devait devenir W.E.P. Investments Ltd*. Au cours des 14 années qui suivirent, Chant géra la fortune des Phillips, la faisant passer de 7 à 35 millions de dollars. Il fit preuve d'un zèle et d'une abnégation tels que la seule activité extérieure qu'il se permit fut la présidence du Granite Club, pour la durée d'un mandat, et que ses avoirs personnels se limitaient à la possession du

---

* Outre la veuve du colonel, la famille Phillips se composait des trois enfants nés du premier mariage de celui-ci: Derek, qui travaille pour Duplate et dont la talentueuse épouse, Nancy, a fait installer un véritable manège dans son jardin de Toronto; Diana, qui a épousé Phil Jackson, dirigeant d'une entreprise de construction; et Michael, qui est prospecteur. Les enfants issus du premier mariage de Doris sont Timothy Phillips, artiste qui a étudié avec Augustus John et Salvador Dali, ainsi que Cecil, qui épousa en premières noces Walter Pady (dirigeant du chantier naval Grew et président du conseil d'administration de la section Saut de l'équipe équestre canadienne) et, en secondes noces, T. Scott Fennell, député ontarien et adjoint parlementaire du secrétaire d'État, pour la brève période où Joe Clark fut au pouvoir. Fennell, qui fut fort probablement le plus efficace (et le plus sous-estimé) des personnages de second plan du drame qui s'est joué autour d'Argus, gère maintenant le portefeuille d'actions de Phillips.

train miniature à bord duquel les touristes visitent Upper Canada Village près de Morrisburg, en Ontario.

Phillips et McDougald considéraient plutôt Chant comme un homme de main. Nommé membre du conseil d'administration d'Argus en juin 1974 à titre de représentant de la succession Phillips, il fut abordé par McDougald, qui lui proposa de devenir l'un des vice-présidents à plein temps de la société de gestion, en 1977. Comme il se relevait à peine d'une attaque cardiaque, Chant repoussa sa réponse de six mois. Dans l'intervalle, le président d'Argus mourait en Floride, ce qui fit que les choses en restèrent là.

Et pourtant, au cours des événements qui suivirent, Chant fut l'un des éléments clés, bien que secret, de la mainmise de Black sur Argus, exécutant les gros travaux de déblayage aux points tournants les plus étranges de ce drame. Les veuves lui reprochèrent, par après, d'avoir été la cause de leur chute, au même titre que les frères Black. Chant, qui fut nommé vice-président directeur d'Argus par Conrad Black, s'épanouit littéralement dans le cadre de cette association. On lui accordait enfin, pour la première fois de sa vie, l'attention et l'intérêt qu'il méritait. "C'était une offre merveilleuse, fait-il remarquer, mais je ne l'ai pas achetée. Tous ceux qui laissent entendre que j'ai obtenu ma position actuelle au sein d'Argus en échange de services rendus aux frères Black sont de sales menteurs. Si Conrad n'est pas satisfait de mon travail, je m'en irai. C'est ça notre entente."

Le colonel Maxwell Charles Gordon Meighen, OBE*

GRAND PERDANT DU CONCOURS ARGUS, Max Meighen est auréolé de l'air vaguement ecclésiastique d'un archevêque de Prince Rupert en retraite, gelé au cours de sa mission. À 70 ans bien sonnés, il semble perpétuellement en deuil de lui-même et de son époque.

"Eddie Taylor a toujours eu un agent de relations publiques", affirme-t-il avec le plus grand sérieux lorsqu'il disserte sur son sujet favori: la perfidie de la presse. "Pas besoin d'être grand clerc pour savoir que si quelqu'un fait toujours les manchettes, c'est qu'il paie pour cela. C'est parce que les journalistes sont paresseux. Si on leur donne un texte, ils s'en servent. Est-ce qu'on entend encore parler de Jacqueline Kennedy? Non! C'est parce que la famille Kennedy ne paie plus son agent de relations publiques. Tout simplement!"

Gentleman scrupuleux, il connaît toutes les vertus secrètes des initiés. "Depuis l'avènement même des sociétés tribales, les jeunes

* *N. des T.:* Officier de l'Ordre de l'Empire britannique.

désirent ardemment offrir leur vie pour leur tribu, remarque-t-il. C'est encore vrai de nos jours, mais les jeunes n'en ont plus l'occasion. Ils en sont frustrés, et c'est pourquoi ils sèment la pagaille sans arrêt."

Il est sincèrement convaincu que le rôle du gouvernement devrait se limiter à la défense du pays, au système judiciaire et à l'imposition des droits de douanes, reconnaît avoir perdu foi dans la démocratie et s'attend à ce que toutes les nations occidentales deviennent des dictatures. (Non content de vitupérer les juridictions d'Ottawa, il refuse d'honorer la capitale fédérale de sa présence et, à l'exception d'un bref voyage en 1952 nécessité par un pourvoi en matière d'impôt, il n'y a jamais mis les pieds.) Investisseur excessivement prudent, il n'achète ni obligations ni assurances. Il est en outre précis en toute chose, qu'il s'agisse de son poids ("je pesais 72 kilos au Royal Military College, au printemps de 1926, et 61 au milieu de la guerre") ou de ses horaires de vacances ("je passe trois semaines et demie dans ma villa jamaïcaine, l'hiver, et 12 jours l'été"). Il se couche tous les soirs exactement à la même heure dans sa demeure méticuleusement entretenue de Rosedale et ne reçoit que très rarement.

L'origine des comportements de Meighen n'est guère difficile à deviner. Métallurgiste de formation et soldat par inclination, il fut contraint par son père (Arthur Meighen, onzième premier ministre du Canada) de se lancer en affaires. "Mon père disait toujours à tout le monde que j'étais l'homme du jugement dernier et me traitait comme un faible d'esprit de quatre ans d'âge mental. Vous voyez le tableau? Je suis sorti de son bureau à quatre reprises, bien décidé à ne plus jamais y remettre les pieds. Mais ma femme me disait: "Tu as pris ta décision. Ne reviens pas dessus." Monsieur Meighen père abandonna temporairement la politique en 1927 afin d'établir une série de sociétés de portefeuille, dont Canadian General Investments et Third Canadian General Investments Trusts, qui prospérèrent sous la direction de son fils. (Leurs actifs nets s'élevaient à 225 198 000 $ en 1981.)

Par une ironie du sort, Meighen entra chez Argus parce qu'il était un ami intime de la famille Black. Il avait en effet travaillé pour le grand-père maternel de Conrad, et rendait fréquemment visite aux Riley, dans leur cottage de Lake of the Woods. C'est au cours de vacances qu'elle passait à Favouring Winds, la villa de Meighen en Jamaïque, que la mère de Conrad ressentit les premières atteintes du cancer qui devait l'emporter.

Le colonel avait discuté à maintes reprises de l'avenir de Conrad avec Bud McDougald, qui l'avait ainsi averti: "Il nous faut l'intégrer particulièrement progressivement. Il a tendance à s'emballer. C'est à nous de le former." C'était précisément ce que Meighen s'apprêtait à faire lorsqu'il prit la suite de McDougald.

Dans le tumulte des événements qui suivirent, Meighen se sentit humilié par le sang-froid et les tactiques de Black, qui ne furent pas sans provoquer d'amertume en lui. "Je ne traiterai plus jamais avec Con Black. Plus jamais. Ça ne me viendrait même pas à l'idée. Et je ne suis pas le seul à penser de cette façon. Argus ne sera plus jamais ce qu'elle a été. C'est fini. Elle a perdu son intégrité... et sa dignité."

Les sociétés de Meighen finirent par vendre les actions qu'elles détenaient dans Argus pour 30,4 millions de dollars*. Ce qui le mit profondément en colère fut que, pour la première fois de sa vie, il eut l'impression de s'être fait franchement roulé. Au cours de son bref mandat à la tête de la société de gestion, Meighen avait confié à l'un de ses amis qu'il était plus important pour lui d'être président d'Argus que premier ministre du Canada.

Feu Ralph Allen a écrit au sujet d'Arthur Meighen: "Lorsqu'il quitta Rideau Hall, le 10 juillet 1920, Arthur Meighen était devenu le plus jeune premier ministre du Canada depuis la naissance de la Confédération... Il avait tous les atouts en main — il lui manqua seulement l'occasion de réussir. Les buts qu'il s'était fixés comme premier ministre étaient voués à l'échec avant même qu'il ne soit élu."

Tout comme son père, le bon colonel n'a jamais compris que le processus d'élimination était inhérent à la politique (et aux affaires), et qu'il était victime de ce processus.

Alex Ethelred Barron

LE NOM DE BARRON EST INDISSSOCIABLE de celui du colonel Meighen dans les chroniques d'Argus (comme s'ils avaient constitué un État dans l'État au sein de la société de gestion), ce qui est loin de rendre justice à Alex Barron, beaucoup plus éclairé et beaucoup plus conscient des réalités contemporaines que Meighen. Cet homme trapu, non dépourvu de charme et arborant sans cesse un air légèrement condescendant, veut tellement plaire avant toute chose qu'il ne parvient jamais à occuper la place qui lui revient de droit. Il s'applique tant à éliminer toute trace de passion dans sa voix que, aussi sérieux ou réfléchi qu'il puisse être, il donne inévitablement l'impression de débiter les prévisions du temps ou de réciter le bénédicité avant un repas au Rotary Club.

De nature prudente, il laisse ses idées mariner plutôt que de s'y abandonner et il a tendance à s'adresser avec la plus grande circonspection aux

---

* Le montant investi à l'origine dans Ravelston rapporta 11 760 000 $ en 1978. En 1981, Black racheta à Meighen les 850 000 actions de catégorie C qu'il détenait dans Argus au coût de 12 $ l'action, soit 10 200 000 $ au total. À ces intéressantes transactions s'ajoute la vente des actions que Meighen détenait chez Hollinger, qui rapportèrent un dividende comparable à celui des actions de catégorie C d'Argus, soit 8 475 000 $.

puissants possédants qu'il a tant de fois ramenés à la raison au cours de son existence, un peu comme s'il mesurait l'épaisseur de la glace avant de s'y aventurer. À la différence de la plupart des protagonistes d'Argus, Barron n'a jamais eu le privilège d'être propriétaire. "Si vous héritez de plus ou moins 10 millions de dollars à 25 ans, vous venez de vous faire donner un joli petit coup de pouce en partant", souligne-t-il, en faisant allusion non pas à Conrad Black, mais bien aux circonstances qui jouèrent en faveur de ce dernier. "Si vous ne vous retrouvez pas à la tête d'une centaine de millions de dollars à 65 ans, dans ces circonstances, c'est que vous avez agi comme un idiot. C'est aussi simple que ça. C'est toujours le premier million qui est dur à ramasser."

Barron est bien placé pour en parler. Fils d'un dentiste de la petite ville de Paris, en Ontario, Alex Barron partit pour le quartier des affaires torontois, à 17 ans, alors qu'il cherchait un emploi en 1935. Et il lui fallut subir plus d'une vingtaine d'entrevues avant d'entrer par la petite porte, c'est-à-dire comme commis de bureau, chez Thomson & McKinnon, une agence de courtage. Trois ans plus tard, il était engagé par une autre société de placements de Bay Street, Fry & Company, au sein de laquelle il gravit progressivement les échelons qui devaient le conduire à la présidence, en même temps qu'il devint président du conseil d'administration de Canadian Tire, que Fry avait contribué à financer. Meighen, qui le remarqua en 1954, finit par lui confier la gestion de son portefeuille d'actions, ce qui entraîna la nomination de Barron à plusieurs conseils d'administration d'Argus de première importance. Barron n'était pas dans les meilleurs termes qui soient avec McDougald. "Bud se montrait très suspicieux, de commenter Black, parce qu'il s'était rendu compte, à juste titre, que Barron constituait une menace pour sa petite hégémonie somnolente. Barron n'avait pas tort de douter de l'habit de l'empereur. Aussi tenta-t-il de nous réveiller, Monty Prichard, Hal Jackman et moi-même, ainsi que toute autre personne de bonne volonté dotée d'un organisme suffisamment sain et encore capable de réagir, dans le but de forcer Bud hors de son mausolée d'ivoire. Alex est remarquablement intelligent et très perceptif, mais il nous a bien fallu admettre, en fin de compte, que nous n'étions tout simplement pas compatibles."

Cette absence de compatibilité résultait essentiellement de la différence d'âge qui séparait les deux hommes. "Conrad sortait inévitablement de leurs réunions avec la version d'un homme de 34 ans, tandis qu'Alex emportait avec lui son interprétation d'homme de 60 ans", commente Peter Harris, qui, par son poste de président du conseil d'administration de A.E. Ames & Company, s'est trouvé fréquemment au coeur des événements. "Non pas que l'un ait eu raison et l'autre tort, car c'était le fossé des générations qui les éloignait l'un de l'autre, surtout parce que Conrad semblait si jeune et si impulsif au sein de cette vénérable société de gestion."

Barron n'était pas loin de partager son point de vue. "Il y a une différence énorme entre les gens de mon âge et ceux de la génération de Conrad, explique-t-il. Ne serait-ce qu'au niveau des engagements personnels, par exemple. Conrad pouvait se permettre de prendre des risques à long terme, parce qu'il se voyait visiblement au sein d'Argus pendant les 30 années à venir. Le temps aidant, il se sentait capable d'entreprendre toutes sortes de hauts faits d'armes et de redonner à Argus l'auréole et le pouvoir dont elle avait déjà joui. Par contre, si vous vous êtes associé à une entreprise pendant des années et que vous avez noué des relations très agréables chemin faisant, vous ne pouvez voir que d'un mauvais oeil le rideau retomber en 30 secondes. C'est exactement l'impression que nous avons eue, le colonel Meighen et moi-même. Il nous est apparu tout à coup que notre association n'était plus heureuse... et nous nous sommes sentis bien mal à l'aise face à tout cela."

Nelson Morgan Davis

RIEN DE SURPRENANT à ce que ce soit à Phoenix que Nelson Davis se soit noyé le 13 mars 1979, alors qu'il prévoyait de se faire construire une nouvelle "cabane" (soit son troisième refuge hivernal en Arizona). Il y retrouvait avec grand plaisir ses collègues américains, et plus particulièrement les nombreux amis qu'il s'était faits au Scottsdale Paradise Valley Country Club, où les centurions du Midwest américain se rencontrent pour vider ("cul sec") leur verre de Cutty Sark, comparer leurs résultats au golf, railler "ces sacrés pauvres mecs" de Washington et pointer du doigt le bungalow situé près du sommet de Camelback Mountain, où le président John F. Kennedy est censé avoir passé une fin de semaine en compagnie d'Angie Dickinson.

Au cours des dernières années de sa vie, il adorait piloter ses visiteurs dans l'une de ses six Cadillac climatisées, leur faire admirer les paysages iridescents de l'Arizona, où rugissent à l'horizon les avions à réaction des dirigeants d'entreprises atterrissant à l'aéroport de Phoenix, et leur faire respirer l'air pur du désert embaumé d'une senteur de jasmin. Il se plaisait à conduire sa voiture, avec une grâce toute épiscopale entre la double rangée de palmiers (dont les têtes épineuses se balançaient au rythme de ce même vent qui éparpillait les graines de pissenlit sur les grands boulevards) pour s'arrêter enfin au garage privé de son ami Tom Barrett III. Là, ses invités et lui-même essayaient l'une ou l'autre des six vieilles voitures qui y étaient abritées, parmi lesquelles la Isotta Fraschini 1927 de Rudolph Valentino et la Maybach-Zeppelin de Joseph Goebbels. Sa villa de six chambres, aux multiples coins et recoins, aux murs couverts de crépi rose et au toit de tuiles, avait été construite pour Tommy Manville, l'héritier de l'amiante, qui l'avait habitée pendant une courte période en compagnie de sa onzième épouse. Davis l'avait achetée de Clare Boothe Luce, en 1968. "Nels", comme ses intimes aimaient l'appeler, possédait également une propriété à Sedona, à quelque 160 kilomètres au nord de Phoenix. Vers la fin de 1978, essoufflé par les interminables guerres d'Argus, il éprouva un besoin de diversion et acheta une autre maison, au début de l'année suivante, à proximité du quatrième trou du terrain de golf de Paradise Valley. Le matin même de sa mort, il avait prévu de faire transplanter une douzaine de grands palmiers sur son nouveau domaine. Son médecin l'avait jugé particulièrement en forme au moment de l'examen qu'il lui avait fait subir le 29 janvier 1979. (Davis s'était toujours gardé de consommer de l'alcool, de fumer ou de se livrer à quelque excès que ce soit.) Mais rien ne put le sauver lorsqu'il se cogna la tête sur le bord de sa piscine, où il se baignait en cet après-midi fatidique du 13 mars. Perdant conscience, il coula à pic tandis que ses poumons se remplissaient d'eau. Le jardinier, qui avait les tympans perforés, ne put se porter à son secours, et lorsque Eloise, la femme de Davis, arriva sur les lieux, il n'y avait plus rien à faire.

Davis était président du conseil d'administration d'Argus depuis huit mois lorsque la mort le surprit. Il avait accédé à ce poste grâce à l'appui étonnamment vigoureux de Conrad Black, qui le présentait comme l'héritier naturel de McDougald. Cet incroyable retour de fortune s'explique par le rôle prépondérant joué par Davis au sein de la coalition des Black, facteur décisif dans le dénouement final de la crise d'Argus. Pour la première fois au cours de sa longue et fascinante carrière, Davis levait le voile sur ses activités et les exposait à la lumière vive des projecteurs de la presse. Cet homme pratiquait en effet sans réserve le culte de l'anonymat: non seulement les cinq numéros de téléphone de sa résidence principale étaient-ils confidentiels, mais encore refusait-il de publier son adresse postale dans le Bottin mondain du Canada.

Davis avait regroupé une cinquantaine d'entreprises (autant des manufactures que des sociétés de prêts ou de mise en marché) de taille moyenne en un conglomérat, dont les revenus de vente annuels s'élevaient à 200 millions de dollars*. Unique propriétaire du groupe, il jouissait de revenus personnels nets évalués à 4 millions de dollars par an, une fois les impôts déduits. Il lui restait donc à dépenser cette somme rondelette suffisamment vite, avant que les 4 millions de l'année suivante ne viennent remplir son coffre-fort personnel. Et, bien qu'il s'agît là d'une tâche ardue, il s'y consacrait de son mieux. Il avait fait aménager un terrain de golf privé de 18 trous, s'était acheté cinq maisons, employait à temps plein un personnel de maison fort de 18 membres et s'enorgueillissait d'une collection de vieux bateaux à moteur (une vingtaine environ). En dépit de

_____
* Voir la biographie de Nelson Davis au chapitre 9 de *l'Establishment canadien*, tome I, Montréal, Les Éditions de l'Homme, 1981.

son incroyable richesse et du pouvoir considérable, bien que relativement discret, qu'il exerça au sein de l'Establishment canadien pendant les 20 dernières années de sa vie, ce fut son rôle de principal *agent provocateur** au cours de la crise d'Argus qui le fit passer à la postérité.

Il ne fait aucun doute pour Jim McDougald, qui croit encore dur comme fer que son vieil ami Nels (qu'elle avait surnommé le général) l'avait prise en traître le jour où il l'avait poussée à signer un accord avec les Black, qu'elle a su comment obtenir réparation. "J'ai toujours voulu une Lincoln Continental, raconta-t-elle à l'une de ses connaissances peu de temps après la prise de contrôle d'Argus, mais Nels était concessionnaire de General Motors, et c'est pourquoi nous n'avions que des Cadillac. Chaque fois que j'abordais la question avec Bud, celui-ci me répondait invariablement: "Non, on ne peut vraiment pas faire ça à Nels. C'est une question de principe: on ne fait pas une chose pareille à un ami." Mon oeil! Maintenant *je l'ai*, ma Continental, et je n'achèterai plus jamais de Cadillac."

Reuben Cohen

DOTÉ D'UNE TRANQUILLE BONHOMIE qui le porte, à l'instar de ses compatriotes des Maritimes et contrairement aux Ontariens plus cyniques, à se fier à la bonne mine des individus, Reuben Cohen s'est senti balayé, financièrement parlant, par une puissante lame de fond qu'il n'avait pas vue venir. En fait, Cohen n'était pas directement engagé dans l'affaire d'Argus, mais il tenta de prendre le contrôle de Crown Trust, cette entreprise qui, bien qu'elle fût au second plan, joua un rôle clé entre les mains habiles de McDougald pour commencer, puis de Black, ces deux hommes n'ayant certes pas en tête les visées les plus altruistes qui soient.

Lorsqu'elle vit le jour en 1897, sous le nom de Trusts and Guarantee Company, Crown gérait un maigre actif de 165 000 $. Bien qu'elle ait absorbé trois autres petites sociétés de fiducie par la suite, et notamment Crown Trust (dont elle prit le nom en 1946), elle ne connut jamais une expansion considérable. Toutefois, à la mort de John McMartin, l'un des associés fondateurs de Hollinger, le 12 avril 1918, elle fut chargée de gérer sa succession qui s'élevait à 4,7 millions de dollars, tandis que les héritiers McMartin achetaient un quart de ses actions. Duncan McDougald, le père de Bud, avait été l'un des exécuteurs testamentaires de McMartin, qui avait épousé Mary McDougald (soeur de Duncan), et c'est par ce biais que Crown Trust se retrouva dans l'orbite d'Argus. En 1975 (alors que la

* *N. des T.:* En français dans le texte.

126

fortune McMartin était passée à 14,3 millions de dollars), une demi-douzaine des membres du conseil d'administration de Crown étaient membres également du conseil d'administration d'entreprises associées à Argus. Quant à McDougald lui-même, il devait se contenter d'être membre du comité consultatif, parce que la législation fédérale interdisait aux membres des conseils d'administration des banques d'être membres de ceux des sociétés de fiducie. Bien qu'elle restât une petite entreprise, Crown Trust gérait tout de même un actif de 1,337 milliard de dollars, dont les successions Phillips et McDougald, et détenait en outre les avoirs des héritiers McMartin, qui possédaient 8 p. 100 des actions émises par Hollinger.

En 1975, Cohen et son associé montréalais, le courtier en valeurs mobilières Leonard Ellen, achetèrent 25 p. 100 des actions en circulation de Crown Trust, avec l'intention d'utiliser cette dernière comme point de départ de leur expansion vers le centre du Canada. Avocat de Moncton, au Nouveau-Brunswick, Cohen fit ses études à Dalhousie Law School, où il obtint son diplôme avec mention, acheta Central Trust, dans sa ville natale, et la fusionna avec Nova Scotia Trust Company, puis Eastern Canada Savings & Loan Company de Halifax, formant ainsi le groupe de sociétés de portefeuille le plus influent de la région. C'est au cours de l'un de ses nombreux déplacements en Ontario qu'il finit par rencontrer McDougald.

Cohen, qui ouvre généralement la conversation en se dénigrant ("je suis terriblement ennuyeux... je ne fais pas d'équitation, ni de curling... je suis plat à mort."), n'avait jamais été aussi impressionné. "Monsieur McDougald, affirme-t-il, était l'un de ces êtres exceptionnels jusqu'au bout des ongles. Il m'emmenait au Toronto Club, me présentait tous ses amis et n'essayait jamais de me tenir à l'écart. Le gentleman par excellence... et de la tête aux pieds. Rares sont ceux de ses successeurs qui peuvent prétendre l'égaler." L'épouse de Cohen, une dame incroyablement dynamique, originaire du Cap-Breton et répondant au prénom de Louise, tomba sous le charme du président d'Argus à un point tel qu'elle réalisa le portrait de McDougald en émail sur cuivre, d'après une couverture de *Maclean's*, et le lui offrit.

Cohen ne s'était pas aperçu que McDougald lui avait coupé l'herbe sous le pied en incitant la Banque de Commerce à acheter petit à petit 74 900 actions de Crown, ce qui interdisait à Cohen d'en prendre le contrôle. McDougald (dont la participation dans Crown Trust était inférieure à 10 p. 100) n'exerçait pas directement son emprise sur la société de fiducie, mais, grâce aux actions avec droit de vote des McMartin (24,8 p. 100), à la collaboration de la Banque qui en détenait 9,9 p. 100 et à son influence prédominante sur le conseil d'administration de Crown Trust, il gouvernait cette dernière comme une colonie mineure, mais non négligeable, de son empire.

Cohen était convaincu que si McDougald avait vécu une année de plus, il aurait modifié les règles du jeu afin que lui, Cohen, puisse s'emparer de Crown Trust. Toujours est-il que le président d'Argus trouva la mort avant qu'une chose semblable ne se produise et que la société de fiducie, qui détenait les successions McDougald, Phillips et John McMartin, devint la cible de tous les participants au grand concours d'Argus.

Les soeurs Smith

LA VIE ET LES AMOURS de Doris, Cecil et Hedley Maude (dite Jim) Smith pourraient faire l'objet d'un nombre incalculable de romans courtois. La bonne société torontoise les avait sournoisement surnommées "les trois femmes de Bud McDougald". Ces fières amazones, maintenant partie intégrante du patrimoine d'Argus, avaient franchi un long chemin depuis leur tendre enfance.

D'une certaine façon, elles n'étaient vraiment pas prêtes à assumer les responsabilités qui leur échurent. "La tragédie de toute cette affaire, c'est qu'elles n'avaient jamais reçu de formation d'aucune sorte qui aurait pu les aider à faire face à la situation", commente Scott Fennell, le gendre de Doris. "Bud prit la suite du colonel, à la mort de ce dernier, s'occupant entièrement des affaires de Doris, qui ne savait jamais ce qui se passait. D'ailleurs, elle lança un jour en plaisantant: "Les seuls papiers dont je m'occupe sont mes papiers-mouchoirs!" Et elle répliqua sarcastiquement à son avocat, Bill Somerville, qui lui demandait où étaient rangés ses papiers: "Bof! quelque part dans ma coiffeuse."

Leur père, Eustace Smith, qui fréquentait le Royal Military Academy à Woolwich, partit chasser en Écosse la fin de semaine qui précédait son départ de l'Angleterre pour l'Inde, où il venait d'être affecté. "Son meilleur ami lui a tiré des plombs dans le visage, de raconter allégrement Jim. Il l'a pris pour un faisan. L'accident bête. En ce temps-là, c'était à Édimbourg qu'il fallait aller chercher les soins médicaux, aussi ma grand-mère envoya-t-elle quérir un médecin de là-bas pour faire examiner papa. Tout le monde pensait qu'il allait devenir aveugle. Comme il n'y avait aucun train de passagers, le médecin est resté accroché à l'avant de la locomotive pendant près de 60 kilomètres. Il fit tout ce qu'il pouvait pour ôter les plombs qui s'étaient logés dans le visage et les yeux de mon père, qui dut passer un an enfermé dans une chambre complètement sombre. Il ne vit pas un rayon de lumière de toute l'année. Papa aimait beaucoup la musique. Aussi installa-t-on un piano dans sa chambre. Il reçut également un violon et suivit, dans l'obscurité, les leçons d'un professeur qui venait le voir d'Édimbourg deux fois par semaine. Il jouait plutôt bien, et donna même un concert à Albert Hall."

Enfin autorisé à sortir de l'ombre, Smith recouvra la vue, mais il dut renoncer à sa carrière militaire. Il s'associa à Coutts Marjoribanks, troisième fils de Lord Tweedmouth et frère de la comtesse Aberdeen, pour exploiter un ranch que les Aberdeen avaient acheté dans l'Okanagan. Le père de Marjoribanks, dont la famille était associée à la vieille maison bancaire Coutts & Company, était l'un des principaux actionnaires de la Compagnie de la baie d'Hudson et propriétaire d'immenses domaines dans le Invernessshire et le Berwickshire. Coutts avait tenté, sans grand succès, d'élever des Angus Aberdeen dans le Dakota du Nord, et sa soeur insistait maintenant pour qu'il revienne dans les limites de l'empire britannique. Elle acheta donc une propriété en Colombie-Britannique, qu'elle appela Guisachan à l'intar d'un domaine que les Marjoribanks possédaient dans les Highlands, et, en 1890, les deux célibataires, Coutts et Eustace, entreprirent de métamorphoser ces terres arides, qui deviendraient la Kelowna, en vergers.

Mais Guisachan ne prospéra pas au début, et la première plantation d'arbres fruitiers fut décimée au bout de quelques années. Pendant ce temps, Lord Aberdeen avait acheté le Coldstream Ranch, une propriété beaucoup plus vaste (5260 hectares) dans la vallée de l'Okanagan, et il établit une confiturerie à Vernon, dans les environs. Il était en outre devenu gouverneur général du Canada et avait donc déménagé à Rideau Hall en 1893. Coutts Marjoribanks s'était marié en 1895 et disposait alors d'un personnel assez nombreux pour faire fructifier tant Guisachan que Coldstream. Smith partit vers l'Est et se retrouva sur une ferme laitière à Aurora, au nord de Toronto. C'est à l'occasion d'une visite du vice-roi à la Grange, demeure torontoise de l'écrivain et nationaliste canadien Goldwin Smith, qu'il rencontra Maude Delano Osborne. Les Osborne avaient délaissé l'Angleterre pour émigrer à Sutton, près du lac Simcoe, où la jeune Maude apprit à jouer au tennis suffisamment bien pour remporter cinq championnats candiens. "Ils se sont mariés au bout de neuf rencontres seulement, raconte Jim, ce qui ne les a pas empêchés de célébrer leur cinquantième anniversaire de mariage. Et je ne me souviens pas d'avoir jamais entendu papa dire un seul mot de travers à maman."

Par la suite, les Smith déménagèrent à Toronto, où Eustace Smith devint surintendant des services de wagons-lits et de wagons-restaurants de Canadian Northern. La famille n'était pas riche, "mais il y avait toujours des chandelles sur la table, même lorsque nous n'avions pas grand-chose à manger", de rappeler Doris. Malgré leur régime aux macaronis (aujourd'hui encore, elles mangent peu de viande), les trois soeurs, encouragées par leur mère qui voulait les voir bien mariées, menaient une vie sociale des plus actives. Doris devint ambulancière au cours de la Première Guerre mondiale et participa à un concours hippique lors de la première foire agricole d'hiver. Devenues championnes de patinage artistique, ses deux soeurs représentèrent le Canada aux Jeux olympiques de 1928 et participèrent à divers spectacles dans une demi-douzaine de capitales européennes. (Cecil fut championne du Canada, catégorie dame, en 1925-1926 et fut concurrente de Sonja Henie lors de deux séries olympiques*.)

Jim rencontra le jeune John A. McDougald alors qu'elle patinait au Granite Club. "Il venait là tous les dimanches matins au sortir de l'église. Il était tout simplement effrayant dans son veston habillé, ses pantalons rayés, son chandail jaune à col polo et son éternel chapeau melon, rappelle-t-elle. Il devait avoir 20 ans à l'époque et n'avait jamais courtisé une fille de sa vie. Je sortais avec Eddie Mulqueen à ce moment, de telle sorte que nous nous sommes toujours rencontrés à trois pendant une année environ avant que Bud ne m'invite seule. Nous nous sommes mariés deux ans plus tard."

Le premier mari de Doris, le colonel Adair Gibson, trouva la mort en sautant d'un train. Elle épousa par la suite le colonel Eric Phillips (l'un des associés d'Argus) en secondes noces. Extrêmement belle, elle posa pour Salvador Dali et Pietro Annigoni. Elle était par ailleurs plutôt étourdie. "Je me souviens d'une fois, d'évoquer Jim, où ils recevaient toutes les grosses personnalités d'Oxford, tant les professeurs que leurs épouses. Eric se mêlait alors, comme Doris se plaisait à le répéter, des questions universitaires et était président du conseil d'administration de l'Université de Toronto. Eric, qui s'occupait de toutes ces personnalités, demanda à Doris de faire visiter l'université aux épouses de ces messieurs. Doris prit donc la voiture et s'engagea, en compagnie de ses invitées, sur University Avenue. Elle tourna et tourna jusqu'à ce qu'elle se rende compte qu'elle était *incapable* de retrouver le campus. Au cours du dîner auquel ils avaient convié leurs éminents visiteurs, Eric demanda aux dames si elles avaient vu l'université.

"Pas vraiment, non!

— Voyons, Doris, tu ne leur as pas fait visiter l'université?

— Je ne l'ai pas retrouvée, de répliquer Doris. Comment se fait-il qu'il n'y ait pas de grille? On ne voit vraiment pas l'entrée.

---

* Sonja Henie, qui mourut en 1969 à l'âge de 56 ans, amassa une véritable fortune à titre de patineuse professionnelle au cours des nombreux spectacles qu'elle donna sur la glace. Elle se maria trois fois. Son premier mari fut Dan Topping, héritier d'une famille qui avait fait fortune aux États-Unis dans l'étamage et propriétaire, par la suite, des Yankees de New York; le second fut Winthrop Gardiner junior, rejeton d'une vieille famille américaine et le troisième, Niels Onstad, armateur d'Oslo. Elle détint le titre de championne mondiale de patinage entre 1927 et 1936, et remporta le titre olympique en 1928, 1932 et 1936. Cecil Smith se classa sixième aux Jeux de 1924 et cinquième à ceux de 1928.

"Quelques mois plus tard, Doris ouvrait le courrier au petit déjeuner et, brandissant une facture de son association d'anciens étudiants, elle déclara à Eric, tout en la lui tendant:

"Tiens, paie donc ça. C'est ton université après tout.

— Pourquoi as-tu reçu ce truc-là?

— Eh bien, je suis membre de l'association.

— Ridicule! Tu n'es jamais allée à l'université.

— Bien sûr que si! Je suis allée à l'université de Toronto pendant deux ans et j'ai finalement laissé tomber.

— C'est une blague. Je vais vérifier les registres.

"C'est pourquoi, ce matin-là, il passa voir le président, Sidney Smith, avant de se rendre au bureau, et lui demanda de vérifier si sa femme avait bien été inscrite à l'université. Smith le rappela et confirma les affirmations de Doris.

"De retour à la maison, Eric demanda:

"Comment se fait-il que tu ne m'en aies jamais parlé?

— Oh, je pensais que ça ne t'intéresserait pas.

— Bien sûr que si, ça m'intéresse. Mais promets-moi de ne jamais dire à personne que tu es allée à l'université de Toronto."

Cecil, la cadette, épousa Ted Gooderham, membre de la famille de distillateurs, qui travaillait dans la maison de courtage de son père. Gooderham se mit à boire démesurément, ce qui mit fin à leur union. Cecil déménagea donc à Buffalo, où elle devint la première patineuse artistique du Buffalo Skating Club. C'est là qu'elle rencontra le président du club, Eric Hedstrom, qu'elle épousa par la suite. Malheureusement, il sombra lui aussi dans l'alcoolisme. "Il buvait déjà énormément lorsqu'elle l'a épousé, de commenter Jim. Ils avaient une demeure magnifique à East Aurora, en banlieue de Buffalo, l'une des plus jolies maisons que j'aie jamais vues. Les gens qui l'avaient construite avaient fait venir chaque pierre d'Angleterre, y compris les matériaux du toit.

"La goutte qui devait faire déborder le vase survint lorsque Eric s'est mis à injurier grossièrement Cecil et que leur jeune fils, Teddy, est sorti de sa chambre en l'entendant (il était environ 22 heures) et a déclaré: "Tu ne parleras pas comme ça à ma mère", en frappant son beau-père. Cecil raconte qu'elle a bien failli y perdre la vie, car ils étaient en haut d'un escalier de pierre en colimaçon. Eric était véritablement athlétique car, en plus de jouer au polo, il se distinguait au golf. Il a donc frappé Teddy et l'a renversé. Cecil s'est saisie de l'enfant et a pris la porte. Eric est alors sorti de la maison armé d'une carabine. Cecil et Teddy ont vraiment eu la frousse de leur vie ce jour-là. Teddy avait environ 14 ans. Ils se sont rendus au poste de police situé à l'est d'Aurora, où ils ont expliqué la situation. Ce à quoi l'agent de police en poste a répliqué: "Bien sûr que nous allons vous aider. Arrangez-vous pour l'amener sur la route, de façon que nous puissions l'arrêter. Vous comprenez, nous ne pouvons pas entrer

131

dans la maison: il peut faire ce qu'il veut tant qu'il reste chez lui." Elle nous a donc téléphoné et nous lui avons dit de venir chez nous, que nous allions nous occuper de tout cela." Cecil est finalement rentrée au Canada avec son fils, puis s'est installée dans la loge de garde de la propriété de Doris. Elle est devenue depuis l'un des meilleurs agents immobiliers de Toronto, ce qui lui a permis de rencontrer John Prusac, qu'elle tient en haute estime.

Doris est morte en 1980, mais Jim continue à s'occuper de ses chevaux. Les couleurs de son écurie sont présentes à Saratoga, et elle gère le magnifique manège de Bud à Kingsclere, en Angleterre, où elle vient de faire construire une piscine en céramique pour les chevaux. Ses montures ont déjà remporté deux championnats mondiaux. Elle ne voyage qu'accompagnée de six serviteurs et possède tout ce que l'argent peut lui procurer (sa fortune est évaluée à 60 millions de dollars), ce qui ne l'empêche pas de s'ennuyer de Bud et de continuer à s'interroger sur les événements qui ont suivi sa mort. Elle n'a pas encore compris pourquoi le jeune Conrad, qui venait prendre des verres de lait chez elle lorsqu'il était petit, l'a évincée d'Argus.

"Le problème", commente à ce sujet Al Thornbrough, ami de longue date des McDougald, "c'est que Bud n'a pas perçu à quel point les choses risquaient de changer en son absence. C'est pour cette raison que Jim et Doris se sont retrouvées en fort mauvaise posture. Elles n'étaient pas armées pour résister. Lorsqu'une lutte pour le pouvoir éclate, elle finit par se nourrir d'elle-même, à la manière d'un ouragan, et rien ne peut l'arrêter. Les pots cassés qui en résultent peuvent traîner pendant des années. Les brouilles qu'a suscitées la bataille d'Argus ne sont pas encore apaisées."

VOICI, DANS L'ORDRE CHRONOLOGIQUE, LA LISTE DES ÉVÉNEMENTS
qui en 125 jours bouleversèrent le monde d'Argus.

Le 8 mars: Les initiés d'Argus se passent le mot: Bud McDougald est à l'agonie. Au 10, Toronto Street, le conseil d'administration se réunit en l'absence de son président afin d'étudier les remaniements auxquels il faudra procéder au sommet. Barron et Black ont une brève conversation dans le couloir, une fois la séance levée, et les deux hommes conviennent de dîner en compagnie de Monte le 16 mars.

Au même moment, la salle du conseil de Crown Trust, qui a ses bureaux à quatre rues de là sur Bay Street, est le théâtre d'un important remaniement des postes de commande. Ainslie St. Clair Shuve remplace Harold Kerrigan et accède à la présidence, cependant que Dixon Chant, qui était déjà membre du conseil d'administration et du conseil de direction, est nommé vice-président du conseil d'administration.

Le 9 mars: McDougald s'extirpe de son lit de souffrance et téléphone, de Palm Beach, à Evelyn Young (sa secrétaire de direction chez Argus). À l'issue d'une conversation quelque peu décousue, elle lui demande d'un ton hésitant ce qu'il lui conseille de faire "si le pire devait survenir". La réponse de Bud est ferme et sans équivoque: "Appelez Crown Trust." Ce sera leur ultime conversation.

Le 15 mars: Décès de McDougald.

Le 16 mars: Barron arrive chez Conrad Black, où les deux frères l'attendent pour dîner. Il trouve Conrad en train d'éplucher le contrat de Ravelston, mais sa suspicion n'en est pas éveillée pour autant*. La conversation roule sur l'avenir d'Argus maintenant que McDougald est disparu et sur le risque de voir le général Bruce Matthews perpétuer l'immobilisme qui prédominait jusqu'à ce jour. Conrad Black en vient à la conclusion que Barron "est prêt à donner le coup de pouce nécessaire pour que Bruce adopte une politique plus dynamique" et qu'il s'est implicitement engagé à appuyer la nomination de Conrad au poste de vice-président d'Argus et celle de Monte au conseil d'administration de la société. Pour sa part, Barron est convaincu que Matthews, qui a été l'associé le plus intime de McDougald au cours des 10 dernières années, sera nommé exécuteur testamentaire du défunt président du conseil, ce qui éviterait tout bouleversement au sein du cercle dirigeant d'Argus et contraindrait Conrad à ronger son frein indéfiniment.

Les compagnies appartenant à la famille Meighen étant non seulement les principaux actionnaires, mais également les seules personnes morales au sein d'Argus (tous les autres actionnaires étant des personnes physiques), la société semble destinée à tomber inéluctablement aux mains des héritiers de Meighen, le temps aidant.

Le 17 mars: Barron rapporte à Max Meighen le contenu de la conversation qu'il a eue avec les Black. "Mais, bon sang, Bud vient à peine de rendre l'âme, s'exclame Meighen; laissons les choses telles quelles jusqu'à cet été, nous pourrons alors nous asseoir et envisager l'avenir."

---

* Les actions de la société de portefeuille Ravelston, appartenant à Argus Corporation et fondée en 1969, se répartissaient de la manière suivante: 23,6 p. 100 à chacune des successions McDougald et Phillips; 26,5 p. 100 à Meighen; 22,4 p. 100 aux frères Black et 3,9 p. 100 au général Matthews. En vertu de la charte de Ravelston, tout associé qui obtenait le contrôle d'au moins 51 p. 100 des actions de la compagnie pouvait contraindre les autres à lui vendre leurs parts.

Le 18 mars: McDougald est inhumé. Le fait que Jim McDougald ait choisi d'être accompagnée par le général Matthews pour la circonstance ne passe pas inaperçu des argusologues et renforce les rumeurs voulant que le général soit sur le point de remplacer le défunt à la tête d'Argus. Les commentaires iront également bon train à propos de l'attitude adoptée par John Prusac sur la tombe de McDougald. Matthews et Meighen, encore sanglés dans leur habit de cérémonie, se font fort remarquer en présentant leurs condoléances à la veuve durant la réception organisée à la résidence des McDougald après les funérailles. E.P. Taylor est venu spécialement de Nassau afin de mettre bon ordre à de vieilles rancoeurs, à moins que ce ne soit comme le prétend Conrad, pour s'assurer par lui-même que Bud est bien mort.

Le 20 mars: La table de McDougald au Toronto Club demeure vacante, ultime hommage de l'institution à son ange tutélaire aujourd'hui disparu. Mais une sourde rumeur se répercute parmi les dîneurs habituellement amorphes. Ceux qui sont dans le secret savent maintenant que le général Matthews, qui est attablé dans l'angle nord-ouest de la salle à manger, *n'a pas* été nommé exécuteur testamentaire du défunt président du conseil d'Argus. En fait, même mort, McDougald parvient à faire sensation: il a en effet chargé sa veuve, Jim, sa belle-soeur Doris et Crown Trust de diriger ses affaires.

Le 21 mars: Faisant allusion au maire disparu de Chicago, ainsi qu'aux méthodes qu'il affectionnait pour se maintenir au pouvoir, Conrad glisse à son frère, au cours d'une conversation téléphonique: "Tu sais, P.C. Finlay joue le rôle de Richard J. Daley dans cette partie. Il est l'élément clé du groupe, le seul qui sache vraiment comment fonctionnait réellement le système mis sur pied par Bud." Black se procure une liste des actionnaires de Hollinger, dont l'examen lui révèle que l'entreprise minière, qui est la principale source de revenus d'Argus, est dangereusement exposée à une prise de contrôle extérieure. Outre Argus, qui détient un bloc de 23 p. 100 d'actions de la société minière, il n'y a que deux autres actionnaires d'importance, les héritiers Hollinger dont les 15 p. 100 d'actions sont gérées par Finlay et son fils John, et Crown Trust, qui en possède un bloc de 8 p. 100. Black passe voir P.C. Finlay qui le reçoit à son étude légale. Il en profite pour suggérer à John, qu'il connaît mieux, la possibilité de conclure une convention de vote entre les héritiers Hollinger et Argus. "J'imagine, devait dire ultérieurement John Finlay, que la lecture de la liste des actionnaires a incité Conrad à faire l'acquisition de Crown Trust, afin de mettre la main sur les actions de Hollinger dont cette société était détentrice."

Le 22 mars: Il est 10 heures ce matin-là quand le conseil de direction d'Argus se réunit avec célérité dans le but de nommer les dirigeants qui prendront sa destiné en main, maintenant que McDougald est disparu. Les décisions qui sont rapidement adoptées ne laissent guère planer de doute quant à la détermination des titulaires du pouvoir à protéger leur chasse gardée. Meighen hérite de la présidence du conseil d'administration d'Argus, dont Matthews devient président; quant à Barron, il accède à la vice-présidence du conseil de direction. (Matthews présidera les conseils d'administration de Massey, de Dominion Stores et de Standard Broadcasting, cependant que Barron obtiendra la présidence du conseil d'administration de Domtar et du conseil de direction de Massey). Black, retardé par un embouteillage sur le boulevard périphérique de Don Valley, arrive à 10 h 04 et pénètre sur la pointe des pieds dans la salle du conseil d'Argus qu'il trouve bondée. Les trois principaux dirigeants d'Argus, qui lui opposent des visages impassibles de joueurs de cartes, arborent l'air austère du roi de trèfle. En apprenant que la distribution des postes de direction est terminée, Black, s'il s'affirme fort satisfait de ces nominations, n'en déclare pas moins qu'à son avis il faut que chacun obtienne son dû et que ce serait infliger un affront délibéré, tant à son frère qu'à lui-même, que de les laisser à l'écart. Il entend obtenir un titre qui marquerait son intégration dans le nouveau groupe et, s'il félicite les heureux récipiendaires, dont il salue au passage l'âge et l'expérience, il n'en insiste pas moins sur la nécessité où il les voit de poser un geste à son encontre, ne serait-ce que pour lui éviter les commentaires désobligeants que lui vaudrait une mise à l'écart. "Les journaux en feront des gorges chaudes si je ne suis pas nommé vice-président", plaide-t-il.

À quoi Meighen rétorque avec hauteur: "*C'est à nous* de désigner le successeur de Bud, pas aux journaux." Les visages demeurent de bois, et le colonel poursuit: "Vous brûlez les étapes, ouvrez les yeux, votre patience sera bientôt récompensée."

La réponse est des plus raisonnables. Meighen, Matthews et Barron, dont l'âge moyen est de près de 66 ans, ne semblent pas appelés à demeurer au poste fort longtemps. Black rétorque qu'il ne brusquera pas les choses dans l'intérêt de la compagnie, mais il est déçu. En fait, dans son for intérieur, Conrad Black écume de rage.

À peine la séance est-elle levée que Black s'empresse de téléphoner à Nelson Davis, cet allié de McDougald qui est membre, lui aussi, des conseils d'administration d'Argus et de Crown Trust et qui suit depuis des années les activités de Conrad avec une sollicitude paternelle. Davis l'apaise, avec son accent haché du Middle West, où il a fait ses premières armes, et lui conseille: "Attendez votre heure, serrez les dents, ces gars-là seront leurs propres fossoyeurs."

Le 23 mars: Les associés s'installent dans leurs nouvelles fonctions. Barron se commande un élégant classeur de bureau. Ils se sentent fort satisfaits d'avoir réussi à réduire le jeune et impétueux Black au silence et affirment à qui veut les entendre que celui-ci obtiendra son dû "le moment venu". L'idée qu'aux yeux de Conrad le moment soit déjà venu ne semble pas les avoir effleurés. Par la suite, ce dernier devait affirmer: "Ils ont agi de la façon la plus méprisable qui soit. Je ne suis pas de ces gens qui se formalisent de petites querelles (après tout, elles sont inévitables, voire même le sel de la vie!), mais je crois qu'en toute chose il faut savoir faire preuve d'élégance, ce dont ils se sont montrés incapables en l'occurrence. D'après leur entente, je ne pouvais même pas prétendre à un bureau à Argus; je n'avais d'autre droit que celui de courtiser chacun des membres du triumvirat. Ce n'était rien de moins qu'une déclaration de guerre. Je ne comprends pas comment ils ont pu prétendre être surpris par ce qui s'est produit par la suite. C'est comme si le Japon déclarait: "Nous n'aurions jamais cru les Américains capables de couler nos porte-avions à Midway. Après tout, nous avions juste bombardé Pearl Harbor."

Le 4 avril: Le conseil d'administration d'Argus se réunit au grand complet afin de ratifier les récentes nominations. L'ordre du jour est expédié dans l'indifférence générale, mais un peu plus tard, Bruce Matthews, prenant Dixon Chant à l'écart, lui murmure: "Vous avez dû être surpris de ne pas être élu vice-président", ce que Chant admet sans ambages, d'autant plus que Matthews et McDougald lui avaient déjà promis une vice-présidence. Matthews explique alors: "Impossible, sinon nous aurions dû également élire Conrad vice-président", ce à quoi Chant rétorque que Conrad *aurait dû* être élu. Lorsque Chant lui demande si les veuves pouvaient toujours compter sur l'appui du bloc d'actions qu'il détenait dans Ravelston, le général répond par la négative, précisant qu'il préfère demeurer dans l'expectative.

Chant s'alarme intérieurement. Il soupçonne Meighen de vouloir s'approprier Argus de façon permanente en utilisant Barron et Matthews comme hommes de paille, bien qu'il ignore ce qui se trame au juste.

Dans l'après-midi, Chant téléphone à Doris Phillips et à Jim McDougald et leur explique que, par souci de préserver Argus en mémoire de Bud comme elles le souhaitent, il leur faut conclure une entente avec les frères Black, car ce n'est qu'à ce prix qu'il sera possible de garder une participation majoritaire au sein du groupe. "Je me souviens encore de la façon dont elles m'ont répondu: "Oh oui! Nous sommes tout à fait d'accord", de rappeler Chant par la suite.

Après cette conversation téléphonique, Jim McDougald se retire dans le petit salon de sa demeure de Palm Beach et commence à répondre aux amis qui lui ont adressé leurs condoléances. Peu avant le décès de McDougald, Jim avait offert à son époux un nouvel agenda de poche et avait demandé à la secrétaire de ce dernier, Evelyn Young, d'y retrans-crire le contenu du vieux carnet d'adresses, complètement en lambeaux, de Bud. S'apercevant qu'elle a besoin de certaines de ces adresses, elle appelle mademoiselle Young à Toronto pour lui demander le fameux carnet. Celle-ci lui oppose une fin de non-recevoir: "Il se peut que je ne puisse vous l'envoyer, déclare-t-elle, car je risque d'en avoir besoin sous peu." Lorsque madame McDougald lui fait remarquer qu'elle pourrait en avoir besoin d'urgence, *elle aussi*, Evelyn Young rétorque: "Je n'en doute pas, mais sûrement pas autant que *moi*." Evelyn Young se montre intrai-table. Furieuse, Jim part se promener le long du lac Worth. Quoique la conversation ne lui semble pas devoir porter à conséquence, elle ne l'agace pas moins pour autant. Le monde lui semble bien hostile main-tenant que Bud l'a quitté.

Le 5 avril: Black déclenche ce que ses associés et lui-même appellent avec emphase le plan A, qui prévoit l'acquisition du bloc d'actions détenues par les héritiers de John McMartin dans Crown Trust (soit 24,8 p. 100), puis de celles qu'ils possèdent dans Hollinger. Il s'agit du coup le plus risqué de toute l'opération élaborée par Black. Il doit débourser 6,3 millions de dollars pour racheter la part de la succession McMartin dans Crown Trust, et nul ne peut présumer quels seront les avantages qu'il retirera de la transaction. Pour sa part, Conrad espère qu'une assise solide au sein de la société de fiducie lui "procurera non seu-lement un certain prestige moral aux yeux de ces dames, mais lui per-mettra en outre de renforcer l'association qui le lie à Chant". De plus, il considère la capture d'un avant-poste de l'empire de McDougald comme le tribut à payer pour être pris au sérieux. "Il faut que nous attirions sur nous l'attention de nos aînés", explique-t-il.

Il veille à ce que ces dames (que chacun appelle désormais les veuves) soient avisées que l'achat de Crown par le jeune Conrad est destiné à protéger la société de fiducie de Bud des appétits de "ces étrangers" des provinces de l'Atlantique.

Le 6 avril: De tous ces "étrangers", Reuben Cohen est sans nul doute celui que les événements préoccupent le plus. Depuis 1975, il tente, avec son associé Leonard Ellen, de prendre le contrôle de Crown. Partant de Moncton, où est établi son quartier général, il arrive à Toronto pour y rencontrer Page Wadsworth, ancien président du conseil d'adminis-tration de la Banque de Commerce. Au cours du déjeuner qu'ils prennent à l'Ontario Club, situé dans l'édifice Commerce Court, Cohen de-mande à Wadsworth de le conseiller sur la marche à suivre pour accroître sa participation dans Crown. Son interlocuteur lui suggère de s'adresser à Nelson Davis, membre du conseil de la société de fiducie, tant à titre d'ami qu'à titre d'associé du défunt Bud. Cohen téléphone à Davis, mais ne peut obtenir de rendez-vous. Lorsque le conseil d'administration de Crown se réunit, ses membres (au nombre desquels se trouve Davis), qui savent que la compagnie risque fort d'être rachetée, étudient la possibilité d'être sauvés par un membre du groupe d'Argus. Ils éliminent d'office Meighen, actionnaire majoritaire par le biais de ses compagnies de Canada Trust, parce que la fusion des sociétés de fiducie est une entreprise des plus compliquées. La même raison s'applique au général Matthews qui est président du conseil d'administration de Canada Permanent. Les membres du conseil optent en définitive pour se ranger inconditionnellement aux côtés de Black, et Ainslie Shuve prend ses dispositions pour se rendre en Europe afin de rencontrer certains des héritiers McMartin.

Le 20 avril: Alors veuf, Alex Barron a prévu de se remarier, le 5 mars, avec Beverley Mollet. Il invite Conrad et sa fiancée, Shirley Walters, à dîner dans un établissement torontois de tout premier plan, et, suprême raffinement, à l'enseigne de Napoléon. Le repas est des plus enjoués, mais, plus tard, alors que Barron et *sa* fiancée s'éloignent, après avoir pris congé, Conrad fait soudainement halte dans le terrain de stationnement et, s'adressant à Shirley, lui fait remarquer: "Te rends-tu compte qu'Alex s'imagine m'avoir ébloui avec cette soirée? Il a le culot de penser qu'il me fera oublier sa trahison en nous invitant à dîner."

Du 20 avril au 4 mai: Les recherches entreprises pour retrouver les héritiers McMartin et racheter la participation qu'ils détiennent au sein de Crown Trust entrent dans leur phase ultime. Black offre 34 $ l'unité pour ces actions, soit le double de leur valeur comptable et 13 $ au-dessus du cours où elles sont transigées sur le marché. Seules deux filles de John McMartin sont encore de ce monde: Jean Mulford, qui habite la ville de New York, et Rita Floyd-Jones, qui réside à Saranac Lake, dans l'État de New York. Olga, l'une des filles de Jean, a épousé un noble hollandais et vit dans un château aux Pays-Bas, tandis que l'ex-époux de son autre fille, morte dans un accident d'avion, s'est établi en France. Shuve les retrouve un à un afin d'obtenir leur consentement à titre de bénéficiaires de la succession*.

Black a gardé un souvenir fort vivace de Rita Floyd-Jones (autrefois Rita LeMay) qui a élu domicile dans un hôtel des Adirondacks: "Juchée sur un trône à proximité de cet hôtel délabré, elle se prenait pour l'impé-

---

* Shuve, qui était à Crown Trust depuis 21 ans, alla même au-delà des attentes de Black. Et pourtant, lorsque la compagnie fut vendue à CanWest, en 1979, Shuve, qui en était encore le président, n'en fut pas averti d'avance et apprit le nom des nouveaux propriétaires par les journaux. Il quitta la compagnie peu de temps après.

ratrice de Chine." Elle a deux enfants, une fille et un fils. Ce dernier est l'un des associés de la chaîne de magasins d'articles de pêche Blue Line Sport Shop. Les héritiers McMartin finissent par vendre pour 6,3 millions de dollars.

Le 21 avril: Jim McDougald envoie un mot à Black pour le remercier de l'affection dont il a su l'entourer à la mort de Bud. Elle n'a pas oublié que son mari considérait Conrad comme le seul jeune homme "qui compterait un jour tant pour le pays que dans le monde des affaires" et elle le cite de mémoire: "Grâce à Dieu, il a l'intégrité de George, alors que tant de jeunes de nos jours ignorent jusqu'au sens de ce mot."

Le 6 mai: Black et Shirley Walters assistent au mariage de Robert Beverley Matthews, dit "Biff", et de la cousine de Conrad, Susan Harty Osler, célébré dans la chapelle de Trinity College. Ils demandent à l'officiant, le révérend John Erb (dont Biff fut le condisciple), de les unir sitôt le divorce de Shirley prononcé. Erb accepte et entreprend les démarches nécessaires auprès de l'archevêque anglican.

Le 8 mai: Reuben Cohen, qu'inquiètent les rumeurs voulant que Conrad mette la main sur Crown Trust, avise par télégramme le conseil d'administration de la société de fiducie que, quel que soit le montant proposé pour les actions faisant partie de la succession McMartin, il offre deux dollars de plus.

Le 12 mai: Le dîner Hollinger, l'événement le plus couru de l'année pour l'Establishment, se tient aujourd'hui, pour la première fois depuis plusieurs décennies, en l'absence de McDougald. Black est invité, en dépit du fait que les puissants d'Argus font tous partie de l'orbite de Meighen. Conrad se domine à grand-peine tout au long du repas puis s'empresse de rentrer chez lui où, à peine arrivé, il s'installe devant l'antique machine à écrire de sa grand-mère afin de taper une note de service dont le destinataire n'est nul autre que lui-même. C'est la première fois qu'il jette sur papier les ambitions que lui inspire Argus. "C. Black, écrit-il, sera nommé vice-président directeur et président du conseil de direction d'Argus Corporation. Une telle décision pourra être motivée par le fait que Matthews cumule un nombre exagéré de fonctions. Ma nomination à la présidence du conseil de direction, outre qu'elle m'exposera à moins de critiques, m'assurera autant, sinon plus, d'influence en son sein que si j'y faisais entrer une majorité de mes partisans. Monsieur Davis entrera au conseil de direction et les deux premiers sièges à devenir vacants au sein de celui-ci échoiront à G.M. Black, qui en attendant sera nommé au conseil d'administration d'Argus, et à Fredrik S. Eaton. Si monsieur Davis parvient à obtenir l'accord de madame McDougald à ce sujet, C. Black s'installera dans le bureau que monsieur McDougald occupait au 10, Toronto Street...

"Il est primordial de procéder avec célérité et, à condition que ce qui précède ait reçu l'aval de mesdames Phillips et McDougald ainsi que de messieurs Black, Black, Chant, Davis, Ritchie (William Ritchie, qui dirige le service des successions de Crown Trust) et Shuve, ces nominations devraient avoir lieu dès que possible, de préférence entre le 15 et le 19 mai 1978. Il faudra tout mettre en oeuvre pour éviter de donner l'impression d'une rupture. Personne ne devra être humilié ou mis dans l'embarras, et il faudra mettre l'accent sur les thèmes de la continuité et du respect réciproque des associés, dont le rétablissement servira de prétexte à l'opération envisagée. Il est prévu que messieurs Davis et G. Black auront un entretien avec Matthews, cependant que messieurs Chant et C. Black se chargeront de rencontrer Meighen. Dans un cas comme dans l'autre, il conviendra d'adopter une attitude aussi conciliante que possible. (Le second entretien promet d'être particulièrement animé.)"

Le 15 mai: Il y a 60 jours, Bud McDougald rendait le dernier soupir. L'acquisition par Black de 24,8 p. 100 des actions de Crown Trust est désormais officielle. Shuve téléphone à Reuben Cohen afin de lui expliquer que l'offre d'achat qu'il avait soumise par télégramme n'a pu être considérée parce qu'aucun prix précis n'y était indiqué.

Les augures de Bay Street pressentent qu'Argus sera le théâtre d'importants bouleversements sous peu, mais nul ne peut en dire plus. Pour l'heure, c'est à Palm Beach que les événements vont se précipiter.

Depuis que le triumvirat de Meighen s'est installé à la tête d'Argus, aucun de ses membres ne s'est soucié d'entrer en communication avec les veuves. Doug Ward, que Bud considérait comme son meilleur ami, fera plus tard remarquer que "c'est en lisant les journaux que Jim et Doris se tenaient au courant des activités d'Argus et, quoiqu'elles aient possédé à elles deux plus d'actions que quiconque, à cette époque, leurs noms n'étaient jamais mentionnés". Jim n'éprouve pas d'hostilité particulière à l'égard de Meighen, non plus que de sympathie d'ailleurs. À ce sujet, elle confie à un ami que "Bud disait de Max que c'était un bon gars: il était toujours prêt à lever la main lorsqu'on le lui demandait".

En dépit du peu d'activités déployées par Meighen, Matthews et Barron, qui consacrent l'essentiel de leur temps à administrer les structures existantes et à se nommer d'autorité à la tête des conseils de direction des nombreuses compagnies d'Argus, Conrad n'ignore pas qu'il doit agir sans tarder sous peine de voir s'évanouir ses chances de s'emparer d'Argus.

C'est à ce moment que se présente l'occasion qu'il attendait. De l'avis des trois représentants officiels des successions McDougald et Phillips, soit Dixon Chant, Bill Ritchie et Lou Guolla (associé de l'étude Daly, Cooper, Guolla & O'Gorman, chargée des dossiers personnels de McDougald depuis 30 ans), le maintien du statu quo au sein d'Argus passe par une entente entre ces dames et Black, en vertu de laquelle celui-ci leur assurerait la majorité des votes pour la durée du contrat, soit 10 ans. Guidées tant par leur chagrin que par leur ignorance en affaires, les veuves n'ont qu'un souci en tête: elles tiennent à préserver à tout prix l'intégrité de Ravelston, et donc d'Argus par la même occasion. Elles pensent parvenir à leurs fins en manipulant en quelque sorte les factions ennemies en présence, de façon à perpétuer l'état de choses qui prévalait du vivant de Bud. Black s'empresse de donner son accord. Guolla suggère d'ajouter au contrat un article (dont Black rédige le brouillon sur-le-champ) stipulant que Black seul pourrait invoquer la clause de rachat du contrat originel de Ravelston, en vertu de laquelle une majorité d'actionnaires peut contraindre la minorité à vendre ses actions. Cette stipulation accorde en fait à Black le pouvoir exclusif d'invoquer la clause de rachat*.

Un second contrat, rédigé le même jour, mandate Dixon Chant pour exercer le droit de vote rattaché aux actions dont les veuves sont les détentrices.

Guolla et Ritchie prennent l'avion à destination de Palm Beach afin d'obtenir l'accord des veuves pour ce qui semble n'être qu'une transaction routinière. "Nous avons payé le voyage de Lou de notre poche, affirme Black. Nous leur avons expliqué la transaction jusque dans ses moindres détails et de la façon la plus claire, la plus compréhensible qui soit."

Les veuves firent exactement ce que font la majorité des gens en l'occurrence: elles signèrent ce que l'avocat leur présentait**. Ce n'est que plus tard, lorsque leur association s'écroula, que Jim McDougald devait avouer son mécontentement: "Nous avons signé, signé et signé encore, comme de véritables idiotes écervelées, sans rien lire. J'étais persuadée que Lou se conformait à des instructions que Bud lui avait données relativement à Argus avant de disparaître... Je n'ai jamais pensé prendre le contrôle d'Argus. J'ignore le prix d'une boîte de petits pois, alors je me vois mal prendre le contrôle d'une compagnie!"

La cérémonie des signatures bat son plein lorsqu'un visiteur s'annonce à l'improviste à la porte de la demeure de villégiature de Jim. Il s'agit de Al Thornbrough, président de Massey, qui vit à Boca Raton, ville balnéaire située à proximité de Palm Beach. Son avenir lui inspire quelques inquiétudes depuis que Barron, qui dans le passé a critiqué son

---

* Voir le texte intégral de l'entente à l'annexe B.

** À la suite de cette rencontre, Jim retira les dossiers de la famille McDougald des mains de Guolla et eut recours aux services de Bill Somerville. Afin de le dédommager de cette perte, Black confia à Guolla la rédaction des testaments de sa famille.

mode de gestion, a été nommé président du conseil exécutif de l'entreprise productrice de machinerie agricole. Thornbrough, qui est dans les bonnes grâces des veuves, les rassure tant par sa présence que par les explications qu'il leur prodigue. Il quitte la Floride par le même vol que Guolla.

À Toronto, Black exulte. Personne n'est encore au courant, mais il a remporté la victoire, et Argus est à lui. Il ne lui reste plus qu'à régler les détails du rachat de Ravelston. Il téléphone à la secrétaire de Max Meighen qu'il souhaite rencontrer le lendemain en compagnie de Dixon Chant.

Il déjeune avec John Finlay dans la salle à manger de Draper Dobie (qui constitue toujours le repaire de prédilection des frères Black au centre-ville) et en profite pour le mettre au courant de l'accord conclu avec les veuves. Au cours de ce repas, les deux hommes élaborent une entente destinée à assurer à Black une option sur les actions appartenant aux héritiers Hollinger, qui sont représentés par Finlay et son père.

Le 16 mai: Journée cruciale entre toutes. Black et Chant pénètrent dans le bureau de Meighen afin de lui remettre l'avis de cession obligatoire qui dépouillera le colonel du poste qu'il occupe chez Argus et des pouvoirs dont il y jouit. Pour une fois, Conrad se sent tendu. Il y a quelque chose de simiesque et de menaçant dans son attitude au moment où il brandit le document qu'il remet à son destinataire et lui en explique le contenu. Meighen blêmit, mais ne dit mot. Un silence glacial s'appesantit sur la pièce, où même les bruits de la rue parviennent étrangement assourdis, comme si Bay Street retenait soudain son souffle. Les lèvres de Meighen se plissent en une moue de dédain maussade devant ce jeune écervelé.

Black demeure immobile.

Il entreprend une longue digression sur l'importance de nommer des propriétaires résidant au Canada à la tête d'Argus puis, sautant du coq à l'âne, il affirme à Meighen qu'il ne s'attend pas *vraiment* à ce que celui-ci lui cède toutes les actions qu'il détient dans Ravelston, argue qu'il n'a pas été traité comme on le lui avait promis et exprime finalement l'espoir que tout puisse encore se régler à l'amiable.

Aucune réaction.

En désespoir de cause, Black finit par fixer son attention sur un portrait de Taddy Meighen, l'épouse du colonel, qui tient son caniche dans les bras. Il passe ensuite au tableau suivant, représentant le père de Meighen (l'ancien premier ministre), puis à un portrait d'Alex Barron et enfin à celui de Louise Morgan. Il demande qui est cette dame, et Meighen fait venir le modèle en personne dans son bureau. Madame Morgan est membre de plusieurs de ses conseils d'administration. Le colonel fait les présentations, et ils se mettent à parler de chiens.

Black et Chant ont à peine pris congé que Conrad presse le pas, glissant à son compagnon: "Dépêchons-nous de sortir d'ici avant qu'il ne se rende compte de ce que nous lui avons dit."

"Non, rétorque Chant. Max vient de remonter considérablement dans mon estime, je suis sûr qu'il a parfaitement compris ce qui s'est passé."

À ce même moment, Monte Black et Nelson Davis rendent visite à Bruce Matthews, qui apprend par leur entremise que son patron est sur le point de se faire flanquer à la porte. À Conrad qui lui téléphone pour savoir comment la réunion s'est déroulée, Monte répond laconiquement: "Le général souffle comme une baleine."

Le 17 mai: À peine arrive-t-il de son voyage de noces que Barron apprend de la bouche même de Meighen l'énormité des événements qui se sont succédé au cours des jours précédents. Barron éprouve là la surprise de sa vie. "Je suis habitué à me battre dans les règles", se plaint-il ce soir-là auprès d'un ami. Il note dans son journal personnel: "21 h: téléphoné à Con Black. Longue conversation, voix assourdies, pas trace d'amertume. Je lui fais part de la surprise que m'a procurée la nouvelle, du sentiment que j'avais d'être à la fois son ami et son associé et de partager les mêmes objectifs que lui..." Déterminé à prendre des mesures préventives, Barron décide d'approcher soit Paul Desmarais, soit Hal Jackman, afin de faire front commun pour contrer Black.

Le 27 mai: Black reçoit les veuves et leur soeur, Cecil, pour le thé. Nelson Davis est également présent. Ils méditent l'éviction de Max Meighen et, pesant le pour et le contre, envisagent la possibilité d'assouplir leur position et de garder le brave colonel dans l'écurie d'Argus en lui demandant de ne pas se départir de toutes ses actions ni de tous ses titres. À l'avenir, lorsque les trois soeurs feront allusion à cette réception, elles la désigneront invariablement comme le "thé du chapelier fou".

Tel un jury appelé à se prononcer sur la pertinence de la présence de Meighen en son sein, ce cénacle restreint semble psalmodier une litanie bien rythmée et ponctuée des silences de rigueur.

"Ses cravates sont tachées de jaune d'oeuf", déclare Doris Phillips.

Un silence.

"Il portait des chaussettes jaunes lorsqu'il est venu chez nous en Floride", poursuit Jim McDougald.

Un ange passe...

"Ses revers de vestons sont élimés", ajoute Cecil Hedstrom.

C'en est trop.

"Il conduit une Mercedes en or", affirme Nelson Davis.

Est-ce possible?

"Il perd son sang-froid dès qu'il a bu quelques verres", renchérit Conrad Black.

C'est Doris Phillips qui, d'un ton inhabituellement sinistre, rend finalement la sentence: "Eh bien, conclut-elle, je crois que nous pouvons nous passer de *lui*."

Les invités prennent congé. Tout le monde semble fort satisfait. Le lendemain matin, Doris Phillips fait parvenir une statue de bois représentant Napoléon à Conrad ainsi qu'un petit mot de remerciement pour "ta présence si utile. C'est un réconfort que de savoir que les compagnies continueront leurs activités. J'ai craint un moment qu'elles ne disparaissent[...] Bud[...] m'avait mentionné l'intérêt que tu portes à Napoléon, et[...] Eric était un passionné d'histoire napoléonienne. Je suis convaincue qu'il serait heureux de te voir ajouter cette statue à ta collection." Jim McDougald ne sera pas en reste; elle écrit elle aussi à Conrad et à Nelson pour leur dire combien elle apprécie qu'ils aient fait le nécessaire pour "nous tenir, Doris et moi-même, au courant de ce que deviennent les compagnies de mon cher Bud[...] Nous avons été très heureuses d'apprendre toutes les bonnes nouvelles que vous aviez à nous annoncer, ainsi que tout ce que vous et Monty avez fait pour nous aider."

Le 12 juin: Un article de Rod McQueen sur Conrad Black fait la première page de *Maclean's*. Le journaliste y dissèque la prise de contrôle d'Argus. Le promoteur immobilier John Prusac, fervent admirateur de feu McDougald et ami de Cecil Hedstrom, rend visite à Jim McDougald. Il a lu l'article et lui explique que "toute cette transaction lui semble louche" car, en signant ces papiers, Doris et elle ont donné à Conrad le moyen de leur arracher Argus. Madame McDougald rappelle: "Il m'a demandé l'autorisation de se pencher sur la question, ce à quoi j'ai acquiescé, en ajoutant que je lui serais reconnaissante qu'il m'avertisse s'il découvrait anguille sous roche. C'est à compter de ce moment-là que j'ai commencé à lui faire confiance et à douter de Con."

Ils échafaudent un plan en vertu duquel les veuves (qui à elles deux détiennent 47,2 p. 100 des actions de Ravelston) tenteront de conclure une entente avec Bruce Matthews. Si ce dernier, qui détient un bloc de 3,9 p. 100 d'actions, se range à leurs côtés, il leur garantira une majorité décisive de 51,1 p. 100 dans Ravelston et par conséquent dans Argus.

Le 13 juin: Matthews est en Angleterre où il voit aux intérêts de Standard Broadcasting, lorsqu'il reçoit un appel frénétique des veuves. Leur désespoir est indescriptible. Conrad les a déçues: elles n'ont pas compris ce qu'elles avaient signé et veulent tirer au clair cette histoire de contrat à propos de Ravelston. Matthews se montre compréhensif et accepte de leur céder ses actions, en les avertissant cependant qu'il s'agit d'une situation complexe.

"John Prusac leur servait d'intermédiaire, rappelle Matthews. Elles lui avaient donné des procurations et prétendaient reprendre l'affaire à zéro. Elles s'étaient vraiment monté la tête et étaient à la fois très décidées et en proie à une vive émotion. Je leur affirmai que, en vertu de l'entente que j'avais prise avec Bud, je leur céderais mes actions de façon qu'elles puissent voter à leur guise."

Bien que personne n'y fasse allusion, il semble que le processus en cours consiste à répartir différemment la participation des associés, de façon à permettre à Prusac (et non à Black) de s'imposer comme la figure dominante d'Argus. Conrad Black est mis au courant des activités des veuves. D'après les rumeurs qui courent au Winston, les deux soeurs s'apprêtent à vendre leurs actions à Prusac, et Meighen est en train de réorganiser Argus du tout au tout, envisageant même de liquider Massey.

"Le Grand Mogol de la métropole aurait la mainmise sur le géant Argus": tel est le titre d'un article sur Black, signé par Jack McArthur et Richard Conrad, publié par le *Toronto Star*. "À propos, les grognements que vous entendez en bruit de fond ne sont pas poussés par un actionnaire captif tentant de se libérer de ses fers", persifle Conrad au cours d'une entrevue téléphonique qu'il accorde à des journalistes, au moment où leur conversation est interrompue par des bruits intempestifs.

La journée se traîne dans les bureaux du quotidien montréalais *The Gazette*. Le spécialiste du monde des affaires, Ian Anderson, décide de téléphoner à madame McDougald et lui demande son opinion au sujet de la mainmise de Black sur Argus. A-t-elle vraiment permis à Conrad de s'emparer des actions que Meighen détient dans Ravelston? Anderson est déconcerté par la réponse évasive qui lui est faite: "J'imagine que non, mais je crois bien que oui. Je ne m'y connais pas en affaires et je ne comprends pas grand-chose là-dedans." Anderson appelle alors Doris Phillips, qui lui trace un tableau nettement plus clair de la situation. Il écrit donc le premier article à révéler la déception qu'éprouvent les veuves à l'endroit de Black et cite ce dernier dans ses affirmations les plus insidieuses: "Quiconque ose prétendre que j'ai l'intention d'abuser deux veuves septuagénaires se couvrira de ridicule", soutient-il en ajoutant qu'il est bien loin de "faire une obscène crise de despotisme aiguë à l'endroit d'Argus".

Le 14 juin: Nelson Davis, lui aussi outre-mer, se jette à pieds joints dans la bagarre. "Je suis d'accord en tout point avec les frères Black", explique-t-il à Hugh Anderson du *Globe and Mail's Report on Business*, à qui l'on avait fait savoir que Davis était prêt à accorder une entrevue à Dromoland Castle, en Irlande. "En vertu de l'entente signée lors de la fondation de Ravelston, ils peuvent fiche n'importe qui dehors... et c'est exactement ce qu'ils ont fait à Meighen." Quant à l'association des veuves avec John Prusac, Davis remarque sarcastiquement au cours d'une seconde entrevue avec Anderson: "Vous ne pouvez tout de même pas vous associer au premier passant venu. Vous devez choisir vos partenaires et les garder... Si vous avez donné votre parole, il faut la respecter. En tout cas, moi, c'est comme ça que je travaille."

Le 15 juin: Le révérend John Erb rencontre Conrad Black, au petit déjeuner, pour planifier les détails de son mariage avec Shirley Walters et suggère que le couple suive un cours de préparation au mariage chrétien.

Le 18 juin: Nelson et Eloise Davis sont de retour à Toronto, après un séjour en Europe. Ils partagent une amitié vieille de 35 ans avec les McDougald, en compagnie desquels ils ont souvent pris leurs vacances, et sont vraiment bouleversés par la scission qui déchire Ravelston. Mais leurs bons sentiments tournent au vinaigre lorsque Jim McDougald appelle Eloise: "Tu diras à Nelson que c'est un sale faux jeton", hurle-t-elle avant de raccrocher.
Davis est fou de rage. Il téléphone à John Robinette, désirant s'assurer le concours du meilleur avocat canadien pour intenter ce qu'il jure être le procès du siècle: il est fermement décidé à poursuivre la veuve McDougald pour diffamation et à lui faire verser 100 millions de dollars de dommages et intérêts*.

Le 20 juin: L'évêque du diocèse anglican de Toronto, le très révérend Lewis S. Garnsworthy, accorde à Conrad et Shirley la permission de se marier.

Le 24 juin: À son retour d'Angleterre, le général de division Bruce Matthews accepte de participer au conclave secret tenu chez Doris Phillips dans le but de mettre au point une stratégie anti-Black. Prusac insiste pour que la réunion ait lieu à l'heure fatidique de minuit, expliquant qu'ils auront ainsi le temps de mener à bien leur entreprise, quelle qu'elle soit, avant la fin du jour ouvrable qui suivra.

Le 25 juin: Doris Phillips téléphone à Bill Ritchie de Crown Trust pour lui demander d'assister à la conférence de minuit et d'apporter le

---

* Bien que Davis n'ait pas poussé l'affaire plus avant, l'amertume reste tenace entre les anciens amis. Pas plus qu'elle n'a adressé la parole à Davis depuis, Jim McDougald n'a jamais daigné reconnaître Black depuis l'affaire d'Argus. "Je n'ai plus jamais dit un mot à Con depuis cette histoire, déclare-t-elle. Je l'ai aperçu de loin au York Club un soir, et c'est tout. Il s'est acheté une maison à Palm Beach. En d'autres temps, Bud s'en serait réjoui, l'aurait aidé à s'intégrer et lui aurait ouvert la porte des clubs et autres endroits chic. Mais tout cela lui est fermé à tout jamais, et je vous assure que ça n'a rien de drôle de descendre à Palm Beach lorsqu'on n'est pas membre du Bath and Tennis Club."

sceau de la société de fiducie par la même occasion. Ritchie accepte de se rendre à la réunion, mais refuse d'apporter le fameux sceau.

Ce même jour, Dixon Chant et Bill Ritchie se rendent en voiture jusqu'à la maison de pierres grises de Doris Phillips, sur Teddington Park Boulevard*. Ils y sont accueillis dans une atmosphère de roman d'Agatha Christie. Doris Phillips, assise à proximité d'une table de bridge, répète inlassablement comme si elle récitait un mantra: "51 p. 100. Il faut prendre le contrôle. *Il faut* que nous ayons 51 p. 100. Il faut prendre le contrôle..."

Prusac entre en scène, côté jardin, laisse glisser sa cape de ses épaules et lui baise la main. "Je n'ai jamais rencontré de type comme Prusac auparavant, raconte Chant. On aurait dit qu'il exerçait un pouvoir maléfique sur ces dames. Il me dit qu'il avait en main l'entente que je devais signer au nom de la succession Phillips, tandis que Bill Ritchie signerait pour Crown Trust. Il ne voulait pas nous montrer le document, se contentant de répéter: "Nous achetons les actions de Bruce Matthews, comme ça nous aurons la mainmise." Il ne cessait de me donner des ordres, jusqu'à ce que j'éclate: "Écoutez bien, je n'ai aucun ordre à recevoir de vous, mais, si je comprends bien, ce document est en complète violation de toutes les ententes déjà signées et nous exposerait visiblement à une poursuite." (En vertu de l'entente du 15 mai, les associés devaient s'arranger pour obtenir, dans le cas de la succession Phillips, au moins deux votes sur trois et donc convaincre Dixon Chant ou Crown Trust, la troisième partie impliquée étant Doris Phillips. En fait, en signant cette entente, cette dernière avait perdu la possibilité de gérer son propre héritage familial.)

Prusac s'oppose à Chant, allant jusqu'à prétendre qu'il ne pourra quitter cette pièce avant d'avoir signé la nouvelle entente. Chant se dresse de toute sa hauteur et, se tournant vers les vieilles dames, il déclare: "Si Eric et Bud étaient là, il y a longtemps qu'ils se seraient débarrassés de ce type!"

Entre le général de division, qui semble lui aussi jouer un rôle écrit d'avance. Chant s'avance à sa rencontre et, en proie à une vive émotion, commence à l'accabler de toutes sortes de questions, lui demandant entre autres s'il comprend bien ce qui se passe ici. "Non", d'avouer Matthews.

"On se croirait vraiment dans un conte de fées", de repartir Chant en s'apprêtant à quitter les lieux. C'est alors que Prusac fait passer le document (qui retirerait Argus des mains de Black) afin de le faire signer par Doris Phillips, pour commencer, puis par Jim McDougald et enfin par le général Matthews, qui s'appuie sur un porte-documents pour apposer sa

---

* Doris Phillips est morte en novembre 1980. Steven Stavro, président de Knob Hill Farms Ltd., acheta sa maison l'année suivante au coût de 2 millions de dollars, par le biais de l'agent immobilier Cecil Hedstrom.

griffe. En théorie du moins, cette fine équipe vient de récupérer sa main-mise sur Argus.

Le 26 juin: Conrad Black apprend que Matthews a effectivement retiré les actions qu'il détient dans Ravelston du coffret qu'il loue dans le principal établissement de la Banque Toronto-Dominion, sur King Street, au centre-ville, et que ses actions sont entre les mains de Prusac. Black se fait également décrire le rôle que joue ce dernier dans toute cette affaire par David Rogers, un parent éloigné de McDougald qui habite actuellement chez madame McDougald. Black considère Prusac avec désinvolture, le décrivant comme "un espèce de Slave mal embouché qui se croit sorti d'un roman vaguement slovaque à la Horatio Alger, inspiré de *Arsenic et vieilles dentelles*", mais comprend qu'à moins d'arrêter le général sur sa lancée, il vient de perdre Argus.

Prusac surgit dans les bureaux de Crown Trust, muni de son précieux document, afin d'obtenir l'accord de la société de fiducie. Ses efforts pour faire accepter l'acte de cession signé de la maison de Matthews par un responsable de Crown Trust restent vains. La scène est d'un burlesque digne de Mack Sennett, tandis que les porte-documents passent de main en main comme des morceaux de charbon chauffés au rouge. Prusac décide finalement de laisser une photocopie de l'entente et promet de revenir sous peu. Black téléphone à Igor Kaplan et prévoit une réunion avec trois autres avocats, le lendemain matin, afin d'élaborer un plan de contre-attaque énergique.

Le 27 juin: La réunion prévue la veille commence à 7 h 30 dans le bureau de Kaplan, qui soutient que les veuves ne peuvent trahir leur entente avec Black comme elles tentent de le faire, et qu'il faut les en empêcher à tout prix. Mais cela ne suffit pas à Conrad, qui vient de faire son entrée. Il prétend, quant à lui, qu'il faut absolument intenter une action en justice visant à mettre en doute les aptitudes mentales des deux femmes, alors âgées de 75 et de 78 ans. "Ce que je voulais, expliquera-t-il par la suite, c'était les éliminer en tant qu'exécutrices testamentaires parce qu'elles n'auraient jamais pu faire face à un contre-interrogatoire. Il nous aurait suffi de les traîner à la barre."

Black et Kaplan se rendent chez Crown Trust, où Ritchie et Shuve tentent vainement de les convaincre de recourir à des méthodes moins brutales, soulignant d'une manière ampoulée qu'une action judiciaire bouleverserait les vieilles dames.

"Ah oui! rugit Kaplan. Les vieilles dames sont bouleversées? Dites plutôt qu'elles ont une attitude déplorable. Elles devraient avoir honte!"

Les personnes en présence se tournent alors vers Black, dans l'espoir qu'il saura mettre de l'eau dans son vin. Mais celui-ci se contente de baisser le ton: "Je me contrefous de leurs états d'âme, gronde-t-il. Elles se sont bien foutu de nous..."

Doug Ward, l'homme qui en 30 ans a savouré un nombre incalculable de tasses de café Richmello en compagnie de Bud McDougald, se propose comme médiateur et file chez madame Phillips, flanqué de Harold Kerrigan, président du conseil d'administration de Crown Trust. Ward tente de persuader les veuves de rompre avec Prusac, faisant remarquer avec la plus grande délicatesse possible qu'il serait insensé pour elles d'avoir la mainmise sur Argus. Il appuie cette affirmation sur le fait que Bud estimait que les femmes n'avaient pas leur place dans le monde des affaires et qu'il n'avait jamais permis qu'une femme soit membre du conseil d'administration d'Argus. Il leur conseille donc de respecter l'entente qu'elles ont prise avec Conrad, qui les protégerait tout en leur évitant de supporter le fardeau de la gestion d'Argus. Il a une prise de bec avec Prusac à ce sujet, mais sa démarche n'aboutit à rien. À peine a-t-il pris congé qu'on le rappelle. (Kaplan décrit la scène, dans des notes manuscrites, d'après la version que lui en a donnée R.S. Paddon, son associé juridique, qui était sur les lieux: "Monsieur Ward quitte la maison, immédiatement poursuivi par l'un des serviteurs, un grand albinos* dégingandé, qui bondit littéralement sur ses traces. Et Ward de revenir sur ses pas, puis de sortir à nouveau. Paddon [qui était chargé d'obtenir un avis de cession obligatoire relativement aux actions détenues par Matthews dans Ravelston] explique à madame Phillips qu'il ne s'agit aucunement d'un document juridique, ce à quoi celle-ci réplique: "J'espère bien que non". Elle refuse de signer.)

Pendant ce temps, Kaplan est dans son bureau, occupé à rédiger un document dans lequel il accuse les deux vieilles dames de vouloir violer l'entente qu'elles ont signée le 15 mai. Il appelle l'avocat de ces dernières, Bill Somerville, et menace de les traîner en cour.

La salle du conseil d'administration de Massey-Ferguson sert elle aussi de décor à une scène tragique. La séance est temporairement suspendue, lorsque Black se lève, se dirige vers Page Wadsworth, l'un des membres du conseil d'administration de Massey, et déclare: "Écoutez-moi, Page, je vous demande de constater que je vais remettre ce document à Bruce."

Il se rend donc auprès de Matthews, alors président du conseil d'administration de Massey.

Le général est au garde-à-vous comme s'il s'attendait à recevoir une médaille. Mais c'est une enveloppe qui lui échoit à la place.

"Une simple mesure préventive", lui fait remarquer Black d'un ton neutre.

---

* Le fait que Doris Phillips ait un serviteur albinos compliquait un peu les choses parce que son maître d'hôtel s'appelait Albino Gago. Celui-ci la quitta peu de temps après cet épisode pour entrer au service des Black, puis de Doug Bassett, Jack Daniels et enfin de Scott Fennell, le gendre de Doris.

Le président du conseil d'administration d'Argus s'excuse et laisse son siège vacant l'espace d'un instant. Il vient de se faire remettre par Black un avis de cession obligatoire. À la différence du document de même nature remis à Meighen un mois plus tôt, celui-ci ne porte pas la signature des veuves, mais celle de Dixon Chant, qui, s'imprégnant du style baroque dans lequel le mélodrame d'Argus a baigné, avait déclaré non sans solennité au moment de signer: "Je suis un homme honnête."

Au sortir de la séance du conseil d'administration de Massey, Black, Chant et Davis se lancent dans une "campagne" téléphonique dans le but de monter les membres du conseil d'administration d'Argus contre les dirigeants actuels de la société de portefeuille. Fred Eaton est à Minneapolis, où il visite les grands magasins Dayton. Sa réponse est dépourvue d'hésitation et tout à fait rassurante: "Je ne comprends pas très bien ce qui se passe, mais je vous accorde mon vote." Des dispositions sont prises pour qu'une rencontre "anti-Meighen/Barron/Matthews" ait lieu dans la salle du conseil d'Eaton à 10 heures, le lendemain matin, immédiatement avant le grand conseil d'Argus. Black et Davis ont recours à un règlement d'Argus rarement utilisé voulant qu'il suffise de l'accord de deux membres du conseil pour convoquer une réunion à deux jours d'avis et prévoient donc une assemblée pour le 30 juin.

Certains refusent de prendre position. Ainsi, Al Fairley, le président de Hollinger, se préoccupe surtout de sauver sa peau (il a fait une demande de retraite anticipée à plein salaire, avec un régime de retraite par capitalisation, à titre d'adjoint au président du conseil d'administration) et prétend qu'il ne pourra assister à la réunion en raison d'engagements auxquels il ne peut se soustraire, en Alabama*.

Le 28 juin: L'offensive se poursuit sur le front juridique. Kaplan préside l'assemblée des avocats chargés de rédiger le texte de la poursuite qui est sur le point d'être intentée contre les veuves, Prusac et Matthews, accusés conjointement de chercher à violer à la fois le contrat qui régit l'organisation de Ravelston et l'entente intervenue le 15 mai. Lou Guolla est chargé de mener les négociations qui auront lieu entre le groupe Black et Prusac. Avant tout, Black souhaite contraindre Matthews à se conformer à l'avis de cession obligatoire qui lui a été remis, mais nombre de questions connexes sont soulevées, et finalement les avocats décident de déjeuner sur le pouce au Cambridge Club, sis à l'hôtel Sheraton Centre. Le seul accord auquel ils parviennent, à l'issue de ce bref repas, concerne

---

* Une fois la crise d'Argus dénouée, Fairley demanda à Black l'autorisation de rester membre du conseil. "Al, lui fut-il répondu, tu aurais dû y penser avant de décider de ne pas assister à la réunion tenue chez Eaton. On était prêt à te donner un coup de main, et, lorsqu'on a eu besoin de toi, tu t'es défilé... Je ne vois vraiment pas pourquoi tu resterais membre du conseil."

les portions de tarte aux pacanes dont ils sont unanimes à déplorer la petite taille.

Vers la fin de l'après-midi, Guolla réapparaît dans les bureaux de Crown Trust et déclare d'un ton mélodramatique qu'il est parvenu à régler tous les points en litige avec Prusac. À en croire le promoteur immobilier, les veuves craignent surtout que Black les contraigne à vendre les actions qu'elles détiennent dans Ravelston avant que l'entente du 15 mai ne vienne à échéance. Kaplan rédige sur-le-champ un document explicatif à l'intention de ces dames afin de bien leur faire comprendre qu'une telle exaction est hors de question. On fixe des délais de part et d'autre, mais le problème reste entier. Pressentant que le dénouement est proche, les veuves se sont installées à l'hôtel Toronto, situé à proximité du bâtiment qui abrite Crown Trust. Elles ne se couchent pas avant 3 h du matin, consultant tour à tour leurs avocats et Prusac, mais refusant de signer quelque document que ce soit, paralysées qu'elles sont par la crainte. Elles semblent, au dire d'un de leurs amis, "plongées dans un coma vertical".

Ce soir-là, Conrad soupe chez Winston en compagnie de Shirley. Il la prie de l'excuser, emprunte son bureau à John Arena, le propriétaire de l'établissement, et téléphone au domicile de Doug Ward. Allié de toujours de McDougald, celui-ci cherche désespérément à étouffer toute mésentente au sein d'Argus. Il rend compte des manoeuvres diplomatiques dont sa journée pour le moins trépidante a été émaillée. La mission de paix dont il s'était chargé en se rendant chez sa voisine de Teddington Park a échoué piteusement. À l'instar de tous les WASP impliqués dans le conflit dont Argus est l'objet, il critique sévèrement la manie qu'a Prusac de faire des courbettes et des baisemains aux dames. Puis il va droit au fait et donne son verdict: "Tu n'as pas le choix, il faut te montrer inflexible avec ces femmes", déclare-t-il à Conrad.

À une rue de là, Prusac le solitaire rend visite à Peter Harris, le gendre de Bruce Matthews, qui occupe le poste de président du conseil d'administration de A.E. Ames & Co. Quatre heures durant, il décrit à son hôte les efforts qu'il a déployés pour "sauver les veuves", et exprime en conclusion l'espoir qu'il nourrit encore de faire échec à Black. Le lyrisme de ses propres déclarations lui arrache des larmes.

Le 29 juin: Black déjeune au Toronto Club en compagnie de deux habitués de Bay Street, Bill Wilder et Bill Harris. Les trois hommes évoquent la possibilité de donner à Crown Trust le statut d'une banque d'affaires. Les luttes intestines s'intensifient au sein d'Argus. À défaut de trouver un terrain d'entente au cours des prochaines 24 heures, Kaplan intentera publiquement des poursuites contre Prusac, Matthews et les veuves (conformément aux instructions de Conrad). La nature de telles représailles revêt un caractère des plus audacieux, car un éventuel procès ébranlerait publiquement l'Establishment canadien, faisant fi de la règle tacitement admise en vertu de laquelle l'élite canadienne doit toujours laver son linge sale en famille.

Conrad consacre l'essentiel de son temps à consolider sa position parmi les membres du conseil d'administration d'Argus, tentant de convaincre la majorité d'entre eux d'épouser sa cause et de participer au coup d'État qu'il médite contre Meighen, Barron et Matthews. Mais la journée s'achève sans qu'il ait obtenu l'assentiment de Hal Jackman.

Ce soir-là, une réception est organisée au York Club en l'honneur du 65e anniversaire de Signy Eaton, cependant qu'au Toronto Club l'on fête les 60 ans de bons et loyaux services de Doug Ward chez Dominion Securities. Invité aux deux endroits, Conrad Black choisit de se rendre au Toronto Club, mais ne cesse de s'esquiver au cours de la soirée pour téléphoner à Jackman et aux autres afin de discuter une fois de plus du vote crucial qui s'annonce.

Le 30 juin: Journée du putsch. Black propose que l'on écarte Max Meighen, Alex Barron et Bruce Matthews de la direction d'Argus. Voilà deux jours qu'il s'acharne à convaincre divers membres du conseil, leur expliquant ses raisons et tentant de les persuader d'assister à la réunion officieuse qui doit se tenir dans la salle du conseil d'Eaton. Chant explique à Kaplan qu'il risque d'être déchiré par sa triple fonction d'exécuteur testamentaire de la succession Phillips, de président du conseil de direction de Crown Trust et de membre du conseil d'administration d'Argus. Il reçoit comme consigne d'agir au meilleur des intérêts des actionnaires d'Argus.

Afin de donner encore plus de poids à son coup d'audace, Black invite Doug Ward à participer à la réunion convoquée dans la salle du conseil d'Eaton. Bien que Ward ne soit pas membre du conseil d'administration d'Argus, il lui est souvent arrivé par le passé de négocier des actions pour le compte de Sir John Eaton. Il est par ailleurs investi de cette autorité morale qui compte dans Bay Street. Dans ce que Black décrira plus tard comme "une atmosphère fébrile", 12 des 21 membres du conseil d'administration d'Argus se réunissent à 11 heures. Les avocats représentant les diverses factions ne cessent d'interrompre le déroulement de la séance. Nelson Davis mène l'attaque contre Meighen et ses deux comparses. Trumbull Warren, membre du conseil d'administration d'Argus depuis 1976 et véritable archétype des rejetons de l'Establishment (il a fréquenté non seulement Upper Canada College et Lakefield, mais encore Ridley College), arrive en retard, ayant dû quitter Muskoka en toute hâte. À peine est-il assis qu'il s'exclame: "Ce sont des indésirables... il faut s'en débarrasser. Ces veuves... il faut s'en débarrasser."

Il vient de donner le ton au conclave: 11 des 12 membres présents votent en faveur du putsch monté par les Black. Seul Hal Jackman s'abstient, déclarant qu'il ne désire s'associer à aucun des deux clans, mais qu'il est prêt à appuyer la nouvelle équipe si le clan Meighen est éliminé. C'est alors que Davis murmure à l'oreille de Black: "Il va falloir qu'on le mouille dans Ravelston, comme ça on pourra lui servir un avis de cession obligatoire à lui aussi."

Après s'être assuré d'un nombre suffisant de votes pour mener à bien son projet, Black déménage son conseil de guerre au 10, Toronto Street. À peine ouverte, l'assemblée officielle des membres du conseil d'administration d'Argus est suspendue. Nelson Davis, Dixon Chant et Don McIntosh (l'avocat de Fraser & Beatty qui a prêté main-forte à Kaspar Fraser lors de la fondation d'Argus pour E.P. Taylor) conduisent Meighen à l'étage, jusqu'à l'ancien bureau de Bud McDougald. Meighen, qui ignore que le général Matthews a entrepris de vendre ses actions aux veuves, se fait demander d'envisager sérieusement la possibilité de démissionner de son poste de président de conseil d'Argus, ce qu'il refuse en soulignant, à juste titre, qu'il n'approuve pas pour autant la cession de ses actions aux vieilles dames par le général. Et il met fin à cette entrevue des plus orageuses en lançant: "Si vous voulez me voir dehors, il vous faudra me *mettre à la porte*."

Argus est maintenant divisée en trois factions distinctes: le clan Meighen (qui jouit encore de la fidélité de neuf membres du conseil), le clan Black et Bruce Matthews, qui se retrouve complètement isolé. Conrad Black quitte la salle du conseil et rejoint le général, qui erre, seul, dans les couloirs. "Écoutez, commence Black, nous avons décidé d'éliminer tous les dirigeants, et c'est bien ce que nous allons faire s'il le faut. Mais ce n'est vraiment pas la solution idéale. Si vous vous engagez à ne pas vendre vos actions aux veuves et à l'annoncer publiquement aux membres du conseil d'administration, nous sommes prêts à relâcher la pression. Nous n'avons pas spécialement envie de vous soumettre à notre avis de cession obligatoire, dans la mesure où ces actions ne sortent pas d'ici."

Le général capitule: "C'est bon, concède-t-il. Allez-y."

Les deux hommes regagnent la salle du conseil sur ces entrefaites. Matthews demande à Black de prendre la parole. Celui-ci résume les événements de la journée, jette un os à Meighen en précisant que personne ne voudrait lui faire subir l'ignominie d'un départ brutal, qui lui serait probablement des plus désagréables. Il mentionne ensuite la décision prise par le général Matthews de vendre ses actions, qu'il qualifie "d'excessivement perturbatrice", et fait allusion, non sans sarcasme, "à la présence de certains éléments qui, au sein du groupe des actionnaires dotés du pouvoir", ont risqué de mener Argus au bord du litige... Black poursuit, d'un ton égal et paisible maintenant, ce qui n'en est pas moins un véritable réquisitoire, et ce, de façon si subtile qu'il présente ses adversaires comme des intrus dans les couloirs sacro-saints d'Argus, tandis qu'il apparaît lui-même comme la nouvelle âme dirigeante de la société de gestion. La scène n'est pas sans évoquer une mutinerie sourde, dans une école d'officiers algériens. Les généraux et les colonels sont cassés avec la plus exquise des politesses... ce qui ne les empêche pas de perdre leurs épaulettes pour autant.

Black termine cette brève allocution en demandant à Don McIntosh de lire à haute voix la liste des nouveaux dirigeants d'Argus. Nelson Davis sera président du conseil d'administration, Black président de la société et directeur de cet organisme très puissant qu'est le conseil de direction, tandis que Hal Jackman est nommé vice-président. Le nom de Bruce Matthews est crayonné à la hâte en face du poste bidon d'adjoint au président du conseil d'administration.

La réunion est ajournée au 13 juillet, date d'entrée en fonction de la nouvelle équipe. Ce jour-là, les démissions de Max Meighen et d'Alex Barron seront acceptées avec plaisir.

Le soir même, Conrad célèbre sa victoire au Winston en compagnie de Shirley et de Tom Birks. Igor Kaplan reste suspicieux quant aux intentions véritables de Matthews, qui a déjà changé de camp auparavant. Il fait irruption dans le restaurant et explique à Conrad ce qu'il a baptisé "le triangle lituanien" (petit tour de passe-passe ingénieux, mais difficilement applicable, consistant à demander au général de s'envoyer lui-même un avis de cession obligatoire au bénéfice de Black). Cet hara-kiri à la mode balte s'avère aussi difficile à exécuter qu'inutile, mais Black décide tout de même d'aller voir Matthews le lendemain, afin de s'assurer sans doute possible l'accord du général.

Le 1er juillet: En ce samedi matin, les frères Black devisent sur le chemin qui les mène chez Matthews. "Nous n'avons cloué qu'un pied de Bruce au plancher, glisse Monte à son cadet, et, comme il continue à sautiller, il faut lui clouer le second." Arrivés chez le général, ils ont une agréable conversation avec celui-ci sur sa véranda. Il tiendra parole. Le ton de la conversation demeure affable jusqu'à ce que Monte affirme: "Général, nous aurons ces actions.

— Je ne me laisserai pas intimider.

— Oh si, j'en suis convaincu."

Le 3 juillet: Les veuves chargent pour la première fois leur avocat, Bill Somerville, de sonder le terrain en vue de trouver une base d'entente. L'un des avocats des Black évoque la possibilité que les frères rachètent les actions détenues par les successions McDougald et Phillips dans Ravelston. Les parties conviennent d'une rencontre pour le lendemain soir chez Conrad Black.

Le 4 juillet: La réunion débute à 22 h 30 dans la salle à manger de Conrad Black. (Les assistants l'ignorent encore, mais, pour Conrad, le point culminant de la journée a été la rencontre de Shirley et du révérend

John Erb avec lequel elle a mis la dernière main aux préparatifs de leur mariage. Ils ont prévu les moindres détails de celui-ci, des arrangements floraux au déroulement même de la cérémonie, car il n'y aura pas de répétition.) Outre une brochette d'avocats et les frères Black, il y a là John Prusac, que ces dames ont envoyé comme plénipotentiaire. Bill Somerville commence par rappeler les détails du conflit dont Argus fait l'objet. Black balaye cet historique qu'il qualifie d'erroné et de superflu. Pour sa part, Monte maîtrise à grand-peine sa mauvaise humeur, et Kaplan s'efforce de l'apaiser. La réunion traîne en longueur. Prusac et Somerville boivent leur scotch pendant que les frères Black sirotent du vin.

Brusquement, Somerville lance un prix à ses interlocuteurs: les veuves seraient prêtes chacune à céder leurs actions de Ravelston pour 10 millions de dollars. Kaplan exige de savoir si ces dames ont bel et bien mandaté Somerville et Prusac afin de négocier et de conclure une entente en leur nom. Fort des assurances des deux hommes, Conrad propose 18 millions de dollars pour le tout. Somerville ramène les prétentions de ses clientes à 18,4 millions de dollars.

Black contient à grand-peine son exultation. Il a confié un peu plus tôt à Kaplan qu'il irait jusqu'à débourser 23 millions de dollars pour les actions des deux veuves. Les Black donnent leur accord sans plus attendre, et Prusac quitte les lieux, porteur d'une note manuscrite qu'il est chargé de faire signer par ces dames. Kaplan se lève pour féliciter Black, qui s'est réfugié dans la cuisine. Conrad lui répond: "C'est du vol manifeste."

En attendant le retour de Prusac, qui est parti obtenir le consentement des deux veuves, Black téléphone au président du conseil d'administration de la Banque Canadienne Impériale de Commerce, Russ Harrison. Il est près de 23 heures.

"J'espère que je ne vous dérange pas trop, dit Black.

— Non, je regardais le concours de Miss Univers.

— Justement, nous venons de conclure un marché avec deux candidates favorites pour le titre... D'ailleurs, nous aurions besoin d'environ 18 millions de dollars d'ici à 17 heures demain.

— D'accord. C'est comme si c'était fait. Appelez au bureau demain matin pour indiquer où vous voulez que les chèques vous soient livrés et à l'ordre de qui ils doivent être libellés... Est-ce que je dois en déduire que cette histoire de fous tire à sa fin?

— Ouais.

— Dommage, je commençais à bien m'amuser."

Prusac arrive à minuit, porteur du document dûment signé.

L'atmosphère se détend, et l'on sert à boire à la ronde.

Sur le point de prendre congé, Prusac assure Black qu'il est fort content d'avoir fait sa connaissance. Conrad réplique qu'en ce qui le concerne sa réputation l'avait déjà précédé.

Ils se séparent comme des généraux qui viennent de signer un armistice.

Kaplan n'a plus un sou vaillant. Dans son journal personnel, il mentionne cette interminable nuit de la façon suivante, parlant de lui-même à la troisième personne: "Kaplan déclare que même si l'on a joué gros ce soir, il ne lui reste pas plus de 35 cents en poche, mais qu'il resterait volontiers si quelqu'un lui prêtait 10 $ pour rentrer chez lui. Ayant fini ses cigarettes, Kaplan a fumé des mégots jusqu'à 4 h 30. Il a pris congé après avoir bu bon nombre de verres de scotch en compagnie de Conrad, avec lequel il a eu une conversation des plus chaleureuses."

Le 5 juillet: Contrairement à ses habitudes, Conrad est debout dès 9 heures et, sitôt levé, il téléphone à son ami Hal Jackman. Lorsque Black a terminé de lui raconter les événements de la nuit, Jackman, faisant allusion à Shakespeare, remarque: "Ça me fait penser à *Richard II*. Au second acte, le jeune Bolingbroke arrive en Angleterre à la tête de milliers d'hommes pour reprendre possession de l'héritage de son père et, au dernier acte, il est couronné Henri IV d'Angleterre... Beau travail. C'était du grand théâtre."

La cérémonie officielle doit se dérouler à 17 heures dans la salle du conseil de Crown Trust. À 16 h 53, Monte Black, qui est membre du conseil d'administration de la Banque Toronto-Dominion, décide qu'il n'y a aucune raison pour que la Banque de Commerce soit leur seul créancier. Il téléphone à J. Allan Boyle, qui vient d'être nommé à la tête de la banque, et lui dit: "Il me faut 9,2 millions de dollars sur-le-champ, garantis par des actions de Ravelston. Si vous pouvez être sur place d'ici sept minutes, la banque fera une affaire; mais ne vous inquiétez pas si vous n'y arrivez pas, de toute façon la Banque de Commerce nous avance les fonds." Boyle appelle John Fitzpatrick, gérant de la succursale de l'hôtel de ville de la Banque Toronto-Dominion, et lui enjoint d'apporter l'argent immédiatement.

Un petit groupe se presse à une fenêtre du second étage du vieil édifice de Crown Trust. À 16 h 59, Fitzpatrick (qui mesure 1,95 mètre bien compté) apparaît dans Bay Street, bousculant les passants comme un quart arrière en pleine mêlée du Superbowl.

Argus change de mains.

Le 10 juillet: À Montréal, Brian Mulroney, président de l'Iron Ore Company of Canada, entreprise associée au groupe Argus, est appelé par la *Gazette* à commenter la mainmise de Black sur Argus. "Je ne crois pas que quelque chose comme ceci se soit jamais produit dans l'histoire financière du Canada", déclare-t-il, résumant en ces quelques mots la réaction de l'ensemble de l'Establishment canadien. "Mais Conrad était à coup sûr la seule personne capable de réussir un tel coup d'éclat."

À Toronto, le pouvoir est en constante mutation. Quittant le Toronto Club où il vient de dîner, Black tombe sur Peter Harris, le président du conseil d'administration de Ames qui a mangé en compagnie de son beau-père, Bruce Matthews. Arrivés au coin de Wellington et York, Black et Harris regardent le général s'engouffrer dans une imposante Cadillac verte. "À qui appartient cette Cadillac?" demande Black.

"Ah, Con, réplique Harris, si ce n'est la sienne, c'est celle de Dome Mines, dont il préside le conseil d'administration. Je ne les distingue pas l'une de l'autre. Elles sont vertes toutes les deux. Mais, ne t'en fais pas, je suis sûr que ce n'est pas une des *tiennes*..."

Chapitre six

Du rififi chez Massey

"Je suis surpris de constater combien de prétendus experts financiers se complaisent avec délices à me présenter comme un boxeur sonné et acculé dans les cordes. Qu'ils aillent tous se faire foutre!"

Conrad Black

La capture triomphale d'Argus ainsi que les manoeuvres couronnées de succès qui s'ensuivirent devaient exposer Conrad Black aux tracasseries que les Canadiens font inévitablement à ceux des leurs qui osent se distinguer du troupeau et méritent donc de se voir humilier.

La réussite éclair de Black avait fait de l'enfant chéri des milieux d'affaires la cible principale de leurs attaques. La jalousie naissante de ses pairs et néanmoins rivaux amena ceux-ci à s'ériger en une parodie de cour de justice, chacun essayant, qui de prévoir ses intentions, qui d'évaluer ses richesses. Bien qu'aucun chef d'accusation ou élément de preuve n'ait été avancé, le jury ne devait guère chômer.

Vers la fin de 1980, Black était devenu la tête de Turc favorite des habitués de ce temple de la renommée très particulier qu'est le Toronto Club. Rares étaient ceux, semble-t-il, qui ne brûlaient pas de se joindre au choeur de ses détracteurs. "À l'époque, fait remarquer l'un d'entre eux à la langue particulièrement acérée, ceux qui voulaient médire de Black devaient faire la queue, comme pour acheter des bagels dans une boulangerie juive."

Ce sont les résultats obtenus par Black au cours des 25 mois tumultueux qu'il passa, de l'automne de 1978 à la fin de 1980, comme président du conseil d'administration et actionnaire prépondérant de Massey-

Ferguson qui lui valurent cette hostilité. L'attitude qu'il adopta à la tête de l'importante compagnie productrice de matériel agricole, puis la manière pour le moins abrupte qu'il choisit pour abandonner les fonctions qu'il y occupait, firent croire à certains qu'il venait de subir son Waterloo. La comparaison était ridicule, si ce n'est qu'à l'instar de la défaite du Petit Caporal, l'humiliation qui aurait été infligée au président du conseil d'administration d'Argus (et que celui-ci ne se fait pas faute de minimiser) est attribuable tant à la situation à laquelle il dut faire face qu'à ses propres décisions.

LES ÉLÉMENTS QUI AMENÈRENT LES DIFFICULTÉS QUE MASSEY devait affronter vers la fin des années 70 furent mis en place au début des années 40. À l'époque, E.P. Taylor, qui servait sous les drapeaux, travaillait au ministère des Approvisionnements et des Munitions que C.D. Howe dirigeait à Ottawa. Il s'y lia d'amitié avec le président de Massey-Harris, James Duncan, qui était alors ministre adjoint responsable des forces aériennes au ministère de la Défense. Duncan, affable industriel d'origine française, était entré chez Massey en 1911. Il ne cessait de décrire par le menu à Taylor les hauts faits passés et surtout à venir de son entreprise.

Fondée en 1847 par Daniel Massey, qui avait débuté en fournissant des bacs de cuisson aux fermiers du comté de Durham, dans le centre de l'Ontario, la compagnie partie d'un minuscule atelier de Newcastle, connut un essor rapide. La fusion de Massey, en 1891, avec la firme concurrente appartenant à Alanson Harris, lui permit de se hisser aux premiers rangs des entreprises industrielles. Ses usines produisaient non seulement une vaste gamme de machines agricoles, mais également des bicyclettes, des moulins à vent, des réfrigérateurs, des trayeuses mécaniques, des fourneaux, des moteurs au kérosène et des machines à laver. À l'époque où l'Ouest canadien s'ouvrait à la colonisation, Massey avait une fanfare chargée de mener la parade des machines agricoles livrées dans les villes champignons. En outre, l'entreprise organisait des concerts et des banquets à l'intention de ses clients. La réputation de Massey se répandit outre-Atlantique à l'occasion de l'exposition universelle organisée à Paris en 1867, où l'entreprise fit étalage de son haut niveau de technicité. En 1910, ses activités s'étendirent aux États-Unis à la suite de l'acquisition de la compagnie Johnson Harvester de Batavia, dans l'État de New York. Le lancement sur le marché (en 1938) de la moissonneuse-batteuse automotrice, mise au point en Argentine par un ingénieur d'origine australienne, Tom Carroll, devait révolutionner l'agriculture. La Seconde Guerre mondiale vit Massey, déjà considérée comme la multinationale canadienne par excellence, se tailler la part du lion sur le marché de l'armement et accroître du même coup, de façon considérable, sa capacité de produire des articles témoignant d'une technologie de pointe.

Au mois de mars 1942, Duncan, désireux de voir des hommes à l'imagination fertile et capables de prendre des risques s'adjoindre à son conseil d'administration, offrit un siège à Taylor, qui, avant de séjourner à Ottawa, avait réussi à rassembler diverses brasseries sous la houlette de la puissante Canadian Breweries Ltd. Neuf mois plus tard, Taylor persuadait Duncan d'ouvrir les portes de Massey à Eric Phillips, avec lequel il entreprenait d'acheter en sous-main d'importants paquets d'actions de l'entreprise. Avant l'hiver de 1945, les deux compères avaient mis la main sur 55 195 actions privilégiées de l'entreprise qu'ils convertirent l'année suivante en 8 p. 100 d'actions ordinaires de cette dernière, et ce, une minute avant l'échéance prévue par un obscur règlement. Ensuite, Taylor et Phillips concoctèrent une entente secrète avec Victor Emanuel, président de la compagnie américaine Avco Manufacturing Corporation. Celui-ci, caressant l'espoir de fusionner la petite entreprise de machines agricoles qu'il possédait en Ohio (New Idea Inc.) avec le géant canadien, acquit 6,5 p. 100 des actions de Massey. Duncan torpilla la transaction, mais les associés d'Argus rachetèrent à Emanuel les intérêts qu'il avait acquis dans Massey, devenant de ce fait principaux actionnaires de l'entreprise. Au cours de l'assemblée annuelle de 1947, ils parvinrent à faire entrer suffisamment de leurs candidats au conseil d'administration de Massey pour en prendre effectivement le contrôle.

L'épreuve de force était devenue inévitable entre Taylor et Duncan. Celui-ci, qui depuis 1949 cumulait les fonctions de président du conseil d'administration et de président de Massey, avait à coeur de consacrer les bénéfices de l'entreprise à sa modernisation, tandis que les membres d'Argus au sein du conseil ne cessaient de s'attribuer des dividendes croissants afin de se rembourser des emprunts qu'ils contractaient pour acquérir toujours plus d'actions. Suivant en cela la tradition établie chez Argus, ils avaient entrepris de contraindre Massey à payer son propre rachat. Duncan livra de vaillants combats d'arrière-garde en dépit des pressions considérables dont il était l'objet. Ainsi les partenaires d'Argus qui siégeaient au conseil exigèrent-ils le paiement de 7 millions de dollars en dividendes sur les 15 millions de bénéfice déclarés par Massey pour l'année 1950, alors qu'en fait l'augmentation des profits pour cet exercice n'avait été que de 1,7 million de dollars. Duncan vit ses propositions battues en brèche de façon systématique, ce qui ne l'empêcha pas de négocier avec succès la fusion de l'entreprise avec celle du fabricant de tracteurs britannique Harry Ferguson, dans le cadre de l'expansion de l'empire de Massey. Au début de l'été de 1956, la combinaison d'une gestion comptable peu efficace et d'un ralentissement général de l'économie entraîna l'accumulation de stocks d'une valeur de 182 millions de dollars. Les membres d'Argus siégant au conseil d'administration exigèrent alors la démission de Duncan.

Les circonstances entourant le départ de Duncan n'ont jamais été éclaircies. Si l'on en croit les associés d'Argus, il ne faut y voir qu'une simple décision commerciale. En privé, Wallace McCutcheon exprima l'opinion que la vanité de Duncan était telle qu'elle avait fini par ternir son image, par ailleurs prestigieuse. Pour sa part, Conrad Black est d'un avis pour le moins curieux. Ainsi, à l'en croire: "L'attitude de Jim Duncan me fait penser à celle adoptée par le général MacArthur au cours de la guerre de Corée. Il voulait être relevé de ses fonctions et n'a cessé d'agir dans ce sens. Il ne prêta aucune attention aux efforts déployés par Eric Phillips et Eddie Taylor afin de le ramener à la raison et ne leur laissa aucune porte de sortie. Finalement, ils se défirent de lui."

Duncan siégea par la suite pendant cinq ans comme président du conseil d'administration de l'Hydro-Ontario, avant de prendre sa retraite dans son havre favori des Bermudes, Somerset House. Son départ devait inaugurer pour Massey une époque marquée par le pragmatisme, attribuable à la direction d'Eric Phillips. Celui-ci assainit les finances de l'entreprise (en octobre 1958, il pouvait annoncer un taux de roulement de 18 millions de dollars) et lui ouvrit de nouveaux marchés. Ainsi, sir Edmond Hillary choisit-il les tracteurs de Massey afin de mener à bien son expédition historique jusqu'au pôle Sud par voie de terre. C'est également sous l'impulsion de Phillips que Massey racheta la plus grosse industrie mondiale de moteurs diesel, F. Perkins Ltd. de Peterborough, en Angleterre, firme prestigieuse s'il en fut. Soucieux de donner un certain prestige au conseil d'administration d'Argus, ses membres y firent admettre des représentants de l'aristocratie britannique (parmi ceux-ci Lord Crathorne, le duc de Wellington et le marquis de Abergavenny).

Grâce à Massey, les associés d'Argus avaient enfin accès à la renommée internationale et aux relations dont ils avaient toujours rêvé. Les bureaux londoniens de la compagnie surplombaient l'hôtel Claridge, où Massey réservait en permanence une suite luxueuse à l'intention de Bud McDougald, et firent bientôt figure de symbole de réussite sociale pour les associés. Albert Thornbrough, le président de Massey, disposait également d'un pied-à-terre permanent, à peine moins somptueux, dans Carlton Tower... sur Cadogan Place. En outre, les largesses de la compagnie allaient jusqu'à réserver deux Rolls Royce et une Daimler à l'usage exclusif de ses visiteurs canadiens. (La Phantom V était tellement exceptionnelle qu'elle arborait les couleurs royales, et il arrivait que la reine en personne l'emprunte à l'occasion de cérémonies officielles, pour le plus grand plaisir de Bud McDougald.)

Thornbrough, ancien employé de Ferguson élevé au rang de bras droit de Phillips, se vit confier les responsabilités de son patron à la mort de celui-ci, en 1964. Les ventes de Massey ne cessèrent de croître, son personnel atteignit le nombre faramineux de 65 000 employés, tandis que ses produits étaient écoulés dans 120 pays. À la fin de 1975, les investissements d'Argus dans Massey rapportaient à la société de gestion des profits non réalisés de l'ordre de 23,3 millions de dollars, ce qui n'empêchait pas la dégradation croissante de l'association déjà chancelante, depuis nombre d'années, de ses partenaires. En effet, Taylor et McDougald ne s'entendaient plus que sur un seul point: ni l'un ni l'autre ne devait accéder à la présidence du conseil d'administration de Massey. C'est pourquoi ce poste clé demeura vacant pendant 14 ans, aussi invraisemblable que cela puisse paraître. Taylor s'estimait satisfait de présider le conseil de direction de la compagnie dont les affaires pouvaient aussi bien le laisser absolument indifférent (ainsi, il lui arriva de quitter le conseil d'administration en pleine séance, en déclarant: "Je dois être à Woodbine pour la quatrième course") que lui inspirer des directives pour le moins bizarres (comme le jour où il fit irruption dans le bureau de Thornbrough et lui ordonna de fermer toutes les usines situées en Amérique du Nord et d'organiser le repli de l'entreprise sur l'Europe).

Les membres du conseil d'administration ne se réunissaient qu'une seule fois par trimestre et tenaient des réunions passablement décousues. Derek Hayes, cousin de Bud McDougald, qui remplissait à l'époque les fonctions d'adjoint au secrétaire de direction de Massey, rappelle: "D'habitude, la séance s'ouvrait à 14 h 15 et était levée vers 15 h 15. Elle ne durait jamais plus d'une heure, et, là-dessus, Bud McDougald passait bien une demi-heure à raconter soit des anecdotes glanées au sein de la bonne société de Palm Beach, soit des commérages sur la cour royale d'Angleterre. C'était très amusant parce que Bud était un conteur extraordinaire, mais il était peu question d'affaires au cours de ces réunions, dont nous ne dressions jamais de procès-verbal.

"Les visites d'usines se faisaient un peu dans le même état d'esprit. Je me souviens qu'un jour des membres du conseil d'administration sont allés visiter une usine à Des Moines, dans l'Iowa. Aberrant! Installés dans des voiturettes de golf, les visiteurs furent propulsés sur les lieux à 50 kilomètres à l'heure. Pour l'occasion, les responsables de l'entretien avaient consacré 580 000 $ à la décoration de l'usine, et les équipes de maintenance étaient encore en train de repeindre les planchers à l'arrivée des visiteurs. L'un de ceux-ci, frappé par l'aspect immaculé des ouvriers, dit en hésitant à son guide: "Je n'aurais jamais pensé que les gens qui travaillent à la chaîne portaient des sarraus blancs." C'était vraiment grotesque*.

---

* Cette anecdote n'est pas sans rappeler le jour où Harry Ferguson pilota McDougald à travers l'usine. Ferguson, qui exigeait une propreté absolue sur la chaîne de montage des tracteurs, expliquait sa philosophie de gestion au visiteur canadien, lorsque celui-ci l'interrompit: "Excuse-moi, Harry, il faut absolument que j'aille à la toilette." Jugeant superflue l'offre de Ferguson qui lui proposait de le ramener vers la toilette réservée aux dirigeants, McDougald s'engouffra dans la

La direction de Massey, dont nul président du conseil d'administration ou actionnaire majoritaire quelque peu actif ne tenait les rênes, échut à Al Thornbrough. Ce natif du Kansas, diplômé en économie de Harvard, avait travaillé pendant la guerre avec John Kenneth Galbraith au sein de l'organisme fédéral chargé du contrôle des prix. À la fin des hostilités, il était parvenu au grade de lieutenant-colonel du génie. Entré chez Harry Ferguson après la guerre, il ne tarda pas à y accéder à de hautes responsabilités. À la suite de la fusion avec Massey, en 1953, il déménagea à Toronto, et en 1956 il était nommé président de l'entreprise, sous la tutelle de Phillips. Sympathique homme du Midwest à la démarche sautillante, Thornbrough s'exprime en toutes circonstances et quel que soit le sujet sur un ton d'assurance tranquille typiquement américain. Alors que, sous sa direction, Massey avait grandi et prospéré tout au long des années 60 et au début des années 70, il finit par éprouver des difficultés à dialoguer avec ses subordonnés et en vint à prendre ses rêves pour des réalités, ne communiquant plus que le beau côté de la médaille à ses supérieurs d'Argus. Il sut se garantir de toute succession non désirée en nommant des subordonnés dont il se débarrassait invariablement avant qu'ils ne deviennent d'éventuels rivaux. Pendant son règne, seul John Staiger, l'un des premiers vice-présidents, demeura à son poste jusqu'à l'âge de la retraite, et le fait que son fils était le gendre de Thornbrough n'y est peut-être pas étranger.

Thornbrough avait la particularité de gérer Massey comme s'il s'était agi d'une compagnie américaine et non canadienne. Non seulement se refusa-t-il toujours à adopter la nationalité canadienne et nommait-il de préférence des Américains aux postes de commande, mais encore choisit-il en outre de faire fabriquer les gros tracteurs de l'entreprise, générateurs d'emplois, à Des Moines. Enfin, s'il venait travailler à Toronto, il n'en demeurait pas moins au bord de la plage de Boca Raton, en Floride.

Boca Raton, "la ville de rêve" d'Addison Mizner, havre de paix des riches Américains, ne le cède qu'à Palm Beach pour ce qui est du faste de ses installations. (La ville s'enorgueillit d'abriter, outre le Royal Palm Polo Club, un sanctuaire d'oiseaux de plus de 10 hectares, ainsi que 21 terrains de golf.) Thornbrough y habite une demeure construite autour d'un atrium et quasiment dépourvue de fenêtres donnant sur l'extérieur. C'est de l'un de ses deux garages (converti en bureau) qu'il dirigeait la multinationale la plus fameuse du Canada, entrecoupant ses activités professionnelles de croisières à bord du *Yonder*, son bateau de pêche long

première toilette venue de l'usine, où il se soulagea. Alors qu'il revenait auprès de Ferguson, celui-ci interpella un ouvrier qui sortait du même endroit. "Eh là, Monsieur, de s'exclamer Ferguson, il faut vous laver les mains chaque fois que vous êtes allé aux toilettes, avant de reprendre le travail!" Et l'ouvrier de répondre d'un ton rassurant: "Ne vous en faites pas, monsieur Ferguson. Je ne retourne pas sur la chaîne de montage. Je m'en vais manger."

de 12,8 mètres. Le lundi soir, il embarquait à bord de l'un des trois avions à réaction de Massey, qui d'un coup d'aile le menait jusqu'à Toronto. Accueilli à sa descente de l'avion par le chauffeur d'une Cadillac de l'entreprise, il se faisait conduire à l'appartement de fonction, de six chambres à coucher, réservé en permanence par Massey au Old Mill Towers. Trois jours plus tard, il quittait son bureau et refaisait le chemin en sens inverse, retrouvant le doux climat de la Floride chaque jeudi soir. Cet horaire lui valait (en 1977) un salaire annuel de 471 000 $ (plus une indemnité de retraite de 156 000 $), faisant de lui le cadre d'entreprise le mieux rémunéré au Canada*.

Au cours des années 70, Massey poursuivit son expansion. "Nous nous sommes endettés jusqu'au cou afin de soutenir le rythme effréné de nos acquisitions", reconnaît un dirigeant de Massey, qui, dégoûté, devait démissionner par la suite. "Lorsque le marché s'est rétabli, nous avons foncé, même si rien n'était réglé. Personne ne s'est attaché aux problèmes de productivité, de main-d'oeuvre ou de contrôle de la qualité. En fait, ces problèmes ne pouvaient que s'aggraver puisque l'expansion du marché nous a amenés à augmenter nos investissements tant sur le plan de la main-d'oeuvre que sur le plan financier, afin d'ouvrir sans cesse de nouvelles usines et de produire toujours plus, sans nous soucier de la qualité de ce que nous fabriquions."

Alex Barron, président de Canadian General Investments, qui depuis 1974 siégeait au conseil d'administration de Massey à l'instigation de McDougald, peut se targuer d'avoir eu le premier le sentiment que l'entreprise échappait à tout contrôle. Il devait déclarer à ce sujet: "Au cours de la seconde ou de la troisième réunion du conseil d'administration à laquelle j'ai assisté, monsieur Thornbrough recommanda que Massey achète Hanomag, l'entreprise allemande d'équipement industriel. La surprise fut totale pour les membres extérieurs du conseil d'administration, qui, comme moi, n'avaient reçu aucun renseignement préalable sur la question. Je fus le seul membre du conseil à mettre en doute la pertinence d'une telle transaction. N'obtenant pas de réponse à mes questions, je commis l'impardonnable: je demandai à monsieur Thornbrough si sa recommandation recueillait l'assentiment unanime des trois autres dirigeants de l'entreprise qui siégeaient au conseil d'administration. Silence de

---

* Seul le style de vie de John Mitchell (directeur de la division nord-américaine de Massey, qui vivait sur la côte atlantique, en Floride, tout en maintenant son quartier général à Des Moines) pouvait se comparer à celui de Thornbrough. Mitchell persuada Massey d'acheter un Lockheed Jet Star, essentiellement pour son usage personnel, parce que c'était le seul avion à réaction qui lui permette de se rendre à Des Moines sans qu'il lui soit nécessaire de s'arrêter en route pour faire le plein. Il exigea en outre de tous les cadres supérieurs de Massey-États-Unis qu'ils s'achètent des Cadillac afin que la compagnie projette une image de prospérité.

mort. Je demandai alors si je pouvais vérifier l'opinion des membres intérieurs du conseil d'administration. On eût entendu une mouche voler. Finalement, deux d'entre eux déclarèrent qu'ils étaient d'accord avec la proposition, mais Sir Montague Prichard, qui dirigeait le groupe Perkins, choisit ce moment pour prendre la parole, exprimant son opposition à cette transaction et expliquant ses motifs. Monsieur Thornbrough ne démordit pas de sa position pour autant. Certains membres du conseil d'administration l'appuyèrent et c'est ainsi que Hanomag fut achetée.''

Ce fut la pire transaction jamais conclue par Massey, ce qui n'est pas peu dire. Avant qu'elle ne réussisse à s'en débarrasser, en 1979, Hanomag lui avait fait perdre 250 millions de dollars. Dans une note de service confidentielle relative à cette transaction, Prichard affirma: "Mal préparé et voué au désastre dès le départ, le projet... devait assener le coup de grâce aux ambitions de Massey-Ferguson, en drainant les bénéfices de ses autres divisions et en augmentant de façon écrasante un fardeau déjà difficilement supportable... Lorsque je repense à cette regrettable aventure et à l'euphorie dans laquelle elle débuta, je ne trouve qu'un mot pour la qualifier: "stupide".

En octobre 1974, Barron partit pour l'Angleterre afin d'y faire le tour des usines appartenant à Massey. Prichard vint l'accueillir et en profita pour lui demander de lui organiser une rencontre avec McDougald, auquel il souhaitait présenter en personne un remarquable plan de redressement en 11 points, applicables non seulement à sa division, mais également à la plus grande partie de Massey. Barron raconte: "De retour au Canada, j'ai rencontré Bud et lui ai remis une lettre dans laquelle je lui expliquai les idées de Sir Monty, pour lequel je sollicitai en outre une entrevue. Il la lut attentivement, mais une dizaine de jours plus tard, il me téléphonait pour me dire: "Thornbrough ne souhaite pas rencontrer Sir Monty; d'après lui, ce serait là une perte de temps." Quelque six mois plus tard, Thornbrough mettait Prichard en retraite anticipée de cinq ans. Il annonça la nouvelle durant une séance du conseil d'administration, me lançant un regard lourd de sous-entendus par-dessus la table, comme s'il avait voulu me dire: "Cela vous apprendra à faire le malin." C'est de ce jour que date notre rupture. J'avais le sentiment que Massey était sur la mauvaise pente, mais je n'y pouvais rien.''

Les problèmes de Massey étaient autant d'ordre structurel qu'administratif. La croissance et la diversification de ses filiales avaient été le fruit bien plus d'un certain opportunisme que d'une planification à long terme des marchés et de la production, qui aurait entraîné des investissements réguliers aussi bien de capitaux que de personnel. L'implantation de Massey aux États-Unis devait lui coûter son marché canadien sans pour autant lui ouvrir celui des États-Unis, qu'il ne put conquérir faute d'avoir su lancer à temps un modèle de tracteur géant de 75 kilowatts. Hormis sa moissonneuse-batteuse automotrice, Massey n'a jamais rien inventé.

Ce phénomène s'explique par l'insuffisance des capitaux alloués à la recherche, d'une part, et par une carence d'évaluation tant des besoins de la clientèle que de la capacité de production des usines, d'autre part.

Il serait à peine exagéré d'affirmer que le taux de rendement des capitaux investis dans Massey, au cours des dernières décennies n'a *jamais* été satisfaisant. Même en 1976, la meilleure année qu'a connue l'entreprise, 93 des 118 millions de bénéfice net déclarés par cette dernière provenaient de gains sur les devises attribuables à l'effondrement de la livre sterling. En un demi-siècle, soit de 1929 à 1979, la compagnie n'a enregistré qu'à cinq reprises des bénéfices supérieurs à 4 p. 100 de ses ventes. Ces résultats sont partiellement imputables au fait que les principaux actionnaires, soit les associés d'Argus, n'ont jamais voulu consentir à l'émission de nouvelles actions ou à des injections de capitaux frais de peur de perdre leur mainmise sur Massey. Même si Argus ne détenait qu'entre 8,2 et 16,4 p. 100 des actions de Massey, aucun autre actionnaire ne pouvait se permettre d'exercer les pressions nécessaires pour alléger le fardeau des dettes de l'entreprise. (À l'époque Bud McDougald était membre du conseil de direction de la Banque de Commerce, qui accordait des prêts sans cesse croissants à Massey, et ce, au point de devenir le principal actionnaire de cette dernière.) Argus, qui, d'une part, drainait les obligations non garanties de la compagnie et, d'autre part, en tirait un maximum de dividendes, saignait progressivement Massey à blanc.

Nul n'a expliqué à ce jour pourquoi les dirigeants de Massey se sont abstenus d'intervenir dans l'intérêt de la majorité des actionnaires, qui étaient étrangers à Argus. Durant tout le temps où la compagnie fut dirigée par Phillips, ses intérêts furent automatiquement assujettis aux exigences fiscales d'Argus. Cet état de fait devait survivre à Phillips pendant les 21 ans au cours desquels Thornbrough assura la présidence. Quoique aucun document ne vienne l'attester, il semble qu'un contrat tacite garantissait à Thornbrough que McDougald le laisserait diriger l'entreprise à sa guise, à la condition qu'il accepte de son côté de lui laisser les mains libres en matière de répartition des dividendes. Sir Monty Prichard, faisant allusion ici à Thornbrough et aux relations qui le liaient à Argus, affirme dans un rapport confidentiel daté du 15 juillet 1978, alors qu'il avait déjà quitté le poste qu'il occupait chez Perkins, la filiale britannique de Massey: "C'est l'homme qu'*ils* ont choisi et dont ils pourront exiger sans cesse plus, assurés qu'ils sont de sa loyauté indéfectible qui confine à l'obséquiosité."

Que Thornbrough soit parvenu à conserver son poste plus de 20 ans, il le dut tant à ses qualités d'administrateur qu'à sa faculté de couper l'herbe sous le pied de tous ceux qui auraient pu aspirer à lui succéder. Chaque fois que McDougald fit allusion au besoin de prévoir l'avenir, Thornbrough lui répondit que personne n'était assez qualifié pour lui succéder.

En dehors du fait que Massey lui offrait l'occasion de frayer avec les ducs siégeant à son conseil d'administration, McDougald n'accordait qu'un intérêt des plus marginaux aux affaires de l'entreprise. Un jour, il enjoignit à Wallace Main, vice-président administratif de la compagnie, de céder la vaste ferme expérimentale exploitée par Massey à proximité de Toronto à son ami, le promoteur immobilier John Prusac. Finalement, Main fit affaire avec le plus offrant, ce qui lui attira les foudres de McDougald, irrité non seulement de ce que la transaction n'ait pu se conclure avec Prusac, mais également de voir frustrée d'une confortable commission sa belle-soeur, Cecil Hedstrom, à laquelle la vente devait être confiée. McDougald réclama sur-le-champ la tête de Main, mais Thornbrough se contenta de geler le salaire de ce dernier (que Black se plaît à qualifier de "capitaine Dreyfus de Massey", ou encore "d'homme courageux, victime de ses convictions", et dont il a fait rétablir le traitement de vice-président avec pleine et entière rétroactivité).

Le grand public entendit parler pour la première fois de la crise que traversait Massey le 10 mars 1978, à l'occasion de l'assemblée annuelle des actionnaires auxquels Thornbrough présenta un rapport faisant état pour le premier trimestre de pertes s'élevant à 38,8 millions de dollars, de fermetures temporaires d'usines et de l'éventuelle liquidation de nombreux établissements. Le même jour, le très respectable Dominion Bond Rating Service diminuait la cote de crédit de Massey. Le paiement des dividendes était suspendu depuis déjà un mois, des rapports alarmants faisant état de pertes de revenus affluaient de toutes les divisions, les taux de change jouaient désormais en la défaveur de l'entreprise. L'heure de la vérité avait sonné pour Massey. Thornbrough garde un souvenir vivace de cette période où, dit-il: "Je tenais Bud au courant des événements et, la veille de l'assemblée, je suis descendu à New York en compagnie de mes principaux subordonnés afin de rencontrer nos banquiers. Bud, qui était déjà fort malade et ne bougeait plus de Palm Beach, tenait à être informé de tout ce qui se passait. Comme son médecin lui avait interdit toute communication téléphonique, j'appelais Jim, son épouse, afin de lui laisser des messages pour Bud. Mais, le soir de l'assemblée annuelle, elle dut quitter le téléphone pour un moment, et Bud en profita pour prendre la communication. Nous avons bien dû parler une vingtaine de minutes. Il m'a confié qu'il n'en avait plus pour longtemps, qu'il ne lui restait plus qu'une moitié de coeur, mais qu'il avait bien l'intention de s'accrocher à l'existence et qu'il voulait sauver Massey. Ce fut là notre dernière conversation."

Cinq jours plus tard, McDougald rendait le dernier soupir.

La plupart des dirigeants de Massey regrettèrent le décès de leur président essentiellement parce que celui-ci leur avait insufflé un sens du décorum qui conférait une auréole de magnificence à l'entreprise. Certains observateurs plus perspicaces furent frappés de constater que, si

McDougald avait survécu six mois de plus, Massey eût inéluctablement été acculée à la faillite. Black devait plus tard murmurer rêveusement: "Bud a été l'un de mes plus grands bienfaiteurs, et il a toujours fait preuve d'une grande bienveillance à mon égard, mais son véritable éclat l'apparente plutôt à un *Cagliostro** asexué, un homme dont tout le monde s'entendait pour vanter les qualités exceptionnelles de dirigeant, alors que tout cela n'était en fait que poudre aux yeux. Lorsque, à la suite du premier rapport trimestriel de l'exercice de 1978, la rumeur courut que l'empereur était tout nu, Bud, faisant une fois de plus preuve de son sens de l'à-propos, eut la présence d'esprit de nous tirer sa révérence. Il savait qu'il était grillé, et tous ceux de son entourage qui se frottaient les mains à l'idée que Bud était sur la sellette, furent fort déçus. Il ne devait jamais se retrouver dans cette position inconfortable. Nous lui avons organisé des funérailles grandioses, et il est devenu le "légendaire financier John A. McDougald". Quelque inconditionnel de Bud que je sois, je pense qu'il faut tout de même comprendre la nature de son génie."

LE 16 AOÛT 1978, CONRAD BLACK S'INSTALLAIT CHEZ MASSEY, prenant possession des quartiers réservés au président du conseil d'administration dans l'édifice Sun Life, sur University Avenue. Les lieux étaient inoccupés depuis près de 14 ans, soit depuis la disparition du colonel Eric Phillips. La pièce était grandiose, avec ses 10 fenêtres encadrées de rideaux de brocart doré, l'imposant bureau de chêne et le globe terrestre illuminé dont elle était meublée. "C'est absolument papal", plastronna Black.

Les devinettes du genre: "Qu'est-ce qui différencie Massey-Ferguson du *Titanic*?" (réponse: "leurs banquiers") faisaient alors fureur dans le

---

* Le célèbre aventurier et imposteur italien Giuseppe Balsamo, mieux connu sous le nom de comte Alexandre de Cagliostro, naquit à Palerme, en Sicile, le 2 juin 1743. Il fut mêlé à de nombreuses aventures, en particulier à l'affaire du Collier (1783-1785), qui impliquait la reine Marie-Antoinette, le cardinal de Rohan et une aventurière répondant au nom de comtesse de La Motte. Trompé entre autres par une fausse signature de la reine, Rohan acheta pour le compte de cette dernière un collier d'une valeur de 1 600 000 livres, destiné à l'origine à madame du Barry. Il confia le fameux collier à la comtesse. Celle-ci, qui était chargée de le remettre à la reine, préféra le vendre à un joaillier anglais et partagea le fruit de son larcin avec Cagliostro. Entre-temps, le joaillier qui avait vendu le collier à Rohan envoya sa facture à la reine. Celle-ci nia avoir jamais entendu parler de toute cette affaire. Il s'ensuivit un grand scandale. Aussi pendard qu'il était cultivé, Cagliostro fut emprisonné à la Bastille, dont il s'évada pour se rendre en Angleterre, où il fut capturé et incarcéré à Fleet. Lorsqu'il en sortit, il s'en fut à Rome où il fut arrêté et comdamné à mort. Sa peine fut commuée en détention perpétuelle, et il fut envoyé à la forteresse de San Leone, où il mourut en 1795.

milieu de Bay Street. Le sarcasme ne rendait pas vraiment justice à la situation dans laquelle Massey se débattait et qui revenait plutôt à écoper à la louche un *Titanic* encore majestueux bien qu'en perdition. Black avait accepté de transférer ses pénates dans les bureaux de Massey à la demande des banquiers de cette dernière, convaincus que sa présence serait d'un grand secours, moralement parlant, à l'entreprise croulant sous le fardeau de ses dettes. Les représentants d'un consortium bancaire, mené par la City Bank de New York, avaient menacé Black de supprimer la marge de crédit de Massey si celle-ci ne faisait pas immédiatement l'objet de mesures draconiennes; ils savaient très bien qu'une telle décision eût déclenché une cascade d'événements obligeant Massey à déposer son bilan. Black fit montre d'une calme détermination. "Il n'y a pas beaucoup de compagnies vraiment importantes au Canada, et Massey est du nombre. De ce fait, je pense que cela vaut la peine de lui consacrer un effort prodigieux, confiait-il au *Financial Post*. Il faudrait un cas de force majeure (comme une hausse de 20 p. 100 des taux d'intérêt préférentiels ou un effondrement total des marchés agricoles ou de l'économie nord-américaine) pour couler Massey aujourd'hui. En attendant, les sceptiques, qui, à l'instar de madame Defarge, s'attendaient à ce que tombe le couperet fatidique, nous ont grandement aidés en faisant baisser les cours."

En privé, il raillait "la procession de créanciers aux genoux tremblotants et aux paumes moites" qui se pressaient en foule afin de s'informer avec anxiété de l'état de leurs créances, puis il murmurait rêveusement, en faisant allusion à sa propre situation: "J'ai bien essayé de souligner qu'Argus n'est pas la vache à lait de Massey, mais personne ne semble saisir le sens profond de mes activités. Pour ma part, il me semble plus juste de considérer que Massey, avec tout son passé glorieux, mérite mieux qu'un semblant d'effort avant d'être purement et simplement envoyée au diable. Par ailleurs, un engagement personnel exagéré présente certains risques. Nombreux sont les envieux prêts à me stigmatiser en m'attribuant un fiasco intégralement dû à d'autres."

Paradoxalement, les investissements d'Argus au sein de Massey étaient 10 fois moins importants que ceux de la Banque de Commerce. Neuf banques étrangères avaient aussi plus d'investissements qu'Argus dans Massey. Et pourtant, la plupart des 277 créanciers de Massey traitaient Black comme si Argus représentait la majorité, sinon même la totalité de l'entreprise. "Nous ne respecions aucun de nos contrats, rappelle Black. La compagnie partait en lambeaux. Normalement, elle aurait dû faire faillite des années plus tôt, mais il est des choses qui, comme le bourdon, défient toutes les lois tant économiques que naturelles."

Dans les semaines qui suivirent l'arrivée de Black à la tête de Massey, la compagnie déclarait les pertes les plus importantes jamais enregistrées par une entreprise canadienne, soit 256,7 millions de dollars en devises américaines. Black confia sans plus attendre le poste nouvellement créé de président-adjoint du conseil d'administration à Thornbrough et, le 8 septembre, nomma son ami Victor Rice à la présidence de l'entreprise. "La situation était si désespérée que nous n'avions pas le temps de chercher des candidats de l'extérieur, devait expliquer Black par la suite. Nous avions besoin d'un homme rompu à l'action, non d'un théoricien à la tête farcie de recettes économiques toutes faites. Je connaissais déjà bien Victor à cette époque et je savais qu'il était suffisamment intelligent et ambitieux pour imposer les mesures draconiennes (dont j'étais moi-même partisan) indispensables au redressement de la compagnie, qui tombait littéralement en lambeaux."

Rice est un homme alerte, qui ponctue ses phrases de gestes saccadés et de brefs froncements de nez. Il fit une entrée fracassante. Il remplaça 15 des 21 vice-présidents de l'entreprise, ferma sept de ses usines (mettant à pied du même coup 12 000 employés) et entreprit de sabrer dans les dépenses, épargnant par exemple 30 000 $ par année en supprimant tout simplement les notes de service à en-tête des cadres de Massey. Il s'avéra particulièrement inflexible à l'endroit des comptes de frais. En mai 1978, John Staiger, alors premier vice-président de Massey, avait fait circuler une note de service dans laquelle il priait instamment chacun de limiter ses frais de représentation à l'essentiel. Or, au mois de juillet de la même année, il séjourna une dizaine de jours à Londres, à l'occasion d'une réunion des administrateurs. Son compte de frais, qui s'élevait pour l'occasion à 2000 livres sterling, comportait entre autres trois factures de 30 livres sterling chacune, datées de trois jours consécutifs, pour des livres, journaux et revues. Sitôt entré en fonction, Black entreprit d'éplucher les notes de frais, et Staiger, qui avait déjà atteint l'âge de la retraite, prit congé peu de temps après.

Finalement Black sortit son arme secrète: David Radler fut nommé vice-président du conseil de direction. Chargé de la vérification des comptes de l'ensemble de l'entreprise, il reçut carte blanche pour donner libre cours à ses instincts économes. Black ne perdit pas de temps pour nommer ses partisans au conseil d'administration, se débarrassant sans hésiter d'Alex Barron, son rival malheureux dans la lutte dont Argus avait fait l'objet. ("J'ai posé une question piège à deux membres du conseil d'administration de Massey, soit Page Wadsworth et Trumbull Warren: 'Pensez-vous qu'un important homme d'affaires canadien, répondant au nom de Alex Ethelred Barron, devrait être réélu au conseil d'administration de cette compagnie?' Après qu'ils m'eurent tous deux répondu par la négative, j'ai ajouté: 'Eh bien, nous venons tous trois d'être chargés de siéger au comité des mises en nomination au conseil d'administration.' C'est ainsi que Barron quitta Massey.")

L'euphorie éprouvée par Black durant ces premiers mois était partagée par Victor Rice. Les deux hommes s'amusaient en particulier à taquiner les vice-présidents de Massey sur la pléthore de titres grandiloquents qui fourmillaient au siège social de la compagnie et dont s'affublaient en particulier les administrateurs ayant quelque peu à faire avec l'étranger, tel le "vice-président responsable de l'Afrique". Rice en vint à se nommer président du monde, ce qui contraignit Black, qui ne voulait pas demeurer en reste, à s'élever au rang de président du conseil interplanétaire! Involontairement, certains éléments étrangers à l'entreprise ajoutèrent leur grain de sel au débat: ainsi Black fut-il choisi l'homme de l'année 1978 par le *Globe and Mail's Report on Business* dans un article où il était décrit comme "un élément puissant et imprévisible des milieux d'affaires canadiens".

En dépit des efforts mis en oeuvre par Black afin de dissocier son propre avenir de celui de Massey, l'opinion publique persista à les considérer comme indissolublement liés. Les difficultés de l'entreprise, attribuables à des causes fort concrètes au demeurant, finirent par acquérir une dimension pour le moins abstraite, à mesure que les meilleures initiatives s'enlisaient sous un flot incessant de revers financiers. En 1979, les profits de Massey s'élevèrent à 36,9 millions de dollars américains. Ce renversement de situation fut salué avec euphorie dans toutes les salles de rédaction, alors qu'il eut suffi d'examiner les chiffres avec un tant soit peu d'attention pour constater que près de 18 millions de ces bénéfices étaient attribuables à des taux de change favorables. En fait, les bénéfices étaient plutôt maigres pour une entreprise dont le chiffre d'affaires s'élevait à trois milliards de dollars et à laquelle ses emprunts bancaires coûtaient la modique somme d'un million de dollars par jour ouvrable.

Nonobstant son épouvantable manque de capitaux et la faiblesse inhérente qui en découlait, Massey conservait un atout de poids: son réseau de distribution qui lui donnait accès à l'ensemble des marchés mondiaux et pouvait également servir à écouler d'autres marchandises, par exemple, des voitures et des camions. Victor Rice espérait amener 10 banques d'affaires à risquer chacune 50 millions de dollars pour renflouer l'entreprise. Une telle opération présentait l'avantage, outre celui d'assurer à Massey le refinancement par actions dont le besoin se faisait cruellement sentir, de ne pas modifier l'équilibre au sein du conseil d'administration, assurant ainsi à Rice et à ses subordonnés qu'ils demeureraient à leurs postes, aucun actionnaire ne détenant une majorité suffisante pour imposer sa propre équipe directoriale. Fort de cette idée, il entreprit de sonder les milieux financiers internationaux en quête de partenaires, mais sans succès cette fois. À l'époque, les compagnies pétrolières offraient un rendement sur investissement de l'ordre de 20 p. 100. Massey ne pouvait en aucun cas rivaliser avec elles.

C'est à ce moment que sir Siegmund Warburg* entra en scène. Ce spécialiste en investissements d'origine allemande, alors âgé de 76 ans, était à l'origine de l'une des banques d'affaires londoniennes les plus

* Membre de l'une des principales familles de banquiers de Hambourg de l'Allemagne pré-hitlérienne, Siegmund Warburg naquit en 1902, se réfugia en Grande-Bretagne en 1933 et ouvrit sa banque d'affaires, S.G. Warburg & Co. Ltd., en 1946. Conseiller de plusieurs premiers ministres britanniques et confident de grands leaders mondiaux appartenant aux factions les plus diverses, il devint l'une des figures les plus controversées de la Cité. (Il aime citer l'un de ses rivaux, lui aussi banquier au coeur de Londres, qui commençait probablement sa journée vers 10 heures: "Vous connaissez ce Siegmund Warburg? Le matin, il arrive au bureau à 8 heures.") Il a fréquenté les grandes maisons de la Cité, telles Morgan Grenfell, Lazard Brothers et Hambros, et sortit grand vainqueur de la lutte acharnée de 1958-1959 ui devait lui assurer la mainmise sur British Aluminium Co. Ltd., en compagnie ᴗe ses alliés Reynolds Metal Company of the United States et Tube Investments Ltd. d'Angleterre. (C'est lui qui avait conseillé à Reynolds de s'associer à Tube.) Il fut fait chevalier en 1966, et, maintenant qu'il est devenu un grand de la finance internationale, il passe une bonne partie de son temps dans sa maison de Blonay, en Suisse, d'où il a une vue magnifique sur le lac Léman. Il appartient à la branche Alsterufer de la famille Warburg (qui porte le nom de la rue où logeait un de ses ancêtres lui aussi prénommé Siegmund). L'autre branche de la famille, issue de Moritz Warburg, est connue comme la branche Mittelweg Warburg, ainsi nommée d'après l'adresse de Moritz, soit le 17, Mittelweg. Ont fait partie de la branche des Mittelweg (dont le second prénom est invariablement Moritz): Paul M., qui épousa Nina Loeb, de la famille de banquiers new-yorkais Kuhn, Loeb; Felix M., qui épousa Frieda Schiff, fille de Jacob Schiff (1847-1920), qui prit la direction de Kuhn, Loeb en son temps; Max M., Fritz M. et Erich M., associés au sein de l'établissement bancaire de M. M. Warburg, à Hambourg. La firme londonienne de sir Siegmund, dont l'actif est plus important que celui de Lazard Brothers, N. M. Rothschild & Sons ou Baring Brothers et dont les filiales sont dispersées dans plusieurs pays d'Europe (Allemagne, Suisse, Luxembourg et France), se classe parmi les premières des 17 banques d'affaires qui constituent le London Accepting Houses Committee. Elle a ouvert des bureaux à New York et à Tokyo; elle est associée, de concert avec la banque française Paribas, dans Warburg Paribas Becker de New York et de Chicago; elle compte au nombre des actionnaires fondateurs de la Canadian Commercial Bank, dont le siège social est situé à Edmonton. Warburg réussit à pénétrer le marché canadien en 1953, par l'entremise de Triarch Corp. Ltd., établissement financier torontois formé par un groupe de partenaires composé de S.G. Warburg & Co., Glyn Mills & Co., Helbert Wagg & Co. Ltd. et Kuhn, Loeb (il fut l'un des associés londoniens de cet établissement de Wall Street, fondé en 1867 et dirigé par la suite par deux membres de sa famille, John M. Schiff et Frederick M. Warburg, entre le début des années 50 et la fin de 1964). Tony Griffin, qui fut d'abord président de Triarch, en devint ensuite président du conseil d'administration jusqu'en 1967, année où il prit sa retraite. Donald C. Meek, d'abord vice-président de Triarch, prit par la suite la tête d'une entreprise torontoise analogue, portant le nom de Merafin Corp. Ltd. En 1967, Triarch contribua de façon essentielle au rapatriement au Canada de la compagnie John Labatt Ltd., qui s'était établie à Milwaukee après avoir été acquise par Jos. Schlitz Brewing Co., en 1964. L'établissement londonien a émis plus de titres pour le compte d'emprunteurs canadiens que toute autre banque sur le marché boursier européen et a levé plus de 10 milliards de dollars américains pour des émetteurs d'obligations canadiennes, y compris la plupart des provinces, ainsi que les cinq grandes banques. Il a en outre joué le rôle de conseiller financier auprès de l'Alberta ainsi qu'auprès d'importantes entreprises canadiennes telles que Consolidated-Bathurst Inc., Harlequin Enterprises Ltd., Moore Corp. Ltd., PanCanadian Petroleum Ltd., Ranger Oil Ltd. et la Banque Royale. C'est grâce

actives, dont les clients incluaient British Petroleum, le consortium Royal Dutch-Shell, Unilever et Trusthouse Forte. Son réseau de relations comptait des personnalités de premier plan tels que Henry Kissinger et feu Anouar Sadate. Warburg était représenté au Canada depuis fort longtemps par A.G.S., dit Tony, Griffin, ainsi que par Peter Stormonth Darling, qui non seulement comptait au nombre des dirigeants les plus éclairés de la Banque londonienne, mais était également l'un des plus grands experts des milieux financiers canadiens. Au mois de septembre 1978, William Wilder, qui avait dirigé Wood Gundy avant de passer au service d'une compagnie pétrolière, convia Warburg et Darling à, rencontrer Black au 10, Toronto Street. Après les politesses d'usage, les banquiers britanniques dévoilèrent leur batterie: ils souhaitaient que Black étudie la possibilité que l'un de leurs clients européens rachète Massey. "J'ai répondu à sir Siegmund que nous n'avions nullement l'intention d'envisager quoi que ce soit du genre, déclare Black à ce sujet, que Massey conservait de fortes chances de se remettre sur pied en effectuant un rétablissement en comparaison duquel l'histoire de Weston ou d'Eaton, que je connaissais assez bien, semblerait quantité négligeable." En conclusion, Black déclara: "Nous devons donner le maximum afin de nous en sortir, mais, ou nous dirigeons Massey, ou nous en sortons, un point c'est tout."

Les sondages ne s'en poursuivirent pas moins. Le client européen auquel Warburg avait fait allusion s'avéra être nul autre que le géant ouest-allemand Volkswagenwerk AG, et, le 31 octobre, l'un des principaux dirigeants de la firme ouest-allemande, Friedrich Thomee, venu à Toronto admirer l'exposition Toutânkhamon, en profita pour rencontrer Black et Page Wadsworth, l'ancien directeur de la Banque de Commerce qui était toujours membre du conseil d'administration de Massey. Il souleva la possibilité de racheter 51 p. 100 des actions de Massey, mais Black lui répondit qu'il n'avait aucune envie de vendre des actions, précisant en outre: "Le seul prix que nous pourrions en toute bonne foi exiger pour céder la place serait de bien loin inférieur à ce que je pense que cela vaut; d'ailleurs, je me permets de vous rappeler qu'il n'y a pas si longtemps Volkswagen ne se portait guère mieux que Massey aujourd'hui."

à Warburg & Co. que Roy Thomson a pu mettre la main sur la chaîne de journaux Kemsley en Grande-Bretagne et que les revenus pétroliers de Thomson North Sea sont passés au Canada. Consumers' Gas Co. a versé plus d'un million de dollars à Warburg & Co. lorsque celle-ci la conseilla sur la marche à suivre pour s'assurer la mainmise sur Home Oil Co. Ltd. Le fils de sir Siegmund, George Warburg, délaissa la firme familiale en 1962 pour entrer à la Colonial Bank, au Connecticut. Le directeur de Warburg & Co. est David Scholey, que Warburg considère comme son fils adoptif. Scholey a épousé Sandra Drew, fille de feu George Drew, chef du Parti conservateur canadien entre 1948 et 1956 et ancien premier ministre de l'Ontario.

Les pourparlers ne dépassèrent jamais le stade officieux, mais sir Siegmund ne perdit jamais totalement espoir, et il lui arriva plusieurs fois de téléphoner à Conrad depuis sa retraite helvétique, soit pour lui suggérer gentiment qu'il était peut-être temps que la Banque de Commerce pense à se débarrasser de Massey, soit pour lui affirmer plus crûment que "certains banquiers européens ajoutent encore foi aux prévisions exagérément optimistes de Victor Rice". Bill Wilder assure que Volkswagen voulait vraiment conclure la transaction. "S'ils avaient investi un demi-milliard de dollars dans Massey, l'entreprise était sauvée, mais Conrad ne les a jamais laissés mettre le pied dans la porte."

Pour sa part, Michael Cochrane, qui était alors vice-président à la planification et à l'étude des marchés, déclare: "J'ignore pourquoi la transaction n'a pu être conclue avec Volkswagen, Black aurait probablement dû laisser les événements suivre leur cours, mais il faut lui reconnaître un sens très vif non seulement de l'histoire du Canada, mais également de la justice... ce qui ne lui aurait probablement pas permis d'en passer par là."

À l'instar de nombreux dirigeants de Massey, Cochrane conseilla à Black de faire ses valises et de partir pendant que la situation était favorable, particulièrement au cours de l'été de 1979, alors que Massey enregistrait une hausse temporaire de ses bénéfices (53,8 millions de dollars pour la première moitié de l'exercice). Sourd à toutes ces objurgations, Black s'obstina à s'enliser toujours plus. Au cours d'une entrevue accordée à Irvin Lutsky du *Toronto Star* et publiée le 24 août 1979, il affirma qu'Argus s'apprêtait à injecter 100 millions de dollars dans Massey à l'occasion d'une émission d'actions privilégiées destinées à assainir les finances de celle-ci. Il souligna qu'à défaut de constater qu'Argus était prête à donner l'exemple, aucun souscripteur ne se risquerait à investir dans Massey, et ajouta sur le ton de la confidence qu'un mystérieux acheteur d'outre-Atlantique était également disposé à souscrire à une tranche considérable de la nouvelle émission.

Les problèmes administratifs internes de Massey n'étaient pas résolus pour autant. Ses principaux dirigeants se divisaient en "colombes" (qui estimaient que les mesures adoptées jusque-là suffiraient à maintenir la compagnie à flot) et "faucons" (pour qui des mesures d'économie encore plus rigoureuses s'imposaient). Rice mit sur pied un groupe d'étude chargé d'élaborer la réorganisation de son équipe d'administrateurs et d'envisager quelles coupes sombres supplémentaires infliger aux dépenses. Sur le point de partir pour le Sri Lanka où il espérait prendre enfin des vacances bien méritées, Rice reçut le rapport. L'ayant parcouru, il interdit qu'il soit remis à Black avant son retour. Mais celui-ci, qui n'était pas sans avoir eu vent de l'existence de ce document, exigea qu'il lui soit communiqué sur-le-champ. Il fut emballé par les recommandations du groupe d'étude et ordonna qu'elles soient mises en application sur-le-champ. Il convoqua alors les administrateurs de Massey: "À compter d'aujourd'hui, tempêtat-il, je prends la direction des opérations. Je ne me laisserai plus enfermer dans ma cage, si dorée soit-elle!" À deux reprises, il fit allusion à un congédiement éventuel de Rice, mais les choses n'allèrent pas plus loin. Revenu d'Asie, le président de Massey réunit ses subordonnés au pavillon Hart de l'Université de Toronto et leur enjoignit de ne plus jamais communiquer avec Black ou David Radler sans l'avoir consulté au préalable.

Vers la fin de février 1980, la situation de Massey semblait devoir s'améliorer quelque peu. C'était assez pour que Black, convaincu que le paiement de dividendes aux actionnaires privilégiés reprendrait avant la fin de l'année, organise un dîner au York Club afin de marquer sa satisfaction. Lors de l'assemblée annuelle, Rice se vanta de ce que Massey ait réussi en un an le redressement économique le plus impressionnant de l'histoire des entreprises canadiennes. Quoi qu'il en soit, il est indéniable que l'énergie déployée par Rice auprès des milieux financiers occidentaux lui avait permis d'obtenir 580 millions de dollars, réunis auprès de 212 banques. D'ailleurs, lors du dîner au York Club, Russell Harrison, président du conseil d'administration de la Banque de Commerce (soutien indéfectible de Massey, même aux heures les plus sombres de son histoire), ne put se retenir de grommeler: "Tiens, ils invitent les autres banquiers, *maintenant!*"

Les semaines suivantes virent les espoirs de la compagnie s'envoler en fumée, sous l'effet d'une succession d'événements inattendus, à croire qu'elle s'était attiré les foudres d'une divinité maligne. L'embargo décrété par le président Jimmy Carter sur les exportations de céréales à destination de l'URSS avait entraîné une baisse catastrophique du pouvoir d'achat des fermiers américains. En outre, le dollar s'effondrait sur les places financières cependant que la livre sterling entreprenait une remontée spectaculaire. Les deux facteurs combinés causèrent un tort irréparable à Massey dont la structure de prix interne fut bouleversée. Pis encore, la flambée à la hausse des taux d'intérêt se poursuivait. Le coût des dettes contractées par Massey s'enflait démesurément. Le marché nord-américain de la machine agricole, pourtant déjà peu actif, s'effondra, les ventes diminuant d'un tiers en mars 1980 et de presque la moitié le mois suivant. Les conditions météorologiques se mirent elles aussi de la partie lorsque la sécheresse ravagea les champs de céréales.

En dépit de la gravité extrême de la situation, Black écrivait dans une lettre personnelle adressée, le 28 avril, à Robert Anderson, président de la Hanna Mining Company de Cleveland: "Le fait que des mesures inconsidérées combinées à la malchance ont mené l'entreprise au bord de la faillite ne devrait pas masquer le potentiel colossal de celle-ci. C'est à son manque crucial de capitaux que nous devons non seulement d'en avoir acquis la maîtrise absolue à relativement peu de frais, mais également d'avoir été salués comme ses sauveurs." Le 15 mai 1980, il affirmait à

Irvin Lutsky, du *Toronto Star*, que la situation offrait "des possibilités d'avenir fantastiques", ajoutant avec grandiloquence: "Nous avons pris le train en marche alors qu'il descendait la pente et nous avons la ferme intention de remonter la côte d'en face."

Huit jours plus tard, il démissionnait de ses fonctions de président du conseil d'administration et de président.

L'ASSEMBLÉE DU CONSEIL D'ADMINISTRATION DE MASSEY tenue le 23 mai fut particulièrement dramatique, même pour une compagnie qui en avait déjà vu d'autres. Les affaires courantes expédiées, Black prit la parole afin de rendre compte de sa gestion. En dépit de son caractère impersonnel, le procès-verbal de la réunion ne parvient pas à dissimuler totalement les émotions du moment:

> *Le président fait tout d'abord remarquer qu'il faudrait désormais élaborer une stratégie qui tienne compte tant de sa position que de celles d'Argus et de la Banque Canadienne Impériale de Commerce à l'égard de l'entreprise. Il souligne l'opinion largement répandue selon laquelle la présence dominante d'Argus aurait découragé d'éventuels investisseurs. Bien qu'Argus soit toujours prête à participer au financement de Massey, il n'est pas question qu'elle fournisse la totalité des capitaux dont elle a besoin actuellement: c'est là une position qui a été clairement répétée à plusieurs occasions, et ce, tant en privé qu'en public. Nonobstant les fréquentes déclarations faites en ce sens, certains prêteurs, en particulier américains, persistent à croire, à l'instar de certains membres des milieux financiers canadiens, que ledit groupe Argus soutiendra Massey envers et contre tous. Monsieur Black se sent moralement obligé de détromper toutes les parties en cause.*

Black poursuivit en annonçant que le conseil de direction de la Banque de Commerce avait décidé d'attendre jusqu'au 5 juin avant d'octroyer d'éventuels crédits supplémentaires à Massey. Il avertit de plus les membres du conseil d'administration que la Banque risquait d'exiger le recouvrement de certains comptes-clients en contrepartie de prêts additionnels. Faisant allusion à sa propre situation, qu'il qualifia "d'ambiguë", il devait souligner qu'Argus avait investi dix fois plus d'argent dans Norcen Energy Resources que dans Massey. Il conclut par une déclaration qui fit l'effet d'une bombe et qui fut fidèlement retranscrite dans le procès-verbal de la réunion:

La Banque Canadienne Impériale de Commerce ayant annoncé son intention de saisir le gouvernement fédéral des problèmes financiers que connaît actuellement Massey-Ferguson, monsieur Black, qui juge une telle intervention prématurée, intervient pour qu'elle n'ait pas lieu. Dans l'éventualité cependant où une telle rencontre s'avérerait objectivement bénéfique pour l'entreprise, Argus n'y fera pas obstacle. Mais elle n'acceptera en aucun cas d'être partie prenante à toute demande d'assistance présentée au gouvernement fédéral. Monsieur Black déclare qu'il est primordial de faire comprendre aux intéressés que le groupe Argus, s'il est disposé à jouer un rôle clé dans le refinancement de Massey, n'acceptera jamais de s'associer à quelque supplique que ce soit destinée à obtenir du secours. Monsieur Black ajoute que par conséquent il est parvenu, pour bien des raisons, à la conclusion qu'il est temps pour lui comme pour Argus de jouer un rôle plus effacé au sein de la compagnie. Il précise qu'une telle décision n'entraîne aucune désaffection tant de sa part que de la part d'Argus à l'égard de l'entreprise et exprime l'opinion qu'elle servira au mieux les intérêts de Massey-Ferguson en indiquant à d'éventuels investisseurs qu'Argus ne s'opposera pas à ce qu'ils y occupent une place prépondérante et en accordant à monsieur Rice toute latitude pour parler au nom de Massey-Ferguson à d'éventuels investisseurs. Enfin une telle décision confère un poids et une crédibilité accrus aux intentions affichées par Argus d'investir à certaines conditions dans une nouvelle émission d'actions de Massey-Ferguson.

Il déclare que, compte tenu des circonstances, il souhaite assumer la présidence du conseil de direction, à l'instar des anciens présidents d'Argus, E.P. Taylor et J.A. McDougald. Il propose de nommer monsieur Rice au poste de président et de le charger temporairement de présider le conseil d'administration, en attendant que ceux qui mèneront à bien la réorganisation financière de l'entreprise choisissent à qui confier cette charge.

La brusque décision de Black d'abandonner la présidence de Massey ébranla les milieux financiers. En dépit de ses dénégations et du fait que, finalement, il demeurait au conseil d'administration de Massey, dont il était de surcroît l'un des principaux actionnaires, se contentant tout au plus d'établir un *cordon sanitaire** entre Massey et Argus, les analystes financiers interprétèrent sa décision comme un vote de non-confiance à l'égard de l'avenir de Massey. Le cours des actions de l'entreprise, qui attirait naguère les placements "pépères", dégringola une fois de plus.

---

* *N. des T.:* En français dans le texte.

Évoquant par la suite sa retraite, qui n'était pas sans rappeler celle de Russie, Black devait s'expliquer de la façon suivante: "Je n'avais aucune raison de rester là à attendre le bilan du troisième trimestre. Le meilleur service que je pouvais rendre à cette entreprise était de me placer de telle manière que non seulement tout investissement d'Argus dans Massey apparaisse sans équivoque comme désintéressé, mais que de plus aucun actionnaire ne puisse m'accuser de me servir de ses ressources pour servir de caution à une compagnie qui ne le méritait pas vraiment... À l'époque où je dirigeais Massey, je m'étais fixé comme objectif d'accroître la rentabilité de l'entreprise afin de l'amener à produire elle-même les capitaux dont elle avait besoin. Ainsi aurions-nous obtenu au prix d'un investissement minime la mainmise réelle, et non théorique, sur une compagnie aux finances assainies. Un tel geste nous aurait de surcroît valu une réputation de bienfaiteurs. Mais la remontée de la livre sterling a provoqué une flambée des taux d'intérêt, et ce, au moment où le marché de la machinerie agricole s'effondrait. Ce n'était vraiment plus le jeu. Massey ne pouvait plus s'en sortir en suivant le scénario original. Alors, tout comme le maréchal Joffre après l'échec du plan 17, la veille de la bataille de la Marne, j'ai changé mon fusil d'épaule. J'ai décidé de tenter de trouver de l'argent avant même que la situation ne se rétablisse. Mais je savais qu'il fallait que je m'éloigne. Je ne pouvais demeurer à mon poste sans donner l'impression de vouloir me servir de l'argent de quiconque se serait associé avec nous pour me tirer d'affaire. Je voulais également faire comprendre à d'éventuels prêteurs que la balle était désormais dans *leur* camp, et non dans le mien."

Moins de deux mois après sa démission, Black, qui avait entrepris de réorganiser Argus, fit tout simplement passer à zéro les intérêts que la société de gestion détenait dans Massey, et dont la valeur avait naguère été évaluée à 32 millions de dollars. ("Nous n'avons à peu près rien à perdre, mais tout à gagner. Des mots comme 'perdre' et 'gagner' m'ont toujours paru triviaux, mais j'avoue qu'ils sont bien utiles à l'occasion.")

Bien qu'il ait prétexté la demande d'aide présentée par Massey à Ottawa pour justifier sa démission de la présidence du conseil d'administration, Black avait en fait bel et bien rencontré Herb Gray, ministre fédéral de l'Industrie et du Commerce, deux mois auparavant afin d'étudier les grandes lignes d'un éventuel plan de redressement. À la suite de leur rencontre, le 23 mars, Black adressait au ministre une longue lettre dans laquelle il suggérait qu'Ottawa inclue dans son plan de redressement de la filiale canadienne de Chrysler la mise sur pied d'une nouvelle usine de moteurs diesel qui aurait pu servir aux deux entreprises en difficulté. Il envisageait qu'Argus investisse 200 millions de dollars dans Massey, à condition que le gouvernement achète pour 100 millions de dollars d'actions privilégiées de l'entreprise. Le ministre Gray accusa réception de la lettre sans pour autant donner son accord à la proposition. Par conséquent, Black revint à la charge dans deux lettres subséquentes, datées du 4 juillet et du 27 août, où il réitérait son intention de jouer un rôle prépondérant dans toute tentative de renflouer Massey, à condition qu'Ottawa se prononce en faveur de sa demande*. Black informa Gray qu'il avait consulté le dirigeant conservateur, Joe Clark, sur la question, et qu'aucune opposition n'était à craindre de ce côté. Enfin, adoptant un ton plus ferme, il écrivit: "Je peux vous assurer qu'en ce qui concerne le sort réservé à Massey, les membres d'Argus ne se laisseront pas guider par la nostalgie, pas plus qu'ils n'accepteront d'assumer indéfiniment des responsabilités dans cette compagnie, dans laquelle Argus n'a qu'un investissement minime, d'ailleurs publiquement passé par pertes et profits, et qui paie aujourd'hui pour des erreurs de gestion remontant à une époque où aucun d'entre eux n'avait quoi que ce soit à voir avec elle."

Aucours d'une entrevue accordée ce jour-là à Deborah McGregor du *Financial Times of Canada*, Black laissa pour la première fois transparaître son découragement. "Je me fiche de savoir si l'argent vient d'Ottawa, de Queen's Park ou de l'ayatollah Khomeiny, déclara-t-il, du moment qu'il y en a assez pour assurer le redressement financier de l'entreprise." Lorsque Deborah McGregor lui demanda s'il était vrai que la chaîne de magasins Dominion, appartenant à Argus, était sur le point de vendre ses établissements situés au Québec afin d'injecter le montant de cette transaction dans Massey désormais exsangue, Black répliqua sèchement: "Quelle connerie! Il faut avoir perdu la tête pour imaginer que nous irions piller Dominion pour refiler de l'argent à Massey."

Dans une dernière lettre adressée à Gray et expédiée trois semaines plus tard, Black donna libre cours à sa mauvaise humeur: "Je ferais preuve de négligence, écrit-il, si j'omettais de vous signaler que certains membres du cabinet et hauts fonctionnaires d'Ottawa se sont dits prêts à aider Massey-Ferguson à condition toutefois 'que Black gravisse à genoux les marches du Parlement et les supplie...' Je crois superflu de rappeler une fois de plus les efforts qu'Argus et moi-même avons consenti à déployer pour venir en aide à Massey depuis le début de cette crise dont d'autres que nous sont responsables, et ce, en dépit de notre absence totale d'enthousiasme et de responsabilité. Il est absolument exclu que nous acceptions d'aggraver notre situation en sauvegardant une solidarité de façade avec Massey alors que c'est déjà grâce à nous qu'elle tient le coup depuis deux ans, en dépit des revers de fortune qu'elle connaît."

Black réitéra sa position au cours d'une conversation privée avec Michael Pitfield, secrétaire du Cabinet: "Si vous voulez déclarer: 'Jamais le gouvernement ne mettra un sou dans Massey, ce n'est pas pour cela qu'il est là, et ce n'est pas là une de nos responsabilités' , si vous dites cela, je

---

* *Voir à l'annexe C le texte intégral de la correspondance échangée entre messieurs Gray et Black.*

180

ne dirai pas un mot pour vous critiquer, mais dans l'heure qui suivra nous ferons une déclaration identique."

À ce moment, la presse s'en prit avec véhémence à Black, l'accusant d'être à l'origine de la plupart des maux de Massey et faisant des gorges chaudes d'une hypothétique aide fédérale à l'entreprise. "L'idée de tendre la main à Argus Corporation afin de tirer son plus gros perdant du pétrin est du plus mauvais goût", affirmait le *Citizen* d'Ottawa sous la plume acerbe de Christopher Young, qui se faisait l'écho de l'opinion générale. "Parlez-nous de ces assistés sociaux de luxe!"

Dès le mois de septembre, Massey vit sa situation financière se détériorer une fois de plus, ce qui poussa Standard & Poor's à diminuer sa cote de crédit. Son personnel avait été réduit, passant de 68 000 à 44 000 employés. Des usines couvrant près de 1000 mètres carrés avaient interrompu leurs activités. Mais tout cela semblait n'être que pure perte. Le 11 septembre, Black essaya de faire adopter par le conseil d'administration un plan désespéré qui aurait permis à l'entreprise d'honorer ses dettes contractées auprès des banques canadiennes, américaines et britanniques, et qui revenait en fait à proposer aux banquiers étrangers de reprendre les biens possédés par l'entreprise dans leurs pays respectifs et à annuler leurs prêts.

Thornbrough fit sensation en affirmant que Massey était depuis beaucoup trop longtemps sous la coupe de la Banque de Commerce, et il enchaîna en suggérant qu'il pourrait être intéressant d'approcher la Banque Royale afin qu'elle reprenne les prêts de la Banque de Commerce à son compte. Faisant de son mieux pour masquer son irritation, Black répondit: "Al, ce matin, Russ Harrison [le président du conseil d'administration de la Banque de Commerce] a passé plus d'une heure à préparer les membres de son conseil d'administration à l'idée qu'ils risquaient de perdre 100 millions de dollars sur les prêts consentis à Massey. Crois-tu que c'est en reprenant des créances de ce genre que la Banque Royale est devenue l'institution bancaire la plus prospère du pays?"

À cette date, la dette de Massey envers la Banque de Commerce constituait la plus importante créance commerciale sans garantie au monde. Le conseil d'administration de la Banque entérina la prévision de perte de 100 millions de dollars, ramenant les bénéfices de l'année à 14 millions et faisant ainsi de la Banque de Commerce la seule des cinq grandes institutions bancaires dont les bénéfices n'augmentèrent pas en 1980. Harrison sentait l'anxiété le gagner en voyant la situation dans laquelle Massey le mettait et il entreprit de passer par-dessus la tête de Black, préférant discuter directement des affaires de la compagnie avec Rice. Pendant ce temps, les actionnaires d'Argus tentaient de dissuader Black d'investir l'argent de la société de gestion dans la chancelante entreprise de machinerie agricole. Personne ne mettait en doute le caractère vital d'un apport de capitaux frais, mais les opinions divergeaient quant aux moyens de se les procurer. Argus se disait disposé à accroître ses investissements à condition cependant que les banquiers fassent preuve de plus de souplesse. Les banquiers se refusaient quant à eux à faire des concessions tant que Massey ne pouvait les assurer d'une rentrée d'argent frais. Enfin, il était hors de question de lorgner du côté du gouvernement tant qu'Argus demeurerait le principal actionnaire de Massey. Cet état de choses fit déclarer quelque peu pompeusement à Black: "La situation avait toutes les apparences d'un noeud gordien, et seule une intervention aussi décisive que celle d'Alexandre pouvait le clarifier."

Le 2 octobre 1980, Conrad prend sa décision. Ce matin-là, il avait eu vent de rumeurs venant d'Allemagne selon lesquelles la Dresdner Bank était sur le point d'exiger le remboursement des 10 millions de dollars qu'elle avait prêtés à Massey, ce qui déclencherait inévitablement une ruée des actionnaires prêts à s'entre-déchirer sur le cadavre étique de Massey. À Ottawa, le tout-puissant comité ministériel responsable du développement économique est en train d'élaborer la position que le gouvernement adoptera face à la situation difficile que traverse Massey. Victor Rice, qui se démène à Des Moines dans l'espoir de convaincre les fermiers de lui acheter ses tracteurs, reçoit un appel téléphonique. Il passera cinq longues heures en conversation avec Black, essayant de faire face au geste spectaculaire posé par celui-ci ce matin-là: tous les membres d'Argus siégeant au conseil d'administration de Massey ont démissionné, et les trois millions d'actions que détenait la compagnie de gestion ont été données aux caisses de retraite de Massey.

LES PRESSIONS SE FAISAIENT DE PLUS EN PLUS VIVES, depuis quelques mois, au sein d'Argus pour que la société de gestion se départisse des encombrants intérêts qu'elle détenait dans Massey. Le conseil d'administration avait confié le soin de prendre une décision définitive à son comité de direction (composé des deux frères Black, de David Radler, de Hal Jackman, de Fred Eaton et de Dixon Chant, vice-président directeur d'Argus). Le 2 octobre, Monte était en Angleterre. Ce même jour, Fred Eaton eut vent de la décision par l'intermédiaire de Bill Harris, président du conseil d'administration de la Banque Barclays du Canada, qui en avait entendu parler à la radio. Hal Jackman prétend avoir été avisé qu'Argus conserverait une option sur les actions remises aux caisses de retraite. (Il désirait tellement quitter Massey qu'il confia sa lettre de démission à deux messagers chargés de la livrer au bureau d'Argus, au cas où l'un d'entre eux serait victime d'une crise cardiaque en cours de route.) Radler n'eut pas à quitter Vancouver, car il avait laissé sa lettre de démission sur le bureau de Chant, le 16 mai précédent. L'idée du "don" semble avoir été mijotée par Black et Chant. Elle eut pour conséquence de faire de Massey la plus importante compagnie au monde qui soit contrôlée par ses employés, du moins sur papier, car les leviers du pouvoir étaient désormais aux mains des banques. Le lendemain, Russ Harrison téléphona à Victor Rice et lui demanda sarcastiquement: "Comment se porte *mon entreprise*?"

Dans les jours qui suivirent, Derek Hayes, qui assumait les responsabilités de secrétaire général de Massey, quittait celle-ci pour Shell Canada où il était nommé au même poste. Black entendit parler de son départ et lui téléphona: "Vous et moi transférons nos pavillons sur des vaisseaux plus à même de tenir la mer", lui déclare-t-il, paraphrasant le fameux message transmis par le vice-amiral Frank Fletcher au cours de la bataille de Midway.

L'opinion publique ne fut guère tendre à l'annonce du "don" d'Argus. John Belanger écrivit, dans le *Toronto Sun*: "La façon inattendue dont Conrad Black est parvenu à se dépêtrer de Massey témoigne de son génie en matière d'affaires. Mais ce serait faire preuve d'un sérieux manque de jugement que de lui attribuer, ainsi qu'à ses acolytes, de nobles sentiments. Il n'est certes pas noble, mais intelligent." Le *Sun* publia un éditorial critiquant le geste de Black en des termes d'une virulence telle que Conrad menaça de traduire le journal en justice. Afin de calmer son courroux, l'éditeur, Donald Creighton, accepta de publier intégralement sa réplique, dans laquelle Black disait notamment: "Faut-il rappeler (quoique le *Sun* n'entre pas dans la catégorie des journaux dont on garde le souvenir, lorsque l'on sait lire couramment) que le *Sun* défend l'idée que nous devrions hypothéquer tous les biens de nos autres compagnies, prospères quant à elles, qui appartiennent à des centaines de milliers d'autres actionnaires, afin de sortir Massey d'un pétrin où aucun d'entre nous n'a contribué à la mettre, et que la stupidité d'une telle proposition ne mérite même pas que l'on s'arrête à y répondre..."

"Je suis surpris, devait déclarer Black en public, de constater combien de prétendus experts financiers se complaisent avec délices à me présenter comme un boxeur sonné et acculé dans les cordes. Qu'ils aillent tous se faire foutre!"

Dans l'intimité, ses opinions n'étaient guère différentes. "Sans vouloir pontifier de façon exagérément philosophique, pontifiait-il, il faut admettre que tous les hommes qui ont marqué l'histoire du monde, exception faite peut-être d'Alexandre le Grand, ont vu leur carrière ponctuée de revers. Lorsqu'on vise la victoire il faut s'attendre à une éventuelle défaite. Je me sens dangereusement semblable à Richard Nixon qui, le jour de sa démission, citait Teddy Roosevelt, mais il n'en demeure pas moins que Massey était foutue le jour où j'en ai pris la tête. Je ne risquais guère d'aggraver la situation. Entre-temps, j'ai amusé mes adversaires et multiplié par sept la valeur de Ravelston. Massey ne représentait à nos yeux qu'un investissement infime, qui ne devait son importance qu'à l'auréole de prestige associée à cette vieille compagnie."

S'échauffant, Black poursuivit: "Faisant preuve d'une absence renversante d'originalité, certaines personnes ont sauté sur l'occasion pour en conclure que je n'étais guère qu'une étoile filante. Ils ont prétendu que j'avais tout misé sur Massey, comme si j'avais réellement pu jouer mon va-tout sur des sujets que personne au monde n'a le pouvoir d'influencer (les taux d'intérêt, les taux de change, la révolution islamique en Iran, etc.). Mais ça ne se passera pas comme ça. J'ai en ma possession des documents qui me permettent de justifier toutes mes activités durant mon passage à la tête de cette compagnie. Historiquement, personne ne peut m'imputer la responsabilité de cette affaire. Tous les envieux rongés par l'émotion et l'incrédulité ont finalement mis bas les masques, affichant enfin leurs véritables opinions au lieu de les dissimuler comme ils le faisaient depuis que j'avais mis la main sur Argus. Cela m'a permis de troquer ma réputation d'enfant prodige, que j'ai toujours considérée pour le moins comme déplacée, contre l'image d'un être doté d'une solide faculté de retomber sur ses pieds, même dans les pires circonstances, que ce soit au beau milieu des affrontements les plus sauvages ou lorsqu'il faut faire preuve d'une infinie patience vigilante. Il est primordial, surtout pour quelqu'un qui passe pour une figure de proue de l'Establishment, de ne pas parvenir au faîte du triomphe sans avoir connu d'épreuves, de hauts et de bas."

Fasciné par le personnage qu'il contribuait à créer, Black concéda que "la mentalité canadienne répugne en quelque sorte à accepter une fuite ininterrompue de succès, à moins qu'elle ne vienne couronner une longue existence ou récompenser une épreuve des plus pénibles. Personne n'a rechigné lorsque Terry Fox s'est vu décerner l'Ordre du Canada et personne n'aurait eu l'idée de manifester du mécontentement le jour où E.P. Taylor a gagné le trophée de la Queen's Plate. Mais nul ne peut supporter qu'un de ses contemporains puisse réussir très tôt dans la vie. Voilà comment les choses se passent dans ce pays".

Le fait que les trois millions d'actions offertes par Argus aux caisses de retraite de Massey n'aient finalement constitué qu'un fardeau financier minime pour la société de gestion a probablement mis du baume au coeur de Black, qui, en effet, a pu déclarer une moins-value de capital de 39 millions de dollars, partiellement déductibles aux fins d'impôts. Ainsi, Argus a-t-elle récupéré les 7,4 millions de dollars d'impôts qu'aurait dû lui coûter la vente des actions de Domtar à MacMillan Bloedel. Et ce n'est pas tout, puisqu'il lui reste encore 9,2 millions de dollars à récupérer lors de transactions futures.

À la fin de 1980, Massey déclarait des pertes de l'ordre de 199 millions de dollars, et ses installations australiennes étaient mises sous séquestre. Au cours des six mois suivants, Victor Rice réussit à réunir 715 millions de dollars destinés à renflouer l'entreprise, rétablissant pour un temps la situation. Il fut considérablement aidé par l'octroi sur garantie, par les gouvernements fédéral et ontarien, de 200 millions de dollars, mais l'avenir à long terme de l'entreprise demeurait incertain.

Le 28 octobre 1981, John Turner, qui était membre du conseil d'administration de Massey, organisa un souper auquel étaient conviés les représentants des milieux financiers torontois, dont Black. Rice fit un discours fort éloquent au cours duquel il décrivit les épreuves qu'il avait traversées et tint à souligner la contribution particulièrement importante de trois personnes auxquelles l'entreprise devait sa survie, notamment Conrad Black. Les deux hommes ne se quittèrent pas, ce soir-là, avant d'avoir levé leur verre à la santé l'un de l'autre.

Black, pour sa part, garde un souvenir tangible de ces épreuves: il s'agit d'une toile saisissante, qui orne aujourd'hui son bureau d'Argus, représentant l'établissement du concessionnaire de Massey à Arras en France. L'artiste, qui a parfaitement rendu l'inquiétante ambiance glauque de la guerre, a représenté les bâtiments du concessionnaire de machinerie agricole, en 1918, ravagés par l'incendie et dévastés par l'artillerie. Une colone de soldats hâves et fatigués passe à proximité, tirant une pièce de campagne. La scène évoque les enfers.

C'est avec ce tableau sous le bras que Conrad quitta pour la dernière fois le bureau présidentiel qu'il occupait chez Massey, un air de défi peint sur le visage. "Que le diable m'emporte si je pars d'ici sans emporter un souvenir, dit-il à Rice. Ne te gêne pas pour m'envoyer la facture!"

Il l'attend encore, mais cela ne l'empêche pas de se souvenir de cette période éprouvante, et plus particulièrement de la façon mémorable dont il sortit de ce bureau maudit, cet étrange tableau sous le bras. "C'est comme si j'avais sauté du pont d'un navire en train de sombrer en attrapant une chaise de pont au passage", dit-il en haussant vaguement les épaules.

Chapitre sept

Au hasard des méandres de l'esprit de Black

Bien qu'il se montre particulièrement réceptif à la sensibilité d'autrui, Conrad Black éprouve cependant autant de difficulté à distinguer le savoir de l'intuition ou la solitude de l'esseulement qu'à différencier le fait de répéter les bons mots* du Toronto Club de celui de dévoiler ses émotions profondes.

Conrad Black frappe tout d'abord par sa mémoire phénoménale. Cette aptitude exceptionnelle qu'il a de retenir presque tout ce qu'il a lu, vu ou vécu constitue un don naturel des plus remarquables, tels la justesse de ton du chanteur ou le sens de l'équilibre du funambule. Il fait constamment preuve dans son discours de son impressionnante capacité de se souvenir des faits les plus obscurs ou des détails les plus futiles. Il lui est déjà arrivé d'éblouir ses invités avec ce genre d'exploit mental qui consiste à débiter le nom et le tonnage de tous les navires de l'Invincible Armada, le nom de tous les membres du Cabinet Diefenbaker en 1957 ou encore les pertes subies dans les deux camps lors du siège de Leningrad.

Mais plus souvent encore, il fait resurgir les détails d'incidents historiques, des idées ou des exemples à la manière d'un archéologue improvisé, pour tenter d'évaluer les connaissances de ses interlocuteurs en passant au crible les réactions qu'ils opposent à ses envolées de mémoire.

---

* *N. des T.:* En français dans le texte.

De plus, il fait souvent preuve d'une alarmante tendance proustienne à juger les événements actuels d'après les grandes leçons de l'histoire.

Il n'est pas un des familiers ou des associés de Black qui ne puisse se vanter de l'avoir entendu débiter l'une des invraisemblables listes qu'il tire de sa mémoire: celle des salaires de chacun des 600 employés de Sterling; celle des députés québécois élus aux Communes, par circonscription électorale, depuis la Confédération; la liste la plus récente des cardinaux, dans l'ordre subtil de préséances en vigueur au Vatican ou encore le fait que Spencer Perceval ait été le seul premier ministre britannique assassiné dans le cadre de ses fonctions.

John Finlay, l'un des associés de Black chez Hollinger, se remémore cette soirée où ils avaient dîné au York Club en compagnie de Pierre Gousseland, le président d'origine française du conseil d'administration d'Amax, l'une des plus grandes compagnies minières des États-Unis. "Conrad l'a littéralement ébloui, de raconter Finlay, en discourant, dans un français impeccable, sur les cinq républiques françaises, précisant pour chaque ministre les dates importantes de sa vie politique, ses réalisations et ses échecs. Gousseland, rivé à sa chaise, l'écoutait, complètement fasciné. Il nous quitta immédiatement à la fin du repas, et nous allâmes nous asseoir dans le salon du Club en compagnie d'un Britannique, qui se trouvait être le premier vice-président, responsable des finances, d'Amax. Lorsqu'il mentionna qu'il avait servi à bord d'un croiseur de bataille de la Royal Navy, Conrad commença à passer la flotte britannique en revue, canon par canon, pouce par pouce. Alors qu'ils étaient en train de parler d'une période particulièrement tendue de la Seconde Guerre mondiale, Conrad demanda: "Où étiez-vous à ce moment?" Et son interlocuteur de répondre: "Août 1943? Je ne m'en souviens vraiment pas." Conrad répliqua immédiatement: "Sur quel bateau étiez-vous donc?" Dès que le Britannique lui eut répondu qu'il était à ce moment-là sur le HMS *Renown*, Black haussa les épaules et s'exclama: "Alors, vous étiez probablement à Gibraltar", ce qui laissa son interlocuteur pantois."

Jonathan Birks, le plus intéressant des héritiers des magasins de renom, évoque quant à lui la fois où il essaya de mettre à l'épreuve la mémoire de son ami. Birks venait de terminer la lecture d'un ouvrage sur Bonaparte et, ayant installé l'arbre généalogique de la famille impériale en face de lui, il téléphona à Conrad sous l'impulsion du moment. "Étant donné que je venais juste de finir le livre et que j'avais l'arbre généalogique des Bonaparte sous les yeux, explique-t-il, j'imaginai que je ne pouvais que savoir plus de choses au sujet de Napoléon qu'il n'en savait lui-même. J'abordai donc modestement la question, parlant de Bonaparte, des origines de sa famille, des divers mariages entre princes et princesses et de toutes sortes de choses du genre. Au bout de 20 minutes, il avait complètement épuisé mes connaissances sur le sujet et, parlant visiblement sans préparation, il continua ainsi pendant une autre demi-heure. Et, non content de me raconter la vie de chacun des membres de la famille, il m'expliqua en outre comment leur absence se répercuterait sur l'histoire de l'empire austro-hongrois. Une expérience vraiment humiliante, quant à moi.''

Pour sa part, Peter White, associé à Black depuis les tout débuts de la chaîne de journaux Sterling, se souvient d'une anecdote du même genre qui survint alors qu'ils habitaient tous deux à Knowlton et qu'un de ses parents britanniques, qui avait été capitaine d'un croiseur de la Royal Navy, passa le voir. "La conversation roulait sur une bataille qui avait eu lieu précisément à l'endroit où mon oncle avait combattu, lorsque Conrad dit: "Ah oui, tel et tel navire participait à cet engagement, n'est-ce pas?'' Mon oncle Hank tomba en désaccord avec Black et lui énuméra le nom des vaisseaux qui, d'après lui, avaient pris part à ce combat, en ce jour maintenant très lointain. Mais Conrad était péremptoire. "Je ne crois pas que vous ayez raison, Monsieur'', répondit-il. Aussi allèrent-ils vérifier. Bien entendu, c'était Conrad qui avait raison et mon oncle, le capitaine de vaisseau, qui avait tort. Plus vous le connaissez, plus vous vous rendez compte de cette capacité qu'a Conrad de se souvenir des événements, des dates et même des conversations. J'imagine qu'il se rappelle tous les numéros de téléphone successifs de chacun de ses amis.''

Au cours des années 60, Nick Auf der Maur, avec qui Conrad Black s'était lié d'amitié lors de son séjour à Montréal, consacrait le plus clair de son temps à des causes engagées, dont la mise sur pied d'une agence de presse cubaine. Il rappelle cette anecdote: "J'avais demandé à un Argentin que je connaissais d'être directeur du bureau de Montréal, et lorsque le grand patron de l'agence de presse cubaine vint nous voir, je demandai aux deux hommes s'ils aimeraient dîner avec un véritable baron de la presse capitaliste. J'avais présenté Conrad comme le propriétaire d'une énorme chaîne de journaux, et le Cubain fut enchanté de cette idée. Nous bavardions de choses et d'autres, lorsque Conrad nous quitta pour aller aux toilettes. J'en profitai pour glisser aux deux autres: 'Vous savez, monsieur Black connaît fort bien votre continent. Demandez-lui, pour voir, ce qu'il sait de la marine argentine, par exemple.' Au retour de Conrad, les Sud-Américains engagèrent la conversation sur les activités navales qui eurent lieu au moment du renversement de Juan Perón. Conrad se mit bien vite à débiter le nom de tous les navires et de leurs capitaines, ainsi que de leurs manoeuvres, le jour de la chute de Perón. Les deux hommes écoutaient, sidérés, ce drôle de type capable de leur décrire, dans un restaurant italien de Montréal, en 1971, tout ce qui s'était passé 16 ans auparavant au large de Buenos Aires, dans l'estuaire du Rio de la Plata.''

Brian McKenna, un autre des amis montréalais de Black, se souvient des innombrables discussions opposant Conrad à Patrick Brown, qui avait couvert la guerre du Viêt-nam pour le réseau anglais de Radio-Canada, avait épousé une Vietnamienne et avait potassé pendant des années l'histoire postcoloniale de ce pays déchiré par les luttes. "Non seulement Conrad était-il capable d'expliquer en détail la politique subtile de Saigon, mais encore connaissait-il toutes les provinces d'origine des différents protagonistes, ainsi que les détails de leur vie politique. On aurait pu croire qu'ils discutaient de la politique paroissiale de l'est de Montréal."

Lorsque Scott Abbott, rédacteur sportif du *Sherbrooke Daily Record*, défia spontanément Conrad de lui énumérer la position en finale des ligues majeures de base-ball en 1953, celui-ci lui récita, à l'envers et sans hésiter, les résultats précis de chacune des équipes et ne fit qu'une seule erreur. (Abbott a gardé un souvenir très vif de sa première rencontre avec Black: "Il m'a accueilli en me disant: "Si j'ai bien compris, vous connaissez sur le bout des doigts l'histoire des présidents américains." Et comme je lui répliquais que je pouvais lui nommer tous les présidents américains en précisant les dates de leur mandat, il me demanda: "Ah oui, mais pouvez-vous les dire à l'envers et en 30 secondes?" J'imagine que lui le pouvait, mais je ne lui ai pas posé la question.")

L'ex-avocat de Conrad Black, feu Igor Kaplan, connut une expérience similaire lorsqu'il invita Black chez lui alors qu'il recevait sa mère, une vieille dame d'origine européenne. "Ils bavardaient de la politique de la république de Weimar, lorsqu'elle exprima par hasard l'opinion qu'il était bien dommage que Gustav Stresemann, le ministre des Affaires étrangères de la république de Weimar, soit mort si brusquement. Conrad se montra tout à fait de son avis, tout en lui rappelant néanmoins que Stresemann avait bien failli faire échouer le pacte de Locarno. Maman en resta comme deux ronds de flan. "Mon Dieu, j'avais complètement oublié ça, s'exclama-t-elle. J'avais environ 17 ans lorsque Stresemann prit le pouvoir. Bien rares sont ceux de *mes* contemporains qui se souviennent de lui aujourd'hui, parce qu'Hitler était la figure dominante sur la scène politique allemande. "C'est pourquoi il est d'autant plus remarquable que Conrad, qui n'était même pas né à l'époque, sache aussi précisément ce que cet homme a tenté de réaliser alors."

Selon Kaplan, Black doit sa mémoire prodigieuse au fait qu'il écoute et lit avec une énergie comparable à celle que la plupart d'entre nous mettent à parler ou à agir: "Conrad regarde toujours directement son interlocuteur, sans jamais détourner les yeux et ne semble jamais sur le point de l'interrompre ou de lui répondre." Brian Stewart, qui se lia d'amitié avec Black à l'université, remarque: "Lorsque Conrad lit, l'expression de concentration qui marque alors ses traits est incroyablement tangible. Il donne vraiment l'impression de dévorer les pages les unes après les autres, tandis que son front se sillonne de rides."

Cette extraordinaire aptitude provient en partie des habitudes que Conrad a acquises au sein de sa famille, lorsqu'il était jeune. "Il posait toutes sortes de questions d'ordre général à son père, de rappeler

Stewart. Je me souviens que je m'intéressais beaucoup à la tauromachie à l'époque, et, bien que Conrad m'ait dit que son père n'y connaissait à peu près rien, je demandai à George Black qui était le plus grand toréador de tous les temps, selon lui. Il n'aurait jamais voulu admettre qu'il ne le savait pas. Il a dû rester au moins 10 minutes assis à réfléchir, avant de dire: "Je l'ai! C'est Manolete." La réponse était juste, et je garde clairement à la mémoire la manie qu'ils avaient tous les deux d'essayer de se coller réciproquement sur des questions de détail."

SUR LE PLAN PHYSIQUE, Black frappe avant tout par ses yeux, qui prennent l'expression vide du regard d'un croupier de Las Vegas lorsqu'il s'ennuie, mais peuvent briller intensément (alors il n'est pas sans rappeler Cromwell) lorsque, par exemple, il négocie des marges bénéficiaires. Leur couleur n'est pas absolument évidente. "Je crois bien que j'ai les yeux noisette, dit-il lui-même, mais je n'en suis pas certain. Dans ses mémoires, sir Nevile Henderson décrit les yeux d'Adolf Hitler comme étonnamment bleus, si bleus en fait qu'ils eussent pu provoquer une pointe de lyrisme chez une femme. Bien entendu, Hitler avait les yeux bruns. D'ailleurs, on ne peut pas dire qu'Henderson se soit sorti avec succès de sa mission auprès d'Hitler." (En fait, les yeux de Black sont gris-bleu, de cette teinte essentiellement caractéristique de l'âme des armes à feu.)

Son langage gestuel peut être assourdissant. La colère imprime un rythme primitif à ses membres, lorsqu'il fait les cent pas dans son bureau, tel un puma exaspéré. "La puissance qui émane spontanément de lui lorsqu'il négocie lui confère un avantage fantastique, faisait remarquer Igor Kaplan. Ses interlocuteurs sont saisis au niveau du subconscient par les vibrations de puissance qu'il émet en bougeant et en écoutant. C'est aussi subtil qu'efficace."

Black exerce une influence extrêmement troublante sur les autres hommes d'affaires. Ainsi, comme le remarque un membre du conseil d'administration de la Banque de Commerce: "La salle du conseil débordait de l'absence de Conrad", alors que le conseil de direction examinait la situation financière d'Argus, ce jour-là.

Lorsque Black soupèse les éventuelles répercussions d'une importante décision financière, son visage se ferme comme un poing, tendu qu'il est par l'effort de transformer son esprit en un ordinateur capable d'évaluer avec précision les risques associés à la possibilité qu'il envisage. Un éclair de malice vient adoucir par instants cette expression de concentration intense: on dirait alors un colonel de parachutistes d'une ancienne colonie africaine qui vient d'avoir l'idée de vendre à une chaîne de télévision le droit exclusif de retransmettre l'assaut qu'il s'apprête à mener contre le palais gouvernemental.

Une fois sa décision prise, il retrouve instantanément son attitude coutumière de pugiliste mi-moyen au repos. Il déplace son mètre quatre-vingts et ses lourdes épaules avec l'aisance d'un éléphant dans un magasin de porcelaine. Lorsqu'il est détendu, il se joint le bout des doigts et médite sur les édits de l'univers. Il écoute tous ceux qui ne l'ennuie pas profondément avec une attention si soutenue que son visage reflète de façon tangible sa compréhension du discours de l'interlocuteur. "Il est extrêmement verbal", remarquait *Fortune* dans un article publié en 1979, "et parle de façon rythmée, en débitant des phrases interminables qu'il finit toujours par sauver in extremis au bord de la désintégration."

Son style ampoulé peut s'avérer des plus ennuyeux à l'occasion. Ainsi il n'hésitera pas à décrire la navette d'Air Canada entre Montréal et Toronto comme "le symbole de la réussite des plus-lourds-que-l'air". Ses jeux verbaux ne sont pas sans rappeler la danse de l'espadon: il invente des mots (comme "douairien"); fourbit ses insultes ("J'aime mieux te prévenir que ce type fait preuve d'une incommensurable étriqueté"); forge des épigrammes quelque peu audacieuses ("Nelson Skalbania serait sûrement moins téméraire s'il *avait* vraiment 100 millions de dollars") et concocte des formules savoureuses ("Maintenant que nous avons prouvé que nous ne valons pas grand-chose au hockey, la mainmise financière est devenue notre grand sport national"). Il adore étaler ses connaissances. "Andreotti est intéressant", déclare-t-il au beau milieu d'un groupe de membres de l'Establishment qui s'attendent à le voir glorifier les exploits d'un chef napolitain arrivé depuis peu. "Andreotti est probablement le plus intelligent des chefs de gouvernement que nous ayons eus en Occident. Malheureusement, l'Italie n'a pas été gouvernée de façon convenable, voire même cohérente, depuis les premiers temps de l'apogée de l'empire romain... et pourtant, elle a été le théâtre d'un parlementarisme des plus héroïques."

Loin de faire preuve d'un *esprit d'escalier** et de lancer des *bons mots** à retardement en descendant les marches, à la fin d'une soirée, Conrad Black sait placer ses reparties sarcastiques précisément au bon moment.

Sa personnalité extrêmement complexe serait peut-être plus facile à saisir par comparaison avec celle de grands musiciens ou de grands peintres. L'essayiste français Hippolyte Loiseau s'était un jour plaint de ce que seul Mozart ait vraiment pu le comprendre. Dans le cas de Black, il faudrait parler de Mahler. Sa gymnastique mentale s'apparente plus ou moins au pointillisme de Georges Seurat, cet impressionniste français du XIXe siècle qui conférait à ses toiles un remarquable éclat intérieur, obtenu grâce à une infinité d'infimes coups de pinceau dépourvus de signification en

---

* *N des T.:* En français dans le texte.

192

eux-mêmes, mais dont l'effet d'ensemble s'avérait des plus impressionnants.

Ce halo de complexité multidimensionnelle, que Black se garde bien de dissiper, procède d'un désir de s'immuniser d'une façon toute personnelle. En dépit de la demi-douzaine de cahiers dans lesquels il regroupe les coupures de presse qui célèbrent ses exploits, ainsi que de son évidente bonne volonté à s'exprimer sur toute question, à peine est-elle posée, Black a su creuser un fossé profond, destiné à protéger son moi le plus intime, entre le monde extérieur et lui-même. À titre d'historien amateur, il sait à quel point il est important de créer un vide autour de soi et de s'auréoler de ce flou typiquement romantique qui distingue les personnages marquants de notre société de leurs pâles cousins.

À quelque spéculation que l'on puisse se livrer quant à ses motifs et à son mode de fonctionnement, il n'en reste pas moins vrai que Black est prisonnier de sa froide raison, comme un escargot de sa coquille. En dépit de l'avalanche de louanges et d'invectives dont il est l'objet, il cherche à tout prix à protéger son foyer et sa famille, ainsi qu'à soustraire sa femme et ses enfants aux regards des curieux et des envieux. C'est au bureau qu'il se livre, pas ailleurs.

CONRAD BLACK PERÇOIT L'EXISTENCE comme un tissu d'ambiguïtés et estime que les meilleures théories finissent toujours par se noyer dans les détails. Fataliste par nature, il est convaincu que la destinée des individus est toujours plus importante que leurs réactions quotidiennes. Il partage avec le moraliste satirique français du XVIIe siècle Jean de La Bruyère le sentiment que la vie est une tragédie pour ceux qui ressentent et une comédie pour ceux qui pensent. Il est plutôt sceptique face aux notions de rédemption, de passé irréprochable ou d'expiation, parce que, selon lui, chacun de nos gestes entraîne des conséquences qui lui sont propres et qu'il convient aussi bien de comprendre que d'intégrer. Son arrogance est de nature intellectuelle et non égocentrique, dans la mesure où il envisage les événements dans une perspective historique.

L'intérêt de son personnage réside essentiellement dans le fait qu'il suit la forte tendance existentielle de sa nature, qui le pousse, bien au-delà des préoccupations mondaines, à inventer de nouveaux défis et à tout faire pour les relever même si, comme lorsqu'il a tenté de sortir Massey de l'impasse, il se détruit quelque peu en cours de route. Il ne suffit pas d'entreprendre une promenade oisive pour parcourir les méandres de l'esprit de Black.

Il se pourrait fort bien qu'il soit le seul homme d'affaires de l'histoire du Canada qu'il faille prendre au sérieux lorsqu'il affirme: "Nous nous jugeons, Hal Jackman et moi-même, fondamentalement plus nietzschéens qu'hégéliens."

La morale protestante du travail pourrait lui tenir lieu de Saint-Graal (dans la mesure où il ne considère pas le mot "réalisation" comme une insanité). Toutefois Conrad vise un objectif plus élevé (en se posant comme la figure dominante de la nouvelle classe des propriétaires canadiens) tout en restant dans l'ombre (d'où il observe l'ensemble de la scène comme s'il s'agissait d'un jeu dans le cadre duquel il voudrait simplement se distinguer de la masse des participants).

Il lui est difficile de se trouver des motivations claires à ses propres yeux et il se glorifie constamment de ne pas être un simple héritier. Il affirme bien haut son mépris à l'égard des fils de riches qui se contentent de dilapider leurs biens. "Je suis riche et fier de l'être", proclame-t-il à qui veut l'entendre, comme s'il répétait une incantation afin de conjurer la peste. "Pourquoi devrais-je en avoir honte? J'ai toujours gagné mon argent honnêtement."

Mais cela ne suffit pas pour le réconforter, et, bien qu'il se montre particulièrement réceptif à la sensibilité d'autrui, Conrad Black éprouve cependant autant de difficultés à distinguer le savoir des sentiments ou la solitude de l'esseulement qu'à différencier le fait de répéter les *bons mots** du Toronto Club de celui de dévoiler ses émotions profondes.

Les traditions familiales de la haute société au sein de laquelle il a grandi ne lui ont guère donné l'occasion de s'empoigner avec la réalité sans pour autant le déposséder de ses aspirations ou de son désir de remettre l'univers en question. Bien qu'elle soit fort éloignée des idéaux de la majorité des hommes, moins choyés que lui par le sort, la morale qu'il a élaborée n'est pas le fruit d'une assimilation intellectuelle, mais bien le fruit tant d'un effort de réflexion délibéré que de son expérience. Conrad Black défend ses convictions économiques et politiques avec un soupçon de sauvagerie parce qu'il est conscient du fait que toute impulsion antagoniste aux siennes risque de détruire en un clin d'oeil les valeurs prônées par quatre générations de Black.

"Je suis plutôt intuitif", expliquait Black à l'un de ses amis au printemps de 1982, "et mon intuition me conseille pour le moment d'accumuler des ressources et de me bâtir une solide base matérielle, à la manière de l'écureuil qui amasse des noix, des châtaignes ou quoi que ce soit que les écureuils amassent pour l'hiver. Je ne veux pas avoir l'air pseudo-biblique, mais il y a un temps pour amonceler ses richesses (pour les hommes d'argent dont je suis censé faire partie) et un temps pour les dépenser, à défaut de les dissiper."

------

* *N. des T.:* En français dans le texte.

LES HOMMES D'AFFAIRES CANADIENS se montrent pour la plupart aussi enclins à l'introspection que les dompteurs de fauves. Cette minorité de dirigeants réfléchis, qui s'arrangent pour jongler d'une manière ou d'une autre avec leurs idéaux et leurs ambitions, ont généralement le style boursier de Rhodes, s'imprègnent du style de vie de la bonne société anglicane, parlent avec l'accent de la côte Est et affichent un minimum de cette piété passagère qui leur est nécessaire pour soutenir la conception toute de compromis qu'ils se font de l'existence. Mais Conrad Black est d'une tout autre trempe. Conservateur jusqu'à la moelle, il fait preuve de ce que Nick Auf der Maur qualifie "d'une bizarre tendance légèrement égalitaire. Insupportable à l'égard des personnes qu'il considère stupides, ennuyeuses ou dépourvues d'intérêt, il sait toutefois se montrer charmant face à celles qu'il juge intéressantes ou susceptibles de l'aider à percer les mystères insondables d'un courant social en vogue. Je lui ai présenté toutes sortes de gens dans des bars, où il pensait pouvoir découvrir les motifs profonds qui animent les âmes dépravées de notre siècle ou je ne sais quoi. Il pouvait y passer des heures à poser des questions, tel un procureur de la Couronne, dans le but de comprendre ce qui se passait au juste".

Par contre, Black éprouve de la difficulté à entrer en contact avec les gens ordinaires dans le cadre des situations quotidiennes, comme s'il était en quelque sorte déphasé sur le plan psychique. Son comportement n'est pas dépourvu d'une fierté d'essence divine, qui l'empêche de mener à bien les communications les plus élémentaires. Il souffre de ce que les Français appellent *l'orgueil** (c'est-à-dire d'une tendance à se prendre pour l'Être suprême lui-même, en vertu de laquelle un individu aux prises avec ce sentiment a rarement tort et ne regrette jamais rien). Black admet d'ailleurs allégrement: "Je suppose que je fais des erreurs, mais, pour l'instant, il ne m'en vient aucune à l'idée."

À l'un de ses proches amis qui lui demandait: "Pourquoi n'essaies-tu pas de te faire élire premier ministre du Québec puisque tu t'intéresses tant à la politique?", Black, dont l'engouement pour l'évolution sociale du Canada français était alors à son comble, répondit, après quelques instants de réflexion: "Le Québec n'est pas encore mûr pour moi. Je dirais plutôt l'Espagne."

Sans même tenir compte de Franco, cette réplique est inhabituellement simpliste de la part de Black, dont les conceptions politiques sont beaucoup plus subtiles que ne le laisse supposer ce trait d'esprit. Il est en effet l'un des rares membres de la nouvelle génération de l'Establishment canadien capable d'agencer ses convictions et ses préjugés en un système philosophique doué d'une certaine crédibilité. "C'est parce que les intel-

---

* *N. des T.:* En français dans le texte.

195

lectuels... maîtrisent la puissance du verbe que la philosophie capitaliste des conservateurs fait si piètre figure dans l'histoire de la pensée moderne", soutient-il. Lorsqu'ils tentent de se défendre verbalement, "les hommes d'affaires ressemblent inévitablement à un troupeau de dinosaures blessés beuglant des clichés d'extrême droite, au grand plaisir des intellectuels de gauche. John Stuart Mill a qualifié le Parti conservateur britannique de "parti des imbéciles"; en réalité, les idées conservatrices avaient été, jusqu'à récemment, articulées si maladroitement que personne ne pouvait les prendre au sérieux." Loin d'être un réactionnaire du genre "petits blancs" du sud des États-Unis, Black se situe lui-même dans le courant du néo-conservatisme et dans la lignée de Bernard Henri Lévy, Daniel Bell, Norman Podhoretz et Irving Kristol.

Ce fut Black qui, à l'automne de 1979, fit le discours d'introduction de la conférence donnée par Kristol au banquet offert à Toronto par Insurance Bureau of Canada. Il raconta l'anecdote suivante à propos d'une visite faite au Canada par l'un de leurs amis, le conférencier William F. Buckley junior. "Il était venu ici dans le but de s'opposer à l'ancien chef du NPD, David Lewis, de commencer Conrad. Il arrive donc à l'aéroport de Toronto, où l'employé des services d'immigration lui demande: "Quel est le but de votre visite?" Buckley lui répond: "Désocialiser le Canada." Sans se départir du flegme dont font habituellement preuve les gens de sa profession, l'employé ignore la remarque de Buckley et s'enquiert alors de la durée de son séjour au Canada. Buckley réplique du tac au tac: "Oh, 24 heures!*"

Les racines de la pensée politique de Black remontent aux doctrines rigides des Whigs britanniques (ces grands propriétaires terriens qui détenaient le pouvoir en Angleterre, au XVIIIe siècle sous le règne des premiers rois George, et alliaient à leur foi dans l'entreprise individuelle quelques idées vaguement réformistes comme le fait de prôner la monarchie constitutionnelle en lieu et place de l'absolutisme de droit divin). Cette idéologie se répandit aux États-Unis au début du XIXe siècle, regroupant sous sa bannière certains capitalistes de l'Est, planteurs du Sud et prédécesseurs pragmatiques des Républicains. "Je ne suis pas sans affinité avec les Whigs, admet Black, tout en étant cependant plus conservateur. Je n'adhère pas vraiment à la libre pensée d'un Jefferson. Je me sens aussi plus humaniste. Ainsi, l'image de ce président assis à Monticello au milieu de tous ses esclaves, ne sachant s'il devait ou non les affranchir et clamant que l'arbre de la liberté doit être arrosé de temps à

---

* Au début de l'allocution qu'il livra à l'occasion de ce banquet, organisé au Royal York Hotel, propriété du Canadien Pacifique, il fut interrompu par une fausse alerte d'incendie. Une fois les sonneries interrompues, Black enchaîna: "Je savais que le personnel était affilié au NPD, mais là, je dois dire que Ian Sinclair me déçoit." Ce qui déclencha l'hilarité de l'assistance.

196

autre du sang de tyrans et de patriotes, me révolte. Bien que ce genre de raisonnement ne soit pas entièrement faux, je ne saurais par ailleurs y souscrire totalement."

Tout en étant parfaitement d'accord avec la nécessité d'établir une frontière entre les richesses privées et l'autorité publique, Black soutient cependant que l'ensemble des forces politiques, tant de droite que de gauche, est parvenu à une impasse il y a quelque dix ans. "Il semble, déclare-t-il, que les hégéliens tant conservateurs que socialistes soient contraints de reconnaître la nécessité de faire une synthèse de la situation. L'état d'indécision... dans lequel est plongée notre société... est dû au schisme profond qui sépare les adeptes d'une réconciliation de la nostalgie, du bon sens et du pouvoir individuel propres à faire revivre le passé, du moins en partie, des partisans de l'instauration du socialisme. L'Union soviétique a franchi des pas de géants au cours des dernières années, non pas parce qu'elle constitue une société dynamique, créative ou même plus productive (elle n'est rien de tout cela), mais parce qu'elle repose sur un consensus national que ne vient troubler aucune des contradictions sociales qui dévorent notre système démocratique."

À une époque où la majorité des barons canadiens de la finance est persuadée que, s'ils le pouvaient, les politiciens d'Ottawa offriraient une prime en échange de leurs scalps, le discours plus nuancé de Conrad jette un baume sur les coeurs (en dépit du fait que rares sont ceux de ses auditeurs réguliers du Toronto Club qui comprennent de quoi il parle au juste).

Au beau milieu de l'un de ses longs discours idéologiques, Black peut brusquement lancer: "Peut-être attendons-nous tous un nouveau Karl Marx émergeant de la salle de lecture du British Museum et brandissant les canons d'un ordre nouveau qui réconcilierait les éléments les plus répandus du capitalisme et du socialisme. Mais, en attendant un tel événement, ceux d'entre nous qui se préoccupent autant du sort du commerce que de l'humanité pourraient se pencher sur la curieuse inégalité des avantages qu'offre notre société. Car si cette dernière reste l'une des plus riches et des plus créatives de l'histoire universelle, elle n'en est pas moins marquée de plus en plus profondément par l'absence de toute relation entre les détenteurs du pouvoir politique et les détenteurs du pouvoir économique. Si l'homme d'affaires considère généralement les représentants gouvernementaux, qu'ils soient élus ou non, comme des politiciens inconsistants ou encore comme des bureaucrates zélés et fouineurs, l'homme politique a tendance pour sa part à tenir les hommes d'affaires pour de sombres crétins... et d'avares imbéciles, guidés par leur seule gloutonnerie, tels des ours qui viennent de trouver un pot de miel. On ne peut que souhaiter voir les suspicions s'atténuer de part et d'autre."

L'un des échanges à caractère privé les plus intéressants dans le cadre de cette confrontation sans cesse plus acerbe entre les secteurs public et privé, au Canada, reste la correspondance échangée au printemps 1981 entre Black et Michael Pitfield, greffier du Conseil privé et secrétaire du cabinet Trudeau, à la suite d'un déjeuner officieux auquel les deux hommes avaient assisté. Le 12 mai 1981, le président du conseil d'administration d'Argus adressait une longue missive à ce mandarin d'Ottawa, souvent considéré comme le gourou à demeure de Trudeau:

Cher Michael,

Le... déjeuner de vendredi dernier m'a semblé des plus utiles, et si, comme vous l'avez mentionné, des rencontres de ce genre doivent se multiplier à l'avenir entre les hommes d'affaires et les membres du gouvernement, il semble qu'un certain nombre de réflexions s'imposent à cet égard. Celles qui suivent sont entièrement personnelles et ne sauraient prétendre représenter l'opinion de qui que ce soit d'autre que moi-même.

Je suis persuadé que nul n'ignore la nature implacable et complexe du problème de l'inflation, d'une part, ainsi que les difficultés de juridiction pour le moins uniques que le système fédéral canadien pose au gouvernement central de ce pays, d'autre part. Mais je suis tout aussi convaincu que la plupart des Canadiens et, à coup sûr, la majorité des hommes d'affaires, estiment que le gouvernement fédéral n'a pas fait preuve de suffisamment d'austérité, de frugalité, ni même d'une participation adéquate sur le plan psychologique, dans le cadre de la lutte contre l'inflation. L'inoubliable remarque du premier ministre selon laquelle son gouvernement avait envoyé l'inflation au tapis et la critique que vous avez vous-même formulée à l'endroit des coupures budgétaires appliquées par le président Reagan donnent à penser, peut-être à tort, que le gouvernement fédéral se considère à l'origine d'un climat socio-politique stable et prospère (comme vous l'avez vous-même souligné) comparativement à celui de pays moins favorisés que le nôtre et qu'il tient la population canadienne, tout aussi capricieuse qu'indolente et ingrate, pour responsable de ses malheurs.

Ainsi, cette insinuation curieuse voulant que "l'avalanche" d'indemnisations versées aux dirigeants d'entreprises à la suite du retrait des mesures anti-inflationnistes soit à l'origine d'une recrudescence de l'inflation est tout simplement ridicule, quand bien même un tel phénomène se serait effectivement produit. De la même manière, votre pari prédisant que non seulement madame Thatcher perdrait le pouvoir mais qu'en outre elle ferait du même coup tomber le Parti conservateur britannique dans l'oubli (ainsi que la persistance avec laquelle vous confondez croissance des entreprises et entrave à la compétition) risque d'avoir renforcé dans l'esprit de plusieurs l'impression que votre conception de l'équilibre des forces en présence est, entre autres choses, un prétexte néo-hégélien pour permettre une intervention gouvernementale illimitée dans le secteur privé. (À propos, je relève votre pari sur madame Thatcher. Je suis pour ma part convaincu qu'elle sera réélue et que le Parti travailliste est bien plus menacé de disparition que le Parti conservateur.)

Dans de telles circonstances, il se peut que certains aient eu de la difficulté à considérer comme autre chose que de l'affectation pure et simple votre affirmation voulant que le Programme national de l'énergie soit la plus modérée des différentes solutions envisagées, votre évocation du concept nauséabond d'une limitation de la participation des actionnaires à 10 p. 100 dans des industries fort éloignées des opérations bancaires, ainsi que votre déclaration de vif intérêt à l'égard des milieux d'affaires.

Au cas où vous en douteriez, je suis d'allégeance centriste et crois sincèrement à la nécessité d'une économie mixte, de mesures anti-inflationnistes fondées sur le système d'imposition, ainsi que de la FIRA. (Je me dissocie totalement des propos de Gordon Gray à ce sujet. D'une part, il n'est pas une nation qui se respecte qui puisse tolérer la mainmise étrangère que nous avons endurée jusqu'à présent sur nos industries stratégiques, et, d'autre part, la croissance économique américaine reposait bien plus, au tout début, sur des dettes que sur des capitaux propres.) J'appuie, quant à moi, tant l'initiative et les objectifs avoués du gouvernement fédéral que bon nombre des mesures concrètes qu'il a prises dans le cadre du Programme national de l'énergie.

Tout comme vous croyez qu'il est vital, eu égard à la question indépendantiste soulevée par le Québec, de rapatrier la Constitution (et je suis tout à fait d'accord avec vous sur ce point), il me semble, quant à moi, que la reprise en main de notre industrie serait non seulement souhaitable en soi mais que, d'une part, elle permettrait en outre au gouvernement fédéral de contrer l'argument nationaliste québécois que le Canada n'est guère plus qu'une succursale industrielle de l'empire anglo-américain, et, d'une part, elle conférerait à l'ensemble de la nation canadienne un sens accru de son identité économique nationale. Je suppose que j'ai dû vous ennuyer, vous et certains de vos collègues, en défendant aussi ardemment que je l'ai toujours fait l'idée que les aspirations du gouvernement fédéral et des éléments les plus importants et les plus éclairés de la communauté financière devraient s'accorder sur ce point en particulier, comme sur bien d'autres d'ailleurs.

Les milieux d'affaires torontois ont fait l'objet de bien des changements tant en ce qui concerne les personnalités qu'en ce qui con-

cerne les attitudes et les circonstances, de telle sorte qu'il semble maintenant possible d'entrevoir une amélioration des relations entre ces milieux d'affaires et Ottawa. Je me suis toujours bien gardé de laisser sous-entendre que le Toronto Club pouvait se comparer au Conseil privé. Je n'ignore pas non plus à quel point il peut être tentant pour un homme politique ou pour quiconque doué d'un certain sens de l'humour d'ignorer, de harceler, voire même de discriminer le proverbial Establishment canadien. Il n'en reste pas moins qu'une telle attitude, outre qu'elle équivaudrait à gaspiller le potentiel existant, serait fort peu digne d'un homme d'État. (Si ma mémoire est bonne, je crois qu'il n'y a pas eu de ministre libéral torontois en 30 ans, jusqu'à la nomination de Paul Hellyer, en 1957. Vous devriez, en toute justice, reconnaître que rares sont les hommes d'affaires torontois qui puissent affirmer que le gouvernement fédéral ait jamais fait preuve d'une collaboration valable à l'égard de la grande entreprise, contrairement à leurs collègues montréalais, qui ont su tirer parti du perpétuel débat fédéraliste soulevé au Québec.)

Il ne fait aucun doute que les milieux d'affaires torontois et le gouvernement fédéral peuvent continuer à coexister de façon plus ou moins satisfaisante dans un climat de suspicion réciproque. Dans la mesure où le gouvernement fédéral a la moindre notion de la dynamique du capital et croit sincèrement au concept de stimulation économique (or, aucun de ces deux points ne ressort clairement de vos remarques de vendredi dernier), il devient évident qu'un rapprochement, à l'épreuve d'éventuelles accusations de collusions incongrues ou de compromissions obséquieuses, s'avérerait à la fois possible et souhaitable.

Loin de vouloir jouer les mouches du coche, aussi sournoises qu'importunes, je me permets cependant de vous assurer que je suis prêt à collaborer sincèrement à l'amélioration des relations entre le gouvernement et les hommes d'affaires, dans la mesure où je pourrai raisonnablement me rendre utile dans ce rôle.

J'ai transmis vos salutations à Shirley, qui me charge à son tour de la rappeler à votre bon souvenir et à celui de Nancy.

Toutes mes amitiés,
Conrad M. Black

· Afin de ne pas être en reste, Pitfield lui fit la réponse suivante:

Cher Conrad,
Quel plaisir que de lire votre lettre du 12 mai. J'ai vu passer les ombres de Lord Beaverbrook et de Grattan O'Leary! Voilà bien 20

ans qu'il ne m'a pas été donné d'être le destinataire d'affirmations aussi péremptoires et générales, chaque ligne contenant d'ailleurs un noyau de vérité enveloppé d'une coquille aussi épaisse que discutable.

Parmi toutes celles de vos remarques qui me semblent contestables, il en est deux que je tiens à relever afin de clarifier ma position: il s'agit de mon opinion au sujet des coupures budgétaires du président Reagan, d'une part, et du programme de madame Thatcher, d'autre part. Pour ce qui est du premier, je me suis contenté de souligner que les coupures budgétaires de monsieur Reagan n'ont pas plus de lien avec sa politique économique que les mesures prises par le gouvernement Trudeau en 1977 n'en avaient avec l'économie canadienne, et certainement moins en tout cas qu'en 1978 et 1979. Quant aux diminutions d'impôt, nous avons fait beaucoup plus à cet égard, année après année, que Reagan n'a même osé l'envisager. Et enfin, je dirai que son programme politique global constitue une gageure impossible, ce qui n'empêche pas que je lui souhaite de réussir! Pour ce qui est maintenant du programme de madame Thatcher, je répète que je considère qu'il ne peut être qu'à l'origine de graves dissensions au sein d'une société déjà fortement polarisée et très consciente des différentes classes qui la composent. C'est à la lumière de cette conviction que l'avenir me paraît fort sombre tant pour les conservateurs que pour les travaillistes, et j'ai bien peur que la Grande-Bretagne n'entre dans une période où la balance des pouvoirs sera aux mains d'un troisième groupe... ce qui complique toujours les choses dans le cadre d'une démocratie parlementaire.

J'ajouterai pour finir qu'il est absolument fascinant de recevoir l'écho de ce que l'on pense avoir dit transformé par la perception de ce que les autres croient avoir entendu. Je respecte votre point de vue à cet égard. Et je sais que vous ne vous attendez pas à ce que je le partage. En fait, j'espère que nous ne sommes ni l'un ni l'autre aussi extrêmes ou intransigeants que vous le sous-entendez. Je suis même persuadé, au contraire, que nous sommes tous, nos collègues et nous-mêmes, des hommes de bonne volonté tâchant de faire de leur mieux pour régler une situation des plus difficiles et, aussi faillibles et imparfaits que nous puissions être, nous n'avons aucune intention de dénigrer, de duper, d'insinuer, de feindre, d'ignorer, de harceler, de discriminer ou de nous compromettre.

Partant de cet acquis, j'espère que nous aurons bientôt le plaisir de nous rencontrer de nouveau. Je crois en effet que de plus amples échanges entre nous-mêmes et nos collègues seraient des plus utiles et j'espère bien qu'ils se produiront.

Meilleurs sentiments,
Michael

BLACK PEUT (ET IL NE S'EN PRIVE PAS) PASSER DES HEURES à établir des analogies et à défendre les réalisations du système capitaliste tout en condamnant ses sous-produits les moins glorieux. "Lorsque j'ai constaté, il y a quelques années de cela aux alentours de Noël, remarque-t-il, que l'émission d'information animée par Walter Cronkite était offerte en partie par une compagnie productrice d'appareils électriques de nettoyage dentaire, j'ai été saisi de la conviction profonde que notre société suivait une trajectoire véritablement inacceptable." Et Black de poursuivre en s'échauffant: "Nous comptons sur la force ouvrière tout entière pour maintenir les normes bourgeoises traditionnelles de l'artisanat, de l'épargne et de la vertu du travail. Nous l'encourageons à se transformer de docteur Jekyll économique en Mr. Hyde, nous l'incitons à la débauche, à la surconsommation, au gaspillage et à la dispersion de façon à maintenir l'habitude de ne rien se refuser et le rythme de production vertigineux qui sont l'apanage du système." En public, tout au moins, Black exalte la morale puritaine ("frugalité, sobriété, diligence, abnégation, piété et pudeur"), dont il déplore l'agonie: "J'ai vu peu à peu (et j'ai mis du temps à m'en apercevoir) l'esprit de sacrifice et de persévérance céder le pas au luxe et au loisir, sous l'impulsion de l'économie de consommation et de la corruption politique. L'égalité, non pas seulement civique mais aussi économique, est devenue plus importante aux yeux de notre société que la liberté. Il ne s'agit pas simplement... d'une révolution mue par des attentes sans cesse croissantes et, donc, source de déboires prévisibles, mais plutôt par le bon droit, l'ensemble de la population étant convaincue, en toute bonne foi, qu'elle pourrait acquérir sans effort des biens dont un calcul arithmétique rudimentaire prouve pourtant l'insuffisance. Il aurait été surprenant, étant donné la banalité et l'inévitabilité d'un tel comportement, que la structure institutionnelle de notre société tout entière ne souffre pas durement de la situation, d'autant plus que la guerre au Viêt-nam s'est avérée une source de tension supplémentaire."

C'est lorsqu'il revêt l'habit de gladiateur de la guerre froide que Black devient le plus transparent. Il se désole particulièrement de ce qu'il considère comme un manque d'empressement de l'Europe à faire sa part pour défendre l'Occident. "Les Européens ont dû être très marqués par les inepties de la période Carter, explique-t-il, pour croire que les États-Unis financeraient la sécurité de l'Occident en échange de leur bienveillante complaisance et de leur tutelle avisée. Ils ne souhaitent voir les États-Unis s'imposer qu'avec suffisamment de fermeté pour maintenir une défense préventive en Europe de l'Ouest, et la détermination du gouvernement actuel à rétablir la force stratégique des États-Unis, outre qu'elle est souhaitable en soi, devrait s'avérer des plus saines dans le cadre des relations entre ce pays et l'Europe, dans la mesure où elle s'accompagne d'un minimum d'habileté politique... L'Europe va devoir choisir entre la décision de se raffermir de façon autonome ou de faire preuve d'une confiance réelle et soutenue en son allié nord-américain, ou encore opter pour la finlandisation. J'aimerais voir la diplomatie américaine passer aux mains de personnes plus consistantes que celles qui en sont chargées actuellement... mais je me réjouis de la dernière initiative du président Reagan. Je continue à penser que, tout en faisant preuve de discrétion et de délicatesse, les États-Unis sont encore capables de mener l'Europe vers un destin plus glorieux que celui auquel la promet sa passivité sûre d'elle-même. Notre meilleur allié à cet égard est d'ailleurs l'incommensurable vanité des Européens eux-mêmes.''

Bien qu'il aime à se comparer à ces esprits humanistes de la Renaissance ouverts à toutes sortes d'idées, Black s'apparente plus vraisemblablement à un William F. Buckley junior* canadien. Ainsi: "Ce groupe de libéraux (avec un l minuscule) de New York et Washington qui refusent de reconnaître que notre civilisation court un danger croissant me tape sur les nerfs. Lorsque je parle de "civilisation", je ne fais pas allusion aux taux d'imposition du revenu des entreprises, mais bien à ce qui différencie fondamentalement notre société nord-américaine des autres. Ces gens sont pleins de bonnes intentions et aussi bourrés de talent qu'admi-

---

* Au cours de l'été de 1973, alors que le *Saturday Night* connaissait l'une de ses mauvaises passes cycliques, Black, qui avait déjà fait l'acquisition de sa chaîne de journaux, écrivit à Buckley afin de lui demander conseil en matière d'édition. "Je prends la liberté de vous écrire au nom de nombreux membres des milieux tant journalistique qu'universitaire et économique de ce pays, désireux de transformer une revue canadienne déjà existante afin d'y véhiculer des points de vue quelque peu différents de la bouillie rabâchée de l'idéologie en vogue tant ici qu'aux États-Unis.

"Afin d'être mieux à même d'apprécier ce dans quoi nous nous engageons, nous vous serions des plus reconnaissants de bien vouloir nous accorder une brève entrevue au cours de l'été, afin de nous entretenir des difficultés que vous avez dû surmonter au *National Review*, plus particulièrement sur le plan financier. Nous sommes conscients que le Canada manque d'éditorialistes de talent pour défendre les options politiques qui nous intéressent. Les instigateurs de cette entreprise naissante, dont le soussigné, n'ignorent en outre rien de la précarité économique d'un tel projet.

"Nous ne sommes néanmoins dépourvus ni de moyens, ni de conviction et, à moins que les obstacles économiques ne s'avèrent insurmontables, nous sommes déterminés à mener notre projet à bien et à le réaliser. Nous sommes sûrs de pouvoir compter tant sur un soutien financier que sur la participation de rédacteurs compétents, ce qui justifie la mise à exécution des étapes finales du projet.

"C'est dans ce contexte que nous sollicitons vos conseils, étant donné que dans une certaine mesure nous envisageons de nous inspirer de l'exemple du *National Review*.''

rables, mais il leur est pratiquement impossible d'admettre que nous sommes dans une situation très précaire. Leur invraisemblable suffisance, ce sentiment qu'ils ont de l'immortalité de l'Angleterre, leur obstination fanatique à refuser de voir l'immense menace stratégique à laquelle nous sommes exposés et la nécessité absolue pour les États-Unis de se maintenir dans un état d'alerte suffisant relèvent d'un altruisme mal placé. Or, à mes yeux, avant la venue de Ronald Reagan au pouvoir, les États-Unis amorçaient un déclin des plus vertigineux qui ne pouvait se comparer qu'à celui de la France en 1940."

Au printemps de 1981, Conrad Black assista à la conférence annuelle dite de "Bilderberg", réunion informelle où se rencontrent les citoyens les plus influents du monde libre, notamment des gens comme David Rockefeller et Henry Kissinger. Black y eut le plaisir de s'entendre remercier par Jeane Kirkpatrick, ambassadrice des États-Unis aux Nations unies, d'avoir pris ouvertement fait et cause pour la politique étrangère de l'administration Reagan. Et, de se vanter Black: "À ma dernière intervention à la conférence, j'ai signalé à quel point j'étais convaincu que Ronald Reagan saurait, comme il se doit, redonner aux États-Unis sa place de première puissance économique et politique au monde."

Plus tard, cette même année, lorsqu'ils organisèrent une soirée à la Art Gallery of Ontario en l'honneur de Andy Warhol, qui venait de terminer un portrait de Black, celui-ci et sa femme, Shirley, comptèrent au nombre de leurs invités l'adjoint au secrétaire d'État américain, chargé des affaires inter-américaines, Thomas O. Enders. Enders, qui s'était lié d'amitié avec les Black alors qu'il était ambassadeur des États-Unis au Canada, était à l'époque l'âme dirigeante de la stratégie américaine au Salvador et comptait au nombre des personnes responsables des bombardements effectués sur le Cambodge, pendant la guerre au Viêt-nam. Dans la brève allocution qu'il adressa ce jour-là à l'assistance, Black déplora qu'Enders n'ait pas tenu compte de ses conseils au moment du conflit qui faisait rage dans le Sud-Est asiatique. Ce sur quoi, Gaetana, l'épouse d'Enders, qui n'a jamais mâché ses mots, lança à voix haute: "Heureusement! Sinon la guerre aurait duré plus longtemps encore!"

Bien que les avis restent partagés sur cette question, Black soutenait qu'il aurait mieux valu miner le port de Haiphong et étendre davantage les hostilités au Viêt-nam du Nord "plutôt que d'envoyer tous ces conscrits américains peiner dans la jungle du Viêt-nam du Sud". La dureté de ses prises de position est particulièrement bien illustrée par la demande qu'il fit à l'artiste chargée de peindre une fresque de nuages sur le plafond de sa salle à manger, à Palm Beach: il voulait en effet qu'elle y fasse figurer un B-52 en mission. "Mon attitude face à l'Amérique des années 60, dit-il, n'est pas sans ressembler à celle de de Gaulle lorsqu'il visita Stalingrad. Le colonel russe qui lui servait de guide l'amena sur les collines qui surplombent la ville, où il lui décrivit le flux et le reflux de la bataille qui avait dévasté Stalingrad. Et de Gaulle s'exclama: "Quel grand peuple!" "Vous parlez des Russes?" demanda le guide. "Non, de répliquer De Gaulle. Non! Des Allemands, qui ont su atteindre les rives de la Volga."

"Je n'ai pas l'intention de soutenir les allusions aussi mensongères que malveillantes selon lesquelles les États-Unis s'engageaient sur la voie du national-socialisme à cette époque... Faire face à une situation intérieure des plus agitées, poursuivre la guerre à distance tout en dominant le monde tant sur le plan commercial que sur le plan culturel était certes la preuve tangible de la prodigieuse créativité du peuple américain."

Black s'oppose à l'anti-américanisme sous toutes ses formes. "C'est tout simplement vil et dégoûtant", écrivit-il à un membre de l'opposition progressiste-conservatrice, le 1er février 1973. "C'est une attitude à la mode, manifestement encouragée au plus haut point dans l'esprit du public par ces instruments de persuasion que sont le réseau anglais de Radio-Canada, *The Toronto Star, The Montreal Star, Maclean's* et *Saturday Night.*"

Mais c'est probablement dans la longue lettre personnelle qu'il écrivit à l'intention de Tom Axworthy, alors premier secrétaire de Pierre Trudeau, qu'il exprime le plus fortement ses sentiments pro-américains.

Mon cher Tom,

Merci de m'avoir fait parvenir le texte du discours relatif à la politique extérieure canadienne, adressé le 15 juin par le premier ministre à la Chambre des communes.

J'aimerais faire quelques commentaires à propos des relations américano-soviétiques, de nos relations avec l'Europe et de la question des relations Nord-Sud.

Si le premier ministre a présenté l'horrible situation afghane dans des termes appropriés, j'ai cru relever par contre des remarques susceptibles de sous-entendre une certaine analogie entre l'attitude de l'URSS et celle des États-Unis. Je ne pense pas que ce soit là son opinion. Il est certes possible d'établir de façon abstraite des comparaisons pertinentes entre la politique extérieure de ces deux pays, et l'inutilité de tenir des propos acerbes à l'endroit de l'URSS n'est pas à démontrer. Je tiens cependant à vous mettre très vivement en garde contre l'attitude qui consiste à considérer "que ces deux pays ont en commun des préoccupations fondamentales" de même qu'à acquiescer à l'affirmation soutenue par l'URSS que ce pays "a tout autant le droit que son rival de faire entendre sa voix sur les problèmes qui surgissent à tous les coins du globe". Toute position qui tendrait à nier la menace extrême que l'URSS constitue pour notre civilisation occidentale, pour ses valeurs et pour la liberté

qu'elle offre, comme l'explique si bien le premier ministre au début
de son discours, ne saurait contribuer à réaliser les objectifs qu'il a
lui-même mis de l'avant...

Conrad M. Black

C'EST EN 1973, ALORS QU'IL TENTAIT DE SUGGÉRER QUELQUES INITIATIVES ORIGINALES À CLAUDE WAGNER, qui occupait les fonctions de critique conservateur en matière de politique extérieure, que Black fit ses incursions les plus énergiques dans l'univers de la diplomatie. Ainsi abordait-il, dans un exposé de neuf pages envoyé au mois de février 1973, une demi-douzaine de questions, dont celle, fort controversée, de la guerre de la morue. "Je crois, pour ma part, écrivait-il, que les eaux internationales particulièrement poissonneuses sont littéralement dévastées par des étrangers avides. Une position ferme à cet égard s'avérerait aussi satisfaisante pour les écologistes que pour les nationalistes, d'autant plus qu'il semble que ce soit la seule manière de protéger cette ressource. Si les pays qui autorisent la pêche dans les zones de reproduction refusent de se soumettre à un système de quotas, il faut rétorquer par un harcèlement naval des bateaux de pêche en provenance des pays peu belliqueux sur le plan militaire (comme ceux de la Scandinavie) et par d'autres genres de représailles dans le cas contraire (j'ignore si l'Union soviétique fait partie du lot). Il faudrait porter cette question avec fracas à l'attention des Nations unies, où nous pourrions remporter certaines victoires de prestige en donnant un exemple de modération et de respect de l'environnement. Il faut demander pour quelles raisons le gouvernement ne se penche pas plus énergiquement sur ce problème et citer le texte où Cabot indiquait que la morue foisonnait à ces endroits au XVIe siècle. Il faudrait également évoquer les pigeons voyageurs et autres espèces animales disparues."

BLACK APPRÉCIE L'ORDRE AU PLUS HAUT POINT. Il brûle d'un désir d'ordre. Il admire les pays où l'heure est reine. Il estime qu'en matière de pouvoir politique la *fin* prime sur les moyens. C'est pourquoi plus encore que les victoires militaires de Napoléon, il admire l'essor que connurent la santé et l'instruction sous le régime de Bonaparte. C'est en nombres de kilomètres de routes goudronnées ou de kilowatts produits sous le règne de Maurice Duplessis qu'il répond aux détracteurs de ce dernier, qui condamnent son absolutisme.

La courte liste des héros politiques de Black illustre la propension de celui-ci à considérer que ce ne sont ni les mouvements de masse, ni les forces politiques en présence qui font l'histoire, mais bien plutôt l'action énergique de certains dirigeants excentriques, ainsi que les caprices royaux et un ensemble d'intrigues concourantes. Il ne croit que modérément à la perfectibilité de l'être humain et pas du tout à la perfection des doctrines. Par contre, il soutient presque inconditionnellement les personnages autoritaires qui n'ont pas craint de proclamer la grandeur de leur rêve: ces politiciens et conquérants qui entreprirent des missions impossibles auxquelles ils survécurent.

Black a une faiblesse pour les gestes empreints de grandeur: "Il y a quelque chose dans la prise de conscience tardive de la grandeur qui me donne une sorte de plaisir par procuration, confie-t-il. Ainsi, André Malraux raconte sa visite chez le général de Gaulle, alors en exil politique à Colombey-les-Deux-Églises. Ce dernier, qui avait refusé de toucher sa retraite d'ex-président du Gouvernement provisoire, se contentait de celle de général à deux étoiles. Quoique amateur de vin, il ne lui en restait plus guère, et il découvrit, en ouvrant une de ses dernières bouteilles, qu'il avait tourné au vinaigre. Bien entendu, il n'en exprima aucun dépit, tout décidé qu'il était à boire son "vinaigre" comme du bon vin, et tendit la bouteille à son invité en disant: "J'imagine que vous buvez du vin, Malraux?" Et ce dernier de répliquer: "Non merci, *mon général**, pas chez vous."

"Bien sûr, deux ans plus tard, de Gaulle était de retour au palais de l'Élysée, où il pouvait s'offrir tous les crus qu'il voulait. Ça me rappelle le jour où Sigmund Freud se vit décerner une décoration spéciale, en l'honneur de son soixante-dixième anniversaire, par l'Académie des Sciences et des Arts de Vienne, ce même organisme qui l'avait chassé des années plus tôt en le traitant de charlatan. Freud déclina l'invitation de l'Académie. Thomas Mann, qui avait rédigé le petit discours de rigueur, se rendit donc chez Freud, où il lui lut son discours, dans lequel se trouvait cette phrase: "Plus significative encore, et de loin, que les applaudissements ininterrompus de nos partisans de longue date, est la reconnaissance injustement tardive de nos adversaires d'autrefois."

Le grand buste de bronze du maréchal Ferdinand Foch, qui orne l'appui de la fenêtre de son bureau d'Argus, trahit l'admiration de Black pour les gestes nourris par un sourd ressentiment. "Foch m'a toujours impressionné, explique-t-il, non pas tant par ses talents de général que par sa détermination. Du temps où il était étudiant au séminaire des jésuites de Saint-Clément, à Metz, les canons allemands retentirent pour annoncer que Metz était désormais annexée à l'empire germanique, le jour même où il passait ses examens de fin d'études, en 1871. Il vit

---

* *N. des T.:* En français dans le texte.

Napoléon III, malade, qui venait d'être défait à Sedan, traîné dans sa calèche de par toute la ville. Or, 47 ans plus tard, Foch, alors maréchal de France et commandant en chef des forces alliées de la Première Guerre mondiale, reprenait possession de Metz et imposait ses conditions à l'ennemi lors de la signature du traité d'armistice du 11 novembre 1918 (à Compiègne)."

Mackenzie King est le seul des politiciens canadiens à trouver grâce aux yeux de Black. "Il croyait sincèrement être l'instrument de la divine providence... et ces gens capables de parler d'eux-mêmes de façon aussi absurde ou d'arborer une telle image d'eux-mêmes sans se détacher du monde dans le cadre de leurs activités quotidiennes sont à coup sûr dotés d'une fameuse autonomie, sur le plan personnel." S'il accorde quelque crédit à Pierre Trudeau, il en va tout autrement pour Joe Clark. (Cela ne l'a pas empêché de prédire le succès de Clark à l'issue de la campagne qu'il a menée pour prendre la tête du Parti conservateur. Durant le congrès de désignation du chef de ce parti en 1976, Black travaillait pour Claude Wagner et appuyait quelque peu Brian Mulroney, mais dès le jeudi midi, contrairement à la plupart des observateurs qui prévoyaient que Wagner ou Mulroney serait vainqueur, Black annonça à Brian McKenna, du réseau anglais de Radio-Canada, que Clark gagnerait de justesse lors du vote du dimanche, et c'est précisément ce qui se produisit.)

Black estime énormément cette capacité qu'a Trudeau d'oser remonter l'histoire à contre-courant, en tant que chef de la nation. S'il condamne radicalement la politique économique du premier ministre libéral, il considère sa Loi des mesures de guerre, passée en 1970, comme sa principale réalisation sur le plan politique. "Le problème fondamental de Trudeau n'est ni son arrogance, ni son esprit subversif ou ces autres défauts dont l'accusent ses détracteurs. Non, son problème c'est en fait son manque total d'originalité. J'ai lu tous les textes qu'il a publiés lorsqu'il était rédacteur pour *Cité Libre*. C'est un fatras de sous-entendus ironiques et de petits à-côtés des plus suffisants, une tournure élégante à l'occasion, mais jamais rien d'original. Vraiment rien. Si je comprends bien, il croit sincèrement, par exemple, que le ministère de l'Expansion économique régionale constitue un grand pas en avant, alors qu'il ne sert bien évidemment qu'à camoufler le gaspillage de milliards de dollars effectué au profit des amis du Parti libéral. Personnellement, je n'ai guère d'objections au système de patronage, mais par contre je m'insurge violemment contre la dilapidation du trésor public, et ce, à plus forte raison lorsqu'elle nous est présentée comme l'une des réformes politiques les plus brillantes et les plus marquantes dans les annales de l'histoire."

Fidèle à son engouement pour les personnages historiques trahis par leur destinée, Black écrivit une lettre personnelle et amicale à Trudeau, immédiatement après la défaite du chef libéral en 1979.

Cher Monsieur Trudeau,

Je me permets de prendre la plume pour vous offrir un mot d'encouragement à l'occasion de ce remarquable moment de notre histoire et de l'évolution de votre carrière. Loin d'oser prétendre que ce genre de manifestation vous soit nécessaire, je crois cependant que vous pourrez y trouver l'expression sincère d'un sentiment largement répandu.

Tous les Canadiens devraient vous être reconnaissants de vos réalisations passées. Et la plupart espèrent certainement que vous resterez en lice "dans la réserve de la nation*", *comme le disait le général de Gaulle à propos de Georges Pompidou en 1968.*

Il me semble que ce passage de la lettre écrite par le cardinal Villeneuve à Maurice Duplessis, à la suite de la défaite de ce dernier en 1939, n'est pas sans s'appliquer quelque peu à votre situation:

"La balance du succès a renversé ses plateaux. Ça ne change rien à ce que vous étiez hier, un homme avec des défauts et des remarquables qualités d'esprit et de coeur, un fond d'idées saines, des aptitudes au gouvernement, un homme d'État... Malgré les apparences et malgré les déboires qui peuvent s'ajouter encore, qui sait si l'avenir ne vous réserve point de nouveau le pouvoir. Et vous y reviendriez avec la sagesse que donne l'épreuve**."

Veuillez croire, cher Monsieur Trudeau, à l'assurance de mes sentiments les meilleurs.

Conrad M. Black

Trudeau, devenu chef de l'opposition, répondit sans attendre:

Cher Monsieur Black,

Au nombre des multiples rôles que j'ai eus à jouer jusqu'à présent, aucun ne me paraît aussi délicieusement surprenant que celui de Duplessis vu par Villeneuve.

Je suis sûr qu'à titre de biographe de Duplessis, vous êtes conscient que ce cher Maurice ne manquera pas de brûler d'un feu plus ardent que celui de l'enfer où il se trouve, lorsqu'il apprendra que les paroles d'encouragement qui lui étaient destinées ont été adressées à l'un de ses anciens persécuteurs.

---

* *N. des T.:* En français dans le texte.
** *N. des T.:* Tout ce paragraphe est en français dans le texte.

Permettez-moi, à mon tour, de vous encourager dans vos récents efforts de doter les intellectuels de droite d'une certaine crédibilité. Je suis bien conscient qu'il s'agit là d'une lutte ardue, mais je ne doute pas que le jeu en vaille la chandelle... puisque tous les conservateurs de talent qui ont vraiment tenté d'endosser leur philosophie ont inévitablement fini par devenir libéraux.

Trêve de plaisanterie, j'apprécie votre message des plus délicats et je vous remercie de me l'avoir fait parvenir.

Veuillez croire, cher monsieur Black, à l'assurance de mes sentiments les plus chaleureux.

P.E. Trudeau

En dépit de cette brève corrrespondance cordiale, Black s'est élevé farouchement contre le budget du gouvernement Trudeau en 1981 ("catastrophique, un vrai désastre"). Par contre, il compte au nombre de la demi-douzaine d'hommes d'affaires canadiens à souscrire au moins au principe de la canadianisation énoncée dans le cadre du Programme national de l'énergie mis de l'avant par les libéraux. "Les objectifs poursuivis par la canadianisation ne présentent aucun inconvénient à mes yeux, déclare-t-il. De toute façon, les choses ne pouvaient plus continuer ainsi. La solution envisagée me semble tout à fait légitime. Si, par contre, elle s'avérait n'être qu'un camouflage verbal destiné à étrangler l'industrie ou encore une sorte de première étape socio-économique sur le chemin de la nationalisation de l'un des secteurs économiques les plus importants du pays, elle ouvrirait alors la porte à une situation extrêmement grave, des plus néfastes pour nous... et ne saurait être applicable ni sur le plan économique ni sur le plan constitutionnel. Elle entraînerait non seulement l'anéantissement des plus gros projets, mais agirait en outre comme un frein monstrueux pour la production. Le fédéral se montrant favorable à l'exploration, il y aurait énormément de forages de nature prospective, mais non productive. Les octrois au forage permettent simplement d'écouler les impôts qu'Ottawa prélève massivement sur les revenus des dentistes et des médecins. D'une certaine manière, il faut estimer le professionnalisme des élus, qui ont su sélectionner leurs adversaires avec le plus grand soin: les scheiks aux yeux bleus de l'Alberta et les gros bonnets de Bay Street. Personne n'ira se lamenter sur notre triste sort. Je ne vois aucun intérêt à traiter Trudeau d'Hitler. Nous devons réagir de façon beaucoup plus subtile que cela."

Black se signale par le manque flagrant d'enthousiasme qu'il met à investir ses biens personnels au Canada... Aussi écoule-t-il en silence une partie de sa fortune aux États-Unis, où il achète des propriétés foncières. "Le Canada, proteste-t-il, a toujours eu un fonctionnement maladroit, parce qu'il constitue un accident géographique. Il... doit son existence à la délimitation des sphères d'influence britannique, d'une part, et américaine, d'autre part, qui se sont dessinées à la suite de la guerre de 1812, ainsi qu'au tracé subséquent de la frontière jusqu'à la côte du Pacifique. Le Canada a eu en fait *trois raisons d'être**: ses liens avec la Grande-Bretagne, qui sont un facteur de moins en moins important; la crainte de l'assimilation exprimée par les Canadiens français, qui a donné naissance au mouvement indépendantiste québécois plutôt qu'à un sentiment d'appartenance canadien; et enfin une hostilité diffuse à l'égard des États-Unis. Il n'existe cependant ni institution nationale, ni groupe prépondérant sur la scène canadienne qui ait tenté de rallier ces différentes tendances... Nous ne sommes pas nés d'une révolution héroïque ou d'une ligne politique qui nous soit propre."

PEUT-ÊTRE EST-CE EN RAISON DE LA DÉSILLUSION que provoque chez lui la petitesse inhérente à la politique canadienne que Conrad Black s'est tourné vers l'étranger dans son incessante quête de héros. Tout jeune encore, et de tendance nettement plus libérale qu'aujourd'hui, il amenait son père au bord de l'exaspération en faisant jouer un nombre incalculable de fois, de préférence tard le soir et le plus fort possible, le discours prononcé par Franklin Delano Roosevelt, en 1936, au Madison Square Garden, dans lequel celui-ci vilipendait les hommes d'affaires américains, en criant à gorge déployée: "Ils s'entendent tous pour me haïr! Et c'est avec plaisir que je constate leur haine!", tandis qu'une foule énorme hurlait son approbation. Un beau soir, monsieur Black père se résolut à suggérer énergiquement à son fils que, par souci de préserver leur relation, cette fois soit la dernière où l'on entende retentir la voix de Roosevelt à travers toute la maison, à deux heures du matin.

Conrad admirait non seulement la croisade anti-nazie menée par Franklin Roosevelt et la force politique avec laquelle ce dernier administrait son pays, mais aussi cette capacité qu'il avait de comprendre les individus tout en restant le patricien qu'il était, ainsi que cette manière qu'il avait de choisir les voies les plus détournées qui soient au nom des plus nobles causes.

De Gaulle et Napoléon comptent indubitablement au nombre des favoris de Black, qui ne manque jamais une occasion de citer des extraits de leurs écrits. Toutefois, la plupart de ses idoles sont américaines, à commencer par Abraham Lincoln. "Il a dû livrer quatre combats à la fois: la guerre entre les États, la guerre contre le Congrès, alors radical,

---

* *N. des T.:* En français dans le texte.

la guerre contre sa femme, qui était folle, et la guerre contre lui-même et ses propres doutes."

Le morceau de bravoure favori de Black (que Duplessis citait lui-même très souvent) est justement tiré de l'un des discours de Lincoln: "Vous ne ferez jamais naître la prospérité en décourageant l'épargne. Vous ne donnerez jamais de force aux faibles en affaiblissant les forts. Vous n'aiderez jamais les employés en supprimant les employeurs. Vous n'aiderez jamais les pauvres en détruisant les riches. Vous n'établirez jamais une véritable sécurité sur des emprunts. Vous ne permettrez jamais à l'homme d'affermir sa personnalité et son courage en lui retirant son initiative et son indépendance. Vous n'aiderez jamais les hommes de façon durable en faisant à leur place ce qu'ils peuvent faire eux-mêmes."

Black, qui apprécie également Harry Truman, se montre plus hostile face à la banalité de Nixon qu'à tout ce qu'il a pu faire de condamnable. "Le problème de Nixon était essentiellement d'ordre psychologique. C'est pourquoi il se mérite la compassion que l'on doit aux malades. Il était inconsistant, insipide et névrosé, mais j'estime néanmoins qu'il était doté d'une vertu capable de racheter tous ses défauts: il pensait comme un étranger. Bien qu'il ait eu l'habitude de s'exprimer en termes idéalistes, il était conscient que tout cela n'était que balivernes et que le monde entier ne se préoccupait que d'une chose: s'approprier les richesses américaines et les utiliser à ses propres fins. Adolf Hitler n'est pas au nombre des grands de ce monde que j'aime citer, mais il est une grande phrase qu'il a prononcée dans le train privé qui le ramenait de France en Allemagne, à la suite de son unique voyage à Paris, en juillet 1940. J'ai entendu cette phrase dans le film *Le chagrin et la pitié* — et c'est le commentateur qui la disait — non Hitler lui-même (d'ailleurs, je me demande si elle n'a pas été inventée par l'un de ces cinéastes communistes français... car elle ne figure pas dans les citations de Bartlett ou d'autres ouvrages du genre). En tout cas, il était assis dans son compartiment, tandis que l'on changeait de locomotive, lorsque quelques personnes qui se tenaient sur le quai reconnurent le Führer et l'applaudirent. Hitler fit alors remarquer à ses compagnons de voyage: "Regardez-moi ces Français. Ils essaient de me faire les poches, et ils ne se rendent même pas compte que je suis le plus grand pickpocket d'Europe." Nixon était un peu de cette trempe, mais beaucoup plus exalté. Il concentrait son énergie sur des fins objectivement admirables. Je l'ai trouvé presque touchant, au plus fort de sa paranoïa, lorsqu'il a sommairement ordonné à Kissinger de soumettre l'ensemble du Département d'État au détecteur de mensonges."

Henry Kissinger est l'un des grands favoris de Black. S'il reçut avec un grand plaisir l'exemplaire autographié des *Mémoires de la Maison-Blanche*, écrit par Kissinger, que Fred Eaton lui offrit à Noël en 1979, Black préfère néanmoins éplucher l'ouvrage du même auteur qui porte sur le congrès de Vienne. Il a d'ailleurs invité Kissinger à une rencontre officieuse (déjeuner au Truffles de l'hôtel Quatre Saisons), le 22 mai 1980, en compagnie d'environ 200 des plus importants dirigeants d'entreprises canadiens. À leur départ, les convives eurent le loisir de contempler Black et Kissinger qui s'engouffraient dans une interminable Cadillac au capot orné d'un aigle d'or dévorant un serpent, et dont la plaque d'immatriculation portait l'horrible numéro WAR 010*.

Mais c'est à Lyndon Baines Johnson, le seul homme public américain pour lequel il ait jamais pris parti en public, que Black est le plus attaché sur le plan sentimental. "J'éprouve vraiment de la sympathie pour cet homme, d'une part, parce qu'il a été l'objet d'attaques si impitoyables qu'elles le contraignirent à quitter la Maison-Blanche, et, d'autre part, parce que j'admire la remarquable position politique prise par ce riche Blanc du Sud à l'endroit des droits civils et de la pauvreté en général."

Black rencontra Johnson pour la première fois lors de la convention nationale du Parti démocrate, à Atlantic City, en 1964. Son ami Peter White (alors directeur adjoint du ministre des Forêts, Maurice Sauvé, qui faisait partie de l'Association interparlementaire États-Unis-Canada) était en possession de deux billets d'entrée, dans la section réservée aux personnalités de marque. Sauvé étant retenu à Ottawa, White s'arrangea pour que Black et Brian Stewart, journaliste au réseau anglais de Radio-Canada, puissent s'y rendre à leur place. "Conrad a littéralement rué dans les brancards à propos de Lyndon B. Johnson, de rappeler Stewart. Ça peut faire un peu dramatique aujourd'hui, mais il avait sans cesse l'impression que toutes ses convictions politiques étaient attaquées et il ne pouvait se lancer dans une discussion, et c'était fréquent, sans que celle-ci ne dégénère en vociférations. Conrad était un fervent adepte de la théorie des dominos. Il était persuadé que les médias donnaient une version biaisée de la guerre et que les Américains avaient non seulement le droit mais encore le devoir de défendre le Viêt-nam, tout comme ils défendraient l'Europe si besoin était."

Le 25 août 1969, quelques semaines après qu'il eut acheté le *Sherbrooke Daily Record*, de concert avec ses associés, Black fit sauter six colonnes d'annonces publicitaires, qu'il remplaça par un long article qu'il avait écrit à l'occasion du soixante et unième anniversaire de naissance de Johnson. Intitulé "Une année après Chicago: Hommage à Lyndon B. Johnson", son texte consistait en fait en une longue tirade dénigrant les nombreux critiques de l'ancien président, notamment: Norman Mailer ("le champion toujours à la traîne de l'esbroufe américaine"); Stewart

---

* Allusion, non à l'état d'esprit de monsieur Kissinger, mais à l'une des sociétés de gestion de Black, Warspite Corp., dont le nom est inspiré du HMS *Warspite*, navire de ligne britannique mis en chantier en octobre 1912, lancé en novembre 1913 et terminé en mars 1915, ainsi qu'au 10, Toronto Street, où est situé le quartier général d'Argus. (*N. des T.*: *WAR* signifie "guerre".)

Alsop ("l'un des pleurnicheurs les plus torrentiels de la presse américaine"); Jesse Unruh ("le moins qu'on puisse dire de lui, c'est qu'il ne brille pas par son raffinement") et Walter Lippmann ("il pontifie avec grandiloquence"). L'éloge obséquieux de Black se terminait en ces termes chargés d'émotivité: "Telle celle de Cincinatus, l'abdication de Johnson est un exemple classique de reddition volontaire d'un pouvoir immense, geste dramatique s'il en fut au cours de l'histoire, qui confine à la tragédie. Nul n'ignorait qu'un Titan sans égal venait de nous quitter. Ses talents, sa personnalité, sa compassion, sa détermination et sa capacité de travail sortaient vraiment de l'ordinaire, à l'instar des services qu'il a rendus à la nation et de ses oreilles si souvent caricaturées."

L'agent d'information du consulat américain à Montréal envoya le panégyrique de Black à Johnson, et J.J. (Jake) Pickle, d'Austin, au Texas, vieil ami de Johnson et membre du Congrès, le fit publier dans le *Congressional Record*. Un an plus tard, Black décidait d'aller voir le Viêt-nam de ses propres yeux et demanda à Pickle de lui faciliter son séjour là-bas. Enchanté d'avoir enfin découvert un partisan cohérent de la guerre du Viêt-nam, Pickle mentionna le fait au secrétaire d'État américain, William P. Rogers. "Lorsque j'arrivai à la grille de l'ambassade des États-Unis à Saigon, où j'indiquai mon nom, évoque Conrad, la sentinelle se mit au garde-à-vous comme seuls le font les Marines et aboya au téléphone: "Monsieur Black est arrivé." On aurait dit la rencontre de Stanley et Livingstone. Quelques instants plus tard, quelqu'un traversa le hall en courant et en brandissant un télégramme du secrétaire d'État, qui m'annonçait comme un ami personnel de Lyndon B. Johnson."

L'ambassadeur des États-Unis intervint personnellement pour que Black ait une entrevue avec Nguyên Van Thiêu, alors président du Viêtnam du Sud, et qui n'était peut-être pas très précisément au courant de l'audience et, partant, de l'influence du *Sherbrooke Daily Record*. C'est à cette occasion que Thiêu révéla pour la première fois son intention de se représenter aux élections, ainsi que sa décision de prendre des mesures disciplinaires à l'endroit des généraux qui avaient trempé dans le marché noir. Il mentionna en outre, de façon assez précise, la complicité de l'administration Kennedy dans le renversement du président Ngô Dinh Diêm, en 1963.

"Thiêu m'a plu, commente Conrad. Je l'ai décrit comme le Daniel Johnson de l'Orient. Il m'a fait visiter le palais. Il est clair qu'il n'était pas blanc comme neige, mais j'ai toujours admiré son courage. Il se trouve que cette entrevue devait devenir l'une des plus importantes de la guerre." (Après avoir été publiée dans le *Sherbrooke Daily Record*, elle fit la première page du *New York Times* et du *Monde*, à Paris, et fut lue dans le monde entier.)

Au cours de son séjour au Viêt-nam, Black était descendu à l'hôtel Caravelle de Saigon. "Je prenais mes repas sur le toit, raconte-t-il. La cuisine du Caravelle est vraiment excellente. On voyait, dans le lointain, les avions lancer des fusées éclairantes qui illuminaient le paysage tout entier. Puis je regagnais ma chambre, où je pouvais même regarder la dernière partie de base-ball transmise en direct, par satellite, depuis le Dodger Stadium. Dans la journée, j'allais à Tan Son, l'un des aéroports les plus actifs du monde, où je regardais les Phantom-5 décoller. Je fus invité à sauter dans un B-52, qui m'emmena à la frontière du Cambodge ou quelque part par là. C'était vraiment fantastique."

"À son retour, remarque Brian Stewart, Conrad nous annonça que les Américains tenaient le coup. '*Nous avons gagné*', ne cessait-il de répéter, ce qu'il devait regretter par la suite. Car il n'avait pas prévu que la détermination américaine s'effriterait, ce qui le laissa complètement abasourdi. Il sortit de l'épopée du Viêt-nam quelque peu meurtri et certainement vidé par le débat qui l'entoura."

BLACK ENTRETIENT AVEC LA PRESSE DES RAPPORTS qui ne sont pas sans rappeler le commentaire de Jean-Luc Godard à propos du tempérament gaulois, qui, au dire du cinéaste, porte les Français à dissimuler bien plus qu'à révéler. Black éprouve des sentiments aussi violents que contradictoires à l'égard des médias qui peuvent, selon l'humeur du moment, lui inspirer aussi bien de la méfiance que de la confiance. Il adore être très en vue, mais cela ne l'empêche pas d'annoncer tous les six mois qu'il se retire définitivement de la vie publique, refusant subitement de répondre même aux questions les plus anodines des journalistes. Certains de ses amis montréalais se souviennent d'une réception du Nouvel An, au cours de laquelle il leur annonça son intention de devenir une célébrité, quelqu'un comme le William F. Buckley junior du Canada; et, comme le fait remarquer l'un d'eux, il y est parvenu. "Du jour au lendemain, Conrad est devenu quelqu'un avec qui il fallait compter, l'une de ces personnes que l'on cite à tout bout de champ et qui font invariablement partie des célébrités invitées à la radio ou à la télévision de Radio-Canada."

Sujet autant qu'objet, à son corps défendant, de l'intérêt de la presse, il s'insurge parfois avec véhémence d'être toujours sous les feux des projecteurs (ce qui ne l'empêche pas de s'être sciemment créé un personnage public à la mesure de ses ambitions, car il n'est pas sans avoir compris que l'anonymat s'accommode mal d'un certain goût du décorum). Contrairement à la plupart des gens qui se croisent les jambes en se demandant sentencieusement: 'Au nom du ciel, qui suis-je?', Black compte au nombre des rares élus qui se sentent en accord avec eux-mêmes. Il est doté d'un ego à toute épreuve, et la quête du moi ne fait pas le moindrement partie de ses préoccupations immédiates. Il sait très exactement qui il est et s'estime fort satisfait d'exister au sein du tumulte qu'il provoque. Il croit que, quoi qu'en disent ou en pensent ses détracteurs (qui sont légion), sa vie s'évalue en fonction d'un étalon immuable, sans haut ni bas.

Même si Black brûle d'entretenir les chimères de sa propre légende, il n'en est pas moins sincèrement mû par un ardent désir de préserver son intimité. Mais il est rare qu'il y parvienne. Ainsi, le soir même de son mariage, des journalistes firent-ils le pied de grue devant la fenêtre de sa chambre à coucher jusqu'à quatre heures du matin. Lorsqu'on lui demande: "Êtes-vous *le* Conrad Black?" il répond invariablement: "Non, je suis *un* Conrad Black."

Symbole de richesse et de puissance, Conrad se voit parfois adresser d'inhabituelles suppliques. Ce fut le cas, par exemple, un soir d'automne 1981, lorsque les Black entendirent sonner à la porte de leur demeure. Celle-ci s'ouvrit sur une scène digne de Zola: ils découvrirent en effet un nouveau-né abandonné, une lettre de 16 pages épinglée à ses langes. Les parents éplorés décrivaient les revers de fortune qu'ils avaient dû affronter et demandaient aux Black d'adopter leur fillette afin de lui donner l'éducation qu'elle méritait. (Ils devaient finalement se raviser et venir récupérer leur progéniture.)

Chaque fois qu'il en a l'occasion, Black s'échappe avec sa femme, Shirley, pour aller souper dans un des innombrables petits restaurants exotiques de Toronto ou pour aller faire des courses au Dominion de Don Mills Plaza. Mais, même là, ils sont assurés d'être reconnus. Une fois, histoire d'avoir vraiment la paix, ils décidèrent de prendre des vacances éclair à Hawaï. À chacune de leurs étapes, ils sont invariablement reconnus, mais ils aboutirent finalement à l'abri du Royal Hawaiian Hotel. À peine arrivés à destination, ils se précipitèrent joyeusement au bord de l'eau, mais ils n'étaient pas sitôt assis sur leurs chaises de plage que leur voisin, levant une main velue, vint rompre la béate quiétude à laquelle ils étaient sur le point de s'abandonner par un sonore: "Salut, Conrad." Il s'agissait d'un négociant en titre de Greenshields, brassant des actions privilégiées de Dome.

Avant de ceindre la couronne d'Argus, il cherchait à être encensé, vérifiant l'ampleur de son influence et faisant de son mieux pour impressionner ses aînés. Mais du jour où il sentit que son pouvoir ne lui échapperait plus, il combattit de toutes ses forces l'idée que son succès puisse devoir quoi que ce soit à des forces étrangères à son propre talent et s'en prit sauvagement à ses partisans de naguère. Déplorant dans une lettre personnelle adressée au rédacteur en chef du *Globe and Mail* le contenu d'un article publié par *Report on Business* sous la plume de Hugh Anderson, Black écrivit: "Je suis reconnaissant à Hugh Anderson d'avoir réglé son compte à la réputation d'enfant prodige que d'aucuns, dont Anderson lui-même, se sont plu à me bâtir à mon corps défendant."

Black s'estime injustement pris à partie, surtout par ceux qui l'accusent d'avoir cyniquement fui le navire en perdition, lorsqu'en octobre 1981 il dut passer par profits et pertes les trois millions d'actions qu'Argus détenait chez Massey-Ferguson, mettant ainsi fin à une association vieille de 35 ans. "Rien n'offusque plus l'opinion publique de ce pays qu'une suite ininterrompue de réussites", remarque Conrad avec une amertume non dissimulée. "La mentalité canadienne ne peut se faire à l'idée que ce soit possible. L'hypothèse voulant qu'en quelque sorte ma carrière d'homme d'affaires soit brisée parce que Massey ne s'en est pas sortie est dénuée de tout fondement. Tous les observateurs quelque peu sérieux sont unanimes pour affirmer que j'y ai obtenu d'excellents résultats. S'ils m'imputent une erreur, c'est uniquement celle d'y être resté si longtemps. J'ai toujours considéré que le jeu en valait la chandelle, parce que, sans moi, cette compagnie aurait déposé son bilan deux ans plus tôt, ce que ne conteste personne qui s'y connaisse un tant soit peu."

Lorsque les journaux financiers découvrirent Black, ils se répandirent en articles dithyrambiques qui sont plutôt le lot ordinaire des vedettes du spectacle dans la presse du coeur. "Les milieux d'affaires suivent les progrès de Conrad M. Black avec un respect mêlé de crainte", s'attendrissait la revue *Executive*. "Ayant bâti une première fortune, il a hérité d'une seconde, a écrit un livre de première importance et s'est emparé du sceptre d'Argus après l'avoir remporté de haute lutte sur des adversaires aussi sagaces que puissants." Ken Waxman, auteur d'un chaleureux portrait de Conrad publié dans la revue *Quest*, fait allusion à la prétention qu'à Conrad de ne devoir sa réussite matérielle et sociale qu'à lui-même, et il ajoute: "Mais quiconque se contente de considérer Black en fonction de son lignage et de sa richesse et le range avec mépris dans la catégorie des ploutocrates privilégiés risque de passer à côté de la véritable nature de cet homme. C'est en effet à son propre esprit inventif et à sa propre intelligence qu'il doit la réputation dont il jouit tant dans les milieux financiers que dans les milieux intellectuels. Il est pour sa part convaincu que son renom n'est en rien attribuable à la fortune dont il a hérité."

C'est aussi vers cette époque que Black devint la coqueluche des chroniqueurs financiers américains en mal de copie. "Si Conrad Black avait brassé des affaires à New York ou à Chicago à l'époque où il prit les décisions audacieuses qui devaient lui valoir la présidence d'Argus, son nom serait devenu sur-le-champ familier à tous les hommes d'affaires américains", peut-on lire dans *Fortune*. "La réussite de Black n'en demeure pas moins considérable. Il tient d'une main ferme l'un des principaux leviers de commande du milieu des affaires du Canada."

Bien qu'il admire quelques rares journalistes, Black méprise néanmoins l'ensemble de leur profession. "De par mes expériences avec les gens qui travaillent dans ce milieu, je peux affirmer qu'il s'agit d'un groupe fort dégénéré. L'alcoolisme et l'usage des drogues y font des ravages considérables. L'équilibre mental d'une grande partie des journalistes est bien plus sujette à caution que celle de la plupart des autres groupes du même genre qui composent la société. Nombre d'entre eux sont ignorants, paresseux, imbus de leurs opinions, font preuve de malhonnêteté intellectuelle et n'ont à peu près jamais à rendre de comptes à qui que ce soit.

"Pour peu qu'il ait un minimum de talent ou de panache, le journaliste accède vite à la notoriété. L'essentiel de sa vie sociale se résume au milieu hanté par la faune journalistique: bars, pique-assiette, admiratrices inconditionnelles de la presse, ragots étouffants et dépravés qui sont l'ordinaire de la petite collectivité journalistique et flagorneries de femmes et de jeunes hommes ou de mercantis de l'information en mal de réussite... À cause de la facilité relative avec laquelle on peut s'y tailler une place, le journalisme attire des individus soit qui se sentent une vocation pour le moins capricieuse, soit qui aboutissent là après avoir connu des échecs dans d'autres domaines. Manquant de courage aussi bien que de but précis, ces individus résistent difficilement à l'influence de leurs collègues déjà aigris. Je pense que si la presse a cessé d'être le miroir de notre société pour devenir une espèce d'opposition officieuse, maligne et souvent déloyale, c'est bien plus attribuable au hasard, au manque d'expérience, à la nature inquisitrice de la presse, au rôle antithétique adopté par les employés et à la négligence des employeurs qu'à un quelconque complot concerté."

Black estime que cette décadence de l'art journalistique est due à la disparition progressive des propriétaires locaux de journaux. Ceux-ci, même s'ils étaient souvent bourrus et excentriques, n'en dirigeaient pas moins eux-mêmes leur entreprise. "L'apparition des grandes chaînes a relégué le rédacteur en chef au rang de coordonnateur régional, de fonctionnaire auquel l'employeur absent ne demande de comptes que sur le plan financier. Sur le plan journalistique, il doit simplement veiller à ce que le contenu de la publication demeure suffisamment anodin pour éviter de se mettre les annonceurs à dos et soit assez libre de forme pour éviter que la salle de rédaction ne se mette en grève. Les propriétaires ne montrent qu'un intérêt fort mitigé pour les aspects journalistiques de leur entreprise. Ainsi, même si Lord Thomson de Fleet peut passer pour le plus fameux homme d'affaires de l'histoire des médias, il n'éprouvait par contre qu'une superbe indifférence à l'égard du contenu de ses journaux. Comparés à leurs prédécesseurs, les successeurs de Joseph E. Atkinson, J.W. McConnell, Jacob Nicol, Pamphille Du Tremblay, Max Bell, Victor Sifton, Michael Wardell et des deux John Bassett font figure d'ectoplasmes pâles et sans consistance. (Seul le général de brigade R.S. Malone... du *Globe and Mail* fait exception à la règle, et de façon oh combien frappante.)"

CONRAD BLACK AFFECTIONNE DE SE PRÉSENTER tantôt comme un historien, tantôt comme un idéologue, ou encore (citant le *Toronto Star* avec un sourire affecté) comme le Grand Mogol de la métropole. Mais en fait, il s'enorgueillit par-dessus tout d'être un propriétaire.

Même s'il semble totalement absorbé par une croisade égoïste exclusivement consacrée à accroître ses biens personnels, déjà considérables, Black se considère essentiellement comme un historien. C'est d'ailleurs la profession qu'il a indiquée sur la demande de dispense de bans qu'il remplit en 1978 afin d'épouser Shirley Walters. Il n'est pas de ceux qui estiment qu'un fossé sépare les intellectuels (même aussi éphémères que lui), mus par la quête de la vérité, des hommes d'affaires animés par la soif de l'argent. "Tout dépend, précise-t-il, de votre degré d'intelligence. Un esprit pénétrant peut élaborer une explication logique sur quasiment n'importe quelle question. Une importante fortune peut être consacrée à des buts dépassant de loin les bornes du commerce mondain."

"Sans vouloir paraître prétentieux ou superficiel, affirme-t-il d'un ton à la fois prétentieux et superficiel, je demeure perplexe face à l'érosion des idéaux et la décadence graduelle de notre société, qui sombre dans une espèce de torpeur morale. J'en suis réduit à lire Oswald Spengler, qui considérait le déclin de la civilisation comme aussi inévitable que la chute des feuilles en automne. Pourtant, la résurgence en Occident d'une droite intellectuelle, caractérisée par la rigueur et la solidité de ses arguments, s'annonçait depuis fort longtemps. Elle a été suivie, comme c'est fréquemment le cas, par un glissement vers la droite de la politique de la Grande-Bretagne et des États-Unis. L'importance du rôle joué une fois de plus par le *propriétaire* dans les milieux d'affaires canadiens découle de cette même tendance."

C'est là le trait essentiel de la philosophie qui anime Conrad Black. Il se définit comme l'un des valeureux géants de la libre entreprise qui mènent une guerre à outrance afin de garder ses lettres de noblesse à la grande propriété, et ce, à une époque où la fonction publique engloutit tout effort humain. "Par-dessus tout, la tendance à la bureaucratisation présente bien plus de dangers dans le milieu des affaires que dans la fonction publique. L'existence de dirigeants qui s'autoperpétuent et n'ont aucun compte à rendre à leurs actionnaires constitue une menace fort tangible pour notre système. Je n'aspire nullement à être un propriétaire jouissant d'un pouvoir absolu, une sorte de boucanier ferrailleur des années 80, mais je suis convaincu que les sociétés privées sont mieux gérées que les autres, parce que leurs propriétaires sont plus motivés. Vous vous sentez forcément plus concerné lorsqu'il s'agit de *votre* propre argent, parce que le moindre sou gaspillé sort de vos poches, après tout! Ce qu'il faut retenir de l'épidémie de prises de contrôle qui fait rage actuellement, c'est que toutes les compagnies importantes de ce pays finiront par appartenir à un groupe clairement identifié."

L'importance que Black accorde à la propriété personnelle (et que vient renforcer la réussite de Galen Weston, Fred Eaton, Ken Thomson, Charles Bronfman, Doug Bassett, Ted Rogers et leurs pairs, héritiers comme eux) l'amène à faire peu de cas des sérieux efforts déployés par les gestionnaires les plus en vue du pays. "Le manque stupéfiant d'imagination dont font preuve la plupart des dirigeants d'entreprises canadiens n'a pas fini de me sidérer, maugrée-t-il. Ce sont surtout les administrateurs professionnels qui battent tous les records en la matière. Bien sûr, il y a des exceptions à la règle, mais, en général, ce ne sont pas des aigles." Conrad voue beaucoup d'admiration à l'âme dirigeante de Canadien Pacifique, Ian Sinclair, encore qu'il lui soit déjà arrivé, au moins à une reprise, de tempérer son jugement. Il confia un jour à un ami: "Sinclair a tout ce qu'il faut pour inspirer l'affection, mais il n'a aucune classe, il porte des costumes qui ne lui vont pas."

L'engouement de Black pour son rôle de propriétaire s'explique sans peine par la réussite dont furent couronnés ses efforts pour imposer fermement son joug aux compagnies du groupe Argus. Parlant de la poigne de fer avec laquelle il mène son empire, il déclara un jour à un journaliste qui l'interrogeait: "À moins de mourir subitement, d'être mis en prison ou de perdre la raison, nous pouvons dire que nous occupons une position des plus stables."

Chapitre huit

L'hiver à Palm Beach

"Conrad est un aristocrate. Il est clair qu'il ne se considère pas comme un homme ordinaire. Pourquoi ne fréquenterait-il donc pas les membres de sa caste?"

Peter White

Entre Noël et le printemps, au moment où la bise de fin avril fait fondre la neige sale de l'hiver torontois, Conrad Black et sa famille disparaissent mystérieusement de la scène canadienne, tant sociale que financière. Leur pèlerinage saisonnier, qui dure un bon tiers de l'année, les emmène sur le littoral ensoleillé de la côte Est des États-Unis, dans ce refuge ultime de l'Establishment américain qu'est Palm Beach, en Floride.

Située au bout du boulevard Okeechobee, à l'est de la route inter-États 95, Palm Beach est une île de 20 kilomètres de long et de 0,8 kilomètre de large, formée par deux bras du lac Worth et reliée à la terre ferme par quatre ponts basculants. Mais elle est en fait beaucoup plus distante de la Floride connue de la plupart des touristes qu'il n'y paraît au premier abord.

"Là-bas", ce sont les marécages touristiques de Fort Lauderdale, Pompano Beach et Miami, leur jungle de condominiums et de ravissants cottages entourés de barrières dignes de Robinson Crusoé, qui se peuplent tous les hivers de Canadiens et d'Américains migrateurs, venus chercher le soleil et musarder dans des boutiques aussi spécialisées que celle de monsieur Bidet, ainsi que dans les pharmacies où les offres d'évaluation gratuite de la pression artérielle côtoient des lunettes de soleil en forme de papillon toutes garnies de strass. C'est là également que l'on retrouve ces mâles sexy et matois, manifestement non accompagnés, vêtus de costumes de détente bleu électrique à Instamatic incorporé. Ils passent des grill-rooms aux piano-bars à lumières tamisées, où ils saisissent les verres de leurs mains peu soignées, à l'annulaire cerclé de rose (trace d'une alliance qui brille par son absence), et avalent de grandes rasades de bourbon. Leurs goûts sont invariablement les mêmes. Ils viennent dans le Sud répandre un peu de plaisir et se pavanent au coeur des nuits de Floride en quête de "filles de joie" nubiles capables de satisfaire leurs désirs... ce qui se produit rarement. Les hôtesses de l'air et leurs soeurs se vautrent dans leurs fantaisies timorées: cheveux ébouriffés, sanglées dans des maillots beaucoup trop étroits, elles attendent d'être découvertes et de devenir les étoiles montantes des annonces de savon de la télévision.

Mais la Floride est également une contrée en guerre, où les réfugiés hispanophones, rongés par l'amertume, tentent de réduire le groupe de ré-sidents WASP à une minorité ethnique assiégée. Le *Miami Herald* signa-le régulièrement en première page la présence de saboteurs "envoyés par Cuba pour ébranler la Floride". (Il ne s'agit certes pas d'une tâche très ardue.) Une feuille de chou locale, le *Terrorist Intelligence Report**, prétend que Fidel Castro échange des fusils d'assaut AK-47, de fabri-cation soviétique, contre de la cocaïne d'Amérique Centrale afin d'infil-trer cette drogue en Floride... et de remplir ses coffres personnels par la même occasion.

Quoi qu'il en soit, non seulement les importations de drogue se chiffrent-elles à 10 milliards de dollars dans le comté de Dade, où est située Miami, mais encore le nombre de meurtres s'y est-il élevé à 1,6 par jour en 1981 (et ce chiffre est considérablement inférieur à la réalité car la plupart des victimes ne sont jamais retrouvées). "Vous voyez ces étendues marécageuses dans tout le comté", commente Robert Murphy, chef du bureau des homicides de Miami. "Eh bien, si tous les corps qui y gisent se levaient et criaient tous ensemble, on pourrait penser que ces satanés Dolphins viennent de marquer un touché."

À L'EXCEPTION DE LA DOUCEUR DU CLIMAT, Palm Beach n'a rien de commun avec tout cela. "Il n'y a jamais eu de crimes violents dans l'histoire de Palm Beach, souligne Black. Quelques cam-briolages à l'occasion, mais en cas de vols importants, on relève les ponts, et le gars se fait prendre."

Le fait d'être riche peut susciter des ennemis ou même constituer une menace pour votre vie ailleurs en Floride, mais à Palm Beach, la fortune est uniquement convertie en plaisir... à un taux de change des plus intéres-

---

* N. des T.: Nouvelles du Terrorisme.

sants. Il s'agit peut-être de la municipalité la plus fortement zonée du monde entier. Les règlements municipaux y interdisent les kiosques à hot-dogs et à hamburgers, les laveries automatiques, les panneaux d'affichage, les enseignes au néon, les parements d'aluminium, les hippies, les salons funéraires et les hôpitaux: les morts et les mourants sont discrètement évacués par le pont qui mène à West Palm. Les citoyens privilégiés qui habitent le repaire immaculé et hermétiquement scellé du capitalisme américain moderne réagissent de manière très personnelle aux événements. Ainsi, les résidents de Palm Beach étaient-ils convaincus que les nappes d'huile qui souillaient la côte de la Floride, vers le milieu des années 70, n'étaient pas le fruit des problèmes écologiques caractéristiques de notre époque mais bien l'oeuvre de sympathisants communistes infiltrés dans les équipages des navires de commerce croisant le long de la côte, qui déversaient délibérément le mazout des réservoirs pour polluer les eaux de la capitale hivernale de la libre entreprise américaine.

On peut se demander si une telle initiative aurait été hors de propos.

Au cours des premiers mois de l'année 1982, le chômage frappait neuf millions d'Américains, tandis que l'indice des faillites s'élevait à 45 p. 100 et que la crainte d'une catastrophe économique étreignait le pays tout entier, ce qui n'empêchait pas Carolyn Grant Whittey, rédactrice du *Palm Beach Social Pictorial*, de s'extasier: "Entre les prestigieuses courses de Hialeah, les innombrables soirées et bals, le polo et tant d'autres divertissements, ils n'ont vraiment pas de quoi s'ennuyer, tous ces petits coeurs! Je suis absolument persuadée que personne n'a le temps de se morfondre chez soi à Palm Beach." Si ce n'est qu'elles poussaient elles-mêmes leur chariot à provisions dans les allées du supermarché Publix, au lieu de confier cette tâche à leur chauffeur, ces dames de Palm Beach n'ont guère été touchées par la crise économique. Les rayons de Publix, chargés de 11 marques distinctes de marmelade anglaise, de caviar Romanov (à 13,69 $ les deux onces) et de Dom Perignon (à 69,99 $ la bouteille), en témoignaient éloquemment.

Les récessions ne sont guère, au royaume de Palm Beach, que des phénomènes économiques qui arrivent aux autres et ailleurs. La plupart des résidents de cette ville sont à la tête de fortunes trop énormes, trop intelligemment réparties et trop bien gérées pour être le moindrement touchés par les oscillations de l'économie. "Ce qui peut leur arriver de pire, écrit Tom Buckley dans le *New York Times Magazine*, est qu'ils soient contraints, pendant une année ou deux, de vivre des intérêts de leur capital plutôt que des intérêts de leurs intérêts." Si l'argent a encore une certaine importance à Palm Beach, il est à noter que sa brillante société est beaucoup plus ouverte maintenant que du temps où les Phipps, Widener, Munn, Stotesbury et Marjorie Merriweather Post dominaient la scène. L'ordre d'importance des individus au sein de la collectivité ne se détermine plus uniquement en fonction de leur suprématie financière. Les nobles européens ont pignon sur rue: le marquis Pucci, la comtesse Monique de Boisrouvray et Arndt Krupp von Bohlen und Halbach, l'héritier (âgé de 44 ans) de l'empire allemand des munitions, qui emploie 27 serviteurs dans la villa qu'il vient de rénover pour un montant de 2,5 millions de dollars, arrivent en tête des listes de la haute société.

Palm Beach est l'un des derniers endroits au monde où il existe encore une véritable saison mondaine. Les listes d'invitations au cycle annuel des soirées et bals en grande tenue définissent le statut des individus, et il semble que le sport intérieur favori de Palm Beach consiste à gravir les échelons de la hiérarchie sociale. Feu Arthur Somers Roche, millionnaire américain qui passa la plus grande partie de sa vie à Palm Beach, fit un jour apparition au Everglades costumé en "grimpeur de la hiérarchie sociale". Il portait une échelle sur le dos, sur les échelons de laquelle étaient gravées, dans l'ordre, les indications suivantes: "gens ordinaires", "gens", "gens agréables" et "gens bien". Les soirées ont quelque peu perdu de leur extravagance d'antan. Ainsi, en 1938, Kenneth Smith, l'héritier de la compagnie Pepsodent, organisa une nuit dansante, à la fin de laquelle il remercia les musiciens de l'orchestre en offrant une voiture à chacun. Plus récemment, en 1971, la comtesse Margaret, dite Migi, Willaumetz invita une vingtaine de toutous, choisis parmi les plus présentables de l'île*, en l'honneur de Mop, son terrier du Yorkshire, alors âgé de 13 ans. La vie mondaine de Palm Beach se concentre essentiellement sur les terrains de polo du Palm Beach Polo and Country Club, qui s'étend sur près de 5000 hectares et peut s'enorgueillir entre autres d'avoir reçu des visiteurs aussi distingués que le défunt duc de Windsor et l'actuel prince de Galles.

Comme toutes les collectivités de personnes immensément riches, celle de Palm Beach trace une ligne de démarcation prudente entre les anciennes et les nouvelles fortunes. Les nouveaux riches et leurs voyantes épouses portent des imprimés de Lilly Pulitzer, se débrouillent honnêtement au tennis, tâtent du polo et achètent de longues limousines, des yachts étincelants ainsi que des demeures opulentes. Mais ils n'ont ni l'art ni la manière. Quoi qu'ils fassent, ils ont encore tendance à confondre l'étiquette avec le style, persistant à appeler leurs maîtres d'hôtel par leur prénom, à faire graver leurs initiales sur leurs plaques d'immatriculation et à sortir leurs cartes de crédit plutôt que leur chéquier personnel.

Une marque distinctive des vieilles familles aux fortunes bien établies est le défilé quotidien de leurs femmes et de leurs filles le long de Worth

---

* Sans aucun doute diplômés (*summa cum bone*) de l'école de dressage Sir Charles, qui se spécialise dans l'enseignement de "l'étiquette canine". Les chiens ne sont pas les seuls animaux familiers de Palm Beach. On peut entre autres mentionner les iguanes apprivoisés, importés de Cuba par un membre de la famille Du Pont, qui avaient appris à tomber en arrêt au son d'un sifflet spécial.

Avenue (le principal centre commercial, tout en allées et en jardins). Les femmes de Palm Beach ont en quelque sorte mystérieusement réussi à uniformiser leur apparence et évoquent presque toutes les finalistes d'un concours national de ressemblance avec Dina Merrill. Certaines d'entre elles jouent encore une version quelque peu adaptée du *jeu de paume**, lancé par les rois de France, avec des raquettes souples et des filets déten-dus, et toutes se régalent des commérages de l'endroit. ("Lorsque ce pauvre Philip est mort, ses serviteurs l'ont mis dans la chambre froide et ont continué à toucher leurs gages. Ils le feraient encore si le pot aux roses n'avait été découvert par le personnel de la banque quand ils ont tenté de s'octroyer une augmentation.") C'est probablement la femme de Stephen, dit Laddie, Sanford qui a le mieux exprimé leurs valeurs domi-nantes en disant à l'un de ses amis: "J'ai le bonheur d'avoir l'une des plus belles maisons au monde. Lorsque je contemple l'océan, de ma fenêtre, je ne peux m'empêcher d'avoir l'impression qu'il m'appartient."

C'EST EN 1969 QUE CONRAD BLACK DÉCOUVRIT PALM BEACH.
Revenant d'un séjour particulièrement pénible à Cuba, où il avait assisté à titre d'observateur aux cérémonies marquant le dixième anniversaire de la prise du pouvoir par Fidel Castro, il fut invité par McDougald, le parrain d'Argus, à visiter la demeure que celui-ci occupait juste en face de celle de sa belle-soeur, Doris Phillips. "Si je n'ai jamais remis les pieds à Cuba, il en a été tout autrement de Palm Beach, remarque Black. L'endroit ne plaît pas à tout le monde. Certains se choquent de son opulence excessive. Moi, je trouve ça plutôt amusant. Il m'est arrivé, il y a quelque temps de cela, d'entendre un petit bruit alors que j'étais au coin de Worth Avenue et County Road. Quand je me suis retourné, j'ai vu une Silver Cloud II qui venait d'entrer en collision avec le pare-chocs d'une Phantom V, elle-même touchée par une Silver Shadow, parce qu'elle avait freiné trop brusquement. C'est ainsi que j'ai été témoin d'un accident impliquant trois Rolls Royce. L'effet était délirant."

À partir de l'hiver 1978, Black loua la maison de Neil McKinnon, ancien président de la Banque Canadienne Impériale de Commerce. Puis il acheta le manoir, de "style fédéré", de John R. Drexel III, descendant de la grande famille des banquiers de Philadelphie**.

---

* *N. des T.:* En français dans le texte.

** Mû par l'incommensurable admiration qu'il voue à Douglas MacArthur, Black a propagé une anecdote apocryphe voulant que le général ait demandé la main de Louise Cromwell Brooks dans le jardin de la propriété que les Black possèdent à Palm Beach. La demeure a été construite sur un terrain qui avait appartenu à E.T. Stotesbury, beau-père de MacArthur et associé immédiat de J.P. Morgan, directeur de l'établissement bancaire du même nom. Contrairement à ce que

Au cours de son séjour annuel de quatre mois, qu'il interrompt par de fréquents allers retours à Toronto, Conrad Black s'efforce de perdre du poids en parcourant 16 kilomètres par jour à bicyclette, le long du lac Worth. C'est au cours de ces ballades qu'il mijote ses grandes manoeuvres financières, ainsi l'idée de mettre la main sur Hanna Mining Company de Cleveland. "Je participe relativement peu à la vie mondaine lorsque je suis là-bas, explique-t-il. Je préfère inviter mes propres amis, faire de la bicyclette, nager et lire. Il y a moyen de passer toutes ses soirées dans ces sacrées réunions mondaines destinées à financer je ne sais quoi... c'est sûr! Mais, moi, ça ne m'intéresse pas. D'ailleurs la seule campagne de financement à laquelle j'ai jamais contribué est celle qui devait mener Reagan à la présidence des États-Unis."

Black est de plus en plus fasciné par les excentriques de Palm Beach. "Mon ami, Parker Bryant, le principal agent immobilier de l'endroit, a un assistant chargé d'ouvrir les maisons, vers la fin de l'automne. Il s'occupe d'ouvrir les volets et d'autres bricoles de ce genre. Je lui ai parlé, une bonne fois, pour découvrir qu'il s'agissait de Sir Alastair Ewing, amiral de la Royal Navy en retraite et dernier capitaine du HMS *Vanguard* (le dernier vaisseau de ligne britannique, qui fut réformé en 1960). Et nous avons vraiment eu une conversation agréable."

La collection des maisons bizarres qui sont l'apanage de Palm Beach fascine Black (et tous les autres visiteurs d'ailleurs) au plus haut point: de l'art fait maison. Les riches Américains et les prospères émigrés qui fuient une Europe sans cesse plus socialiste réalisent là leurs fantaisies

---

Black prétend, rien ne prouve qu'en 1922, à l'âge de 42 ans, le général de brigade MacArthur ait courtisé dans ce jardin sa future épouse, alors divorcée d'avec Walter Brooks junior. Louise Cromwell Brooks était l'une des belles-filles de Edward Townsend Stotesbury (1849-1938), jeune tambour au cours de la guerre de Sécession, qui fit fortune au sein de Drexel and Company, de Philadelphie. (Il confia à ses amis de Bar Harbor, au mois d'août 1929, qu'il venait tout juste de réaliser l'objectif de sa vie maintenant qu'il possédait 100 millions de dollars.) Il mourut à l'âge de 89 ans, après une journée de travail routinière au bureau. L'un des deux beaux-fils de E.T. Stotesbury, James H.R. Cromwell, divorça d'avec Delphine Dodge, fille du magnat de l'automobile Horace Dodge, de Detroit, en 1929. Six ans plus tard, Jimmy Cromwell épousait Doris Duke, qui passait pour la jeune femme la plus riche du monde. En 1947, l'héritière de l'empire du tabac divorça d'avec Cromwell, qui avait été nommé ambassadeur des États-Unis au Canada par le président Franklin Roosevelt en 1940. Elle épousa par la suite le play-boy dominicain Porfirio Rubirosa. Quant à Louise MacArthur, elle divorça d'avec le général en 1929, en alléguant qu'il ne lui était d'aucun soutien, et épousa l'année suivante Lionel Atwill, l'idole d'origine britannique des matinées mondaines, d'avec qui elle divorça également (Atwill eut lui-même quatre épouses) et jeta ensuite son dévolu sur un chef de fanfare du corps des Marines américain, Alf Heiberg. Pour sa part, le général se remaria en 1937 avec Jean Marie Faircloth de Murfreesboro, au Tennessee. Le général perdit la vie en 1964, à l'âge de 84 ans, laissant derrière lui sa seconde femme, ainsi que Arthur MacArthur, l'unique enfant né de leur union.

architecturales, en passant par tous les styles: palais maures et vénitiens, manoirs de Cotswold, haciendas mexicaines, mélange de régence et de baroque, touche Cendrillon-Disneyland, genre néo-Andrea Palladio, monacal pyrénéen ou divinement nouveau riche. Les immenses demeures à l'abri de grilles à demi cachées par des haies de figuiers soigneusement taillées sont entourées de pelouses douces comme le plus moelleux des tapis. Addison Mizner, qui a dessiné la majorité des plus magnifiques de ces retraites (dont celle des Black), destinées à se couper de la réalité, s'est spécialisé dans les plafonds de bois aux sculptures baroques, les carrelages espagnols, les fontaines jaillissantes, les arcades bordées de colonnes, les escaliers en colimaçon (dont certains ne mènent nulle part) et les immenses foyers ouvrant sur des salles de bal décorées avec le plus grand soin.

La décoration intérieure fait force de religion d'État à Palm Beach. L'annuaire téléphonique ne comporte pas moins de 195 décorateurs, dont deux se spécialisent dans l'ameublement des cabines de luxe sur les yachts. "Je suis une 'bâtisseuse de nids' par instinct", affirme Mary Lee Fairbanks, épouse du charismatique Sir Douglas, qui habite Palm Beach depuis la Seconde Guerre mondiale. "Et je ne voudrais, pour rien au monde, faire autre chose que de la décoration intérieure."

Parcourir les grandes avenues de Palm Beach revient presque à feuilleter le Bottin mondain, en raison des noms prestigieux associés à bon nombre de propriétés, comme ceux de Estée Lauder, Samuel Newhouse, Rose Kennedy, Earl E.T. Smith, le dernier ambassadeur des États-Unis à Cuba, ou encore ceux des fameuses familles ploutocratiques américaines, comme les Du Pont, Guest, Vanderbilt, Kellogg, Armour, Sanford et Pulitzer*. Quant aux Canadiens qui viennent hiverner à Palm Beach, ce sont: Paul Desmarais (président du conseil d'administration de Power

---

* Au nombre des "intoxiqués du travail" de Palm Beach, Robert R. Young, qui se fit connaître par son audace à Wall Street, lorsqu'il spécula avec succès au moment du krach de 1929, fut peut-être le plus acharné. Président du conseil d'administration de la Central Bank, de New York, et ancien président du conseil d'administration de Chesapeake & Ohio Railway, Young était âgé de 60 ans lorsqu'en janvier 1958 il se suicida d'un coup de carabine, dans la salle de billard située au troisième étage de sa demeure, The Towers, sise au bord de l'océan. Le matin de sa mort, le financier (qui, lors de la bataille qu'il mena pour prendre le contrôle de la Central Bank, s'était engagé à défendre les intérêts des petits actionnaires, qu'il appelait des "tante Jeanne") avait reçu une lettre qui commençait ainsi: "Monsieur Young, je vous aimais et j'avais confiance en vous. Vous m'avez trahi. Vous n'avez pas respecté vos engagements. J'ai acheté dix actions de la Central Bank qui représentent énormément d'argent pour moi..." Ce fut, au nombre de toutes les lettres qu'il avait reçues ce matin-là, la seule qu'il ouvrit. Sa propriété, The Towers, était l'ancienne résidence de villégiature de Atwater Kent, le fabricant d'appareils de radio qui rivalisait avec E.T. Stotesbury pour devenir le chef de file de la bonne société tant de Bar Harbor que de Palm Beach. Young habitait Newport, où il avait accroché dans sa bibliothèque un portrait de Napoléon peint par David.

Corp.), Saidye Bronfman (la veuve de Sam Bronfman), Gerald Bronfman (le fils de Harry Bronfman), Robert Campeau (promoteur immobilier d'Ottawa), Lawrence Freiman (ancien propriétaire des grands magasins situés à Ottawa), Robert Cummings (financier montréalais), Jack Reitman (président de la chaîne de magasins de prêt-à-porter montréalais), George Mara (industriel et importateur de vin torontois), Beverley Matthews (l'un des principaux associés de McCarthy & McCarthy) et Signy Eaton (la veuve de John David Eaton). Le cardinal Emmett Carter de Toronto compte au nombre des plus récents visiteurs canadiens des Black à Palm Beach. À la fin de la visite de la ville qu'il lui fit faire au cours de l'hiver 82, Black demanda à l'homme d'Église: "Eh bien, Votre Éminence, est-ce que Palm Beach se rapproche autant de votre vision du paradis que de la mienne?" Ce à quoi le cardinal répliqua: "J'imagine que oui... à condition de remplacer les hélicoptères par des anges."

Le centre commercial de Worth Avenue rivalise aisément avec Bond Street à Londres, la Cinquième Avenue à New York ou encore la Via Condotti à Rome. Outre qu'elle peut s'enorgueillir du seul supermarché Gucci au monde et de boutiques où l'on trouve absolument tout, des mangeoires pour colibris en ébène sculptées à la main jusqu'aux pocheuses à artichauts décoratives assorties, Worth Avenue présente un intérêt tout particulier pour Conrad Black. Il y a en effet trouvé une boutique d'autographes d'hommes célèbres et possède déjà des signatures de Churchill, Franklin Roosevelt, Truman et du général MacArthur, ainsi que l'une des trente lettres d'abdication originales signées de la main d'Édouard VIII.

Les galeries d'art sont si nombreuses sur Worth Avenue qu'elles ont dû se spécialiser. Ainsi, Heaton's ne vend-il que des portraits d'animaux, la Galerie Jean Bousquet des marines, Jaro's des naïfs yougoslaves, et Joan Gillespie "d'originaux petits baroques". Wally Findlay est probablement le plus entreprenant de tous ces marchands de tableaux. Il achète des Monet et des Renoir, puis engage des imitateurs qu'il paye à l'heure pour reproduire les oeuvres des grands maîtres. "Après avoir exposé les originaux, qui valent souvent autour d'un million de dollars, il met les copies en vente pour quelque 30 000 $... et les clients achètent ces dernières, avec le sentiment de faire une bonne affaire. C'est à la fois magnifique et scandaleux."

La plupart des assidus de Palm Beach abritent leurs tableaux, bijoux et autres trésors de grande valeur dans les vastes chambres fortes de la First National Bank, dont Clark Gable présida en son temps le conseil d'administration. Cette modeste institution, dont le revenu net s'élève à 5,3 millions de dollars par an, est la seule banque d'Amérique du Nord qui ne verse aucun intérêt sur les montants déposés. Cette astuce lui permet de ne pas déclarer à Washington les capitaux en espèces de ses clients, et ceux-ci peuvent donc soustraire leur fortune aux regards inquisiteurs des fonctionnaires du fisc américain.

Fondée en 1927, la First National Bank est l'une des plus fameuses institutions de Palm Beach. Ses chambres fortes contiennent 3000 étoles de vison, des caisses pleines des vins les plus rares, différents objets précieux autant en or qu'en argent, des collections de fusils, et elles ont même été dépositaires d'un outrigger de l'université Yale. L'apparition, sur le toit de la banque, d'un garde armé destiné à protéger les fêtards désireux de mettre à l'abri leurs bijoux après minuit est l'indice le plus sûr qu'une soirée de gala a lieu ce soir-là.

Henry Morrison Flagler, l'un des premiers associés de Rockefeller dans Standard Oil, fonda Palm Beach dans les années 1890 et favorisa le peuplement de l'île en prolongeant la ligne du Florida East Coast Railway au sud de Jacksonville, ainsi qu'en construisant l'immense hôtel Royal Poinciana, qui, avec ses 1600 chambres et ses 13 kilomètres de couloirs, constituait le plus vaste édifice en bois au monde. Il construisit par la suite l'hôtel Breakers, plus imposant encore que le précédent, et s'associa au colonel Edward R. Bradley (qui fonda le Beach Club, appelé à devenir l'un des casinos les plus luxueux des États-Unis). Grâce à l'énergie et à l'imagination de Flagler, Palm Beach devint bien vite la ville de villégiature favorite de diverses personnalités: John Jacob Astor III, le président Warren G. Harding, William Randolph Hearst et Paris Singer, l'héritier de la compagnie de machines à coudre. C'est d'ailleurs ce dernier, qui, à la fin de sa liaison malheureuse avec Isadora Duncan, incita Addison Mizner, cet architecte au style très personnel, à concevoir un certain nombre des étranges demeures dont Palm Beach est parsemée. C'est à la collaboration des deux hommes que le Everglades Club doit d'avoir vu le jour. Avec son toit mobile, qui permet, par beau temps, de laisser la piste de danse à ciel ouvert, le Everglades partage avec le Bath and Tennis Club la distinction d'être l'un des deux points d'eau fréquentés par la faune la plus sélecte de l'endroit*.

"Le système de ségrégation est complètement antédiluvien, là-bas, de prétendre Black. Charles Wrightsman, à qui j'en parlais un

---

* Le Palm Beach Country Club, situé au nord de la ville, est le plus petit des établissements de l'endroit. Bien que ses membres soient presque exclusivement de religion juive, Rose Kennedy, âgée de 92 ans, continue à y verser sa cotisation. Dans *The Last Resorts*, Cleveland Amory raconte l'histoire d'un gentleman juif qui, tentant de louer une chambre au Breakers, se fit répondre que, bien qu'il n'en fasse pas un absolu, l'hôtel accueillait essentiellement une clientèle chrétienne. Le visiteur se dirigea donc sans tarder vers un second hôtel, où il se déclara chrétien, ce qui lui valut de se faire expliquer qu'ici la clientèle était principalement juive. Excédé par l'étiquette de Palm Beach, le voyageur s'exclama: "Eh bien! Il ne me reste plus qu'à être fils de pute." Ce à quoi le réceptionniste répliqua: "Ah, Monsieur, si vous m'en donnez la preuve, je vous trouverai une place n'importe où!"

jour, m'a dit que Palm Beach "se composait en réalité de trois castes distinctes. Vous avez les gens du commun, genre "draps de satin*", qui ne manquent pas un bal masqué, mangent au restaurant et tentent de devenir membres des clubs. Immédiatement au-dessus sont les piliers de clubs, fiers de l'être, et enfin, pour couronner le tout, les grandes familles comme celle des Fairbank, qui sont au-dessus de tout ça." Et, de continuer Wrightsman: "Le Bath and Tennis a été inauguré par des m'as-tu-vu et, depuis, a toujours été géré par des minables**. Le Everglades a beaucoup baissé lui aussi. J'en suis membre depuis 50 ans, et voilà 25 ans que je n'y mets plus les pieds."

Charles Bierer Wrightsman et sa femme, Jaynie, sont devenus les principaux conseillers de Black, dans le cadre de sa tentative d'invasion du monde des affaires américain et constituent un lien des plus précieux à cet effet. Bientôt âgé de 90 ans, Wrightsman fit d'abord fortune avec Standard Oil Company (au Kansas), mais il est probablement mieux connu en tant que philanthrope et collectionneur d'*objets d'art*** Il a fait installer, dans son condominium, situé sur la Cinquième Avenue à New York, un *parquet de Versailles****que recouvre un tapis de la Savonnerie (spécialement tissé pour la grande galerie du Louvre sur l'ordre de Louis XIV) et 20 paires d'oiseaux en porcelaine de Meissen, d'une valeur inestimable. Les Wrightsman ont passé maints étés à bord du *Radiant II* (leur yacht de 680 tonneaux sur lequel ils entretenaient un équipage de 23 membres), sillonnant la Méditerranée en compagnie d'invités aussi prestigieux que Jackie Kennedy et sa soeur, Lee Radziwill; Hervé Alphand, ancien ambassadeur de France à Washington, et sa femme, Nicole, cover-girl du *Time;* Lord Harlech, ambassadeur de Grande-Bretagne aux États-Unis à l'époque où John Kennedy était président; Walter Moreira Sales, ancien ministre des Finances et ambassadeur du Brésil à Washington; Gérald van der Kemp, conservateur du château de Versailles; feu Roland Redmond, qui fut longtemps président du Metropolitan Museum of Art; et John Walker, directeur de la National Gallery à Washington, ainsi que sa femme, ex-Lady Margaret Drummond, fille du seizième comte de Perth.

* On appelle ainsi le *Palm Beach Daily News*, imprimé sur du papier glacé de façon que ses lecteurs, qui le lisent au lit en prenant le petit déjeuner, ne se salissent pas les doigts.

** Le Everglades ayant été fondé par Singer et Mizner, seuls leurs amis pouvaient en devenir membres. En 1925, E.T. Stotesbury et E.F. Hutton (qui était alors le mari de Marjorie Merriweather Post) s'élevèrent contre un tel despotisme et fondèrent le Bath and Tennis pour compenser, mais ils ne tardèrent pas à gérer ce dernier avec la même tyrannie. Lorsque Paul Desmarais tentat de s'emparer d'Argus en 1975, McDougald s'arrangea pour le faire temporairement blackbouler au Everglades. De la même manière, madame McDougald tente d'en interdire l'entrée à Conrad Black. Mais il semble que la barrière soit sur le point de s'écrouler parce que celui-ci a obtenu l'appui de Page Hufty, ancien confident de Bud McDougald et l'un des arbitres les plus puissants de la société "palmbeachoise".

*** *N. des T.:* En français dans le texte.

Les Black refusent de parler de la collection des Wrightsman. En plus de contenir des objets d'art, dont la valeur totale s'élèverait à 25 millions de dollars, leur maison de Palm Beach est dotée d'une piscine d'eau salée, maintenue à 32°C en permanence, de 20 mètres sur 12, au bord de laquelle des serviteurs en uniforme, portant sur des plateaux d'argent boissons et autres biens de première nécessité, se tiennent à la disposition des baigneurs. Ceux des invités qui jettent un regard en arrière lorsqu'ils quittent la propriété des Wrightsman au volant de leur voiture risquent fort de surprendre des jardiniers ratissant le gravier de l'allée afin qu'aucune trace désagréable ne vienne troubler la perfection des lieux. "Charles est incroyable, remarque Black. Il passe sa vie à espérer un cambriolage. Je plains le pauvre diable qui s'y risquerait... À propos, le jour où je lui ai dit que Jimmy Carter était le pire président des États-Unis depuis Warren Harding, Charles n'était pas d'accord. "J'ai bien *connu* Harding, m'a-t-il répondu, et je peux t'assurer qu'il n'était pas si mal."

Wrightsman et ses confrères de Palm Beach considèrent Conrad Black comme un phénomène digne d'observation et ils sont fascinés, bien malgré eux, tant par ses connaissances financières que par son incroyable mémoire... ainsi que par le fait qu'il est deux fois plus jeune qu'eux. Black est un enfant prodige des plus prisés au coeur de la Floride des années 80, où les nantis se trouvent aux prises avec une existence précaire au sein d'une culture désarticulée, qui semble sur le point de subir des bouleversements apocalyptiques. "Il n'a jamais aimé les hivers canadiens et il apprécie particulièrement les relations qu'il noue là-bas", commente son associé, Peter White. "Il adore rencontrer la "noblesse" américaine. Conrad est un aristocrate. Il est clair qu'il ne se considère pas comme un homme ordinaire. Pourquoi ne fréquenterait-il donc pas les membres de sa caste?"

Chapitre neuf

Mandaté par le ciel

"Dans notre organisation, ce sont les empereurs qui prennent les décisions, et non la garde prétorienne."

Conrad Black

Sur un terrain non classé du centre-ville de Toronto, coincé entre les Bacchus Cellar et l'édifice rébarbatif qui abrite le siège social de Excelsior Life, se dresse l'immeuble d'Argus dans lequel Black passe l'essentiel de ses journées. "Peu importe qu'il ne paye pas de mine, plaisante-t-il, au moins il est à nous. Ça fait du bien de ne pas dépendre d'un propriétaire, et rien n'est plus doux que de ne pas avoir à payer de loyer."

Avec ses jardinières débordantes de pétunias blancs et de géraniums roses, le quartier général d'Argus, sis au 10, Toronto Street, ressemble à s'y méprendre au décor d'un film qui se déroulerait dans une banque d'affaires britannique située au bas de la rue Threadneedle. Avec ses colonnes doriques, ses tapisseries de soie, ses moulures façon XVIIIe siècle et ses lustres de cristal, il y règne une ambiance propice à de discrètes tractations financières. Construit en 1852 afin d'abriter le bureau de poste central de Toronto, l'immeuble fut acquis et rénové de fond en comble en 1959 par E.P. Taylor et ses associés, qui dépensèrent 750 000$ à cet effet. Depuis, Black y a investi un million de dollars supplémentaires afin d'en faire le siège social le plus élégant (et le mieux protégé) du Canada. L'immeuble est le seul de Toronto Street devant lequel le trottoir est dépourvu de parcomètres.

Au premier abord, le bâtiment de deux étages, qui semble gardé en tout et pour tout par deux affables portiers, dégage une impression de vulnérabilité. Mais un examen plus attentif révèle que chaque vitre de l'immeuble est à l'épreuve des balles et que des dispositifs de sécurité y sont installés aux endroits les plus inattendus. Pour entrer, les visiteurs doivent franchir deux portes dont l'ouverture est commandée à distance par les portiers en faction dans l'antichambre, qui possèdent une liste de toutes les personnes attendues au cours de la journée. Enfin, la réceptionniste, Peggy Kennedy, attend d'obtenir l'autorisation idoine pour déclencher le dispositif de commande électronique destiné à ouvrir la porte d'entrée intérieure.

À l'intérieur, l'utilisation du verre a permis d'obtenir des effets très spéciaux. La plupart des surfaces réfléchissantes sont faites de miroirs teints de couleur pêche, qui confèrent aux visages qu'ils réfléchissent un air bronzé et reposé, même si leurs reflets sont légèrement flous. Peter Cotton, dernier en date des décorateurs de l'immeuble, estime que "les miroirs aux tons de pêche instillent la confiance en soi. Ceux qui s'y regardent éprouvent toujours l'impression de rentrer d'une fin de semaine à Palm Beach." (À l'origine, Cotton avait prévu de faire installer un éclairage rose dans l'ascenseur, mais il y a renoncé. C'était vraiment trop. L'ascenseur d'Argus, qui ne monte que d'un étage, est ornée de placages d'acajou et de barres d'appuis en bronze marine.)

Mettant à profit tous ses talents de décorateur, Cotton, qui compte à son actif la décoration intérieure de la Brick Shirt House de Toronto, de Toby Goodeats et des magasins de la chaîne Chocolate Fantasies, est parvenu à faire régner dans l'immeuble tout entier une sourde et douce atmosphère vespérale. Ses occupants sont isolés du monde à l'affût à l'extérieur par de lourdes tentures tirées qui assourdissent les rumeurs du dehors. Les trois principaux bureaux d'Argus se veulent le reflet de la personnalité de leurs occupants. Pour sa part, Cotton prétend qu'Argus abrite un *chasseur*, qui part à la recherche de proies qu'il capture (Conrad), un *cultivateur*, qui cultive et protège le bien acquis (Monte) et un *pasteur*, qui prend soin des deux premiers (rôle dévolu en l'occurrence au vice-président-directeur d'Argus, Dixon Chant). Le bureau de Chant porte la marque du rôle de pasteur-banquier dévolu à son occupant, qui a ajouté une touche pastorale de son cru en accrochant bien en vue une reproduction encadrée du chèque de 65 millions de dollars remis à Paul Desmarais, en novembre 1978, au moment du rachat des intérêts que ce dernier détenait dans Argus. Le domaine de Monte est aéré et baigne dans une teinte bleu poudre qui procure à son occupant l'illusion de se trouver au volant de sa Cadillac bleu pâle ou dans un salon de Palm Beach. Le bureau de Conrad frappe en premier lieu par les toiles qui y sont exposées: deux A.Y. Jackson, un Pilot, un Colville ainsi que le croquis représentant Maurice Duplessis, offert au premier ministre du Québec par le caucus de l'Union Nationale réuni dans la Vieille Capitale à l'occasion du trentième anniversaire de sa carrière politique. Il émane de cette pièce, pourtant dépourvue de prétention, une aura d'autorité, attribuable tout autant aux livres dont elle est parsemée et aux documents officiels qu'au magnétophone prêt à débiter un discours traitant des effets du keynésianisme.

Les bureaux du rez-de-chaussée abritent la douzaine de membres du personnel d'Argus, dont Harry Edmison, l'économiste maison, n'est pas l'un des moindres. Aussi intelligent que rusé, cet ancien recherchiste de Wood Gundy, qui passa la Seconde Guerre mondiale en compagnie de E.P. Taylor à Ottawa, s'est joint à l'entreprise en 1946. L'emploi du temps excessivement chargé de Conrad Black est réglé comme une partition par Joan Avirovic, dont l'efficacité n'a d'égale que la discrétion.

Il existe en outre une pièce réservée à l'usage exclusif des chauffeurs, comportant une table de jeu ainsi qu'un récepteur de télévision, et munie d'un système de ventilation indépendant au cas où certains de ses occupants fumeraient. La salle à manger du premier étage, aux murs revêtus de velours rouille et aux meubles de bois de santal, où les demi-teintes se marient délicatement entre elles, fait irrésistiblement penser au salon particulier d'un club privé délicatement aménagé. Le café y est servi sur des plateaux d'argent, dans des tasses de porcelaine blanche ornées de motifs romans (bleu outre-mer et or), le tout accompagné d'une pince à sucre en or.

La salle du conseil, qui se trouve au rez-de-chaussée, est sans conteste la pièce la plus remarquable de l'immeuble. Trois nuances de vert assourdi s'y marient de façon particulièrement apaisante, en s'équilibrant à la dorure des cadres des miroirs, sculptés d'aigles d'or inquiétants, aux aguets du haut de leurs perchoirs. (Napoléon se serait senti à l'aise dans une telle pièce pour traiter des affaires de l'empire.) Cotton, qui en a exécuté la décoration, affirme: "Une pièce de ce genre permet à n'importe qui de masquer ses émotions. Nous avons fait poser un plancher de bois et avons jeté çà et là des tapis aux teintes joyeuses, afin d'égayer la pièce. On dirait que le bois lui confère une certaine sonorité."

L'importance accordée par Black à l'élégance du décor correspond à des traditions solidement établies chez Argus. "Dans cette compagnie, nous avons toujours eu la réputation d'avoir de la classe, affirme-t-il; je me souviens que quand j'étais jeune il n'y avait que les gens d'Argus pour avoir un certain panache (Toronto était une ville si sinistre à l'époque!) qu'ils manifestaient surtout dans le cadre de leurs activités non professionnelles. E.P. Taylor, par exemple, était un sportif accompli ainsi qu'un promoteur d'idées, un bâtisseur. Lyford Cay, que Taylor a créée de toutes pièces au coeur d'une forêt tropicale des Bahamas, est peu connue des Canadiens. Et pourtant, je crois qu'elle vient immédiatement après Palm Beach comme endroit de villégiature hivernal pour les gens prospères, du moins sur la côte Est. Bud McDougald était davantage un homme public: saint patron du Toronto Club, il avait l'oreille de toutes sortes de gens incroyables et jouait le rôle de pilier de nombreux clubs tant à Palm Beach qu'à New York, Londres, etc. Dans son milieu, il était considéré comme un personnage de légende. Wally McCutcheon s'était acquis une certaine notoriété à la suite de son incursion au gouvernement, et il faut souligner que, contrairement à bien des industriels, il avait au moins fait l'effort de tenter de s'adapter à ce rôle fort différent. Le colonel Eric Phillips jouissait d'une réputation très méritée, non seulement d'industriel de premier plan, mais également d'homme prodigieusement intelligent. Il la devait principalement à son titre de président du conseil d'administration de l'Université de Toronto, qu'il garda fort longtemps, et ce, à une époque où le titulaire d'un tel poste jouait un rôle bien plus prépondérant au sein de l'université que de nos jours. J'ai par conséquent l'impression de suivre leur exemple en essayant de ne pas demeurer confiné au rôle d'homme d'affaires."

La nostalgie qu'éveille en lui le rappel de tels souvenirs n'a pas empêché Black de mener à bien la "déMcDougaldisation" presque intégrale d'Argus au cours de la brève période depuis son accession à la tête de la société de gestion. Non seulement le portefeuille d'Argus a-t-il changé de contenu (les actions de Massey, Domtar et Noranda y ont fait place à celle de Norcen et de Hanna), mais la philosophie dominante en vertu de laquelle l'entreprise était considérée comme un fonds mutuel à capital fixe a été fondamentalement remise en question. Aux participations minoritaires qui exigeaient de ses associés une force de persuasion peu commune pour garder la main haute sur les compagnies inféodées à Argus, Black a préféré substituer des participations majoritaires accrues, ou même absolues, prises au sein des avant-postes d'Argus, entreprenant du même coup de convertir son écurie d'entreprises en une chasse gardée monolithique. C'est dans le même ordre d'idées que Black a cherché à protéger les revenus imposables d'Argus de la voracité du fisc en faisant du conglomérat somnolent une entreprise dynamique, dont les revenus sont désormais réinjectés dans des activités offrant un abri fiscal. En fait, à la suite de la réorganisation consécutive à l'achat, au printemps de 1982, d'une participation prépondérante quoique minoritaire dans Hanna Mining Company, à Cleveland en Ohio, Black liquida en somme Argus Corporation, coquille désormais vide qui ne pouvait plus servir ses desseins.

Au bureau, Black adopte un comportement magistral destiné à intimider les cadres supérieurs qui viennent lui rendre visite et ne s'attendent guère à une réception aussi solennelle. Au cours de la plupart des rencontres officielles auxquelles il participe, il émane de lui une intelligence quasi nietzschéenne qui le rend aussi insupportable comme compagnon qu'inestimable comme associé. "Si Conrad peut faire preuve de charme", de remarquer un homme d'affaires qui le connaît de longue date, "il se garde bien de le montrer pendant les réunions d'affaires auxquelles il participe et où il peut se comporter comme le plus vil des salopards." Ce n'est pas là, et de loin, l'avis de Roy MacLaren. Ce député libéral, appartenant au groupe qui reprit en main la revue *Canadian Business*, en 1977, afin de lui insuffler une nouvelle jeunesse, connaît fort bien Black. "Conrad est avant tout un gentleman extrêmement attentif à autrui et il sait se montrer infiniment courtois, dit-il, mais il va sans dire que les incompétents ne font guère long feu à son service."

L'écrivain Ron Graham, qui a travaillé comme réalisateur à Radio-Canada, fait remarquer: "Ce qui frappe surtout chez Conrad, c'est qu'il ne réagit jamais de façon prévisible. On dirait que, quelle que soit la situation, il se dit: "Bon, je sais comment agir afin de minimiser les risques, mais voyons voir ce que je pourrais imaginer d'autre, même si ce n'est pas de tout repos." Le plus extraordinaire, c'est que lorsque vous pensez l'avoir percé à jour, il fait quelque chose de totalement inattendu, et qui le surprend probablement lui-même."

Graham est le premier à reconnaître le caractère erratique des comportements de Black, qui fait souvent montre d'une bienveillance inattendue. À l'automne 1978, au retour de sa lune de miel et après la prise d'Argus, Black invita plusieurs centaines d'amis à une réception organisée au York Club de Toronto. "Nous avons échangé quelques mots, et la file des invités se pressant pour le saluer s'allongeait derrière moi, rappelle Graham. Je me souviens que Black m'a prié de rester à ses côtés parce qu'il voulait me parler plus longuement. J'ai donc repris place à la fin de la queue et à la seconde reprise le manège s'est répété, Black insistant pour me reparler encore plus longuement. Obtempérant une fois de plus, je me retrouvai pour la troisième fois face à lui et lui demandai d'un ton ironique si je pouvais enfin disposer, mais ce fut en pure perte et la situation prit un tour des plus comiques.

"À la fin de la soirée, cependant, je ne pus m'empêcher de lui dire: "Tu y es arrivé, tu m'as humilié en public, je suis le dernier qui reste ici."

"Il avait appris que je logeais au Windsor Arms, et il m'offrit de m'y déposer. Au moment où je descendais de voiture, il me dit: "Je plaisantais tout à l'heure et je te prie de m'excuser si je t'ai blessé le moindrement." En dépit de ma stupéfaction, je compris dans quel esprit il me présentait ses excuses, faisant ainsi preuve d'une sensibilité dont j'avais entendu parler, mais que je n'avais jamais vue se manifester auparavant. Il lui arrive fréquemment de faire preuve d'une gentillesse à laquelle nul ni rien ne l'oblige."

Cet aspect inattendu de son caractère explique à la fois la vulnérabilité excessive de Black aux critiques, d'où qu'elles viennent, et sa faculté de se réjouir lorsqu'il a bonne presse. David Radler, celui des associés d'Argus qui vit à Vancouver, raconte ce qui suit: "Un beau soir, Conrad m'a téléphoné. Il se faisait du mauvais sang et me dit: "Je pense que Jimmy Pattison ne nous aime pas." Je lui demandai pourquoi. "Peut-être parce que nous essayons d'acheter une de ses entreprises", me répondit-il.

"La semaine suivante, Conrad me rappela, exultant: "Jimmy vient de me faire parvenir un gros saumon fumé! Peut-être qu'il ne t'aime guère, mais moi il m'aime bien!" Pattison, promoteur de Vancouver célèbre pour sa jovialité, exprimait en fait qu'il aimait bien *tous* les associés d'Argus (mais que la transaction ne l'intéressait pas pour autant).

Les relations de Black avec un autre des membres de l'Establishment financier n'ont pas toujours été sans nuages, comme en témoigne cette anecdote. Le jour où Charles Bronfman, qui dirige les activités canadiennes de Seagram's, sollicita le président du conseil d'administration d'Argus afin qu'il s'engage à acheter pour un million de dollars d'obligations israéliennes, Black lui donna son accord sans tergiverser, à la condition toutefois que le propriétaire des Expos accorde l'exclusivité des droits de retransmission des parties jouées par son équipe de base-ball à la station de radio montréalaise CJAD appartenant au groupe Argus. "CFCF a gardé l'exclusivité des Expos, je ne vois donc pas pourquoi je délirerais d'enthousiasme à l'idée d'acheter les obligations de Charles", confia-t-il par la suite à un ami.

Quoique les plans d'avenir d'Argus, tant à long terme qu'à court terme, soient le fruit des réflexions de Black, celui-ci consulte néanmoins la plupart de ses associés avant de prendre des décisions d'importance. En dépit des traditions, il effectue rarement ces consultations pendant les réunions du conseil d'administration d'Argus, qui n'ont lieu officiellement que quatre fois par an, généralement pour annoncer le montant des dividendes du trimestre. Sept des 18 membres du conseil d'administration forment le conseil de direction, dont le quorum est fixé à quatre personnes, ce qui permet à Black et à ses acolytes de diriger l'entreprise à leur guise*. Le conseil d'administration de Ravelston joue un rôle prépondérant au sein de l'empire d'Argus (du fait qu'il est le seul dont les membres soient tous des associés), mais il ne se réunit presque jamais. Comme l'indique le tableau suivant, on trouve des associés d'Argus au conseil d'administration de chacune des entreprises apparentées à la société de gestion. Ils forment à eux tous le réseau de renseignements de Black, tout en assurant la mainmise de ce dernier sur le groupe.

"Dans notre organisation, ce sont les empereurs qui prennent les décisions, et non la garde prétorienne", fanfaronne Black. La délégation de pouvoirs n'est pas monnaie courante dans le milieu d'Argus. C'est à Black que reviennent en définitive les décisions, même s'il ne se fait pas faute de consulter ses associés, compilant une multitude de faits, d'observations et d'opinions, un peu comme un procureur de la Couronne au cours d'un procès pour espionnage. Son frère, Monte, ainsi que ses

---

* Voir la succession des dirigeants d'Argus à l'annexe D.

associés David Radler et Peter White participent à toutes les décisions. Chaque membre du quatuor perçoit le pouls des autres, et nul n'est à contretemps. Ils font penser à un groupe rock exotique qui se produirait sous le nom de "Conseil d'administration" et dont les membres porteraient un complet-veston en guise de costume de scène. Dixon Chant et Fred Eaton comptent au nombre des autres associés de Ravelston sans l'avis desquels nulle décision n'est prise, mais c'est sans conteste à H.N.R. Jackman que Black voue le plus grand respect. "Hal est absolument génial, et son habileté consiste en partie à donner de façon délibérée l'impression qu'il est un peu lourdaud, prétend Black. Il me fait penser à la description que Malcolm Muggeridge faisait de de Gaulle lorsqu'il le comparait à l'un de ces clowns à bicyclette qui semblent perpétuellement sur le point de se casser la figure. L'assistance se tord de rire à ce spectacle et l'abreuve de lazzi, mais ce n'est qu'une fois qu'il est retourné en coulisse que l'on se rend compte à quel point son numéro était au point. Eh bien, Jackman est lui aussi objet de dérision: après avoir mordu la poussière à trois reprises à titre de condidat conservateur dans le comté de Rosedale*, il fait figure d'éternel perdant sur la scène politique. En outre, ce grand maladroit à la silhouette dégingandée et aux tics bizarres, qui fronce ses sourcils épais en tirant sur un gros cigare, prête à rire. Il s'agit pourtant d'un observateur et d'un participant dont l'intelligence exceptionnelle dépasse de beaucoup celle des autres membres du conseil d'administration d'Argus."

Diplômé du Upper Canada College ainsi que de la London School of Economics, Jackman correspond sans nul doute à la description que Black fait de lui, mais il est bien plus encore. Son épouse, Maruja, fille de James Duncan, fait figure de locomotive dans les milieux intellectuels. Jackman, quant à lui, descend en droite ligne d'une famille de capitaines au long cours qui vint s'établir sur les rives de Toronto vers 1850. Son père, Harry, naquit en 1900 dans le quartier de Cabbagetown, à Toronto. Après des études de premier plan (University of Toronto Schools, Osgoode Hall et Harvard Business School), il décréta que le marché boursier serait à la fois le plus attrayant et le plus supportable des terrains d'apprentissage. À peine âgé de 17 ans, il obtint sa première marge de crédit et, à 28 ans, il entrait chez Dominion Securities comme responsable des reliquats de souscriptions de l'importante société de placement. C'est grâce à ces actions, virtuellement dépourvues de valeur au début des années 30, que Harry Jackman, auquel devait plus tard succéder son fils Hal, réussit à mettre sur pied un portefeuille de premier ordre

---

* Son père, Henry Rutherford, dit Harry, Jackman, représenta le comté de Rosedale aux Communes de 1940 à 1949. Hal N.R. Jackman tient ses deuxième et troisième prénoms de son grand-père, Newton Rowell Jackman, qui fut juge en chef de l'Ontario et président de la Commission royale d'enquête sur les relations entre les provinces et le fédéral, vers la fin des années 30.

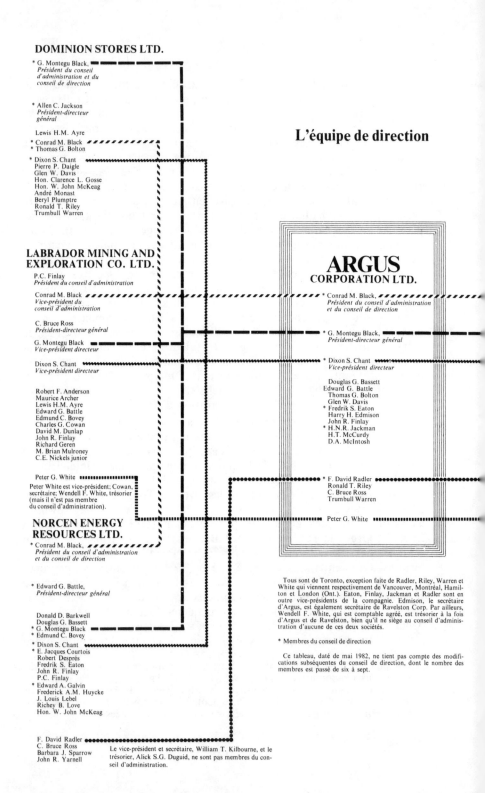

DOMINION STORES LTD.

* G. Montegu Black,
*Président du conseil
d'administration et du
conseil de direction*

* Allen C. Jackson
*Président-directeur
général*

Lewis H.M. Ayre
* Conrad M. Black
* Thomas G. Bolton

* Dixon S. Chant
Pierre P. Daigle
Glen W. Davis
Hon. Clarence L. Gosse
Hon. W. John McKeag
André Monast
Beryl Plumptre
Ronald T. Riley
Trumbull Warren

L'équipe de direction

**LABRADOR MINING AND
EXPLORATION CO. LTD.**

P.C. Finlay
Président du conseil d'administration

Conrad M. Black
*Vice-président du
conseil d'administration*

C. Bruce Ross
Président-directeur général

G. Montegu Black
Vice-président directeur

Dixon S. Chant
Vice-président directeur

Robert F. Anderson
Maurice Archer
Lewis H.M. Ayre
Edward G. Battle
Edmund C. Bovey
Charles G. Cowan
David M. Dunlap
John R. Finlay
Richard Geren
M. Brian Mulroney
C.E. Nickels junior

Peter G. White
Peter White est vice-président; Cowan,
secrétaire; Wendell F. White, trésorier
(mais il n'est pas membre
du conseil d'administration).

**NORCEN ENERGY
RESOURCES LTD.**

* Conrad M. Black,
*Président du conseil d'administration
et du conseil de direction*

* Edward G. Battle,
Président-directeur général

Donald D. Barkwell
Douglas G. Bassett
* G. Montegu Black
* Edmund C. Bovey
* Dixon S. Chant
* E. Jacques Courtois
Robert Després
Fredrik S. Eaton
John R. Finlay
P.C. Finlay
* Edward A. Galvin
Frederick A.M. Huycke
J. Louis Lebel
Richey B. Love
Hon. W. John McKeag

F. David Radler
C. Bruce Ross
Barbara J. Sparrow
John R. Yarnell

**ARGUS
CORPORATION LTD.**

* Conrad M. Black,
*Président du conseil d'administration
et du conseil de direction*

* G. Montegu Black,
Président-directeur général

* Dixon S. Chant
Vice-président directeur

Douglas G. Bassett
Edward G. Battle
Thomas G. Bolton
Glen W. Davis
* Fredrik S. Eaton
Harry H. Edmison
John R. Finlay
* H.N.R. Jackman
H.T. McCurdy
D.A. McIntosh

* F. David Radler
Ronald T. Riley
C. Bruce Ross
Trumbull Warren

Peter G. White

Tous sont de Toronto, exception faite de Radler, Riley, Warren et
White qui viennent respectivement de Vancouver, Montréal, Hamilton et London (Ont.). Eaton, Finlay, Jackman et Radler sont en
outre vice-présidents de la compagnie. Edmison, le secrétaire
d'Argus, est également secrétaire de Ravelston Corp. Par ailleurs,
Wendell F. White, qui est comptable agréé, est trésorier à la fois
d'Argus et de Ravelston, bien qu'il ne siège au conseil d'administration d'aucune de ces deux sociétés.

* Membres du conseil de direction

Ce tableau, daté de mai 1982, ne tient pas compte des modifications subséquentes du conseil de direction, dont le nombre des
membres est passé de six à sept.

Le vice-président et secrétaire, William T. Kilbourne, et le
trésorier, Alick S.G. Duguid, ne sont pas membres du conseil d'administration.

THE RAVELSTON
CORPORATION LTD.

Conrad M. Black
Président du conseil d'administration

G. Montegu Black
Président-directeur général

Douglas G. Bassett
Dixon S. Chant
Glen W. Davis
Fredrik S. Eaton
John R. Finlay
H.N.R. Jackman

H.N.R. Jackman
F. David Radler
Ronald T. Riley

Peter G. White

Chant est vice-président directeur; Finlay, vice-président; Harry H. Edmison, secrétaire; Wendell F. White, trésorier, Edmison et White ne sont pas membres du conseil d'administration.

White are not directors.

HOLLINGER ARGUS LTD.

* P.C. Finlay
Président du conseil d'administration

* Conrad M. Black
Vice-président, directeur général et président du conseil de direction

* G. Montegu Black
Président

Douglas G. Bassett
Edward G. Battle
Thomas G. Bolton
* Edmund C. Bovey

* Dixon S. Chant
* Charles G. Cowan
Glen W. Davis
* David M. Dunlap
* Fredrik S. Eaton
John R. Finlay
H.N.R. Jackman
H.T. McCurdy
D.A. McIntosh

F. David Radler
Ronald T. Riley
* C. Bruce Ross
Trumbull Warren

Peter G. White

Chant et Ross sont vice-présidents directeurs; Ross est en outre directeur général, et Cowan est secrétaire. Wendell F. White, le trésorier de Hollinger Argus, d'Argus Corp., de Labrador Mining and Exploration et de Hollinger North Shore Exploration, n'est pas membre du conseil d'administration de Hollinger Argus Ltd.

STANDARD BROADCASTING
CORPORATION LTD.

* G. Montegu Black
Président du conseil d'administration

* H.T. McCurdy
Président-directeur général

* Dixon S. Chant
Président du conseil de direction

* Conrad M. Black
G. Allan Burton
Pierre P. Daigle
Jacques J. Giasson
Donald H. Hartford
* H.N.R. Jackman
W. Leo Knowlton
Richard R. Moody
M. Brian Mulroney
Lawrence M. Nichols
John R. Storar

Vice-président de Standard, Nichols est également président de la filiale Bushnell Communications Ltd., d'Ottawa. Hartford est non seulement vice-président mais aussi directeur de la division radiophonique et président des succursales CFRB Ltd. et CJAD Inc. Storar est président de Standard Broadcasting Corporation Ltd. (Royaume-Uni), tandis que Moody est président de Standard Broadcast Sales Co. Ltd.

ainsi que l'un des principaux empires financiers du Canada, essentiellement par le truchement de Debenture and Securities Corporation of Canada, ainsi que par Dominion and Anglo Investment Corporation Ltd. (dont l'actif s'élevait à 60 millions de dollars en 1980). Les intérêts détenus par Jackman dans le domaine des assurances (Empire Life Insurance Company et Dominion of Canada General Insurance Company) sont gérés par E-L Financial Corporation Ltd. En outre, la famille Jackman a la haute main sur Victoria & Grey Trustco Ltd., quatrième compagnie de fiducie en importance au Canada (dont l'actif était évalué à 3,75 milliards de dollars en 1981), et détient une participation majoritaire dans Algoma Central Railway, l'une des principales entreprises de transport canadiennes. Hal Jackman mène un train de vie inhabituellement modeste et dépourvu de prétentions. À Toronto, il se déplace essentiellement en métro, surtout depuis que son Oldsmobile (datant de 1974) a été remorquée hors du terrain de stationnement d'Argus, de l'initiative d'un portier zélé, convaincu qu'une telle épave ne pouvait en aucun cas appartenir à un membre du conseil d'administration de la compagnie.

Jackman n'a pas rompu avec la vie politique, et il continue de jouer un rôle d'éminence grise et de collecteur de fonds. En 1980, au cours du congrès de désignation du chef de parti des conservateurs qui vit remettre en question la direction de Joe Clark, Jackman fit montre d'un enthousiasme si tonitruant (agitant son veston tel un étendard et menant la claque favorable à Joe Clark) qu'au cours de la réunion du conseil d'Argus qui suivit, Black fit inscrire à l'ordre du jour une résolution bidon blâmant Jackman d'avoir "attiré embarras et discrédit sur notre association" en se donnant en spectacle lors de la foire d'empoigne tory.

Lorsqu'il ne fait pas de politique, Jackman se livre à son passe-temps favori. Il est en effet un fervent adepte des soldats de plomb, et son sous-sol est le théâtre d'affrontements au cours desquels il fait manoeuvrer des milliers de figurines, parmi lesquelles l'on peut reconnaître des bataillons entiers de *chasseurs* français, de *schutzen* autrichiens et de *landwehrmänner* prussiens. Black et Jackman se retrouvent fréquemment afin de rejouer les batailles de Waterloo, d'Austerlitz ou d'autres engagements célèbres. Dans le feu de l'action, il leur arrive parfois de perdre leur sang-froid. "Je me souviens d'une fois, raconte Black, où mes troupes avaient franchi une rivière. Et Hal de protester: 'Tu ne peux pas faire ça!

— Pourquoi pas?

— Tu laisses ton artillerie sans protection.

— Bon, et alors?

— Mais enfin, Conrad, t'as pas le *droit*!

— Comment ça, je n'ai pas le droit? C'est bel et bien ce que je viens de faire, et en plus je vais gagner la bataille. Alors, ne viens pas me dire que je n'en ai pas le droit.

— Mais ça équivaut à violer toutes les règles de l'art militaire!

— Quelle importance, Hal? Tu viens de te faire battre."

Jackman commença à s'intéresser à Argus au début des années 60 et finit par acquérir jusqu'à 9 p. 100 des actions de la société de gestion. En 1975, alors que cette dernière subissait les assauts de Paul Desmarais, McDougald offrit à Jackman de siéger au conseil d'administration. "C'était un peu comme si j'avais été adoubé chevalier, de rappeler Jackman. Invité au Toronto Club, j'ai eu droit à un sermon sur le besoin indispensable de préserver la pureté de la liste des membres du Club des Everglades de Palm Beach et d'empêcher les Juifs de tenir boutique à la Royal Winter Fair ainsi qu'un tas d'autres fariboles religieuses du même tonneau qui, j'en suis persuadé, n'étaient rien d'autre qu'une façade... De toute manière, nous n'étions vraiment pas intéressés à traiter avec Desmarais, qui ne nous offrait pas assez cher."

Lorsque, le 6 juin 1979, Black céda 12,24 p. 100 des actions de Ravelston à Jackman en échange de celles que celui-ci détenait dans Argus*, évaluées au même taux que celui payé aux veuves, Jackman fit parvenir à son ami Conrad un petit mot paraphrasant la réplique suivante faite par Brutus à Cassius dans le *Jules César* de Shakespeare (il lui signifiait ainsi son appui, à condition d'être tenu au courant de la suite des événements):

> Que vous m'aimiez, je n'en doute pas.
> Et ce que l'on attend de moi, je le devine.

Si Jackman compte sans nul doute au nombre des principaux "décideurs" du groupe Ravelston/Argus, il n'en demeure pas moins que rien n'est laissé au hasard au sein de l'organisation des frères Black, qui envisagent et étudient à fond toutes les éventualités imaginables. Leur démarche n'est pas sans analogie avec celle du joueur d'échecs qui n'avance aucune pièce avant d'avoir analysé à fond les conséquences de sa décision sur les dix coups à venir. Brian Mulroney, de la compagnie minière IOC (Iron Ore of Canada), dans laquelle les frères Black détiennent une participation majoritaire, estime que "Conrad jouit d'une faculté exceptionnelle de conceptualisation. Lorsque je regarde par la fenêtre, je vois un arbre. Lui verra là une papeterie. Il est capable de résoudre n'importe quelle énigme financière."

Les deux dictons favoris de Black sont "Un dix cents pour une piastre" et "C'est la transaction qui fait l'argent". Par le premier, il exprime sa conviction qu'une transaction ou bien ne mérite même pas dix cents d'investissement, ou bien doit être menée à son terme. Le second

---

* Jackman augmenta à 16 p. 100 sa participation dans Ravelston en achetant 3,76 p. 100 d'actions supplémentaires, par l'entremise de E-L Financial. Il en revendit une bonne partie aux frères Black au cours de l'été 1982, réduisant ainsi son capital à 4,7 p. 100.

signifie qu'à son avis il est toujours possible de trouver l'argent nécessaire à une transaction profitable. Quelque fougueuses et contraires aux idées reçues que puissent paraître ses décisions, elles ne sont jamais prises avant d'avoir été analysées à fond par l'équipe de conseillers juridiques et fiscaux d'Argus.

Outre P.C. Finlay, son fils John, Donald McIntosh et Charles Cowan, tous membres des conseils d'administration chapeautés par Argus, Black consulte Geoffrey Skerett, Doug Berlis, Alan Bell et John Turner ("Conrad a besoin de se dégeler avant de vous inviter pour une valse, mais je présume qu'il se sent à l'aise avec moi et qu'il a besoin d'appuis extérieurs"). La vérification des comptes d'Argus est assurée par Jack Boultbee, qui travaille pour Coopers & Lybrand.

TOUS LES OBSERVATEURS QUI SE SONT PENCHÉS SUR LE PARTAGE DES POUVOIRS AU SEIN D'ARGUS ont eu tendance à négliger l'un des principaux acteurs en présence. Le fait est que peu nombreux sont les étrangers qui savent ce que fait réellement George Montegu Black, troisième du nom.

De quatre ans plus vieux que Conrad, Monte diffère profondément de celui-ci tant par son tempérament que par sa profondeur intellectuelle ou par l'attitude qu'il a adoptée face à l'existence, et il est un alter ego d'un genre très particulier. Autant Conrad affectionne les comportements outrés et les envolées aussi lyriques qu'imagées, autant Monte fait preuve de mesure et de pondération. Tout autant que ses énormes cigares, ses airs pompeux et gourmés font de lui le capitaliste type, véritable sujet de prédilection des caricaturistes. Politiquement, il se définit comme un homme "d'extrême droite, et bien plus extrême d'ailleurs que la plupart des gens". Il est farouchement partisan de l'abolition des impôts sur le revenu et des impôts indirects: "Si les riches veulent de grosses voitures luxueuses, ils devraient payer une taxe proportionnelle à leurs dépenses au moment de l'achat. Ainsi l'on pourrait supprimer un tas de ces gens d'Ottawa. Les vendeurs de voiture n'auraient qu'à remplir un formulaire et à percevoir l'argent, disons 40 p. 100 pour une Cadillac et 5 p. 100 pour une Volkswagen."

Bien qu'il se consacre essentiellement à la direction de la chaîne de magasins Dominion et de Standard Broadcasting, Monte est associé à parts égales à toutes les entreprises de Conrad. Mais il n'y a aucun doute quant à l'identité de celui des deux qui commande vraiment. Feu Igor Kaplan, qui fut l'avocat des deux frères, affirmait volontiers: "Monte joue un rôle méconnu. Mieux que quiconque, je sais combien Conrad se repose sur son frère. Il n'hésiterait pas un instant, si par exemple il décidait de se lancer en politique, à confier la gestion de toutes ses entreprises à son frère. Doté d'un esprit très vif, Monte n'est peut-être ni un brillant intellectuel ni un lecteur acharné, mais il n'en est pas moins un analyste de premier ordre. Confiez-lui l'analyse financière d'une transaction éventuelle, et vous verrez qu'il ne coupe pas les cheveux en quatre, il les broie, il les réduit en *poudre*."

Faisant allusion aux rapports qu'il entretient avec Conrad, Monte déclare: "C'est dans nos différences que nous puisons notre force. Nos centres d'intérêt, tant au bureau qu'à l'extérieur de celui-ci, sont différents. Ceci ne peut nous être que profitable, puisque ainsi nous couvrons plus de terrain. Ma force vient, à mes yeux, de ce que je suis capable de m'entendre avec à peu près n'importe qui. Il me semble essentiel d'être franc à l'égard des autres, de pouvoir leur dévoiler mes pensées, tout en restant moi-même, sans éprouver de sentiment de supériorité ou d'infériorité. Ensemble, Conrad et moi, nous cumulons la plupart des traits de caractère indispensables aux hommes d'affaires. C'est ce qui fait la force de notre association."

Aux yeux de leurs familiers, Conrad fait figure d'éclaireur toujours prêt à plonger dans la mêlée, alors que Monte lui sert de point d'ancrage, d'avocat du diable ainsi que de principal pare-chocs maison. "Je me considère bien plus comme un gestionnaire d'entreprises que comme un brasseur d'affaires, confesse Monte, ce qui n'empêche pas que j'adore voir l'esprit de Conrad à l'oeuvre. J'arrive à le suivre sans trop de difficultés. Il ne me sème pas trop souvent, quoiqu'il prenne parfois des décisions foudroyantes. Il lui arrive d'adopter un rythme tel qu'on dirait presque qu'il tire plus vite que son ombre."

L'aîné des Black a bénéficié d'une éducation considérablement plus conventionnelle que celle qui fut donnée à son frère. Inscrit à Upper Canada College, puis à Trinity College School, où il se distingua tant au cricket qu'au football et au hockey. Il avait si peu d'ambition dans le domaine scolaire qu'après la fin de ses études secondaires à York Mills Collegiate, il ne fit qu'un bref séjour à la University of Western Ontario, avant d'abandonner ses études sans plus de cérémonie afin de se faire engager comme analyste stagiaire par Brian Heward, courtier montréalais lié d'amitié avec son père. Évoquant cette époque, il reconnaît sans ambages: "J'y ai beaucoup appris, mais chaque Black ressent au plus profond de lui-même le sentiment lancinant qu'il est hors de question pour lui de travailler pour le compte d'autrui. Or, en six ans chez James Heward j'ai vu décéder plusieurs des associés les plus âgés sans que la société change de mains pour autant."

Au cours du mois d'octobre 1968, il se retrouva avec David Knight, à bord d'un avion qui les amenait aux Bermudes. Knight, ancien condisciple de Monte à Trinity College School, avait hérité de son père et de son grand-père une participation majoritaire dans Draper Dobie, société d'investissements miniers ayant pignon sur rue sur Bay Street. "Je me souviens que nous volions à bord d'un Viscount et que la cabine de première classe était située en queue de l'appareil, rappelle Monte. Nos familles occupaient toute la cabine, à l'exception d'un siège réservé pour l'occasion par Stan Randall (à l'époque membre du Cabinet ontarien), et nous tentions de discuter d'affaires. David était fermement décidé à transformer Draper, à la doter d'un véritable service de recherche et à en faire une compagnie d'envergure. Si bien que je lui déclarai: "Ne cherche plus, tu as trouvé. Donne-moi 25 p. 100 des actions de Draper et 25 000$ par an, et je suis ton homme." Sa réponse ne se fit pas attendre: "Vendu."

En février 1976, Monte Black, qui était depuis 1972 président de l'entreprise, racheta la plupart des intérêts que Knight y possédait. Il était parvenu, dès le début des années 70, à transformer la compagnie en une entreprise avec laquelle il fallait compter. À son initiative, Draper mit en service un système informatisé remarquablement innovateur pour l'époque, capable de décortiquer en un clin d'oeil les écarts et les cours des valeurs actives sur le marché, système qu'elle utilise encore d'ailleurs. Mais c'est aux déjeuners d'affaires organisés par les frères Black dans sa salle à manger lambrissée que Draper Dobie doit sa notoriété. Il leur en coûta 14 000$ afin de convertir un bureau en salle à manger digne de recevoir leurs invités. Les meubles, en pin du Portugal, furent achetés chez Art Shoppe. Enfin, les frères Black embauchèrent un cuisinier à temps partiel et commencèrent à recevoir quotidiennement des invités pour le petit déjeuner et le déjeuner, voire même pour le dîner. C'est ainsi qu'ils se bâtirent du jour au lendemain une réputation d'hôtes recherchés, à défaut d'être reconnus comme génies sur le plan fiscal. À en croire Monte: "Nos repas, qui comprenaient six services, étaient arrosés de cinq grands crus et couronnés de porto, de cigares et de cognac. John Robarts nous a honorés de sa présence à quelques reprises, comme presque tout le monde d'ailleurs. Bud McDougald lui-même nous a déjà promis de venir, mais il a préféré s'en tenir au Toronto Club."

L'année 1977 vit la fièvre de l'escalade s'emparer de Draper Dobie; Monte entama des pourparlers en vue de fusionner cette dernière avec la vieille compagnie de McDougald, Dominion Securities. En fait, la transaction se termina par une prise de contrôle. L'aîné des frères Black accéda à la vice-présidence de Dominion Securities et prit la direction du secteur international de l'entreprise, postes qui lui servirent de tremplin pour s'installer chez Argus, le moment venu.

Monte Black est un homme heureux. Il dirige deux des principales entreprises appartenant à Argus, voyage comme il lui plaît et satisfait ses moindres caprices. Il conduit une Cadillac exécutée sur commande, pratique le ski nautique, assiste à des concours hippiques, possède des maisons de villégiature à Muskoka et à Caledon, et gère ses investissements personnels par le biais d'une compagnie répondant au nom de Trachrannont. La plus grosse gâterie qu'il se permette est une collection de bateaux anciens, dont le joyau est sans conteste une vedette de croisière Ditchburn, longue de 13,5 mètres, en acajou du Honduras, le *Glenelder*.

Il fuit les feux de la rampe, affirmant que Conrad est à la fois le chef de la famille et son partenaire. Mais il a néanmoins participé à chacune des complexes transactions qui ont transformé Argus en un conglomérat sur lequel convergent tous les regards.

C'EST À L'ENSEMBLE DE CES MANOEUVRES, qui dépassent largement le cadre de leur mainmise sur Argus, que les frères Black doivent d'avoir bâti leur fortune personnelle tout en s'attirant une réputation d'intelligence supérieure. La manière dont Conrad Black a conclu les transactions qui ont accru et consolidé l'empire d'Argus fait penser à un ballet jazz des plus élaborés, à l'une de ces représentations qui peuvent être aussi gracieuses et audacieuses aux yeux des uns que révoltantes pour les âmes sensibles ou divertissantes pour les indifférents. Certain d'avoir reçu des cieux un mandat lui accordant pleins pouvoirs, il fait preuve de rudesse et de dureté. Nulle paille ne vient affaiblir le métal dont est forgée la discipline qu'il s'impose. Black n'est pas peu fier d'avoir livré ses batailles financières avec compétence et détachement en dépit des pressions auxquelles il était soumis, et ce, même si le fait de se battre a toujours été plus important à ses yeux que l'issue de l'affrontement. Une fois sa victoire acquise, il s'est refusé à partager son butin avec les vaincus, prenant un malin plaisir à manipuler ses victimes, telles des marionnettes.

Les résultats obtenus par Black provoquent des réactions qui varient entre les louanges les plus dithyrambiques (ainsi John Turner affirme-t-il: "Conrad est véritablement génial... mais surtout il a du coeur au ventre!") et le simple constat de fait, tel celui formulé par l'ancien éditeur du *Toronto Telegram*, John Bassett, qui déclara: "Je ne connais personne, ni dans ma génération ni dans la sienne, qui combine aussi parfaitement la curiosité intellectuelle à l'agressivité dans la direction de ses affaires."

Mais il en est également qui le considèrent comme un prédateur vorace fondant sur l'Establishment canadien. C'est le cas de Stephen Jarislowsky, personnage bien connu dans les milieux financiers montréalais, qui déclare: "Je n'éprouve pas une admiration démesurée pour Conrad Black. Il a conclu un grand nombre de transactions en fort peu de temps parce qu'il n'avait tout simplement pas suffisamment d'argent pour tenir ses positions, et il l'a fait parfois avec une brutalité superflue. Ses comportements l'apparentent fondamentalement aux prédateurs."

Ceux qui, à l'instar de Jarislowsky, critiquent Black le condamnent essentiellement pour son désir forcené de transformer Argus en une société privée destinée avant tout à enrichir ses propriétaires. Il est en effet parvenu à ses fins grâce à une cascade de restructurations et de mainmises successives que fort peu d'observateurs extérieurs au cercle de ses associés immédiats ont été en mesure d'apprécier pleinement. "À côté de lui, a-t-on pu lire dans *Canadian Business*, Pac-Man a tout d'un gréviste de la faim."

Il ne fait aucun doute que Black se consacre tout entier à consolider et à agrandir Argus, mobilisant dans ce but toutes ses facultés, avec une ferveur quasi napoléonienne. Peter White, qui lui est associé au sein de la société de gestion, rappelle: "Conrad m'a déjà expliqué comment il se percevait. Parmi les qualités qu'il prisait le plus en lui-même, il mentionna son souci quasi militaire pour les détails. Il fit allusion aux ordres du jour de Napoléon, et me raconta comment Bonaparte pouvait dicter quatre lettres en même temps et les expédier sans même les relire à ses maréchaux, confiant de n'avoir négligé aucun aspect de la campagne en préparation. Conrad jouit en quelque sorte lui aussi de cette faculté de prévoir les événements."

À son arrivée à la tête d'Argus, Black fut salué comme l'un des puissants qui jouissent de cette invulnérabilité dont rêvent tous les capitalistes bon teint. En réalité, la compagnie sur laquelle il avait mis la main devait se révéler n'être qu'un tigre de papier. La participation majoritaire qu'il détenait au sein de son entreprise clé, soit son bloc de 23 p. 100 des actions de Hollinger, le laissait si vulnérable qu'à cette époque il confia à un proche: "Il aurait suffi d'une demi-douzaine de coups de fils pour nous mettre dans la rue. Il y avait cinq autres groupes qui, ensemble, détenaient plus d'actions que nous."

Cette fragilité de Hollinger (qui, bien que rapportant 40 millions de dollars par an en redevances avant déduction d'impôt, ne figurait dans les comptes d'Argus que pour un montant de 1,5 million de dollars) était partagée par la plupart des autres satellites d'Argus (exception faite de Standard Broadcasting, d'importance relativement secondaire). Ayant mis la main sur Ravelston, Black et ses associés immédiats détenaient près de 20 p. 100 du capital-action d'Argus (ce qui leur donnait 60 p. 100 des votes), mais celle-ci ne possédait pas grand-chose en propre, elle non plus. Outre de maigres intérêts dans Hollinger, elle détenait une participation minoritaire de 16 p. 100 dans Massey-Ferguson, qui battait déjà de l'aile, ainsi qu'un bloc de 18 p. 100 du géant montréalais de l'industrie chimique et papetière, Domtar, et 23 p. 100 de la chaîne de magasins Dominion, investissement sans grand intérêt. "Argus manquait désespérément de liquidités, et tout son actif s'était accumulé d'une manière qui ne pouvait que perpétuer la stagnation", déclara à l'époque Black à l'un de ses avocats. "L'entreprise a été mise sur pied uniquement dans le but de permettre à Bud McDougald et à certains de ses associés du conseil d'administration de se pavaner au Toronto Club et autres lieux de rencontre du même tonneau, et de s'afficher aux yeux de tous et toutes comme des propriétaires, en dépit de la réalité."

Le 15 juillet 1978, soit le lendemain de son mariage, Black réunit son frère Monte, Peter White et David Radler au bord de sa piscine, à Toronto, afin d'élaborer avec eux un plan de bataille qui leur permette de sortir de l'ornière où ils se trouvaient et de devenir les riches propriétaires qu'ils semblaient être.

Ce conciliabule au bord de l'eau leur permit de s'entendre sur la plupart des décisions importantes qu'ils auraient à mettre en oeuvre au cours des quatre années suivantes. Ainsi, ils décidèrent de se dessaisir tôt ou tard des intérêts minoritaires qu'Argus détenait dans Domtar et dans Noranda; d'orienter les investissements de la société de gestion dans le domaine de l'énergie (encore qu'il n'ait pas été envisagé d'utiliser Norcen à cette fin); mais, avant tout, ils s'entendirent pour transformer Argus, qui se limitait jusque-là à jouer un simple rôle de gestion, en une véritable société de portefeuille disposant d'une majorité absolue plutôt que relative, et donc plus exposée, au sein de ses divers satellites. De toutes les décisions prises ce jour-là, ce fut cette dernière qui devait se révéler la plus lourde de conséquences, car elle fut à l'origine de l'agressivité qui devait caractériser les agissements d'Argus et lui valoir d'acerbes critiques. Black et ses associés étaient bien décidés à s'assurer une liberté pleine et entière en remaniant le portefeuille d'Argus. Or ils devaient, pour y parvenir, jouir d'une mainmise absolue sur les entreprises concernées (évitant de ce fait de s'exposer à la curiosité pointilleuse de membres de conseils d'administration par trop enclins à l'indépendance). Sous l'impulsion de McDougald, qui haïssait les gouvernements, leurs oeuvres et leurs pompes, Argus était conçue, en fin de compte, dans le but de récolter les dividendes que rapportaient ses divers investissements, ce qui limitait considérablement les impôts qu'elle avait à payer. Une telle structure allait à l'encontre de la stratégie de Black, qui avait besoin d'obtenir de gros prêts bancaires afin, d'une part, de rembourser les montants qu'il avait consacrés à l'achat d'Argus et, d'autre part, de financer la réorganisation de l'entreprise. Il lui fallait de toute urgence accroître ses bénéfices d'exploitation de façon substantielle afin d'amortir les intérêts qu'il devait par ailleurs rembourser. C'est pour cette raison que Black opéra un chambardement intégral du portefeuille d'Argus au cours des 42 mois qui suivirent, se servant des liquidités que lui fournissaient les entreprises afin d'accroître son emprise sur elles. La note confidentielle qu'il fit parvenir à ses associés de Ravelston le 25 janvier 1982 se passe de commentaires: "Durant trois ans et demi, nous avons cherché par tous les moyens à accroître le capital-actions de priorité de Ravelston en améliorant et en raffinant nos investissements afin d'accroître le rendement de ce capital-actions. Ce faisant, nous avons déclenché le plus important mouvement de concentration d'entreprises de l'histoire du Canada."

Il avait indéniablement raison.

AFIN DE PERPÉTUER LA MAINMISE PERSONNELLE dont ils jouissaient sur l'actif d'Argus, les frères Black se servirent de la société mise sur pied par leur grand-père, Western Dominion Investment, qui fut fondée en société par actions en 1911. Jusqu'en 1923, les membres de la famille Black avaient détenu une participation minoritaire dans cette compagnie, dont ils acquirent alors le contrôle*. Western Dominion** repose avant tout sur sa participation de 51 p. 100 dans Ravelston, qui détient à son tour 97 p. 100 des actions avec droit de vote d'Argus et 52 p. 100 des actions de Dominion Stores. Comme l'indique le tableau suivant, la chaîne de magasins d'alimentation se trouve dans la situation incongrue de posséder une entreprise fondée récemment sous le nom de Hollinger-Argus, elle-même détentrice de 67 p. 100 des actions de Labrador Mining, cette dernière détenant, entre autres intérêts, 36 p. 100 de Norcen, qui possède à son tour 20 p. 100 de Labrador.

Lorsque Black s'empara d'Argus, la compagnie ne comptait qu'un seul actionnaire extérieur d'envergure, soit Paul Desmarais de Power Corporation, qui avait tenté de mettre la main sur l'entreprise en lançant une O.P.A. (offre publique d'achats) après avoir racheté ses actions à E.P. Taylor. En dépit du fait qu'il soit parvenu à se procurer 25,6 p. 100 des actions ordinaires et 59 p. 100 des actions privilégiées de classe C, sans

---

* Premier vicomte Rothermere, Harold Sidney Harmsworth (1868-1940) fut aussi le premier dirigeant de Western Dominion. Il était le frère cadet de l'exubérant vicomte Northcliffe, Alfred Harmsworth (1865-1922), qui fut à toutes fins utiles le créateur de la presse à grand tirage en Angleterre, ayant su faire du journalisme une sphère d'activité aussi vivante que rentable. Timide pour sa part, Harold Harmsworth fut le principal architecte de la fortune familiale et il a estimé un jour ses propres avoirs personnels à 20 millions de livres. L'entreprise de publications des Harmsworth était la plus grande au monde, puisqu'ils détenaient à un moment donné la quasi-totalité de la presse britannique, notamment les journaux suivants: *Evening News, Daily Mail, Daily Mirror, Sunday Pictorial, Sunday Dispatch* et *The Times*. Western Dominion, dont le siège social est situé à Winnipeg, a été fondée dans le but de faire des investissements fonciers dans l'Ouest canadien. Les dirigeants qui ont pris la suite de Rothermere à la tête de Western Dominion sont successivement G.M. Black, son fils George et son petit-fils Conrad. L'entreprise fut constituée en société par l'avocat Charles Stewart Tupper, qui devint baronnet en 1915 à la suite de son grand-père, lui-même l'un des pères de la Confédération et premier ministre du Canada pendant une courte période.

** Les frères Black rachetèrent pour 4 millions de dollars la participation de leur cousin, Ron Riley, dans Western Dominion Investment. Leurs seuls associés sont maintenant David Radler et Peter White, qui possèdent chacun 12 p. 100 des actions de la société. Leurs principaux associés dans Ravelston sont Glen Davis (16 p. 100), Ron Riley (10 p. 100), Hal Jackman (4,7 p. 100) et Fred Eaton (4 p. 100). Dixon Chant, Douglas Bassett et John Finlay détiennent 1 p. 100 chacun. Conrad Black s'est acquis les actions de Western Dominion par le truchement d'une série de sociétés de fiducie, qui portent le nom de plusieurs vaisseaux de guerre britanniques: *Warspite, Ramillies* et *Iron Duke*.

L'empire des Black

Juillet 1982

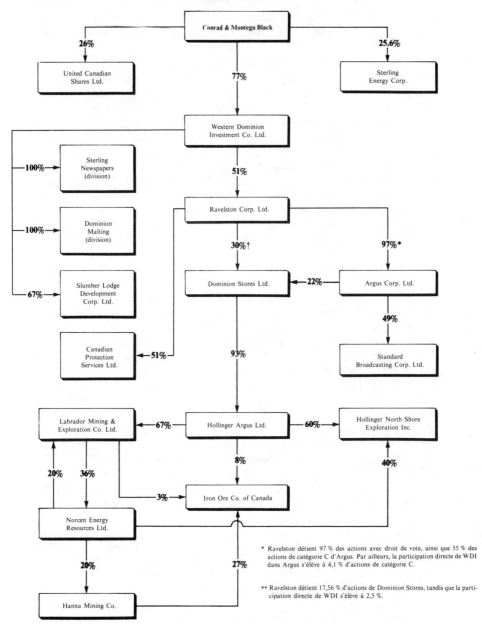

Conrad & Montegu Black

26% — United Canadian Shares Ltd.

25.6% — Sterling Energy Corp.

77% — Western Dominion Investment Co. Ltd.

100% — Sterling Newspapers (division)

100% — Dominion Malting (division)

67% — Slumber Lodge Development Corp. Ltd.

51% — Ravelston Corp. Ltd.

30%† — Dominion Stores Ltd.

97%* — Argus Corp. Ltd.

22% — Argus Corp. Ltd.

49% — Standard Broadcasting Corp. Ltd.

Canadian Protection Services Ltd. ← 51%

93% — Hollinger Argus Ltd.

Labrador Mining & Exploration Co. Ltd. ← 67% — Hollinger Argus Ltd. — 60% → Hollinger North Shore Exploration Inc.

8% — Iron Ore Co. of Canada

40%

20%   36%

3% → Iron Ore Co. of Canada

Norcen Energy Resources Ltd.

20% — Hanna Mining Co.

27%

* Ravelston détient 97 % des actions avec droit de vote, ainsi que 55 % des actions de catégorie C d'Argus. Par ailleurs, la participation directe de WDI dans Argus s'élève à 4,1 % d'actions de catégorie C.

** Ravelston détient 17,56 % d'actions de Dominion Stores, tandis que la participation directe de WDI s'élève à 2,5 %.

droit de vote, de la société de gestion, il ne fut jamais invité à siéger au conseil d'administration parce que, comme l'expliquait Bruce Matthews qui assumait à l'époque la fonction de vice-président, "il n'y avait pas vraiment assez de place chez Argus pour un gars aussi *énergique* que Paul".

C'est à l'occasion du dîner Hollinger de 1978 que Desmarais fit la connaissance de Black, auquel il fut présenté par l'entremise de Brian Mulroney. Les deux hommes discutèrent autour d'un verre jusqu'à deux heures du matin et conclurent un marché au terme duquel le président de Power céderait ses actions d'Argus à Ravelston sans perdre un sou dans la transaction. Officiellement, celle-ci se fit pour un montant de 80,5 millions de dollars, mais, comme toujours lorsque Black est derrière une opération, il est aussi difficile de connaître le fin mot de l'affaire que de résoudre le problème posé par le cube Rubik au fond d'un aquarium infesté de requins*. Selon la revue *Fortune*, Black s'est réemparé de l'actif de Desmarais à la faveur d'un époustouflant tour de passe-passe financier. En 1980, Desmarais écrivait lui-même à Black: "Vous avez fini par obtenir les actions, et, comme en l'occurrence j'ai joué le rôle du soupirant éconduit, je puis en toute certitude affirmer que votre réussite est si éclatante que très rares seront ceux en mesure de l'apprécier à sa juste valeur."

En fait, Black mit sur pied une variante baroque de l'un des passe-temps favoris de Desmarais, la mainmise inversée, afin de faire d'Argus le rejeton de sa propre filiale, Hollinger Mines Ltd., plaçant la compagnie minière aux coffres bien remplis et libre de dettes sous l'aile de Ravelston. À la suite de ces manoeuvres, Black se retrouvait confirmé dans ses prérogatives de propriétaire d'un groupe Argus revivifié et prêt à s'implanter avec force dans le domaine des ressources énergétiques. Son succès est attribuable en partie au soutien actif que lui apporta Percy Claire Finlay (familièrement désigné par ses initiales, P.C.), qui était à la fois le parrain de Hollinger et le gardien de la plupart des nombreuses successions dont les héritiers étaient propriétaires de l'entreprise. Fils d'un planteur de tabac, Finlay naquit à Pelee Island en 1898. Après avoir joué au base-ball à titre semi-professionnel, il termina ses études de droit avant de devenir le principal conseiller juridique maison de Hollinger, gérant les affaires de la plupart des descendants des associés fondateurs de l'entre-

---

* La transaction, conclue en novembre 1978, prévoyait un versement comptant de 65 millions de dollars et le solde en billets à ordre. L'argent fut prêté, à la moitié du taux de base plus un, par la Banque Toronto-Dominion et la Banque de Commerce, qui reçurent à cet effet des actions à terme privilégiées investies dans une nouvelle filiale de Ravelston, portant le nom de 89211 Canada Ltd. Bien que le taux de rendement de ces actions ait été inférieur au taux habituel, elles étaient néanmoins rentables dans la mesure où les dividendes, versés par une corporation canadienne à une autre, n'étaient donc pas imposables.

prise. Après avoir été assumé par Noah et Jules Timmins ainsi que par Allen McMartin, le poste de président devint vacant en 1964. C'est grâce à l'intervention de Finlay que Bud McDougald put, en 1962, effectuer de fructueux placements en achetant des actions de Hollinger. Finlay avait également été l'artisan de l'achat d'actions de Noranda par Hollinger. Mais lorsqu'il fut question de nommer un nouveau président à la tête de cette dernière compagnie, McDougald refusa de nommer Finlay, estimant, non sans raison, que celui-ci, alors âgé de 66 ans, était trop vieux pour ce poste. Finlay, qui avait l'impression de prendre un nouveau départ dans la vie, se sentit blessé et déconcerté par ce coup bas, mais il demeura néanmoins à son poste, cumulant les responsabilités de vice-président et de trésorier.

Pendant une traversée transatlantique à bord du *Queen Mary*, Allen McMartin avait fait la connaissance d'un ingénieur des mines de Birmingham, en Alabama, qui lui avait fait une forte impression. Albert Fairley junior avait travaillé pour Tennessee Valley Authority, puis pour Shenango Furnace Company de Pittsburgh avant d'accéder à la direction de Dominion Steel and Coal Corporation en 1959. Il accepta avec joie d'assumer la présidence de Hollinger et s'intégra très vite au cercle des puissants d'Argus. Il ne renonça jamais à sa citoyenneté américaine, conservant sa maison de Ridge Drive à Birmingham comme domicile principal, et dirigea Hollinger à la manière d'une sorte de plantation de minerai septentrionale. Black se souvient de lui: "Il était loyal et faisait exactement tout ce que Bud lui demandait de faire, c'est-à-dire rien. Il était semblable à ces policiers militaires franquistes appelés *los grisos* (les gris). Je me souviens de les avoir vus aux alentours de l'université de Madrid. Vêtus d'uniformes gris, ils ne *faisaient* jamais rien. Ils n'étaient pas plus affectés à la garde de bâtiments publics qu'à la surveillance de la circulation: ils se contentaient d'être là. Lorsque j'ai demandé ce qu'ils faisaient, on m'a répondu: "Rien, ils sont 300 000, armés jusqu'aux dents et ils sont là depuis 1939. Ils se contentent d'attendre le jour où Franco aura besoin d'eux." Fairley était un peu comme ça. Il n'a jamais fait grand-chose, mais si Bud avait eu à faire appel à lui, il serait sans nul doute monté en première ligne."

Lorsqu'il séjournait à Toronto, Fairley occupait un appartement situé dans l'édifice du Manulife Centre, où il garait également sa Cadillac. Mais il consacrait une grande partie de son temps à se rendre en Alabama et à en revenir*. Nommé au conseil d'administration de la Banque Canadienne Impériale de Commerce, il refusa de se prononcer sur la demande d'emprunt de 700 millions de dollars soumise par Brascan,

---

* La voiture passa finalement aux mains de P.C. Finlay, qui se refuse absolument à gaspiller de l'argent pour la faire nettoyer. Aussi ne manque-t-il pas de surprendre ses invités en se précipitant jusqu'à son garage, chaque fois qu'il pleut, pour en sortir la Cadillac de façon qu'elle prenne une bonne douche gratuite.

qui souhaitait acquérir une participation majoritaire dans F.W. Woolworth. À l'en croire, cette expression aussi surprenante que torturée de fidélité se justifiait par le fait qu'il se trouvait en conflit d'intérêts en tant que citoyen américain.

Finlay ne prit jamais Fairley trop au sérieux. Cet imposant vieillard peut afficher à volonté un sourire béat ou un masque de rides soucieuses, qui évoque alors la proue d'un navire en perdition. Le vétéran de Hollinger ne s'est jamais réellement senti menacé. Fondé de pouvoir de successions qui avait globalement la main haute sur près de 15 p. 100 des actions de l'entreprise, il savait que ses commettants lui laissaient carte blanche. À une exception près, les héritiers de tous les associés à l'origine de cette mine d'or fondée en société en 1910 qu'est Hollinger (soit Noah et Henry Timmins, Duncan et John McMartin et David Dunalp) ont eu recours aux conseils fiscaux ou juridiques de l'étude de Finlay. (Seul John McMartin, qui épousa Mary McDougald, soeur de Duncan McDougald et tante de Bud, confia la gestion de ses biens à Crown Trust.) Finlay sortit indemne des quatorze divorces qui ébranlèrent la famille McMartin*.

---

* Les deux principales branches de la famille McMartin sont celles de Duncan (décédé en 1914) et de John (1918). Les héritiers des deux frères sont maintenant éparpillés de par le monde. Seul survivant des trois enfants de Duncan, Allen McMartin vit aux Bermudes. Il a lui-même deux fils: Duncan Cameron et Allen Bruce. Son frère et sa soeur sont tous deux morts aux Bermudes: Melba Van Buren en 1947 et Duncan en 1979. Melba McMartin s'est mariée trois fois; sa fille, également prénommée Melba, a elle aussi eu trois époux. (Elle est actuellement madame George Lubovitch et vit au Liechtenstein.) Son demi-frère cadet, Wallace McMartin Orr, s'est établi en Espagne. Duncan, quant à lui, s'est marié cinq fois, laissant derrière lui sa fille Marcia, née de son union avec son avant-dernière femme, Pauline, et son fils Duncan Roy, qu'il a eu avec sa dernière épouse, Hilda, qui vit toujours aux Bermudes et a pour signe distinctif de fumer des cigarillos. Les enfants de John et Mary (née McDougald) McMartin sont tous disparus. Leur fils unique, John Bruce, dit Jack, perdit la vie à Montréal en 1944. Ils eurent en outre quatre filles: Grace, Jean, Rita et Frances. La branche John McMartin s'est toujours fortement reposée sur John A., dit Bud, McDougald, neveu de Mary McMartin, pour tout ce qui touchait aux questions financières, d'autant plus que ce dernier avait des intérêts communs avec la famille dans le cadre de Hollinger et de Crown Trust. Grace épousa le docteur Joseph Gilhooly, oto-rhino-laryngologiste féru de sports, d'Ottawa, avec lequel elle n'eut pas d'enfants. Leur spacieuse villa d'été située à l'extrémité du lac Meach, dans les environs d'Ottawa, est l'une des plus remarquables de l'endroit. Jean s'est établie en Virginie, puis à New York, après s'être mariée avec Joe Mulford, et leur fille Olga a épousé un Hollandais qu'elle a suivi aux Pays-Bas. Rita, LeMay pour commencer, puis Floyd-Jones, vécut dans les Adirondacks, au nord de l'État de New York (ses parents avaient acheté une propriété sur les rives du lac Saranac en 1906) et eut deux enfants, Peter LeMay et Barbara Howley, tous deux du lac Saranac. Frances n'eut pas d'enfants. Le style de vie de certains des membres de la famille McMartin a laissé sa marque dans l'histoire des grands de la finance canadienne. John McMartin père consacra 70 000$ à la décoration du plafond de sa salle à manger, dans sa maison de villégiature de Cornwall, en Ontario. C'était un paysage représentant les rives d'un lac, qui mesurait 1,5 mètre de largeur et com-

Black venait de s'emparer d'Argus lorsque la rumeur selon laquelle les financiers Harold Crang et John C. Turner s'apprêtaient à mettre la main sur Hollinger se mit à circuler dans Bay Street. (Le morceau était de choix: en 1979 ses seuls intérêts dans la compagnie minière IOC avaient généré des redevances s'élevant à 44 millions de dollars.) La situation d'Argus, qui détenait alors moins d'un quart des actions de Hollinger n'était guère brillante. Black n'eut donc de cesse, sitôt entré en fonction comme président du conseil d'administration, de consolider ses positions. Sa mainmise sur Crown Trust lui ayant donné accès, dans un premier temps, à un bloc supplémentaire de 8 p. 100 d'actions, il persuada Finlay, dans un second temps, de négocier des ententes de rachat avec ses héritiers Hollinger. P.C. Finlay éprouva quelques difficultés à convaincre certains d'entre eux. Ainsi, la veuve de D. Moffat Dunlap, remariée avec Harold Crang*, se fit tirer l'oreille pour céder les 245 000 actions de Hollinger que Black lui réclamait.

---

portait, outre de véritables joncs fixés dans le plâtre, des canards en plein vol embrochés sur des fils de fer invisibles. Quant à son fils, Jack, il avait l'habitude de faire irruption dans les bars montréalais, où il brisait toutes les bouteilles alignées derrière le comptoir à grands coups de canne. Lassés, les barmen le laissaient se défouler, sachant que le bon plaisir de leur client leur rapporterait 1000$ par représentation. Sa cousine Melba acheta un jour un diamant de 64 carats, de la grosseur de l'articulation d'un pouce d'homme, qu'elle ne portait jamais, lui préférant une imitation. Enfin, alors que Duncan McMartin, le frère de Melba, était instructeur dans les forces aériennes canadiennes près de Calgary, au cours de la Seconde Guerre mondiale, il arriva que la paye n'arrive pas à temps un vendredi. Duncan régla le problème en faisant un chèque couvrant la totalité des salaires de la base.

* La première femme de Harold Crang, Dorothy Ritchie, était l'une des quatre filles de Harold F. Ritchie, homme d'affaires et représentant des manufacturiers torontois, qui s'était acquis le surnom de Carload Ritchie (Ritchie-le-Wagon), parce qu'il avait la réputation de ne jamais rien vendre en quantités inférieures au chargement d'un wagon. Ses trois autres filles, Kathleen, Pauline et Antoinette, dite Tony, épousèrent respectivement Thomas W. Gilmour, Beverley Matthews et Charles Gundy. Kay Gilmour acquit une grande notoriété dans la brigade de l'ambulance Saint-Jean, organisme au sein duquel elle travailla pendant que son mari servait comme capitaine dans l'Artillerie royale canadienne. Tom Gilmour travailla pour l'entreprise de son beau-père, qui fut vendue par la suite à Beecham Group Ltd., et sa femme se vit décerner la grand-croix de l'Ordre de Saint-Jean. Tous deux moururent en 1980. Devenu veuf, Harold Crang épousa en secondes noces Peggy Dunlap, elle-même veuve de D. Moffat Dunlap, fils de l'un des cinq associés fondateurs de Hollinger. Peggy Dunlap eut trois enfants: une fille, Donalda (madame Richard Robarts) et deux fils, David et Moffat. Le premier siège au conseil d'administration de Hollinger Argus, ainsi que d'autres sociétés faisant partie du groupe Hollinger et de Crown Trust Co. Quant au second, qui est un cavalier émérite, il possède sa propre agence immobilière. Son ex-femme, Margaret Humphrey, était la fille de feu Gilbert Watts, dit Bud, Humphrey, directeur de Hanna Mining Co. de Cleveland. Pauline Matthews perdit la vie en 1967, et son mari, l'un des principaux associés de l'importante étude juridique

"Écoutez, Monsieur Finlay, dit-elle au beau milieu des tractations, mes fils et mon avocat me déconseillent de signer ce document. Pouvez-vous me donner une seule bonne raison pour que je le signe néanmoins?

— Oui, lui rétorqua-t-il sans se démonter, vos biens, ceux de feu votre époux ainsi que de feu votre beau-père ont prospéré sous ma houlette durant 54 ans, et je ne vois pas de raison pour que cela change.

— Ça me suffit."

P.C. Finlay venait une fois de plus de remporter le morceau.

Au cours de la réunion du conseil d'administration de Hollinger tenue en janvier 1979, Black remercia Finlay de ses bons et loyaux services en le faisant nommer président de Hollinger à la place de Fairley. Le fringant octogénaire convint que la chose était de mise, à condition toutefois qu'on lui accorde un contrat de 20 ans renouvelable à l'échéance. Au cours du dîner Hollinger qui suivit, il plaisanta amicalement Conrad et Monte, comparant les frères Black aux frères Ringling et aux frères Joyce, reprochant à Conrad de prêter attention à Milton Friedman, qu'il compara à Milton Berle.

TOUT EN ACCROISSANT LES INTÉRÊTS qu'il détenait dans Argus, Black devait tenir compte des dettes considérables qu'il avait accumulées dans son élan vers le pouvoir. Il avait déboursé 9,2 millions de dollars pour chaque bloc d'actions racheté aux successions McDougald et Phillips et allongé 1,6 million de dollars pour le paquet aussi crucial que peu volumineux des 3,9 p. 100 d'actions du général Matthews, tandis que la part de Max Meighen lui avait coûté une somme additionnelle de 11,8 millions de dollars. Ces multiples achats avaient entraîné une augmentation de la prime équivalant à près du double de la valeur de liquidation des actions de Ravelston. L'acquisition de 77,6 p. 100 de cette dernière avait coûté à Black la somme de 31,8 millions de dollars.

---

torontoise McCarthy & McCarthy, se remaria avec une veuve du nom de Kathleen Woods, fille d'Edwin G. Baker, l'un des hommes d'affaires les plus en vue de Toronto, à la fois président du conseil d'administration de Moore Corp. Ltd., président de Canada Life Assurance Co. et membre des conseils d'administration de Inco, Stelco et CP. En 1978, Bev Matthews convola en troisième noces avec Phyllis McKinnon, veuve de Neil McKinnon, ex-président du conseil d'administration de la Banque de Commerce. Tony Gundy perdit son mari, Charles Gundy (l'un des piliers du monde de la finance en sa qualité de président du conseil d'administration de Wood Gundy, la société d'investissements établie entre autres par son père, Harry) en 1978. La maison de courtage de Harold Crang, J.H. Crang & Co., fut fondée en 1929, devint Crang & Ostiguy Inc. à la suite d'une fusion survenue en 1972, puis perdit le nom de Crang après une fusion avec Greenshields Inc. en 1977.

Alors qu'il négociait le prix des actions que Meighen détenait dans Ravelston, le 1er novembre 1978, Alex Barron avait très vite adopté une attitude des plus cassantes. "Nous sommes mercredi, déclara-t-il à Monte Black, vous avez jusqu'à vendredi après-midi, 15 heures, pour accepter de nous payer 42,50 $... N'appelez pas pour offrir moins. Si nous ne sommes pas parvenus à une entente d'ici vendredi, nous irons en justice et je me fous de savoir si cela nous prend cinq ans et nous coûte 5 millions de dollars, nous irons jusqu'au bout. C'est *le* prix, et c'est *tout* ce que j'ai à dire." Les Black obtempérèrent.

Désireux à la fois de répartir les risques et de s'attirer des associés de premier plan, les Black cédèrent pour 17,6 millions de dollars d'actions de Ravelston à leurs associés (Davis, Jackman, Riley, Eaton, Chant et Bassett), se contentant d'en conserver la majorité. Mais le fardeau de la dette ne cessait de croître et les frères décidèrent de procéder sur-le-champ à la vente du bloc de 18 p. 100 d'actions de Domtar qu'ils détenaient.

Conrad Black et Alex D. Hamilton, le président de Domtar, s'étaient joints au conseil d'administration d'Argus le même jour de 1976, mais ne s'étaient jamais vraiment liés d'amitié. Dirigeant d'entreprise compétent, Hamilton, qui bénéficie d'une longue expérience acquise dans l'industrie des pâtes et papier tant au Québec qu'en Ontario et en Colombie-Britannique, entreprit résolument de traiter les Black comme des actionnaires ordinaires. Max Meighen, président du conseil de direction de Domtar répandit la rumeur que Black avait enfin rencontré un adversaire à sa mesure, comme si Argus était l'enjeu d'une sorte de tournoi. Il se plaisait à souligner que Hamilton était un adepte de la descente de rapides en canot, qu'il skiait dans les Bugaboos, que son père promettait de devenir centenaire, qu'il n'était pas de ceux qui se laissent bousculer.

Le 27 juillet 1978, les frères Black rendirent visite à Hamilton, qui les reçut dans son bureau montréalais. En dépit de la cordialité de son accueil, il ne leur proposa ni à l'un ni à l'autre, pas plus d'ailleurs qu'aux autres membres de la nouvelle équipe dirigeante d'Argus, de siéger à son conseil d'administration. C'est même avec un soupçon de sarcasme qu'il leur indiqua que, en ce qui le concernait, Domtar ne faisait plus désormais partie de l'écurie d'Argus et que, par conséquent, sa compagnie ne contribuerait plus à l'entretien du siège social, sis au 10, Toronto Street, et ne leur verserait plus sa quote-part annuelle de 30 000 $. Dans l'ascenseur qu'ils empruntèrent une fois l'entretien terminé, Conrad glissa à son frère: "Mon idée est faite, nous n'avons rien à gagner en restant ici. Nous ne mettrons jamais la main sur cette boîte. Nous ferions mieux de battre la campagne afin de trouver un acheteur pour nos actions de Domtar."

Au cours des quatre mois suivants, ils approchèrent Brascan ainsi que quatre autres compagnies, mais ce fut Page Wadsworth, l'ancien président du conseil d'administration de la Banque de Commerce, maintenant membre du conseil d'administration de MacMillan Bloedel Ltd., qui leur suggéra de transiger avec le géant de l'industrie forestière de la côte Ouest. Quoique ignorants des détails, les dirigeants de Domtar eurent vent de ces tractations, et, le 20 décembre, Hamilton téléphonait en fin d'après-midi à Conrad Black. Il lui demanda si le conseil d'administration d'Argus avait pris des décisions pouvant affecter Domtar, expliquant à son interlocuteur qu'une réunion du conseil de sa compagnie était prévue pour le lendemain. Après avoir rompu quelques lances avec Hamilton, Black lui révéla finalement qu'Argus avait décidé de céder les actions qu'elle détenait dans Domtar à MacMillan Bloedel ce même après-midi, au prix de 27$ l'unité, et que la compagnie de Vancouver se préparait à lancer une O.P.A. sur Domtar dans le but d'acquérir 51 p. 100 de ses actions. Hamilton avertit Barron sur-le-champ. Sautant dans un avion nolisé, le président du conseil de Domtar se précipita à Montréal. Le lendemain, l'équipe dirigeante de la compagnie papetière montréalaise annonçait son intention de prendre le contrôle de MacMillan Bloedel en guise de représailles. L'annonce de cette décision fit l'effet d'un coup de tonnerre dans les milieux d'affaires canadiens*.

LE BÉNÉFICE DE 37 MILLIONS DE DOLLARS enregistré par Argus lors de la vente des actions de Domtar ne constitue qu'une victoire mineure dans la succession de transactions qui devaient impliquer les entreprises suivantes.

Bow Valley Industries. Don Early et Bud Willis de Greenshields lui ayant fait savoir que les frères Seaman se cherchaient un acheteur, Black décida de se mettre sur les rangs, par l'intermédiaire de Hollinger, afin de

---

* Domtar fut immédiatement imitée en ceci par le plus gros actionnaire de MacMillan Bloedel, Canadian Pacific Investments Ltd., dont le président du conseil d'administration, Ian Sinclair, s'était fait dire par le premier ministre Bill Bennett que la mainmise par des "étrangers" sur les plus grosses entreprises de la province était inacceptable. Noranda prit ensuite le contrôle de MacMillan Bloedel et fut elle-même rachetée par Brascade Resources Inc., groupe formé en 1981 et constitué d'une compagnie appartenant aux Bronfman, Brascan Ltd. (qui détenait 70 p. 100 de Brascade), ainsi que de la Caisse de dépôt et placement du Québec (qui en détenait 30 p. 100). Pendant ce temps, soit à l'été de 1979, MacMillan Bloedel vendit à la Caisse de dépôt le bloc d'actions qu'elle possédait chez Domtar, à 27$ l'une (soit le prix qu'elle avait payé lorsqu'elle les avait achetées à Argus en décembre 1978), et, à l'été de 1981, la Caisse possédait 42 p. 100 de Domtar, conjointement avec une autre société d'investissement provinciale, la Société générale de financement du Québec.

s'emparer de cette compagnie de Calgary oeuvrant principalement dans le domaine des ressources énergétiques et dont l'actif, évalué à 400 millions de dollars, comprenait des gisements d'uranium en Saskatchewan, ainsi que des puits de pétrole dans la mer de Beaufort, la mer du Nord et à Abou Dhabî. C'est dans le bureau du président du conseil de Massey-Ferguson que Daryl K., dit Doc, Seaman et Black scellèrent d'une poignée de mains une entente aux termes de laquelle le second des deux hommes achetait 1,85 million d'actions non émises au coût de 22$ l'une. Mais, le cours de ces actions ayant grimpé jusqu'à 60$, le pétrolier albertain avertit Black que son conseil d'administration n'entérinerait pas la transaction. Ce revirement semble en partie attribuable à des pressions exercées par les Bronfman de Montréal, déjà détenteurs d'un demi-million d'actions de Bow Valley, qui n'auraient pas vu d'un bon oeil l'irruption d'un nouvel actionnaire de poids sur la scène. Black se plaignit alors: "Ce n'est pas facile de traiter avec ces gars du pétrole! Ils ont perdu toute notion des lois commerciales, et un simple taux de rendement suffit à leur faire perdre la tête."

Standard Broadcasting. En juin 1979, les frères Black achetèrent pour 2,25 millions de dollars d'actions de Standard, s'assurant ainsi une majorité absolue au sein de l'entreprise. Au même moment, celle-ci s'implantait en Italie. Cette filiale d'Argus, qui détient des participations dans 17 entreprises de télécommunication du Royaume-Uni et qui vient de s'assurer de nouveaux débouchés canadiens en inaugurant des installations à Ottawa et à Saint Catharines ronronne comme une machine à sous nickelée et bien huilée.

Noranda Mines. Bien que d'importants remaniements aient eu comme conséquence d'élaguer le bloc de 11 p. 100 d'actions de Noranda qu'il détenait par l'intermédiaire de Hollinger, Black demeurait le principal actionnaire de la compagnie minière, dont il épluchait les listes, en quête d'un scénario qui lui permettrait de s'en emparer. Le 9 janvier 1979, le président du conseil d'administration, Alf Powis, écrivit à Black afin de lui confirmer sa nomination au sein du conseil, ce qui, pour quatre réunions par an, lui vaudrait 10 000$ en jetons de présence. Un mois plus tard, Black lui donnait son accord, ajoutant qu'il envisageait d'accroître sous peu à 15 ou 20 p. 100 sa participation dans Noranda. Powis lui marqua son désaccord, soulignant qu'une telle démarche "serait sans nul doute interprétée comme annonciatrice d'une tentative de prise de contrôle", et mit immédiatement en circulation suffisamment d'actions autodétenues pour faire chuter la valeur du bloc détenu par Argus. Dans une lettre adressée le 13 mars à Powis, Black exigea de garder les coudées franches, suggérant au président du conseil de Noranda de "s'en tenir à l'entente officieuse que nous avons conclue le 4 janvier, suite au dîner organisé par John Turner en l'honneur de Peter Lougheed... Il va sans dire que je vous aviserai de toute décision importante. J'ose espérer qu'en contrepartie nous serions prévenus si Noranda décidait de faire quoi que ce soit de particulier, avant que les journaux ne s'emparent de la nouvelle. Compte tenu des circonstances, il va sans dire que je ne peux accepter le siège que vous m'avez proposé, mais je tiens à vous exprimer ici ma reconnaissance, ainsi qu'à vos collègues. Noranda n'a rien à craindre de nous''.

Six mois plus tard, Black cédait sans préavis les intérêts qu'il détenait dans Noranda (évalués dans les livres de Hollinger à 15 $ l'action) à Trevor Eyton, de Brascan, pour l'équivalent de 64,50 $ l'action, déclenchant de ce fait l'O.P.A. lancée par la compagnie des Bronfman sur Noranda et qui devait être couronnée de succès.

Hollinger Argus Ltd. Dans le cadre de ses efforts destinés à réduire ses dettes et à consolider l'emprise qu'il exerçait sur les fonds autogénérés par Hollinger, Black fit de la compagnie minière le principal outil du groupe, lui soutirant les fonds dont il avait besoin pour rembourser les dettes d'Argus, verser le salaire de ses employés et couvrir les autres frais de la société de gestion*. Herbert Beswick, qui possédait des actions de Hollinger depuis 43 ans, eut beau s'objecter, ces décisions furent entérinées sans grande opposition par l'assemblée des actionnaires. Hugh Anderson souligna, non sans acrimonie, dans un article publié par le *Globe and Mail's Report on Business:* "Comme d'habitude, les actionnaires minoritaires sont dans l'incapacité d'obtenir une évaluation impartiale des montants déplacés, non plus que l'avis de spécialistes leur garantissant que les transactions effectuées ne leur portent aucun préjudice. La législation canadienne ne prévoit pas de telles garanties, et les dirigeants des entreprises concernées ne manifestent nullement l'intention de les fournir."

Crown Trust. Quand Argus fut en son pouvoir, Black, qui avait tiré de Crown Trust tout ce que celle-ci pouvait lui donner en l'occurrence, entreprit de chercher un acquéreur disposé à l'en débarrasser. Il lorgna en premier lieu en direction de Reuben Cohen, l'homme d'affaires de Moncton, au Nouveau-Brunswick, qui avait manqué l'affaire d'un cheveu au moment de la vente de la succession John McMartin et qui avait déjà en main 32 p. 100 des actions de la compagnie. Cohen et son associé,

---

* Cette réorganisation massive, qui se termina à l'été de 1979, impliquait l'acquisition par Hollinger de la participation majoritaire de Ravelston dans Argus en échange de 51,7 millions de dollars comptant et de 900 000 actions non émises de Hollinger. Une fois la transaction effectuée, Ravelston détenait 43,5 p. 100 de Hollinger, qui possédait elle-même 77 p. 100 d'Argus. Une partie du versement comptant servit à rembourser le billet à ordre de 15 millions de dollars que Desmarais avait en main.

Leonard Ellen, de Montréal, étaient descendus à Palm Beach en janvier 1979 afin d'y rencontrer Black. Celui-ci leur avait laissé entendre que, même s'il ne cherchait pas très activement à se départir de ses intérêts dans Crown Trust, il étudierait sans aucun doute une offre suffisamment élevée. Ils lui proposèrent 41,50$ l'action, ce qui lui sembla on ne peut plus honnête, et il s'engagea à avertir Cohen de toute offre plus généreuse.

Aux yeux de David Radler, l'associé d'Argus qui présidait aux destinées de Crown Trust, celle-ci apparaissait comme un capital mal exploité. Il entreprit de tâter le terrain dans les milieux financiers de l'Ouest canadien, prenant contact avec, entre autres, Israel Harold Asper, l'énergique dirigeant de CanWest Capital Corporation, de Winnipeg. Le 23 juin 1979, Igor Kaplan organisa une réception en plein air sur la terrasse de l'appartement qu'il possédait dans l'immeuble Harbour Square, sis en bordure du lac Ontario, à Toronto. Victimes d'un excès de poulet teriyaki arrosé de saké, les invités finirent par perdre la tête et, au beau milieu de la fête, Asper et les membres de la tribu d'Argus conclurent une entente de principe aux termes de laquelle CanWest offrait de racheter les actions de Crown Trust au prix de 44$ l'unité*.

Au moment de conclure la transaction de 17,7 millions de dollars avec Asper, Kaplan s'éclipsa du bureau que Black occupait chez Massey, où se jouait le dernier acte de cette comédie, en murmurant: "Je dois téléphoner à Monte", sous-entendant par là qu'il lui fallait obtenir l'aval de l'aîné des Black pour conclure l'affaire. En fait, il s'agissait d'un prétexte destiné à lui donner le temps de rejoindre Cohen afin de l'aviser de ce qui se tramait. Cohen ne voulut pas croire que Crown valait aussi cher et s'en tint à son offre de 41,50$. La compagnie de fiducie passa donc aux mains de CanWest, et l'équipe Black, qui s'était contentée d'y conserver sa participation pendant une année, vit sa patience récompensée et empocha un bénéfice supplémentaire de 4 millions de dollars.

FP Publications Ltd. Le 9 octobre 1979, Black faisait parvenir une lettre par courrier spécial au général de brigade Richard S. Malone, président du conseil de FP Publications, le second en importance des groupes de presse canadiens. Il lui offrait de le lui racheter pour 100 millions de dollars et terminait sa missive sur le ton quelque peu dramatique qui lui est propre: "Loin de moi l'idée de faire la mouche du coche ou de faire figure d'intrus, mais je pense pouvoir (sans vouloir me vanter) jouer un rôle

---

* Cohen engagea une poursuite en dommages et intérêts, pour un montant de 5 millions de dollars, contre la Banque de Commerce, qui avait transféré ses 9,9 p. 100 d'actions (vitales pour la transaction), en alléguant que la banque aurait dû tenir compte de son statut minoritaire, et ce, d'autant plus qu'il essayait d'acheter ce bloc depuis 1977 et que la banque détenait ses actions en gage, à cet effet.

positif, en collaboration avec les actionnaires en titre de cette entreprise, dont l'influence passée, présente et à venir n'est plus à démontrer." L'actif de la chaîne de huit quotidiens, qui se composait de 1448 actions avec droit de vote et de près de 2 millions d'actions ordinaires, était réparti inégalement entre les héritiers de quatre successions (Victor Sifton et son fils, John W. Sifton, Max Bell et J.W. McConnell). Le seul autre actionnaire d'importance, R. Howard Webster, financier montréalais et président du quotidien torontois *Globe and Mail*, (qui appartient à FP), détenait 22,5 p. 100 des actions donnant droit de vote et 20,6 p. 100 des actions ordinaires. Malone, qui avait géré des journaux tant pour le compte de Victor Sifton que pour le compte de John Sifton, possédait 7,5 p. 100 des actions donnant le droit de vote. Les associés n'avaient qu'une chose en commun: ils étaient incapables de se supporter les uns les autres. Leurs rares rencontres avaient tout d'une pièce d'Eugene O'Neill mal montée, mettant en scène des dissensions domestiques et de sourdes manigances dans la pénombre d'une antichambre. Feu Armagh Price, tante de Victor John (le fils de John W. Sifton, alors âgé de 14 ans, qui devait hériter de 22,5 p. 100 des actions donnant le droit de vote de FP, le jour de son vingt-cinquième anniversaire) confia à Deborah Dowling du *Financial Post*: "Je n'ai rien à reprocher à monsieur Black, et je suis toute disposée à travailler avec lui, mais pas avec les dirigeants actuels de FP qui nous tiennent à l'écart depuis fort longtemps, les membres de ma famille et moi-même."

Certains des autres membres du clan FP, loin de partager ce point de vue, n'éprouvaient que des sentiments fort mitigés à l'idée de s'associer à Black et à ses acolytes (John Bassett, président du conseil de Baton Broadcasting, George Gardiner, président de la maison de courtage torontoise Gardiner, Watson, et Fred Eaton). Lorsque l'éditeur du *Globe*, Roy Megarry, qui craignait de perdre l'indépendance dont il jouissait grâce à la présence de Webster au sein du clan FP, fit irruption dans sa salle de rédaction le 30 novembre 1979, répandant la nouvelle de l'offre d'achat présentée par l'équipe Black, les employés envisagèrent immédiatement d'acheter le journal eux-mêmes (près de 850 d'entre eux signèrent une pétition dans ce sens). Black condamna l'initiative de Mergarry qu'il qualifia "d'aussi inconsidérée qu'empreinte d'amateurisme... Nous ne sommes pas un dragon furieux brûlant de souiller le virginal *Globe and Mail*." Mais l'intervention avait eu pour effet de battre le rappel des acheteurs potentiels, et la chaîne fut finalement vendue à Ken Thomson pour 165 millions de dollars.

Norcen Energy Resources Ltd. Féru d'analogies avec la chose militaire, Black attribua à cette entreprise le nom de code "Opération catapulte". Il entendait ainsi marquer clairement qu'il s'agissait d'un investissement d'un genre nouveau, grâce auquel Argus parviendrait à se démarquer de ses placements traditionnels, assez ennuyeux et peu rentables, et à prendre pied dans le domaine passionnant des ressources énergétiques, ce qui lui permettrait de convertir les redevances aussi ternes que considérables versées par Iron Ore en leviers de commandes d'une puissante compagnie contemporaine orientée essentiellement dans le domaine de l'énergie. Trois hommes avaient été chargés de dénicher un tel parangon du capitalisme canadien. Il s'agissait de John R. Finlay (le fils de P.C. Finlay, avocat et analyste financier), Charles Bruce Ross (vice-président directeur de Hollinger) et David M. Dunlap (héritier de Hollinger et membre du conseil d'administration). Ils commencèrent par feuilleter le bottin des compagnies canadiennes exploitant des ressources naturelles et envisagèrent la possibilité de capturer soit Consumers' Gas, soit Home Oil. Mais ils revenaient invariablement à Norcen. Fondée en 1954 sous le nom de Northern Ontario Natural Gas Company Ltd.*, compagnie distributrice de gaz, célèbre pour les traces de corruption qu'elle laissa dans son sillage alors qu'elle s'implantait dans le nord de l'Ontario, l'entreprise fusionna en 1975 avec Canadian Industrial Gas & Oil Ltd. (CIGOL), couronnant ainsi l'extraordinaire succession de prises de contrôle dont CIGOL avait été l'artisan sous l'impulsion de deux enfants prodiges des années 60, Paul Desmarais et Maurice F. Strong. Norcen, sous la direction inspirée de Edmund C. Bovey et Edward G. Battle, s'était hissée au premier rang des compagnies pétrolières canadiennes, grâce à son réseau sans cesse croissant de gazoducs et d'oléoducs sillonnant le Manitoba et la Saskatchewan et aux douzaines de gisements tant gaziers que pétrolifères qu'elle possédait sur quatre continents. Avec un taux de croissance annuelle supérieur à 20 p. 100, elle tirait de l'exploitation de ses ressources naturelles un flot ininterrompu de bénéfices s'élevant à plus de 200 millions de dollars par an. L'intérêt marqué par le comité d'étude de Finlay pour Norcen s'explique en partie par le fait que les actionnaires épris de tradition de Hollinger (à l'instar de la majorité des membres de l'Establishment financier canadien) avaient gardé de l'entreprise l'image fort terre à terre de la simple compagnie gazière qu'elle avait été, et non pas celle du conglomérat minier et pétrolier de premier plan qu'elle était devenue.

Le 6 décembre 1979, Black acquit, par l'intermédiaire de Labrador Mining & Exploration Compagny Ltd., le bloc de 9 p. 100 des actions de Norcen accumulé par Gordon Securities Ltd. pour le compte de Brascan. La transaction (d'un montant de 64,2 millions de dollars) fut la seconde en importance jamais enregistrée sur le parquet de la Bourse de Toronto. Il y avait près d'un an que Bovey, le président du conseil de Norcen, entendait circuler des rumeurs voulant que l'entreprise qu'il dirigeait soit rachetée.

---

* Northern Ontario Natural Gas Company Ltd. devint Northern & Central Gas Co. Ltd. en 1965, puis Northern & Central Gas Corp. Ltd. en 1968.

L'identité de l'intrus n'était pas sans l'inquiéter. Il craignait particuliè-rement une tentative des Bronfman ou de Steve Roman de Denison Mines. "Je pensais que Ed était l'un de ces gars qui arrivent au bureau dès neuf heures du matin, ce qui n'est pas souvent mon cas, rappelle Black. J'ai donc téléphoné à son bureau à neuf heures pile (le 7 décembre) et ai demandé: "Puis-je parler à monsieur Bovey, s'il vous plaît?

— Non, je crains qu'il ne soit pas encore arrivé. Puis-je lui faire un message?" de répondre la téléphoniste.

"Je me suis donc présenté, ajoutant que j'avais une communication importante à lui faire, mais elle m'interrompit au beau milieu de ma phrase pour m'annoncer: "Monsieur Bovey vient d'entrer, Monsieur."

"Ed décrocha le téléphone et, sans même prendre le temps de me saluer, s'exclama: 'J'espère bien que c'est toi!' Au contraire de Al Powis, qui est tellement imbu de lui-même qu'il ne peut tolérer quelqu'un comme moi dans son entourage, il fit montre d'un esprit on ne peut plus coopératif."

Trois jours plus tard, P.C. Finlay révélait à Paul Taylor, du *Globe and Mail*, que le mystérieux acheteur qui avait payé 64 millions de dollars pour les actions de Norcen n'était autre que Labrador, dont il présidait le conseil d'administration. "Nous n'envisageons pas pour l'instant d'acheter davantage d'actions", déclara-t-il, ajoutant quelques jours plus tard que sa compagnie ne prévoyait pas jouer un rôle actif dans la gestion de Norcen. Bovey, manifestant beaucoup d'enthousiasme, déclara au *Financial Times of Canada* qu'il voyait la situation d'un très bon oeil. "Il ne s'agit pas d'une tentative de mainmise, mais bien d'un investissement, déclara-t-il, et il me semble bien qu'il faille interpréter ce geste comme une preuve de con-fiance en notre entreprise."

Quelques jours plus tard, Labrador Mining préparait une offre d'achat visant 7,2 millions d'actions de Norcen qu'elle se proposait de payer 40$ l'une. Rendue publique le 16 janvier 1980, l'offre déclencha une levée de boucliers parmi les membres du conseil d'administration de Norcen. Black ne traitait pas leur compagnie comme un investissement à long terme, et en outre le prix qu'il se proposait de payer était nettement inférieur au cours où étaient transigées les actions de Norcen, soit 53$ l'une.

Le conseil de Norcen ne put se prononcer sur l'offre de Labrador, en dépit du fait que ses membres annoncèrent qu'ils refuseraient de remettre leurs actions. (Lorsque Black téléphona de Palm Beach à Paul Desmarais afin de lui demander quelle attitude il lui suggérait d'adopter à l'égard des membres du conseil, celui-ci répondit, d'un ton qui n'admettait pas de réplique: "Fous-les tous à la porte.") Black demeura dans l'expectative, mais, deux semaines plus tard, les actionnaires infligèrent un cinglant camouflet au conseil d'administration de Norcen en souscrivant massivement à l'offre qui leur avait été faite. "Ça rapporte plus que l'épicerie", plaisantait Black, qui ne se tenait plus de joie.

Assistant au dîner Hollinger de 1980, P.C. Finlay plaisanta Black sur sa subite vocation pétrolière: "Conrad est passé chez son dentiste il y a quelques jours pour se faire percer une dent. Comme son dentiste lui faisait remarquer qu'il n'avait aucune carie, il a insisté: "Percez, percez, je me sens en veine aujourd'hui!""

PENDANT LES SIX MOIS QUI SUIVIRENT L'ACQUISITION DE NORCEN, Black se consacra à mijoter une des manigances juteuses dont il est coutumier, et qui lui aurait permis de faire financer son propre rachat par Norcen. La combinaison, telle qu'elle fut dévoilée par la Commission des valeurs mobilières de l'Ontario, prévoyait huit étapes*.

L'opération était en fait destinée à faire passer l'actif de Ravelston de 60 à 160 millions de dollars tout en trouvant un abri fiscal pour les redevances payées par IOC en les investissant dans des forages sur la côte atlantique. Jack Stacey, analyste de la maison torontoise Moss, Lawson & Company Ltd., constata: "Il ne fait aucun doute que monsieur Black a

---

* 1. Labrador Mining échange son minerai de fer et ses autres ressources, évalués à 170 millions de dollars, contre les actions ordinaires d'une nouvelle compagnie, portant le nom de Norelab Mining Resources Ltd.

2. Norcen achète à Ravelston et plusieurs autres entreprises associées 3 435 294 actions de Hollinger Argus, valant 68,50 $ l'une, soit 58,8 p. 100 de l'ensemble des actions émises par cette dernière. Le montant de la transaction, qui s'élève à 235 318 000 $, doit être versé comme suit: 119 043 000 $ comptant, et le solde au moyen d'une émission, par Norcen, d'actions ordinaires (à 38,17 $ l'une) ou privilégiées.

3. New Ravelston (une nouvelle compagnie constituée par le groupe Ravelston) achète à Hollinger Argus 2 677 677 actions ordinaires de Labrador Mining, valant 81 $ l'une, soit 66,9 p. 100 des actions émises. Le montant de la transaction, qui s'élève à 216 891 830 $, doit être versé comme suit: 76 757 642 $ comptant, et le solde (soit 140 134 188 $) sous forme d'actions privilégiées investies dans New Ravelston.

4. Norcen propose de racheter jusqu'à 7 500 000 de ses propres actions ordinaires, à 38,17 $ l'une.

5. Labrador vend comptant à Norelab 1 500 000 actions ordinaires de Norcen, à 38,17 $ l'une.

6. Les actions ordinaires de Norcen acquises par Ravelston seront vendues à Norelab, à 38,17 $ l'une, et payées au moyen de l'émission, par Norelab, de 116 275 000 $ d'actions privilégiées.

7. Norcen achète à Labrador Mining toutes les actions émises par Norelab, pour un montant de 170 000 000 $, et doit, pour couvrir le montant de la transaction, émettre 4 453 759 actions ordinaires, à 38,17 $ l'une.

8. Norcen offre d'acheter, à 68,50 $ l'une, toutes les actions de Hollinger Argus qu'elle ne détient pas encore et de les payer comptant ainsi que sous forme d'actions privilégiées.

fixé une limite au prix de Norcen. Je ne dispose pas de suffisamment de données pour évaluer la valeur de la transaction, mais j'ai la très nette impression que celle-ci profite à Ravelston. En fait, l'important est de savoir qui dicte ses décisions à Norcen. Est-ce Conrad Black ou la direction de l'entreprise?"

Black était fermement décidé à s'approprier un actif évalué à 4,6 milliards de dollars, sans payer d'impôts, en appliquant une fois de plus la méthode de la mainmise inversée, en dépit du fait que ce type de manoeuvre faire face à un accroissement du fardeau de sa dette. La réaction de Bay petits porteurs. Les membres de la Commission des valeurs mobilières de l'Ontario émirent des réserves, mais Black prétendit avoir apaisé leurs doutes. "J'ai calmé les membres de la Commission, ainsi que Henry Knowles (qui présidait celle-ci), dit-il. J'ai presque fait mon pèlerinage à Canossa et grelotté dans la neige, moi aussi*. En fait, même si je n'ai pas eu à m'humilier à *ce* point, je pense qu'ils n'étaient pas peu flattés que je me sois déplacé en personne. C'était leur accorder bien plus d'honneur qu'ils n'en méritaient, vu les positions scandaleuses qu'ils avaient adoptées. J'ai assaini l'atmosphère en leur expliquant la transaction dans ses moindres détails, et nous sommes tombés entièrement d'accord."

Malgré tout, Black décidait, le 11 novembre 1980, d'annuler l'imposante réorganisation qu'il avait élaborée, prétextant que le nouveau budget fédéral et les politiques énergétiques d'Ottawa empêchaient Norcen de faire face à un accroissement du fardeau de sa dette. La réaction de Bay Street ne se fit pas attendre, et le cours des actions des sociétés liées à Argus s'effondra. En dépit des critiques formulées à l'égard de la réorganisation, les actionnaires minoritaires semblaient avoir pensé qu'elle leur eût été profitable. Pour sa part, Black se montra très philosophe. "Ça va apaiser les envieux et les destructeurs qui me ficheront la paix pour une fois, dit-il à un ami. C'est un peu comme si je nourrissais des piranhas juste avant de traverser l'Amazone."

Cinq mois plus tard, Ed Bovey, président du conseil de Norcen, dont l'actif était passé de 17 millions à un milliard de dollars en l'espace de 33 ans, sous sa direction, décida de prendre sa retraite. Bien qu'il ait été enchanté de l'acquisition de Norcen par Argus et qu'il ait accepté de conserver son siège au conseil d'administration, Bovey ne pouvait masquer l'inquiétude que lui inspirait l'avenir réservé à la superbe collection d'oeuvres d'art rassemblées par ses soins pour la compagnie. La valeur de ces toiles est telle que Norcen est l'une des rares compagnies canadiennes qui ait engagé sa propre conservatrice, en l'occurrence une femme pleine

---

* Il s'agit du château italien où Henri IV, chef du Saint Empire romain germanique, vint implorer le pardon du pape Grégoire VII, en janvier 1077. Celui-ci avait en effet excommunié l'empereur, qui s'était immiscé dans les affaires de l'Église. L'histoire veut que le roi Henri soit resté trois jours dans la neige à la porte du château avant que le pape ne lui accorde l'absolution.

de vivacité répondant au nom de Cecelia Davies. Black assura Bovey que ses craintes étaient sans fondement. "Après tout, dit-il au président sortant, c'est à vos fichues toiles que je dois d'avoir entendu parler pour la première fois de Norcen."

Dominion Stores Ltd. Depuis 1919, année de sa fondation, Dominion Stores a connu une réussite aussi discrète qu'incontestable dans le commerce de détail des aliments. Ses rapports annuels sont illustrés de choux rebondis, de flancs de boeuf maigres et de béates ménagères photographiées au pied de pyramides de boîtes de maïs empilées les unes sur les autres. Sous l'autorité de dirigeants inhabituellement avisés (soit Thomas G. McCormack, Thomas G. Bolton et Allen C. Jackson), l'entreprise vit son chiffre d'affaires annuel gonfler jusqu'à près de 3 milliards de dollars. La situation demeura inchangée durant les deux premières années du règne de Black, puis au cours des derniers jours de 1980, l'entreprise céda soudainement, pour 100 millions de dollars, les 87 magasins qu'elle possédait au Québec à Provigo Inc., la chaîne d'alimentation montréalaise dirigée par Pierre Lessard, qui est sans conteste l'un des plus brillants des jeunes dirigeants d'entreprise de la province. La transaction déclencha un nouveau métissage du portefeuille d'Argus. Une restructuration portant sur un actif évaluée à 260 millions de dollars permit, en l'espace d'une nuit, de transformer la respectable compagnie d'alimentation en un conglomérat minier qui avait désormais la main haute sur Hollinger Argus, société résultant elle-même de la fusion de biens hétéroclites appartenant à Argus*. "Dominion Stores aurait pu vendre des radis et des tomates durant mille ans sans faire une aussi bonne affaire!", de fanfaronner Black. Il n'avait pas tort, mais les actionnaires de la chaîne de magasins d'alimentation ne virent pas les choses de cet oeil. L'annonce de cette réorganisation fit chuter le cours des actions de Dominion à son niveau le plus bas depuis trois ans. Diane Francis résuma la position des membres les plus craintifs des milieux financiers dans un article publié par le *Toronto Star:* "D'aucuns prétendent que Conrad et Montegu Black, nés dans l'opulence grâce à la fortune amassée par leur père, George Black, qui fut l'un des associés clé d'Argus, ne sont en définitive que les enfants gâtés d'un homme riche jouant avec des compagnies cotées en Bourse comme s'il s'agissait de soldats de plomb."

---

* Dans le cadre de ce dernier échange de bons procédés, il était prévu que Hollinger Argus déboursrait à titre de dividende les actions d'Argus qu'elle détenait sur la base de 0,2775 action ordinaire et de 0,8352 action de catégorie C d'Argus par action de Hollinger, tandis que Dominion Stores offrait de racheter toutes les actions de Hollinger, proposant en échange 14$ comptant plus 1,25 action ordinaire de Dominion par action de Hollinger. La combinaison était si complexe que le document destiné à la décrire en détail comptait 91 pages imprimées en petits caractères.

Au lieu de saluer dans cette dernière trouvaille de Black l'expression toujours renouvelée de son génie fiscal, la plupart des investisseurs considérèrent que, cette fois, l'obsession d'être indépendant sur le plan financier l'avait poussé à un excès de trop. La transaction avait essentiellement eu pour conséquences de faire gagner 48 millions de dollars à Ravelston. Hugh Anderson, qui entre temps avait quitté le *Globe and Mail* pour entrer à la *Gazette* de Montréal, écrivait: "Faisant montre de la suffisance mâtinée de paranoïa à laquelle il nous a accoutumés, le jeune Conrad Black admet que sa dernière transaction ne lui a pas valu que des félicitations enthousiastes dans les milieux d'affaires. Le courtier montréalais Dominik Dlouhy, qui dirige la maison Placements, se fait l'écho de l'opinion fort répandue selon laquelle les décisions de cette importance ne devraient pas pouvoir être prises sans l'assentiment des actionnaires: "Il faudrait organiser une réunion extraordinaire sur la question, et les membres influents devraient s'abstenir d'utiliser leur droit de vote pour arracher la décision. La loi ne l'exige nullement, mais un tel geste ne pourrait que calmer les esprits." Qu'en pensez-vous, monsieur Black?"

Black balaya cette question, qu'il mit dans le même sac que toutes les autres pointes dont il est la cible: "Ce sont des démagogues du marché boursier qui n'ont même pas une action en main." S'il s'avoue coupable, c'est d'un méfait dont on ne l'a pas encore accusé: "La seule chose que l'on puisse nous reprocher est de ne pas avoir suffisamment veillé à nos propres intérêts, et j'imagine que nous sommes prêts à nous défendre sur ce point."

UNE FOIS CONCLUE L'AFFAIRE DOMINION STORES, Conrad Black pouvait s'enorgueillir d'avoir accru sa fortune d'une façon phénoménale qui ferait date dans les annales de la haute finance canadienne.

À cette échelle, la richesse et la puissance ne peuvent être évaluées qu'en fonction des offres qu'elles attirent à leurs détenteurs. Au printemps de 1981, Black, qui revenait de Palm Beach à bord de l'avion privé qu'Argus tient à sa disposition, était accompagné d'invités de marque. En effet, Paul Reichmann, l'un des propriétaires du conglomérat immobilier Olympia & York, évalué à sept milliards de dollars, était allé chercher sa mère, Renée, et son épouse, Lea, qui avaient passé l'hiver à l'hôtel Fontainebleau, à Miami Beach. Tous trois acceptèrent la proposition de Black, qui leur offrait de les ramener à Toronto (ce voyage devait sans nul doute être le premier au cours duquel des repas casher furent servis à bord d'un avion d'Argus). En cours de route, Reichmann offrit sans plus de façon à Black de lui racheter les intérêts qu'il détenait dans Argus pour 200 millions de dollars.

Black refusa poliment, préférant continuer à accroître l'emprise qu'il exerçait sur ses compagnies. Ainsi Ravelston offrait 9,27$ pour chaque action d'Argus encore en circulation. L'assemblée annuelle d'Argus, convoquée le 26 mai 1982, est typique de la manière dont Black dirige ses affaires. Moins de 11 semaines auparavant, Black avait lancé une O.P.A. de 210 millions de dollars pour Hanna Mining Company. Rares étaient les actionnaires extérieurs dans la trentaine de personnes présentes, mais aucun d'entre eux ne se risqua à poser la moindre question au président de la société de gestion.

De tout temps, les associés d'Argus ont rivalisé de vitesse pour ce qui est de la durée de ces rendez-vous galants qu'ils fixent annuellement à leurs actionnaires. Se chronométrant, ils ont toujours tenté de battre leurs propres records. (E.P. Taylor fut à son meilleur en 1955, lorsqu'il réussit à expédier l'assemblée annuelle de Canadian Breweries en 13 minutes.)

Peu après l'assemblée de 1982, Black se vantait d'avoir réglé toutes les affaires officielles d'Argus en 14 minutes, ratant d'une minute seulement le record établi par Bud McDougald.

Chapitre dix

L'impitoyable Hanna

"Je me suis demandé pendant des années quelle pouvait bien être la différence entre le Canada et les États-Unis... si ce n'est le Québec et la monarchie. Maintenant, je le sais. Nous sommes très doux, chez nous, comparativement à nos voisins du Sud, qui jouent vraiment beaucoup plus dur à tout point de vue."

Conrad Black

L'assemblée de ce soir-là était aussi brillante qu'à l'accoutumée au Union Club de Cleveland.

Il y avait là Nathan Williams Pearson, principal conseiller financier de Paul Mellon, de la grande famille industrielle de Pittsburgh. Quoique certaines dynasties américaines soient plus connues (comme celles des Rockefeller, Du Pont et Ford) ou au moins aussi riches (comme celles des Lykes de la Nouvelle-Orléans et de Tampa, et des Pew de Philadelphie), les Mellon, qui sont prépondérants dans une demi-douzaine de grosses compagnies (dont Gulf Oil et Aluminium Company of America), n'en constituent pas moins une classe distincte à eux seuls. (La soeur de Paul Mellon, Ailsa Mellon Bruce, n'a-t-elle pas laissé un héritage de 570 748 725 $ en 1969!) George Arthur Stinton, ancien président du conseil d'administration de National Steel Corporation et l'un des anciens les plus en vue de l'industrie, était là également, tout comme Charles Ames (dirigeant de Acme-Cleveland Corporation) et William Boeschenstein (président du conseil d'administration de Owens-Corning Fiberglas).

Ces hommes avaient tous en commun d'être membres du conseil d'administration de Hanna Mining Company, le second producteur mondial de minerai de fer, qui était encore tout récemment une énorme entreprise familiale des plus sélectes. Les quatre membres de la famille Hanna qui siègent au conseil, soit George Humphrey II, George Kirkham II, William Moore et R.L., dit Tim, Ireland III, détiennent une participation prépondérante dans la compagnie. Ils étaient tous présents ce soir-là, à l'exception de Kirkham, parti pêcher en Alaska. Outre ce dernier, manquaient également deux importants associés de Hanna: Peter Grace (de la grande entreprise commerciale de New York, dont les revenus se chiffraient à 6,5 milliards de dollars en 1981) et Stephen Bechtel junior, le gros entrepreneur de construction de San Francisco, qui siégeait naguère au conseil de Hanna et dont l'entreprise bouleversa des paysages aux quatre coins du monde, tandis que son chiffre d'affaires s'élevait à 11,4 milliards de dollars en 1981*.

La conversation, animée par une demi-douzaine de hauts dirigeants de Hanna, dont Robert F. Anderson, homme bourru qui préside le conseil d'administration de la compagnie minière, roulait essentiellement, au sein de ce groupe distingué, sur un invité qui se faisait attendre: Conrad Black. Cela faisait quatre mois maintenant qu'ils tentaient en vain de repousser les assauts lancés par cet expert en mainmises qu'était désormais l'entrepreneur canadien dans le but de devenir l'actionnaire prépondérant de Hanna. L'échauffourée financière suscitée par cette tentative avait été l'une des plus sanglantes jamais livrées de part et d'autre du 49e parallèle, car les différents adversaires s'y étaient jetés corps et âme. Les Américains avaient engagé une équipe de quarante avocats pour ramener Black à l'ordre, l'accusant, entre autres choses, "de conduite frauduleuse et manipulatrice" ainsi que de "gangstérisme". Pendant quatre jours, ils le clouèrent à la barre des témoins de la Cour fédérale, à Cleveland, dans l'intention de briser sa volonté et de lui faire modifier sa version des faits.

Mais Black avait riposté de manière tout aussi brutale, non sans y laisser quelques plumes au passage. S'il avait jamais douté qu'en tentant de s'en prendre à Hanna, il défiait l'essence même de l'Establishment américain, le président d'Argus dut se rendre à l'évidence lorsqu'il vit, aussi invraisemblable que cela puisse paraître, cinq des plus prestigieux banquiers en valeurs de Wall Street, dont Morgan Stanley, Salomon Brothers et First Boston Corporation, refuser l'occasion de devenir les conseillers financiers de Norcen Energy Resources, dont il avait fait l'outil de sa mainmise sur Hanna.

---

* Au nombre des travaux exécutés par Bechtel au Canada, mentionnons les pipelines de Interprovincial et de Trans Mountain, les gazoducs de Westcoast Transmission et de Alberta-California, les installations hydro-électriques de Churchill Falls au Labrador, l'usine de traitement de sables bitumineux de Syncrude (ainsi que le projet Alsands, abandonné en mai 1982) et enfin l'immense infrastructure de la baie James, entreprise sous la direction d'Hydro-Québec. L'ancien ministre des Finances, John Turner, est le seul membre extérieur à siéger au conseil d'administration de la filiale canadienne.

Tout cela était loin derrière eux en ce moment où les surhommes de la finance américaine attendaient nerveusement leur invité! Ce qui les agaçait le plus, quoique personne n'ait été assez impoli pour l'exprimer à voix haute, c'était l'affront qu'ils venaient d'essuyer quant à leur conviction qu'une élite doit demeurer impénétrable, quels que soient les efforts de ceux qui veulent se frayer un chemin pavé de dollars en son sein. Et pourtant, ce Canadien parvenu (qui n'avait pas encore quarante ans, tout de même!) venait bel et bien d'acquérir une participation prépondérante dans Hanna, moyennant 130 millions de dollars américains, libérant du même coup la compagnie de ses dettes. C'en était trop. Ce n'est certes pas avec un plaisir sans mélange que l'élite de la compagnie minière entrevoyait cette soirée, et ce, d'autant plus que cette dernière devait annoncer le lendemain que le rendement de ses actions était tombé à 23 cents l'une au cours du premier semestre de 1982, comparativement à 3,50 $ à la même époque de l'année précédente.

Pour Black, par contre, la situation était particulièrement savoureuse. C'était en effet à Cleveland que son père, George Montegu Black junior, avait été envoyé en 1948 pour diriger la remise sur pied de la filiale américaine, alors chancelante, de l'entreprise de E.P. Taylor, Canadian Breweries. Monsieur Black père avait été mis à la tête de l'usine en difficulté qui, après avoir produit des automobiles Peerless, fournissait maintenant la bière Red Cap de Carling aux États-Unis. Elle accusait à ce moment des pertes de 40 000 $ par semaine, essentiellement en raison des graves problèmes que posait l'introduction récente de bouteilles non consignées. Monsieur Black avait stabilisé l'exploitation de l'usine et conjuré un véritable désastre financier. Bien qu'il ait fréquenté régulièrement le Union Club au cours de cette année où il se partagea entre Cleveland et Toronto, personne ne lui avait offert d'en devenir membre. Et, certes, personne n'y avait organisé en *son* honneur une réception dont il aurait été la vedette.

Conrad Black arriva enfin, accompagné de son frère, Monte, et de Edward Battle, président de Norcen, la filiale de Hollinger Argus, qui s'apprêtait à prendre Hanna sous son aile. Tous restaient sur le qui-vive tandis que l'on procédait aux présentations, et, enfin, les convives purent entamer ce mémorable dîner du 3 août, à la fin duquel Anderson y alla de son petit compliment à l'endroit de la nouvelle ère qui commençait pour Hanna, évoquant la dure lutte qui avait opposé les nouveaux partenaires et exprimant ses espoirs quant à la contribution future des visiteurs canadiens.

Black se leva et commença tranquillement à expliquer qu'ils s'étaient demandé, après avoir examiné l'état financier de Hanna dans le Sabreliner de Norcen qui les amenait de Toronto, quel était celui d'entre eux qui avait bien pu avoir l'idée d'acheter des actions de la compagnie minière et s'il ne serait pas plus sage d'ordonner au pilote de faire demi-tour. Les membres américains du conseil d'administration, visiblement mal à l'aise sur leurs sièges, accueillirent avec une réserve évidente cette introduction plus ou moins facétieuse.

Puis, tournant un visage dénué d'expression vers Anderson, Black lança: "Sérieusement, Bob, je suis très heureux d'être à Cleveland et de pouvoir vous dire ces quelques mots..."

Long silence.

"...sans être sous serment."

L'assistance tout entière éclata d'un rire tonitruant. Il avait réussi à les accrocher. Maintenant tout irait bien.

"Je suis légèrement surpris, de poursuivre Black, de constater que mon optimisme à l'égard de votre grand pays n'est pas partagé par tout le monde. Je ne comprenais pas pourquoi la conversation était si lugubre pendant tout le repas, jusqu'à ce que je découvre que George Stinson est un démocrate!"

Une fois de plus, il venait de frapper juste, et il se mérita des éclats de rire parfumés au bourbon. Le Union Club n'est-il pas en effet le temple consacré du républicanisme du Midwest, et n'est-ce pas Marcus Alonzo Hanna (1837-1904), le père-fondateur de la compagnie, qui mit sur pied la machine électorale du vieux Parti républicain? Il semble que Black ait senti que Cleveland était elle-même l'entrepôt d'immenses richesses dont les gardiens conservateurs avaient appris, avec circonspection, à celer la valeur véritable.

MARK HANNA, CONTEMPORAIN ET AMI d'un autre homme d'affaires de Cleveland, répondant au nom de John D. Rockefeller, avait dirigé avec succès, en 1896, la campagne présidentielle qui devait porter au pouvoir William McKinley, l'un de ses collègues originaire de l'Ohio. Nommé, puis élu, membre du Sénat américain, il acquit un pouvoir officieux considérable et prit de nouveau la tête de la campagne de McKinley, en 1900. Après l'assassinat de ce dernier par un anarchiste, à l'exposition de Buffalo, en 1901, Hanna continua de jouer un rôle prépondérant, quoique de second plan, auprès du nouveau président, Theodore Roosevelt. Les Hanna conclurent des alliances tant conjugales que financières avec d'autres clans fortunés des États-Unis et introduisirent au sein de la compagnie familiale George M. Humphrey, un avocat du Michigan, qui devait devenir riche et puissant à sa façon.

Cleveland appartient aux Hanna de bien des manières: son principal théâtre, deux hôpitaux, un parc du centre-ville et une école (sans compter un salon de coiffure pour hommes, un salon funéraire et un terrain de stationnement) portent tous le nom de Hanna. La compagnie elle-même naquit de deux sources distinctes, soit de l'épicerie-maison de commissions établie par le docteur Leonard Hanna, père de Mark Hanna, d'une part, et, d'autre part, d'une entreprise fondée au début des années 1840 par Daniel P. Rhodes, un Vermontois qui s'était lancé dans l'exploitation du charbon et du minerai de fer, en Ohio, et qui devint le beau-père de Mark en 1864. Trois ans plus tard, à la suite de la perte de l'un des vapeurs de Hanna dans une collision qui eut lieu sur la Detroit, Mark Hanna s'associait à Dan Rhodes, dans le cadre de la jeune entreprise Rhodes and Company, qui devint la société en nom collectif M.A. Hanna & Company, en 1885*. Elle devint la M.A. Hanna Company (sans la perluète) en 1922, et versait 648 millions de dollars à ses actionnaires en 1965. C'est de là que vient l'actuelle Hanna Mining Company, dont le nom est très trompeur, car elle est loin de se limiter à l'exploitation des *mines*. Outre celles de minerai de fer qu'elle exploite (et dont elle assure le transport) aux États-Unis et au Canada, elle est également à la tête de mines et d'usines pétrochimiques au Brésil, ainsi que du seul complexe intégré de production de nickel des États-Unis (c'est-à-dire qu'elle extrait et traite elle-même ce métal, en Oregon), auquel s'ajoute une fonderie de silicium près de Wenatchee, dans l'État de Washington. Elle possède en outre plusieurs compagnies de transport en vrac sur la Voie maritime du Saint-Laurent, une filiale qui gère dix compagnies d'assurances aux Bermudes, une participation majoritaire dans plusieurs compagnies de charbonnage au Colorado, en Pennsylvanie, au Kentucky, en Virginie-Occidentale et en Virginie, une compagnie américaine d'exploration pétrolière, ainsi qu'une participation minoritaire dans des compagnies productrices de pétrole et de gaz naturel tant au Canada que dans la mer du Nord.

La scission qui survint en 1915 entre les différents héritiers de Hanna laissa la branche de Mark Hanna à la tête du *Cleveland News* et de Hanna Building Corporation, qui possédait d'intéressantes propriétés foncières à Cleveland. C'est par les descendants des frères de Mark,

---

* À l'instar des fondateurs de la richissime Hollinger Mine de l'Ontario, Dan Rhodes s'intéressa à l'exploitation du minerai de fer des collines de Mesabi en fournissant fonds et équipements aux prospecteurs. Il leur envoyait des fournitures à bord de son propre navire et commença à s'approprier les concessions minières de ceux de ses clients qui ne pouvaient le payer. Mark Hanna, auquel il s'associa en 1867, mit quatre nouveaux bateaux (tous noirs) en service, en 1874. C'est ainsi que leur association fut bientôt connue sous le nom de la ligne Black. (*N. des T.*: Allusion à la couleur des navires.) Le fils de Dan Rhodes, James Ford Rhodes (1848-1927), abandonna l'entreprise familiale en 1885 pour se consacrer à la passion de sa vie. Il publia, entre 1893 et 1906, sa monumentale *History of the United States from the Compromise of 1850*, en sept volumes (qui couvrait la période de 27 ans comprise entre 1850 et 1877). Son *History of the Civil War* lui valut le prix Pulitzer en 1918.

Howard Melville et Leonard Colton, que la famille Hanna reste liée à Hanna Mining*.

Ce que Conrad Black omit de souligner ce soir-là au Union Club (et qui *se passait fort bien* d'être souligné, à vrai dire), c'est que son arrivée sur la scène marquait la fin de l'ère de domination des descendants de Hanna et de Humphrey dans l'ordre de préséance établi au sein du milieu d'affaires de Cleveland. "Ils n'avaient pas compris qu'ils avaient fini de jouer", fit remarquer Black par la suite à l'un de ses amis. "Ils n'avaient tout simplement pas compris qu'ils avaient fini d'ergoter sur ce qu'il fallait faire avec la compagnie de papa et de grand-papa et de jouer à l'étudiant fraîchement émoulu d'une école de commerce. Il leur fallait maintenant traiter avec des individus en chair et en os, dont les stylos étaient prêts à remplir des chèques, les porte-documents garnis d'offres

* L'arbre généalogique de Hanna et Humphrey pourrait remplir des pages, mais il suffira de mentionner que le conseil d'administration de Hanna Mining se compose, entre autres, de *R.L. Ireland III*, connu sous le nom de Tim, beau-frère de feu Gilbert Watts, dit Bud, Humphrey et petit-fils de Robert Livingston Ireland (1867-1928, qui épousa Kate Hanna, nièce de M.A. Hanna et la troisième des filles de H.M. Hanna. Tim Ireland est l'un des associés de la banque privée Brown Brothers Harriman & Co. Sa soeur Kate est elle-même l'une des six associés de la banque, de même que Averell Harriman. Brown Brothers Harriman passe pour être la banque privée la plus importante et la plus vieille (elle a été fondée en 1818) d'Amérique du Nord, ainsi que la seule banque commerciale américaine d'envergure exploitée par une société en nom collectif plutôt que par une corporation. Les associés travaillent toujours à leurs bureaux à cylindres installés dans la pièce, dite des associés, aux murs recouverts de panneaux, du service de comptabilité situé sur Wall Street. Veuve de feu Bud Humphrey, l'un des présidents du conseil d'administration de Hanna, Louise, une autre soeur de Tim, est également la bru d'un autre de ces présidents (George M. Humphrey) et la mère du vice-président et membre du conseil d'administration de Hanna, *George M. Humphrey II*. La soeur de Bud, Pamela, était veuve de H.M., dit Bud, Hanna III (petit-neveu de M.A. Hanna), lorsqu'elle se remaria avec Royal Firman II (dont elle divorça d'ailleurs en 1970). Kate, soeur de H.M. Hanna III, a épousé Warren Bicknell junior (ancien membre du conseil d'administration de Hanna), et leur fille Kate a épousé *George D. Kirkham II*, un courtier en Bourse de Cleveland. (Kirkham est l'un des principaux associés de la firme Prescott, Ball & Turben, dont le président du conseil d'administration est John Butler, qui a épousé l'autre soeur de Bud Humphrey, Carol.) Citons encore *William Henry Moore*, président à la retraite du conseil d'administration de Bankers Trust Company de New York, qui siège également au conseil d'administration de Hanna. Administrateur de la fondation Vincent Astor, Moore siège en outre aux conseils d'administration de différentes corporations représentant des valeurs sûres comme IBM, American Can et Nabisco Brands. Sa mère, Fanny Hanna, était la soeur de Leonard C. Hanna junior, qui eut l'heur d'acheter des actions d'IBM dans les années 1920, alors qu'elles se vendaient à deux dollars. Cet homme qui s'intéressait aux arts préférait vivre à New York plutôt qu'à Cleveland et distribua environ 93 millions de dollars avant sa mort, en 1957, tout en laissant un héritage de 30 millions de dollars. Il possédait encore 29 550 actions d'IBM, qui étaient transigées désormais à 295 $ l'une. Ce célibataire fut le dernier des membres du conseil d'administration de Hanna Mining à porter le patronyme Hanna.

d'achat qui leur assureraient la mainmise sur Hanna. Je ne parle pas de moi, car je n'ai pas de porte-documents. Mais Battle en a un, lui."

Black, avait, comme d'habitude, planifié sa mainmise sur Hanna en s'inspirant de l'histoire militaire. Par contre, délaissant pour une fois son modèle napoléonien, il préféra faire appel à la stratégie utilisée par Israël au moment de la guerre du Yom Kippour, en 1973: "Au départ, Israël présuma qu'il n'y avait aucun problème. En dépit des renseignements qu'ils recevaient sur les préparatifs égyptiens, les Israéliens ne voulaient rien savoir, au point qu'ils se retrouvèrent dans une situation désespérée. Mais, à ce point, ils firent un retour en force, encerclèrent la Troisième Armée égyptienne et purent négocier les rations d'eau à fournir aux soldats ennemis, devenus prisonniers du désert. Ma situation face à Hanna s'apparente quelque peu à la guerre du Yom Kippour, dans la mesure où mes adversaires ont été réduits à l'impuissance à partir du moment où notre recours en appel de la dernière heure a été accepté. Je ne m'étonnerais pas le moins du monde d'apprendre qu'ils avaient donné à la situation une nuance "sadatesque".

À une échelle plus modeste, Black admet qu'il jouait à la roulette russe avec un revolver dont le barillet était chargé à bloc. "Je me suis demandé pendant des années quelle pouvait bien être la différence entre le Canada et les États-Unis... si ce n'est le Québec et la monarchie. Maintenant je le sais. Nous sommes très doux, chez nous, comparativement à nos voisins du Sud, qui jouent vraiment beaucoup plus dur à tout point de vue."

LE PRÉSIDENT DE HANNA, ROBERT ANDERSON, qui s'avéra être le principal adversaire de Black, est le premier dirigeant de la compagnie qui ne soit pas issu de la famille Hanna. Ce rude ingénieur à l'esprit pratique, qui fut d'abord engagé chez Hanna comme porion dans les collines de Mesabi, au Minnesota, est un administrateur extrêmement compétent, qui ferme à clé les bureaux des directeurs lorsqu'ils arrivent plus d'une minute en retard. Luthérien convaincu, il est également adepte tant des budgets bien équilibrés que de la fabrication *nationale* de l'acier et se vante d'avoir été un amateur de jujubes bien avant que Ronald Reagan n'en fasse une collation obligatoire pour les plus fidèles de ses républicains. Il adore pêcher le saumon au Labrador et chasser la sarcelle bleue dans les marais du lac Érié, mais il aime par-dessus tout contempler, de son aire perchée au 36e étage, les cargos hors mer qui remontent en serpentant la tortueuse Cuyahoga jusqu'aux aciéries de l'Ohio et de la Pennsylvanie, où ils déchargeront leurs cargaisons de minerai. Hanna est devenue toute la vie de Anderson: c'est pourquoi il s'est battu comme un lion pour éviter qu'elle ne tombe dans des mains étrangères.

C'est par l'entremise de George Humphrey, alors président de la compagnie minière (et secrétaire du Trésor dans l'administration Eisenhower par la suite) qu'Anderson entra chez Hanna. Par ailleurs c'est Gilbert Watts, dit Bud, Humphrey, le fils de George Humphrey, qui ouvrit à Black la piste de Hanna. Les deux hommes s'étaient rencontrés au printemps de 1978, lorsque Conrad Black entra au conseil d'administration de Massey-Ferguson, dont Humphrey était le seul membre américain, exception faite de l'adjoint au président du Conseil, Al Thornbrough. Humphrey invita Black à Cleveland, en janvier 1979, où ils dînèrent tous deux au Union Club. Le nouveau président du conseil d'administration d'Argus indiqua alors à l'Américain qu'il avait toujours considéré Hanna comme un allié naturel et qu'il "avait toujours espéré faire quelque chose aux États-Unis", ce à quoi Humphrey répliqua: "Venez me voir lorsque vous serez prêt." Black visitait des entrepôts de Dominion Stores, en juin 1979, lorsqu'il appela Humphrey pour lui expliquer l'un des tours de passe-passe qu'il projetait d'exécuter avec des actions d'Argus, et qui aurait des répercussions sur Iron Ore Company of Canada, dans laquelle ils étaient associés. Le dirigeant de Hanna profita de l'occasion pour se plaindre de la situation de l'industrie de l'acier aux États-Unis. "Je me rappelle que mon père me disait, de faire remarquer Humphrey à Black, que cette industrie avait besoin de quelques bons enterrements de première classe." Deux jours plus tard, Bud Humphrey perdait subitement la vie sur un terrain de golf, et ce fut Anderson qui prit la relève.

À la suite d'une assemblée tenue en 1980, à Cleveland, par Iron Ore Company, Black passa voir George Humphrey II, le fils aîné de Bud Humphrey, au bureau qu'il occupait chez Hanna. Selon Black, le jeune héritier "se plaignit avec amertume et non sans hargne du traitement que la haute direction de Hanna leur réservait, à lui et à sa famille, depuis la mort de son père". Black avança l'hypothèse qu'ils pourraient peut-être faire cause commune, afin de garder intacte la notion de propriété familiale au sein de Hanna. Ils convinrent de dîner ensemble chez Humphrey, à Gates Mills, le 12 août, où ils poursuivirent la conversation entamée à leur première rencontre. Et la question fut abordée à plusieurs reprises avec divers membres de la famille Hanna au cours des 18 mois qui suivirent.

Mais la rencontre la plus intéressante fut probablement celle que Black eut avec Louise Humphrey, la mère de George, elle aussi veuve d'un homme appelé Bud. Ils se virent au Lincoln Center de New York, en avril 1980, où elle fit le nécessaire pour que Black soit assis à ses côtés, au cours d'un dîner d'apparat au Metropolitan Opera, dont elle était à la fois donatrice et protectrice. "Nous avons discuté de choses et d'autres, mais elle a bien vite aiguillé la conversation sur la gestion de Hanna, rappelle Black, critiquant sévèrement la manière dont la compagnie était administrée. Elle m'a prié de rester en contact avec son fils George, et c'est à ce moment que je lui ai demandé, en restant très prudent, si sa famille considérait d'un mauvais oeil notre désir d'acheter quelques actions... ce à quoi elle répondit que, bien au contraire, elle en serait ravie." Madame Humphrey confia également à Black le souci qu'elle se faisait au sujet de la carrière de ses fils, George et Watts, ce dernier étant vice-président de National Steel Corporation, dans laquelle Hanna détient une participation très importante.

Quatre mois plus tard, Black appelait George Humphrey à sa résidence estivale, située dans le Maine, pour lui confirmer qu'il était de plus en plus intéressé par Hanna. Mais son interlocuteur lui répondit que sa situation avait bien changé et qu'il faisait maintenant partie de la haute direction de la compagnie. Il rappela Black deux jours plus tard, après avoir discuté avec Tim Ireland, pour lui signaler que s'il voulait acquérir une participation dans Hanna, il devait traiter directement avec la haute direction.

Black eut une seconde conversation avec madame Humphrey, grâce à l'intervention de sa fille Margaret, établie à Toronto et dont le premier mari avait été Moffat Dunlap, l'héritier de Hollinger. Lorsque Black lui demanda, au cours d'une réunion de bienfaisance, comment elle croyait que sa mère interpréterait un éventuel appel de sa part visant à se renseigner sur l'attitude de l'ensemble de la famille face à son désir croissant d'acquérir des actions de Hanna, Margaret Humphrey accepta de tâter le terrain. Black rejoignit madame Humphrey en novembre, dans sa propriété de Miccosukee, en Géorgie, à la limite de la Floride, et celle-ci prit ses dispositions pour qu'il rencontre son fils cadet, Watts.

En conséquence de ce qu'il persistait à considérer comme des encouragements de la part de la famille Humphrey, Black engagea Norcen sur la voie de la prise de contrôle en achetant au montant de deux millions de dollars américains, environ 55 000 actions de la compagnie minière de Cleveland, en août 1981. À la fin du mois, Ed Battle obtint secrètement de la Banque Canadienne Impériale de Commerce une marge de crédit de 20 millions de dollars afin d'acquérir 4,9 p. 100 des actions de Hanna. (L'opération était si confidentielle qu'elle était uniquement identifiée par un numéro de compte et que Battle avait, par ailleurs, demandé à la banque de n'envoyer aucun document relatif à cette entente aux bureaux de la compagnie.) Le 9 septembre, le conseil de direction de Norcen se réunit pour approuver le plan d'action de Black, qui se limitait pour l'instant à l'acquisition de 4,9 p. 100 des actions de la compagnie minière, ce qui était très significatif, car, en vertu des règlements américains, il est impossible d'acheter plus de 5 p. 100 des actions d'une compagnie publique sans l'annoncer ouvertement ni indiquer la raison à long terme d'un tel investissement.

Le procès-verbal de cette réunion — à laquelle assistaient les frères Black, Battle, Edward Galvin, Edmund Bovey, Dixon Chant et

William T. Kilbourne (secrétaire de direction et vice-président administratif de Norcen) — devint le document central sur lequel s'appuyèrent les avocats de Hanna dans leur tentative d'annuler l'offre visant à la mainmise de la compagnie par Black. Ainsi, l'on pouvait y lire: "Monsieur Battle annonce qu'après avoir téléphoné aux divers membres du conseil de direction il a entrepris d'acquérir, au nom de Norcen, 4,9 p. 100 des actions en circulation sur le marché d'une compagnie américaine inscrite à la Bourse de New York, dans le but avoué d'acquérir une participation de 51 p. 100 dans cette dernière par la suite." Cet objectif fut encore confirmé au cours de l'interrogatoire que l'un des avocats de Hanna fit subir à Battle, pendant le procès.

Q.: Il semble que vous ayez déjà décidé d'un plan à long terme prévoyant l'acquisition éventuelle de 51 p. 100 des actions de Hanna, n'est-ce pas?
R.: Oui.
Q.: Et c'est ce que vous avez expliqué au conseil de direction, le 9 septembre 1981. Est-ce exact?
R.: C'est exact.
Q.: Lors de la réunion du 9 septembre 1981, je parle de la réunion du conseil de direction, vous avez bien expliqué aux membres de ce dernier que l'achat de 4,9 p. 100 des actions n'était qu'une première étape de votre plan, qui consistait à en acquérir 51 p. 100 par la suite. Est-ce bien cela?
R.: En effet.

Lorsqu'il témoigna, pour sa part, Kilbourne, avocat diplômé de Yale, spécialisé en droit commercial et ancien pilote de l'aéronavale américaine, affirma qu'au moins trois des membres du conseil d'administration s'étaient opposés à l'idée de dépasser le seuil de 4,9 p. 100. Il s'agissait de Galvin, qui ne connaissait pas assez bien le potentiel de Hanna, de Chant, qui se refusait tant à bouleverser la structure existante de Hanna qu'à investir davantage dans l'industrie minière et de Montegu Black, qui ne voulait pas aller jusqu'à 51 p. 100. Le conseil décida cependant d'acquérir des actions de Hanna sans même voter sur la question, et Conrad Black admit, au cours d'un interrogatoire subséquent, que Norcen avait effectivement pour objectif à long terme de prendre le contrôle de la compagnie américaine, le moment venu et compte tenu des circonstances. En privé, il prétendait que le procès-verbal de Norcen était ambigu, que les avocats de Hanna l'avaient "très mal interprété" et que leur position était "hideuse et grotesque". Sur un plan plus philosophique, il renonça pour une fois à s'inspirer de Napoléon, préférant faire allusion à la remarque lancée par Charles de Gaulle, gagnant l'Angleterre au moment de la défaite de la France, en 1940. "Lorsque j'ai vu resurgir ce procès-verbal, de confier Black, le commentaire de De Gaulle disant que tout avait commencé de la pire des façons et qu'il faudrait donc boire le vin jusqu'à la lie m'est immédiatement revenu à la mémoire."

À l'époque, Norcen avait gardé son secret en désignant les deux compagnies intéressées par des noms de code, s'attribuant à elle-même le nom de "prince", tandis que Hanna était appelée "la promise", encore que cette dernière n'ait guère montré d'empressement dans toute cette histoire.

Le 28 octobre, James Connacher, le solitaire directeur de Gordon Securities, qui se spécialise dans les transactions de blocs d'actions, appela Black pour lui signaler qu'il circulait sur le marché environ 575 000 actions de Hanna, valant 37 $ américains l'une. (Norcen possédait déjà 2,5 p. 100 d'actions de Hanna à cette époque et faisait donc passer sa participation à 8,8 p. 100 en acquérant ce bloc, que Connacher acheta dès qu'il eut reçu le feu vert.) Pendant ce temps, Black essayait en vain d'avertir Anderson, qui veillait alors aux intérêts de la compagnie au Brésil. Sachant qu'une importante offre d'achat avait été faite sur le marché, Carl Nickels, l'un des deux vice-présidents-directeurs de Hanna, demanda à Brian Mulroney, président de la compagnie minière Iron Ore Company of Canada, quel pouvait bien être l'acheteur en question. "Il s'agit soit de Brascan, soit des Black, obtint-il comme réponse, et tu devrais souhaiter que ce soit les Black." Lorsqu'il reçut de sa secrétaire une note lui indiquant que Black l'appelait sur une autre ligne, Nickels fit la déduction qui s'imposait. Changeant donc de ligne, il demanda: "Mais enfin, Conrad, qu'est-ce que vous foutez?" Black se fit étonnamment obséquieux, expliquant qu'il se contentait d'être un "acheteur amical, dénué de toute intention funeste" et que si le conseil d'administration de Hanna exprimait publiquement quelque réticence que ce soit à ce sujet, il renoncerait tout simplement à acheter. Visiblement peu rassuré par cette explication, Nickels demanda immédiatement à Goldman Sachs, le conseiller en investissements de Hanna à New York, de lui tracer un profil le Black. Le même soir, celui-ci appelait Mulroney (avec lequel il s'était lié d'amitié lors de son séjour au Québec) et le priait de convaincre ses confrères du conseil d'administration de Hanna qu'il n'avait "ni les pieds fourchus, ni des cornes sur la tête". Mulroney accepta de se charger de cette tâche délicate, non sans avertir Black qu'il était considéré dans ce milieu comme "un acheteur de papiers plutôt que comme un bâtisseur ou un créateur d'emplois".

Le lendemain matin, George Humphrey (dont l'amertume à l'égard de la haute direction de Hanna avait directement éveillé l'intérêt de Black à l'endroit de la grosse compagnie minière) appela le président du conseil d'administration d'Argus d'une cabine téléphonique de l'aéroport, avertissant Conrad qu'il avait l'intention d'informer Anderson de leurs conversations précédentes et qu'il était satisfait de l'achat de Norcen, dans la mesure où "nous ne risquons pas de nous "faire plaquer", et je suis sûr que ce ne sera pas le cas". Ce terme de football (qui décrit la chute d'un quart arrière à la merci de ses adversaires, alors qu'il s'apprêtait à lancer le ballon à l'un des siens) déconcerta Black, dont les connaissances sportives sont à peu près nulles, au plus haut point.

Les événements devaient mettre fin à sa perplexité quelques jours plus tard, lorsque les dirigeants de Hanna se réunirent sur une convocation de Anderson qui revenait tout juste du Brésil. Au cours de cette réunion d'urgence, qui eut lieu le samedi, les membres du conseil d'administration directement impliqués dans Hanna apprirent de trois importants représentants de Goldman Sachs que "la plupart des transactions effectuées par Black visaient essentiellement à son enrichissement personnel et non à celui des autres actionnaires, qu'ils soient minoritaires ou majoritaires". La discussion se poursuivit pendant quatre heures, et, dans l'avion qui le ramenait chez lui ce soir-là, Mulroney fut envahi d'un profond pressentiment de mauvais augure quant à la lutte qui s'annonçait. Pendant la réunion officielle du 3 novembre, les membres du conseil d'administration de Hanna décidèrent à l'unanimité, après s'être fait servir une condamnation encore plus étayée de Black par Goldman Sachs, que l'admission en leur sein du président du conseil d'administration d'Argus serait une véritable calamité pour Hanna et qu'il fallait donc l'éliminer dans les plus brefs délais. Ils n'en voulaient même plus comme actionnaire minoritaire. L'après-midi suivante, Black et Battle prenaient l'avion pour Cleveland, afin de rencontrer Anderson et Nickels à l'hôtel Sheraton-Hopkins. La rencontre des dirigeants de Hanna et d'Argus, qui avaient tous deux ôté leurs gants, fut des plus orageuses. Somme toute, Anderson intima à Black l'ordre de se débarrasser des actions de Hanna qu'il avait acquises. Black refusa.

Il convient de conserver dans les annales des grands moments du capitalisme canadien la repartie de Black à Nickels (qui est doté du regard perçant d'un colonel de Marines perpétuellement en manoeuvres) lorsque celui-ci demanda au président d'Argus de quoi il pouvait s'enorgueillir au juste dans le cadre de sa carrière d'homme d'affaires. "Deux cents millions de dollars, ce n'est pas si mal!" de lancer Black, avec son sourire de félin tacheté, en montrant la poche de son veston.

LE DOCUMENT ADRESSÉ PAR NORCEN à la U.S. Securities and Exchange Commission, le 9 novembre 1980, prétendait que le but poursuivi par la compagnie canadienne était simplement "d'investir dans Hanna". Cette assertion fut au moins reformulée quatre fois avant d'être parfaitement conforme aux directives de Black qui voulait que le document soit "aussi court et antiseptique que possible". La déclaration de la Securities and Exchange Commission eut pour effet de faire baisser les actions de Hanna de huit dollars américains à la Bourse de New York au cours des cinq mois qui suivirent, de telle sorte qu'elles ne valaient plus que 26$ américains à la fin du mois de mars 1982. Ayant été officiellement informés du fait que Black se contenterait d'un rôle passif au sein de la compagnie minière, les investisseurs crurent qu'il ne ferait pas d'offre d'achat susceptible de hausser la valeur des actions. (L'argument soutenu par les avocats de Hanna au cours du procès qui suivit était justement que la déclaration à la Securities and Exchange Commission constituait une présentation délibérément fausse de la situation: "... le marché a été maintenu artificiellement à un niveau très bas... ce qui a permis à Norcen de faire une offre à un prix qui apparaissait nettement plus intéressant que celui du marché." Black avait offert de racheter les actions de Hanna à 45$ américains l'une, alors que les documents internes de Norcen les estimaient à 74$ américains l'une.)

Le 21 décembre, Black se rendit à Sewickley, dans la grande banlieue de Pittsburgh, pour y rencontrer Watts Humphrey, qui lui décrivit son frère George "comme le candidat tout désigné à la tête de Hanna". Black émit alors l'idée d'une association d'actionnaires impliquant les familles Hanna-Humphrey, ainsi que la participation des Mellon, et la présenta, au début de l'année 1982, comme le plan d'action sur lequel Norcen devrait s'appuyer pour faire une offre d'achat à laquelle les Humphrey seraient associés. Ces derniers étaient désignés comme "la famille Z" lorsque Norcen mit la dernière touche au brouillon de son offre d'achat, en janvier.

Ed Battle était "fin prêt" lorsqu'il accompagna Monte Black pour présenter le plan de Norcen à Watts Humphrey, au cours de la réunion qu'ils tinrent tous les trois le 5 février 1982. Après avoir averti son frère que "les Black s'apprêtaient à prendre le contrôle de Hanna Mining Corporation, d'une manière ou d'une autre", Watts Humphrey rappela Monte Black le lundi suivant pour lui répondre par la négative. Mais à ce moment, Conrad Black, qui s'était laissé bercer par l'espoir de conclure une grande alliance avec l'Establishment américain (qu'incarnait le conseil d'administration de Hanna), continuait sur sa lancée.

Lorsqu'il rencontra Anderson, le 16 février 1982, Black exprima le désir d'acheter 20 p. 100 des actions de Hanna, de façon à pouvoir comptabiliser un tel investissement à sa valeur de consolidation dans le bilan de Norcen. Anderson lui opposa un refus catégorique, mais envisagea la possibilité d'échanger les actions détenues par Black dans Hanna contre celles que cette dernière possédait dans Labrador Mining & Exploration*.

* Il s'agit de la compagnie qui possède la partie terre-neuvienne des mines exploitées par la compagnie minière Iron Ore Company of Canada. Hollinger Argus détenait environ 60 p. 100 de ses actions tandis que Hanna Mining en avait 20 p.

Dès la première semaine de mars, Black avait négocié une marge de crédit avec la Banque de Commerce, dans le but d'acquérir les actions de Hanna. Après l'échec de la mission de paix de Palm Beach, où Anderson avait concrétisé son offre relative à Labrador Mining, le conseil d'administration de la compagnie américaine se prépara à subir l'assaut qui s'annonçait. La rumeur voulant que Black fasse une offre d'achat commença à se répandre. Ainsi, le président du conseil de la Banque de Montréal, Bill Mulholland, fit remarquer à Mulroney au téléphone: "Alors, il paraît que ton ami Conrad fait les yeux doux à Hanna?"

Le vendredi 2 avril, Monte Black et Ed Battle étaient de nouveau au Sheraton-Hopkins de Cleveland, dans le but de frapper un grand coup à l'endroit de Anderson et de Nickels. "Je suis venu vous signaler, de déclarer Battle, que, lundi matin, j'ai reçu des membres du conseil de Norcen l'autorisation de faire une offre d'achat couvrant 51 p. 100 des actions de Hanna Mining." Il ajouta alors que la seule façon dont Hanna pouvait écarter une telle menace était d'accepter que Norcen ait une participation de 30 p. 100 dans la compagnie minière et d'élargir le conseil d'administration de cette dernière, qui passerait ainsi de 13 à 18 sièges, de façon à y admettre cinq représentants de Norcen, étant entendu qu'aucune décision ne saurait être prise sans un vote d'au moins 80 p. 100 des membres. En d'autres termes, Norcen se réservait un droit de veto sur la gestion de Hanna. Battle termina son discours par un ultimatum des plus concis: l'avion privé de Norcen devait quitter l'aéroport de Hopkins, à Cleveland, à 19 h 15 ce soir-là. L'offre d'achat serait faite dès le lundi suivant, à moins que Anderson n'accepte les conditions qui venaient d'être énoncées avant le départ des Canadiens.

Sentant la pression du canon d'un revolver sur sa tempe, Anderson chercha à obtenir un bref sursis, que Monte Black et Battle lui accordèrent en acceptant de revenir le dimanche pour reprendre la discussion. Le samedi, il téléphonait à Conrad Black à Palm Beach, insistant pour que le président du conseil d'Argus vienne lui-même à Cleveland régler leur différend. Mais ce dernier refusa, même lorsque Anderson lui offrit de lui envoyer un avion de Hanna.

Au cours de la réunion tenue le dimanche à Cleveland, Anderson mit sa contre-proposition sur la table: une participation de 20 p. 100 dans Hanna, Norcen ajoutant aux 8,8 p. 100 qu'elle possédait déjà 11,2 p. 100 d'actions émises récemment par la compagnie minière, tout en s'en-

---

100. P.C. Finlay, le président du conseil d'administration de Labrador Mining en est incontestablement l'âme dirigeante. Brian Mulroney se souvient du jour où, siégeant pour la première fois au conseil d'administration de Labrador, il vit Finlay distribuer un document à tous les membres du conseil. "Écoutez-moi bien, dit-il. Je vous demande de lire ceci attentivement car c'est notre rapport annuel." Bud Humphrey, alors président du conseil d'administration de Hanna Mining, demanda: "Et quand doit-il aller sous presse?" Et P.C. Finlay de répondre sans se démonter: "Hier."

gageant à ne pas dépasser ce plafond de 20 p. 100 pendant les dix prochaines années. Hanna laisserait en outre Norcen lui racheter les actions qu'elle détenait dans Labrador. Battle s'opposa à la proposition de Anderson, qu'il rejeta en ces termes: "Je ne m'attarderai même pas à ce genre d'entente, parce qu'elle est tout à fait inacceptable. Cela n'a rien à voir avec ce que nous voulons."

Et Monte Black de renchérir: "Vous vous êtes tant écartés de notre position qu'il n'y a plus rien à négocier."

Avant même l'ouverture des marchés, le 5 avril au matin, Norcen, décidée à s'emparer de 51 p. 100 de Hanna, lançait une offre d'achat s'élevant à 171 millions de dollars américains, afin d'acquérir 3,8 millions d'actions à 45 $ l'une. (Les actions de Hanna, qui se vendaient entre 26 et 27 $, étaient montées à 31,875 $ la veille du jour où la mainmise de Norcen sur Hanna fut annoncée publiquement.)

Anderson tempêta sur la place publique, traitant les Canadiens de vautours de la finance. "Conrad Black et ses associés, de rugir le président de la compagnie minière, ont prouvé à plusieurs reprises et de façon convaincante au cours de ces dernières années qu'ils ne songent qu'à servir leurs intérêts personnels au détriment de ceux des autres actionnaires. Ils ne semblent détenir ni la puissance financière ni l'expérience de gestion nécessaires pour pouvoir apporter une contribution valable à notre entreprise." De façon plus efficace, les avocats de Anderson avaient passé la nuit à préparer un dossier qui leur permettrait de traîner Norcen à la Cour de district de Cleveland, afin d'empêcher l'entreprise canadienne de transmettre son offre aux actionnaires de Hanna, ce qu'ils obtinrent d'ailleurs rapidement. Le décor de la confrontation juridique des deux compagnies était en place. L'audience au cours de laquelle Hanna demanda une injonction préliminaire surprit les Canadiens par la virulence des invectives dont ils furent accablés, ainsi que par les détails savoureux qui furent évoqués au cours des témoignages. Elle fut en outre le terrain d'affrontements où les avocats de Norcen et ceux de Hanna, dirigés par Dick Pogue, rivalisèrent de prouesses.

Pour les hommes de loi de Wall Street et de Cleveland qui défendaient les intérêts de Norcen, la cause en était une parmi tant d'autres. Mais pour Pogue, elle représentait bien davantage.

Jones, Day, Reavis & Pogue, dont Richard W. Pogue est l'un des principaux associés, n'est pas une étude juridique ordinaire. Cinquième en importance aux États-Unis, elle regroupe 300 avocats, qui demandent 260 $ l'heure. Pogue compte au nombre de ses clients personnels des entreprises comme General Motors, Westinghouse, B.F. Goodrich et Dow Corning. Rompu à toutes les ficelles des guerres de mainmise (Mobil/Marathon/U.S. Steel), cet homme originaire du Midwest, en pleine possession de ses moyens, scrute ses clients par-dessus la monture de ses demi-verres, avance ses opinions d'une voix traînante et est à peu près aussi détendu qu'un cobra lové sur lui-même. Cleveland est un véritable style de vie pour lui. Il peut raconter en détails la croissance de sa ville, ainsi que la façon dont le minerai de fer, descendant les lacs en provenance du Minnesota, et le carbon, transporté depuis la Virginie-Occidentale et le Kentucky, y convergèrent pour donner naissance à l'un des plus grands centres industriels de production d'acier au monde. Aux yeux de Pogue, Conrad Black n'était pas seulement un intrus qui n'avait rien à faire à Cleveland, mais aussi un produit de l'*Est* et de la mentalité de Wall Street, c'est-à-dire l'un de ces individus qui préfèrent tergiverser sur des points de droit plutôt que de s'appuyer sur les faits. Bien que le contre-interrogatoire des Canadiens ait été confié à deux autres avocats (Patrick McCartan et John Strauch), c'est à Pogue que revint la mission d'élaborer la stratégie de la contre-attaque menée contre la tentative de mainmise de Black sur Hanna.

Les avocats de Hanna se montrèrent implacables, pendant l'audience du mois d'avril, face au procès-verbal de la réunion du conseil de direction de l'entreprise canadienne, tenue le 9 septembre 1981, qui illustrait clairement l'intention qu'avait Norcen de s'emparer de Hanna ainsi que de lancer l'offre d'achat du 5 avril 1982, en dépit de ses déclarations publiques à l'effet que l'acquisition de 8,8 p. 100 des actions de Hanna n'était qu'un simple investissement dans la compagnie minière. Ils accusèrent les dirigeants de Norcen, dont Black, de fraude et de gangstérisme, affirmant qu'ils avaient rédigé le document présenté à la Securities and Exchange Commission et le communiqué du mois de novembre 1981 de façon "délibérément, intentionnellement et concrètement fausse, dans la mesure où lesdits documents communiqués dissimulaient et biaisaient les intentions et objectifs réels de Norcen". Lorsqu'il mit la main sur le procès-verbal du 9 novembre, Pat McCartan fondit sur ses adversaires. "Bob, commenta McCartan à l'intention de l'âme dirigeante de Hanna, nous venons de signer leur arrêt de mort."

Les avocats de Hanna résumèrent la cause en expliquant que le témoignage de Black et de Battle donnait "une idée plutôt terrifiante de la manière dont ils géreraient Hanna si jamais ils en prenaient le contrôle (possibilité de dividendes supplémentaires, réalisation d'une partie de l'actif et autres mesures du genre)". George Humphrey, dont les conversations avec Conrad Black avaient éveillé l'intérêt de ce dernier pour la compagnie minière, témoignait ainsi: "Je ferais tout ce qui est en mon pouvoir pour empêcher Conrad Black ou n'importe lequel de ses associés de détenir ne serait-ce qu'une seule action dans cette compagnie."

"Ils ont tout fait pour que le juge nous éreinte de façon irrémédiable afin que nous ne puissions même pas aller en appel, remarqua Black par la suite. Mais lorsque j'ai eu témoigné, le juge m'a fait venir dans son bureau pour me dire qu'en 20 ans d'expérience il n'avait jamais rencontré un témoin aussi remarquable que moi et que, quel que soit son verdict, il verrait à ce qu'il n'ait pas de conséquences fâcheuses sur mes projets."

Le juge, un Américain d'origine grecque du nom de John M. Manos, est un ancien ingénieur en métallurgie, d'allégeance républicaine, qui lit Sophocle et Euripide pour se détendre. Conformément à la décision qu'il avait rendue dans le cadre de l'offre d'achat controversée de Mobil Corporation, qui visait à acquérir les actions de Marathon Oil Company, en 1981, Manos accorda à Hanna une injonction préliminaire le 11 juin 1982. Jugeant la défense de l'entreprise canadienne "maladroite et peu convaincante", Manos estima fondées les allégations de Hanna selon lesquelles Norcen s'était rendue coupable à plusieurs reprises d'une présentation trompeuse de ses intentions véritables (qui consistaient à prendre le contrôle de la compagnie minière au moment même où elle acquérait 575 000 actions de cette dernière le 26 octobre 1981) et que Norcen avait de ce fait contrevenu à la loi américaine sur les valeurs mobilières et les changes.

Sans se laisser ébranler pour autant, Black interjeta immédiatement appel. En dépit du fait que le jugement lui ait été défavorable, il persistait à condamner "l'implacable tentative d'assassinat" perpétrée par Hanna, tout en félicitant le juge d'avoir su rester au-dessus de la querelle et en soulignant que ce dernier s'était bien gardé de tout commentaire négatif quant à sa crédibilité. "Il ne s'est permis à aucun moment, de clamer Black, de suggérer que nous étions fondamentalement en tort ou incapables de gérer une entreprise américaine. C'était, en ce qui me concerne, l'aspect essentiel de sa décision." Avec une prudence très caractéristique, le président du conseil d'Argus exposa alors son point de vue: "Je ne me suis certainement pas rendu si loin pour m'arrêter en cours de route, précisa-t-il. Ils ne sont pas invulnérables. La moitié de la famille Humphrey veut encore vendre ses actions, et les bénéfices de Hanna ne suffiront même pas à payer le salaire de son président du conseil, cette année!" Finalement, Black signa une "résolution librement consentie" avec la Securities and Exchange Commission, qui n'admettait ni écart de conduite ni violation des règlements américains portant sur les valeurs mobilières, et un juge fédéral de Cincinnati lui permit de poursuivre la procédure d'appel intentée contre le jugement Manos.

Par ailleurs, au sein des services de la police de Toronto, un membre de la brigade des fraudes, qui avait saisi des documents juridiques relatifs à l'offre d'achat des actions de Hanna, menait une enquête distincte. En vertu du mandat de perquisition existant, il s'agissait de chercher des preuves visant à établir si "le document relatif à l'offre d'émission publié et mis en circulation par Norcen au cours des mois d'octobre, novembre et décembre 1981 était un faux, dans la mesure où il ne révélait pas les changements concrets entraînés par l'objectif visé, à savoir l'acquisition de Hanna Mining Co., et si ledit document constituait, en conséquence, une preuve que Norcen avait commis ou avait l'intention de commettre une infraction au Code criminel, ou éveillait des soupçons à cet effet, et notamment une infraction à l'article 324(1), *Faux*, et à l'article 326(1), *Emploi d'un document contrefait*, du Code criminel du Canada*."

Au même moment, la Commission des valeurs mobilières de l'Ontario avait chargé des enquêteurs de suivre de près le déroulement du procès en cours aux États-Unis.

Black continuait à défier fermement tant ses accusateurs que leurs accusations. Bien que Norcen ait obtenu l'autorisation de poursuivre sa procédure d'appel contre le jugement Manos, il restait encore à la gagner devant la Cour d'appel américaine de Cincinnati. Brian Mulroney, qui se percevait fort justement comme "une tranche de jambon entre deux tranches de pain", commença à jouer un rôle actif de pacificateur et réussit en fin de compte à obtenir de Black et de Anderson qu'ils se rencontrent au Bristol Place Hotel, à proximité de l'aéroport de Toronto, pour y tenir une session exploratrice secrète. Les deux présidents conclurent un cessez-le-feu (approuvé quelques jours plus tard par leurs avocats) au cours d'une seconde rencontre, qui eut lieu le 29 juin dans l'appartement que possède Hanna au Carlton House de New York.

Le conflit s'éteignit rapidement, tandis qu'un miséricordieux accès d'amnésie frappait les anciens adversaires. Bob Anderson envoya un énorme bouquet de lys à Shirley Black le lendemain de la signature du traité de paix. Au cour d'un conférence téléphonique entre les deux présidents et Dick Pogue, l'aigle juridique de Hanna, Black s'inclina en plaisantant devant Anderson et lança, en guise de voeu d'allégeance: "Vous voilà mon président, maintenant, Bob..." Et Pogue de l'interrompre en exultant: "Et me voilà votre avocat!" La voix de Black se fit cassante, alors qu'il concédait: "Disons que vous êtes l'un de mes avocats, Dick."

À la fin de la journée, et surtout à la suite de la représentation qu'il donna en soirée au Union Club, Black avait grimpé le premier et le plus ardu des échelons de l'ascension qui devait faire de lui un membre à part entière de l'Establishment financier américain. "C'est un conseil d'administration de l'Establishement", fit-il remarquer à propos de Hanna "et c'est là une des raisons de notre participation dans cette compagnie: notre

---

* L'article 324(1) du Code criminel se lit comme suit: "Commet un faux, quiconque fait un faux document le sachant faux, avec l'intention (a) qu'il soit employé ou qu'on y donne suite, au préjudice de quelqu'un, soit au Canada, soit ailleurs ou (b) d'engager quelqu'un, en lui faisant croire que ce document est authentique, à faire ou à s'abstenir de faire quelque chose, soit au Canada, soit ailleurs." Quant à l'article 326(1), il se lit comme suit: "Quiconque, sachant qu'un document est contrefait, (a) s'en sert, le traite ou agit à son égard, ou (b) détermine ou tente de déterminer une personne à s'en servir, à le traiter ou à y donner suite, comme si le document était authentique, est coupable d'un acte criminel et passible d'un emprisonnement de quatorze ans."

entrée aux États-Unis et notre association avec les Mellon, Bechtel et Grace."

Le règlement auquel ils étaient parvenus s'apparentait au compromis rejeté par Ed Battle, qui avait préféré servir son ultimatum à Anderson, le 2 avril, à Cleveland. Il incluait l'achat par Norcen de 1,25 million d'actions non émises de Hanna (à 45$ américains l'une), ce qui faisait passer la participation de la compagnie canadienne à 20 p. 100, et ce, pour une période obligatoire de huit ans, tandis que Battle et les deux frères Black étaient admis au conseil d'administration de Hanna et que Conrad Black devenait membre du conseil de direction. La transaction, qui coûtait 90 millions de dollars à Norcen, comportait en outre l'achat par cette dernière des 20 p. 100 d'actions que Hanna détenait dans Labrador Mining Exploration, ainsi que des 40 p. 100 qu'elle possédait dans Hollinger North Shore Exploration, ce qui doublait la participation de la compagnie canadienne dans cette société source de redevances qu'est l'Iron Ore Company. Bien que statique, la trêve ainsi conclue s'avérait être l'un des rares marchés à profiter autant à l'une qu'à l'autre des deux parties. L'injection de 90 millions de dollars américains dans ses finances permettait à Hanna d'éponger pratiquement toute sa dette à long terme, tandis que Black pouvait, pour sa part, comptabiliser cet investissement à sa valeur de consolidation, obtenir un refuge fiscal pour les bénéfices qu'il tirait de Iron Ore et, mieux encore, mettre la touche finale au remaniement d'Argus entrepris quatre ans plus tôt.

À la fin de l'été 1982, il restait encore à ajouter quelques détails à la réorganisation d'Argus. Les possibilités envisagées étaient notamment une offre d'achat des 13 p. 100 d'actions de Labrador détenus par des actionnaires publics minoritaires (obligatoires en vertu de la législation ontarienne sur les valeurs mobilières), une offre d'achat de 7 p. 100 des actions de Hollinger encore disponibles sur le marché, la réalisation de l'actif de Dominion Stores et l'exécution des dernières étapes de la démarche entreprise pour faire d'Argus une société privée. À la fin de juillet, Ravelston achetait le reste des actions ordinaires d'Argus encore en circulation, augmentant de ce fait sa participation à 97 p. 100 des actions de cette catégorie, ce qui accroissait du même coup les intérêts qu'elle détenait dans Dominion Stores à 52 p. 100, celle-ci possédant elle-même 93 p. 100 de Hollinger Argus, société à la tête des investissements de Black dans Norcen, Hanna, Labrador Mining et Iron Ore Company. "...Argus", écrivait le rédacteur adjoint du *Financial Times of Canada*, Richard Spence, à propos des transformations qui s'annonçaient, "est elle-même mise sur une voie de garage dans le cadre des remaniements finals. Il ne reste guère de changements à effectuer avant que l'ancienne Argus ne meure et ne devienne un anachronisme appartenant à d'autres hommes et à une autre époque."

À la suite de son incursion chez Hanna, Black, qui se reposait quelque peu sur ses lauriers, admit qu'il avait connu un succès peu commun au cours des quatre années qu'il avait consacrées à se tailler une place au soleil non seulement agréable mais aussi adaptée à ses aptitudes. "Honnêtement", dit-il, en indiquant d'un geste ample les vrilles du pouvoir qui s'échappaient de son bureau sis au 10, Toronto Street, "c'est du bon boulot."

Malgré la suffisance qu'il affiche, il avait bien failli voir sa réputation ternie au sein des cercles consacrés de l'Establishment canadien, au cours de sa conquête de l'impitoyable Hanna. "J'ai vu resurgir les lueurs qui avaient entouré l'épisode de Massey-Ferguson", confia-t-il à un ami, la veille du jour où l'annonce du règlement fut rendue publique. "Les chacals et les piranhas avaient senti une odeur de sang. Ils pensaient bien m'avoir, cette fois-ci, et me voir m'évanouir en fumée par le tuyau de la cheminée. Je ne suis pas atteint de paranoïa, mais simplement conscient de la mentalité de nos concitoyens, fascinés, tels des vampires, par l'idée que j'avais pu commettre des crimes, pour lequel je serais accusé... Enfin, tu vois le genre."

"Je n'ai jamais eu d'inquiétudes quant au dénouement, de prétendre Black. Le ciel des États-Unis est fréquemment obscurci par des perturbations atmosphériques. Ils ne se sont jamais pris au sérieux en m'accusant de gangstérisme. Mais les plus crédules et boys-scouts parmi nous se sont laissés prendre au piège."

Après avoir gagné ses épaulettes au sein de l'Establishment américain, Black épiloguait sur cette phase de l'évolution de son empire financier, avec un haussement d'épaules et un clin d'oeil: "Ça va prendre du temps avant de faire comprendre aux Canadiens comment les choses se passent chez nos voisins du Sud."

Chapitre onze

Dans le sillage
de Conrad Black

*Prendre la peine de transmettre un message subliminal vague-
ment accessible à un sur mille seulement de ses invités: telle
est l'essence du style de Black.*

L'ascendant qu'exerce Conrad Black sur l'Establishment canadien
s'explique en partie par la conscience aiguë qu'il a du cours des événements
non seulement au Canada, mais aussi dans le monde entier. Black analyse
avec un intérêt sans cesse renouvelé les forces sur lesquelles les institutions
fondent leur autorité et celles qui permettent de la leur dérober. Il offre en
cela un contraste marqué avec nombre des membres actuels de l'Establishment, qui sont pour la plupart dépourvus de tout contact avec la
réalité, se contentant de patronner des séminaires ou d'assister à des
dîners essentiellement destinés à se donner des gages d'estime réciproques
et à se renforcer dans leurs certitudes. Les princes marchands de la
Renaissance aimaient croire que les sculptures ornementales qui déco-
raient les canons de leurs châteaux leur permettraient d'échapper aux
ravages de la guerre. À leur instar, nombreux sont les dirigeants d'entreprise canadiens qui persistent à penser que leur principal rôle dans
l'existence (outre celui d'accroître leurs richesses et leur confort) consiste
à maintenir une apparence de civilité dans les choses humaines. Ils se per-
suadent eux-mêmes qu'il leur incombe de porter le fardeau des coloni-
sateurs, chargés d'apprivoiser les sauvages qui tentent de défier leur auto-

rité, qu'il s'agisse des farouches séparatistes québécois, des ambitieux sous-ministres fédéraux ou des Yankees au regard d'acier qui pillent les ressources les plus précieuses de ce pays. Ils sont si intimement convaincus de leur valeur et de leur mission qu'ils sont rarement capables de distinguer entre leurs intérêts personnels et ceux de l'ensemble de la population. Ce faisant, ils se vident de leur pouvoir comme un mourant de son sang.

Black, qui a étudié de près les techniques de manipulation auxquelles avait recours feu Maurice Duplessis, a compris l'essence même du pouvoir, ainsi que la façon de le préserver. Particulièrement bien documenté sur la question du nationalisme canadien-français, il a, soit dit en passant, vendu tous les biens qu'il possédait au Québec dans le cadre de Sterling, Dominion Stores et Norcen. Par ailleurs, il a tissé des liens avec certains des détenteurs du pouvoir à Washington, dont *deux* anciens membres de la CIA et Thomas O. Enders, ex-ambassadeur des États-Unis au Canada et actuellement sous-secrétaire d'État responsable des affaires inter-américaines, et il a entretenu des relations avec feu David Bruce, qui avait été nommé ambassadeur *extraordinaire**. Il compte au nombre des amis de Henry Kissinger, Malcolm Muggeridge, Andrew Knight (rédacteur en chef du *Economist*), Marietta Tree (considérée comme l'égérie de l'aile libérale du Parti démocrate), et Leopold Rothschild, et n'hésite pas à présenter Sir Siegmund Warburg comme le plus important de ses mentors dans le domaine de la haute finance. Pour ce qui est du Canada, il reste en contact permanent (même lorsqu'il est à Palm Beach) avec des personnages aussi influents que le greffier du Conseil privé, Michael Pitfield, et le ministre de l'Énergie, Marc Lalonde.

Cette préoccupation qui le pousse à s'informer constamment des modifications qui bouleversent le monde réel différencie Black de ses prédécesseurs, les anciens dirigeants d'Argus ayant en effet pris pour acquis que tout ce qui se produisait de l'autre côté des murs noircis du Toronto Club ne pouvait offrir qu'un intérêt tout à fait secondaire. La table réservée, de son vivant, en permanence à Bud McDougald (qu'il soit à Toronto ou non) porte désormais le titre de "table du président", et le Club la destine invariablement à la personne considérée comme la plus influente des membres présents ce jour-là. Mais le Toronto Club s'apparente quelque peu au musée de cire de madame Tussaud, maintenant que les jeunes lui préfèrent la cuisine plus raffinée et l'atmosphère plus élégante du Winston, et ses tables ne sont plus occupées que par de vieux barbons, qui distillent un ennui toujours égal à lui-même, qu'ils discutent de politique, d'économie, de religion ou de sexualité. Membre du Toronto Club depuis 17 ans, Black y fait des apparitions aussi fréquentes qu'au Winston, quoiqu'il ait de plus en plus tendance à déjeuner dans la salle à manger privée qu'il a fait aménager dans l'immeuble d'Argus, sur Toronto Street.

* *N. des T.:* En français dans le texte.

Peut-être est-ce en raison de l'anglophilie avouée de McDougald que Black s'intéresse à la monarchie* et qu'il a des prétentions aristocratiques telles qu'il a demandé à son ami le duc de Norfolk d'approuver officiellement son blason familial, qui représente un aigle et un lion portant un gros livre azur sur lequel figurent deux fleurs de lys, deux épis de blé, ainsi qu'une ligne de sonde que croise une ancre. (Le symbole marin salue le premier des ancêtres de Conrad Black à mettre le pied en terre canadienne, soit Malachi Salter, un marin originaire de Boston qui s'établit à Halifax vers 1749 et devint par la suite l'un des plus importants entrepreneurs de Nouvelle-Écosse.) Black a choisi pour devise la traduction latine du titre, et premier vers, d'un poème de Arthur Hugh Clough: "Ne dites point qu'il est vain de lutter." C'était l'une des citations favorites de son père, qui fut mentionnée de façon plus mémorable par Winston Churchill dans le message de congratulation qu'il adressa à Franklin Delano Roosevelt à l'occasion de sa réélection en 1940. (La devise de Bud McDougald était nettement plus directe: *Vincere aut mori*, soit "Conquérir ou mourir".) Au cours de ses séjours à Londres, Black élit domicile au Claridge, juste au-dessus de la suite que McDougald y réservait en permanence de son vivant, et il possède lui aussi sa propre Rolls-Royce d'époque.

Black partage également avec son prédécesseur la manie de collectionner des automobiles. Loin d'atteindre le remarquable record de McDougald (qui avait fait construire l'unique garage au Canada capable de contenir une trentaine de voitures pour y abriter ses modèles anciens), Black possède tout de même la bagatelle de quatre Cadillac, trois Rolls-Royce, deux Mercedes, deux Lincoln Continental et une Packard, toutes ornées, sur le capot, d'un écusson plaqué or 6 carats représentant un aigle qui tue un serpent. Il s'agit là de l'emblème officieux choisi par McDougald pour symboliser la tentative malheureuse de mainmise sur son empire par Desmarais. Black, pour qui Meighen est devenu l'homme à abattre et donc le serpent, a repris ce symbole. Black est probablement le seul conducteur matinal à emprunter généralement le boulevard Don Valley, en direction de Toronto, non pas au son de la musique, mais bien à celui des

---

* Les anciens grands manitous d'Argus entretenaient des relations suivies avec la famille royale. Au cours de son règne chez Argus, McDougald recevait immanquablement la reine, le prince Philip ou tout autre membre de la famille lorsqu'ils étaient de passage à Toronto. Lorsque, vers la fin de 1974, la princesse Anne et son mari, le capitaine Mark Phillips, inaugurèrent la Foire agricole d'hiver, ils établirent leur quartier général chez McDougald, assistèrent à une réception offerte l'après-midi par E. P. Taylor, dans une ferme d'élevage située à proximité de Oshawa, et dînèrent chez Doris Phillips (qui n'a aucun lien familial avec le capitaine), veuve d'un autre associé du groupe Argus. Pour maintenir la tradition, Black a été approché par le bureau du lieutenant-gouverneur de l'Ontario comme hôte éventuel des membres de la famille royale lors de leurs futurs séjours dans la région de Toronto.

discours du général des armées Douglas MacArthur, son héros militaire. Il en parle en termes chaleureux, le décrivant comme "peut-être le dernier des véritables grands porte-parole conservateurs du monde anglo-saxon".

Conjointement avec son frère, Monte, Conrad Black a acheté la quasi-totalité de la flotte de bateaux de bois qui appartenait au défunt Nelson Davis, et notamment le *Ravelston*, long de 16 mètres, dont il dit qu'il est "aussi gracieux que le vieux *Mauretania* quittant les eaux de Southampton". Mais le trésor d'Argus est sans conteste son nouvel avion à réaction privé. Ce Challenger long-courrier de Canadair, acquis au prix de 15 millions de dollars, est l'un des quatre avions de Sugra Ltd. (Argus à l'envers). Décoré de façon à rappeler le quartier général de la compagnie à Toronto, il s'agit certainement du seul avion d'entreprise privée à comporter une cabine lambrissée de panneaux de chêne et dotée d'un plancher d'acajou, de fauteuils de cuir, ainsi que de toiles du Groupe des Sept, mises en valeur par un doux éclairage spécialement conçu à cet effet.

Black, qui conçoit l'élégance comme une condition sine qua non de l'existence, s'en soucie jusque dans sa tenue vestimentaire. Dans sa biographie de Duplessis, il présente l'ancien premier ministre du Québec comme un être épris "d'une vision du monde à la Flaubert... convaincu qu'il était... qu'un gentleman ne pouvait guère se permettre de fantaisies..." et il prend plaisir à décrire la tenue impeccable de l'homme politique, "ses élégants costumes rehaussés de fines manchettes, son horreur des vêtements froissés". En fait, Black pourrait tout aussi bien se décrire lui-même en ces termes. Se refusant à toute négligence vestimentaire, avec ses complets rayés, il a presque l'air d'une parodie du parfait banquier britannique habillé par Benson de Savile Row. C'est tout juste s'il ne porte pas une montre de gousset en or. (En réalité, Black achète tous ses costumes au rayon Pine Room des magasins Eaton, au centre-ville de Toronto, où il bénéficie d'un substantiel escompte à titre de membre du conseil d'administration. Le tailleur en titre, Ilie Dumitru, vient faire les essayages sur place, dans l'immeuble d'Argus.)

Une fois de plus sur les traces de Duplessis, qui "à la fin de ses années de scolarité au Séminaire... perdit tout intérêt dans quelque sport que ce soit... exception faite du croquet", Black est devenu un adepte de ce sport, dont il a été dit qu'il combinait "des éléments des échecs, du billard, du golf et de la guerre". Black aime jouer au croquet, de préférence par de beaux soirs d'été à la lueur de lanternes chinoises, en raison, dit-il, "de l'espèce d'absurdité à la Oscar Wilde qu'il implique... Il me rappelle ces tableaux de Monet où les femmes vêtues de longues robes de dentelle et les hommes portant des cols cassés frappent les balles en grand tralala." Son cousin, Ronald T. Riley, se souvient d'avoir amené sa fiancée, Jessie Fulcher, chez les Black. "Jessie est véritablement excellente au croquet, de remarquer Riley, mais elle n'a pas trouvé la partie facile arrivée au terrain compris entre les guichets situés à l'arrière de la maison, alors qu'elle jouait contre Conrad... C'est vraiment un endroit terrible, même pour de bons joueurs." Quant à Black, c'est avec le général de brigade Richard Sankey Malone, alors président de la chaîne de presse FP qu'il espérait acheter, qu'il a joué ses meilleures parties, fort nombreuses au demeurant. Mais lorsqu'il s'avéra que l'affaire tombait à l'eau, David Radler souligna lugubrement que "Conrad avait gaspillé cinq années de parties de croquet avec Malone".

Plus que d'adorer le croquet, Black méprise surtout tous les autres sports avec une passion peu commune. "Je n'éprouve guère de plaisir à maîtriser mon tonus musculaire et autres trucs du genre, commente-t-il. Je me permets d'éprouver une méfiance certaine quant à la psychologie qui sous-tend des activités comme le jogging. Tous ces individus qui courent ici et là me rappellent les visages que l'on peut voir sur les illustrations des scènes de contemplation de sainte Thérèse... On dirait qu'ils ont le corps transpercé de lances ou autres agréments de la sorte."

C'est essentiellement dans la lecture que Black trouve la détente dont il a besoin. Il ingurgite plusieurs livres par semaine et est si esclave de sa passion qu'il n'a jamais pu se résoudre à résilier l'abonnement à long terme au *Jerusalem Post* (dont les exemplaires lui sont envoyés par bateau) que lui avait offert David Radler. Il a déchiffré l'ensemble des travaux de Hegel, ainsi que *Le Déclin de l'Occident* de Spengler, mais n'apprécie pas moins pour autant des oeuvres plus digestes comme celles de S.J. Perelman et William Manchester. Quoi qu'il en soit, il n'oublie à peu près rien de ce qu'il lit.

BLACK DONNE IMMANQUABLEMENT L'IMPRESSION DE CONVOQUER DES COURTISANS, même dans le cadre des plus simples de ses invitations. Les comportements et les discours ne manquent jamais de se modifier imperceptiblement lorsqu'il entre dans une pièce, où il évalue la configuration des lieux, au cours d'une réunion de ce que l'on appelle le *beau monde** canadien. Tous lui jettent des regards de côté et essaient de façon un peu trop évidente de paraître naturels, tout en se surprenant à amplifier quelque peu leurs gestes bien malgré eux. Un peu comme s'ils s'échauffaient à raconter leurs exploits après une chasse particulièrement remarquable.

C'est parce qu'il aspire à devenir, non pas le chef de file de l'Establishment, mais bien son messie, que Black provoque un tel malaise chez ceux de sa caste. Il avoue ouvertement son impatience excessive à entrer

---

* *N. des T.:* En français dans le texte.

dans les rangs de ses collègues plus ternes de l'Establishment et ne prend guère la peine de dissimuler son désir d'exercer une influence sur eux. "Je ne vais sûrement pas, proteste-t-il, jouer les Adlai Stevenson et demander que l'on éloigne cette coupe amère de mes lèvres... encore que je n'ai jamais vraiment couru après une telle distinction."

S'il souscrit volontiers à la notion d'inviolabilité de la richesse personnelle, Black n'en est pas moins convaincu qu'un grand nombre des dirigeants d'entreprise contemporains ont acquis leur fortune par inadvertance plutôt que par leur labeur, et que seuls les propriétaires (comme lui-même) peuvent se targuer de former une élite digne de ce nom. "J'ai toujours considéré, dit-il, que l'Establishment *véritable* de ce pays devrait se limiter à une poignée de propriétaires, ainsi qu'à un petit groupe de dirigeants particulièrement compétents et assez sûrs d'eux-mêmes pour *se comporter* comme des propriétaires, et enfin aux quelques avocats, experts-comptables et courtiers discrets qui leur fournissent des services efficaces et en la compagnie desquels ils se sentent à l'aise. Le noyau de l'Establishment devrait en fait se composer du nombre relativement restreint de propriétaires actuellement à la tête d'entreprises en plein essor."

Les propriétaires, aux yeux de Black, ont peu à voir avec les mandarins qui dirigent bon nombre d'entreprises canadiennes. Le directeur de métier perd son prestige (et bien souvent son poste) lorsque les choses tournent mal, mais n'a à peu près rien à gagner sur le plan personnel de la bonne marche de l'entreprise qu'il dirige. Par contre, les gains de capitaux sont partie intégrante de la vie de tout propriétaire ambitieux. Être propriétaire, c'est être détenteur du pouvoir véritable, de cette autorité qui entraîne les résultats recherchés, comme l'a déjà fait remarquer Bertrand Russell. C'est dans ce contexte que Black est devenu le chef de file et le porte-parole naturel d'un groupe étonnamment influent de fils de patrons qui tentent de faire reculer les confins d'une économie sans cesse plus rabougrie. "Bien qu'ils soient extrêmement riches, ils sont loin de se contenter de découper leurs coupons à la date d'échéance ou de diriger passivement leurs entreprises", d'écrire Alexander Ross dans le *Canadian Business*. "Ce sont au contraire de dynamiques entrepreneurs agissant à des niveaux élevés auxquels leurs pères osaient tout juste rêver et animés de ce sentiment d'urgence fébrile qui n'appartient en principe qu'à ceux auxquels le destin sourit. Ils travaillent fort pour garder la mainmise sur leurs compagnies... peut-être parce qu'ils sont conscients que dans le cas contraire, ils n'auront d'autre choix que de tomber sous la coupe de ces dernières."

C'est au sein de ce groupe de propriétaires que Shirley et Conrad Black recrutent leurs vrais amis. Outre Monte Black, leurs associés et leurs épouses, David et Rona Radler, ainsi que Peter et Mary White, le cercle des Black se compose des personnes suivantes.

Douglas et Susan Bassett. Dougie (comme presque tout un chacun l'appelle) tient sa vie entre ses mains à la manière d'une pancarte. Il brandit opinions, ambitions et convictions au nez et à la barbe des passants, bienveillants ou hostiles, avec un charme irrésistible et la chaleur amicale d'un terrier. Chemin faisant, il a considérablement étendu l'empire des communications hérité de son père et est devenu l'une des principales figures de l'Establishment. "Nous sommes des adeptes convaincus de la poignée de main amicale", dit-il en faisant allusion à sa relation avec Black. "Nous croyons profondément au travail d'équipe, qui nous donne énormément de force." Bassett a tissé avec Black des liens aussi puissants que ceux qui lient celui-ci à ses associés d'Argus. Par ailleurs, son père, John, et sa belle-mère, Isabel, font également partie de l'entourage des Black.

Galen et Hilary Weston. Les brillantes modifications d'ordre fiscal apportées sous sa direction à la gestion de l'empire paternel firent de ce dernier une corporation des plus florissantes (à la tête de 160 compagnies, dont les ventes s'élevaient à 7,4 milliards de dollars en 1981). Galen est en outre le jeune héritier torontois le plus connu sur la scène internationale. Il joue au polo avec le prince de Galles, vient d'acheter le fort Belvédère (véritable folie architecturale datant du XVIIIe siècle, où Édouard VIII signa son abdication) et parcourt le monde en avion à réaction afin de veiller aux intérêts de ses entreprises. Son épouse (Hilary Frayne) est considérée comme la plus belle femme de l'Establishement canadien.

Fredrik et Nicky Eaton. "Fred, de commenter Black, lit énormément et est beaucoup plus cultivé que la plupart des autres soi-disant héritiers. Il a pas mal de classe et vit à la manière d'un riche propriétaire sûr de lui-même." Les Eaton comptent parmi les rares véritables aristocrates marchands du Canada et, bien qu'ils tentent de vivre normalement, ils n'y parviennent jamais tout à fait. (Thor, le frère cadet de Fredrik, qui fréquentait le Forest Hill Collegiate avant d'aboutir au Upper Canada College, se plaignit sincèrement un beau jour d'être le seul garçon de sa classe à ne pas avoir eu de *bar-mitsa*.) Fred Eaton, qui préside aux destinées de l'entreprise familiale depuis 1977, a su revitaliser la gestion des grands magasins (dont les revenus nets étaient évalués à 60 millions de dollars en 1980) et entretient des relations très étroites avec Black, qui siège d'ailleurs au comité de gestion (soit le comité le plus important) des magasins Eaton.

Ken et Marilyn Thomson. Probablement l'unique milliardaire canadien, Thomson se voit encore affublé de temps à autre du surnom de "jeune Ken", en raison de l'influence considérable qu'exerçait son père. Mais on ne saurait dire que ce sobriquet soit bien choisi, puisque, outre qu'il atteindra son soixantième anniversaire le 1er septembre 1983, Ken Thomson a surpassé son aîné tant par son audace que par l'étendue des affaires qu'il brasse. Black et Thomson ont fondé une société d'admiration réciproque qui admet fort peu de nouveaux membres.

Albert et Ada Reichmann. Ils font partie de cette légendaire famille de Juifs austro-hongrois émigrés au Canada via Tanger vers le milieu des années 50, que Black considère comme le clan d'entrepreneurs le plus impressionnant du Canada. (Au dîner Hollinger de 1982, Black avait placé Albert Reichmann à la table d'honneur, entre John Turner et Jacques Courtois, l'avocat montréalais dont Thor Eaton a épousé la fille.) Au cours des réunions du conseil d'administration de la Banque Impériale de Commerce (qui ne comptait plus, au printemps de 1982, que deux emprunts supérieurs à un milliard de dollars, soit ceux consentis à Jack Gallagher pour Dome Petroleum, d'une part, et à Reichmann pour Olympia & York Developments, d'autre part), Black s'est déjà surpris à défendre ce promoteur immobilier à l'âme solitaire. Il semble d'ailleurs qu'il ait déclaré à l'une des assemblées de la Banque de Commerce: "Je sais à quel point il est difficile pour plusieurs parmi nous de comprendre que certains de ces types à grande barbe, coiffure bizarre, cravate noire et revers éliminés, qui parlent l'anglais à la manière des Marx Brothers imitant l'empereur Guillaume, sont effectivement dignes d'un emprunt aussi considérable. Et pourtant, ils le sont bel et bien... et des deux emprunts dont nous parlons en ce moment, le plus important n'est pas celui qu'on pense. Nous sommes ici pour traiter des affaires. Il ne faudrait pas confondre avec le Toronto Club."

John et Geills Turner. L'un des principaux conseillers juridiques de Black ("John est sensible à tout ce qui bouge"), il est considéré par l'Establishment torontois comme le premier ministre en puissance. John Turner a en effet transcendé son allégeance au Parti libéral de Pierre Trudeau en la considérant non pas comme une position idéologique, mais plutôt comme un état transitoire lui permettant de ronger son frein face à la situation. Sa femme, Geills, est l'une des filleules de George Black.

Tom et Sonja Bata. Ces deux souverains du gigantesque empire de la chaussure sont les voisins torontois des Black, avec lesquels ils partagent parfois un petit repas en plein air dans l'intimité de leur modeste jardin... d'environ 7 hectares.

Ted et Loretta Rogers. Alliant le brio d'un habitué des salles de jeu des vapeurs fluviaux à l'aisance d'un mauvais garçon, et doté d'une incroyable capacité de travail, Ted Rogers s'est rendu maître du plus grand réseau de télévision au monde, transformant du même coup son petit héritage en une immense fortune. Son épouse, fille de Lord et Lady Martonmere, de Nassau et des Bermudes, est sans conteste une femme de tête.

Latham et Paddy Ann Burns. Président du conseil de Burns Fry Ltd., l'une des plus importantes sociétés d'investissement de Bay Street, réputée pour la subtilité de ses dirigeants, Burns remarque: "Je suis très impressionné tant par l'étendue des connaissances que par la mémoire de Conrad. J'ai dû faire un appel téléphonique alors que nous étions ensemble récemment... et il en a profité pour me donner mes trois numéros de téléphone sans hésiter! J'ai moi-même du mal à m'en souvenir." Paddy Ann Burns est l'un des membres les plus intéressants et les plus spirituels de l'Establishment torontois. "Si la situation actuelle persiste, de commenter Latham Burns, il se peut fort bien que Conrad tente de réorienter le système vers la libre entreprise en se lançant en politique, à moins qu'il ne commence à s'ennuyer et transfère ses investissements à l'étranger."

Leighton et Brenda McCarthy. Dirigeant de l'une des sociétés d'investissement ouvertes au grand public les plus actives de Toronto, Leighton McCarthy est le type parfait du membre de l'Establishment sûr de soi. Son amitié avec Black remonte au temps de leur deuxième année scolaire, où ils étaient tous deux dans la même classe.

Philippe et Nan-b de Gaspé Beaubien. Ces aristocrates canadiens-français sont les enfants chéris de la haute société torontoise, qu'ils ont conquise sans même le vouloir. Philippe de Gaspé Beaubien est à la tête de l'édition canadienne du *TV Guide*, ainsi que d'un réseau sans cesse croissant de postes de radiodiffusion. Ex-dignitaire d'Expo 67, il est le premier Québécois à s'être bâti, au Canada anglais, un empire digne de mention dans le domaine des communications, et de ce fait un pouvoir personnel non négligeable.

Jonathan et Maria Birks. L'héritier de la célèbre chaîne de bijouteries, qui se distingue de ceux de sa caste par son attitude des plus posées, n'est pas loin de voir un héros en son ami Conrad. "Il est extrêmement rafraîchissant", dit-il à propos de Black. "C'est tout simplement remarquable pour les gens de mon âge de rencontrer un individu capable de s'exclamer: "Bon sang! Gardez donc la tête haute. Si vous croyez en quelque chose, *dites-le* que vous y croyez. N'ayez pas peur des critiques. Faites ce que vous pensez devoir faire et faites-le bien." Conrad s'apparente quelque peu aux hommes de la Renaissance dans la mesure où il se sent appelé à prendre sa place dans l'univers et à y laisser une marque permanente."

Glen et Mary Alice Davis. Ancien professeur d'histoire à l'Université du Manitoba, Glen Davis n'a rien d'un membre de l'Establishment canadien, du moins en apparence. Affligé d'un léger strabisme divergent et d'oreilles en feuilles de chou, il arbore toujours la coupe de cheveux en brosse qu'il avait adoptée pour décourager son père, Nelson Davis, de le faire entrer au Toronto Club. (Celui-ci disait en effet à son fils: "Dès que tu auras une coupe de cheveux décente, je te fais mettre sur la liste du Toronto Club", raison pour laquelle Glen Davis ne se laissa jamais pousser les cheveux, ne serait-ce que d'un iota. Il lui est arrivé de débarquer à l'aéroport de Phoenix, alors qu'il venait rejoindre son père dans sa retraite hivernale, avec une casquette dont il avait tourné la visière vers l'arrière, ce qui était le comble de la rébellion à ses yeux, et ne se départit jamais de son épingle de cravate trompe-l'oeil qui dissimule un stylo à bille.) Mais sa théorie voulant que le Club ferme à tout jamais ses portes à un individu coiffé en brosse, à la façon des adolescents, s'effondra lorsque Black décida de l'y faire entrer coûte que coûte, et que nul n'osa s'y objecter. Bien qu'il soit à la tête de l'empire de PME fondé par son défunt père, Glen Davis se tient constamment à l'écart. "J'admets, commente Black, que Glen est un personnage invraisemblable, mais il n'en reste pas moins qu'il est très intelligent et que sa fortune s'élève à 100 millions de piastres."

Irving et Gail Gerstein. Le président des bijouteries Peoples, qui travaille activement pour le Parti conservateur et soutient la Young President's Organization, est l'héritier, de la troisième génération, de la seconde chaîne de bijouteries au Canada. Fier de son yacht Swann de construction finlandaise, il a ses entrées dans la haute société internationale et se plaît à recevoir des personnalités comme Donald Zale, de Dallas, qui dirige la plus grande entreprise de bijouterie au monde.

Roy et Lee MacLaren. Ce député libéral est un homme politique de grande classe, qui a parfaitement compris les subtilités du pouvoir. "Je ne crois pas que le pouvoir puisse corrompre Conrad, dit-il, non seulement parce que Shirley veille au grain, mais aussi parce qu'il est doté d'un sens de l'humour des plus sains qui l'empêchera toujours d'exercer son autorité de façon excessive."

Ron et Jessie Riley. "Conrad", d'affirmer son cousin Ron Riley, qui est l'un des premiers vice-présidents de Canadian Pacific, "veut marquer l'histoire de son empreinte... C'est là sa principale motivation. Il a toujours eu besoin de héros et voue plus particulièrement son admiration à des dirigeants d'entreprise comme Taylor ou McDougald, dont il a décidé de devenir l'émule."

Citons au nombre des personnes incluses dans le cercle social des Black, bien qu'elles n'entrent pas dans la catégorie des propriétaires: Ed et Peg Bovey (il est ex-président du conseil de Norcen et membre de celui de Hollinger Argus); Murray et Barbara Frum (il est à la tête d'une société de placement immobilier particulièrement florissante; elle est Barbara Frum); Julian et Anna Porter (il est le meilleur avocat, spécialiste des causes de diffamation, de Toronto; elle est la meilleure directrice de publication au Canada); Jeremy et Jean Riley (il est le plus intellectuel des Riley, a déjà été directeur du Stanstead College dans les Cantons-de-l'Est et fait maintenant son doctorat en éducation; elle est l'une des petites-filles de l'ancien premier ministre Louis Saint-Laurent et passe pour l'une des "grandes dames" de la haute société torontoise); Jim Coutts (ancien conseiller du premier ministre, il joue maintenant un rôle identique auprès de Black, moyennant des honoraires mensuels); Donald et Mary Early (elle est le juge en titre de la bonne société torontoise; il a fait sa marque chez Greenshields); Michael et Kelly Meighen; Brian et Mila Mulroney; et Son Éminence le cardinal G. Emmett Carter (archevêque de Toronto). Bien qu'il méprise d'emblée la quasi-totalité des journalistes, il entretient cependant des relations amicales avec Brian Stewart, le principal commentateur du réseau anglais de Radio-Canada à Ottawa, ainsi qu'avec Larry Zolf, bien connu pour son esprit caustique. Par ailleurs, il ne manque jamais de souhaiter à Barbara Amiel, la chic rédactrice en chef adjointe et néo-conservatrice du *Toronto Sun*, un "Noël porteur des plus beaux espoirs idéologiques".

Puissants à leur manière, la plupart des membres de l'entourage des Black consacrent une énergie invraisemblable à évaluer chacun des gestes de leur ami Conrad, analysant en long et en large les moindres de ses pensées ou de ses élans, tentant de deviner où le mènera son prochain bond, et ils se comportent en quelque sorte comme si leur propre *karma* était lié à son avenir.

Il est en outre devenu *de rigueur** au sein des familiers des Black de vivre comme si les récessions économiques et les dépressions psychologiques n'existaient tout simplement pas. Personne ne souscrit à ce credo avec une grandeur plus évidente que celle manifestée par Black lui-même. Rien ne saurait mieux en témoigner que la maison qu'il vient de faire construire dans une rue bordée d'arbres à l'orée d'une paisible banlieue de Toronto. Bâtie sur le terrain où se dressait celle de son père auparavant, sa splendide demeure, qui a dû coûter quelque trois millions de dollars, étale sa magnificence sur une superficie de 2300 mètres carrés. Elle constituait, au moment de sa construction, un chantier d'envergure, où s'affairaient en même temps 20 briqueleurs et six couvreurs. Sa grandeur manifeste (coupole de cuivre et le reste à l'avenant) l'apparente à un

---

* *N. des T.:* En français dans le texte.

modeste palais royal. Le manteau de l'une des cheminées a été sculpté à la main par Grinling Gibbons, le célèbre artiste britannique auteur de sculptures qui ornent Blenheim Palace, Hampton Court et la cathédrale Saint-Paul.

L'architecte en titre de cette splendeur n'était nul autre que le défunt Lord Llewelyn-Davies, dont la femme fut elle aussi nommée pairesse à vie et devint le whip en chef du Parti travailliste à la Chambre des lords. Diplômé de Cambridge, il reconstruisit la Bourse de Londres et conçut une bonne partie du centre-ville moderne de Téhéran. Celui qui mena à bien ses plans, dans le cas de la demeure des Black, fut John Parkin, l'architecte préféré de l'Establishment canadien. "Au départ, de rappeler ce dernier, Conrad voulait construire un Versailles canadien. La maison est très symétrique et équilibrée. Elle donne une impression d'érudition avec sa bibliothèque de forme elliptique à trois étages, surmontée d'une coupole inspirée de Saint-Pierre de Rome. L'importance de cette pièce est symbolique de l'immense culture de son propriétaire et dénote le fait qu'il a délibérément pris le parti de ne pas sombrer dans le ridicule en consacrant ses loisirs à des activités comme le jogging. J'ai beaucoup aimé travailler pour Conrad, parce qu'il lit des plans d'architecture aussi intelligemment qu'un bilan. La maison est élégante plutôt que grandiose: tout, absolument tout, y est exactement à sa place."

C'est Neal McGinnis, de Palm Beach, assisté de Mimi Kemble, elle aussi de Palm Beach, qui s'est occupé de la décoration intérieure. Le mobilier n'est pas sans évoquer la fin du XIXe siècle, conférant à la demeure une atmosphère qui relève nettement plus de *Brideshead Revisited* que du style canadien. Le résultat est en tout cas particulièrement bien adapté aux fameuses soirées de Conrad Black, ces soirées qu'il organise de façon à réunir les personnes qu'il apprécie réellement.

Il accrochera, ici aussi, les toiles qu'il a commandées à Eldred Clark Johnson, un peintre de Palm Beach qui a déjà brossé plusieurs marines à l'intention de Black. L'une d'entre elles représente deux grands transatlantiques se croisant dans le port de New York, juste avant que n'éclate la Seconde Guerre mondiale. "L'*Europa*, arborant le swastika en poupe, se découpe sur la ligne d'horizon étincelante de Manhattan, avec tout ce qu'elle symbolisait pour les individus qui venaient de quitter l'Europe, et notamment des gens comme Bertolt Brecht et Albert Einstein, d'expliquer Black. Au même moment, le plus magnifique des transatlantiques d'avant-guerre, le *Normandie*, quitte New York, symbolisant la France à la veille de son effondrement. L'on se souvient que ce navire fut détruit prématurément par un incendie qui éclata dans le port de New York, et ce fut l'*Europa*, rebaptisé *Liberté* par les Français auxquels il était échu à titre de dommage de guerre, qui devint le fleuron de la ligne transatlantique française. C'est une allégorie, mais qui n'est peut-être pas évidente pour la plupart des gens."

Prendre la peine de transmettre un message subliminal vaguement accessible à un sur mille seulement de ses invités, telle est l'essence du style de Black, qui se caractérise avant tout et de façon exquise par son sens aigu de la note juste. "Le style", d'après les auteurs de *Doing It With Style*, Quentin Crisp et Donald Carroll, "est un mode d'expression qui se dégage spontanément d'une personnalité, tout en étant délibérément entretenu. Autrement dit: avoir du style, c'est être soi-même, mais avec application."

C'est exactement ce que fait Conrad Black.

Épilogue

Si Conrad Black n'existait pas, il s'inventerait lui-même. Ses détracteurs prétendent que c'est exactement ce qu'il a fait.

Black a laissé derrière lui, depuis longtemps déjà, son personnage tiré d'un roman pour adolescents, et a atteint une position sociale et une fortune que la plupart des entrepreneurs privés considèrent comme l'accomplissement de toute une vie. La question de son avenir reste donc entière. Rien ne donne à penser que les affronts subis à l'occasion de son départ précipité de Massey et de son offre d'achat douteuse des actions de Hanna l'inclineront à renoncer aux guerres de mainmise, encore que ce soit là l'avis de son cousin Jeremy Riley: "J'ai vu Pierre Berton à la télévision le jour où il racontait sa jeunesse au Yukon, explique Riley. Il décrivait comment les gens s'étaient rendus au défilé de Chilkoot en traînant une tonne d'équipement avec eux jusqu'au haut de la montagne, repartant chercher le matériel qui manquait jusqu'à ce qu'ils aient tout regroupé au sommet. Il évoquait ainsi certains des anciens de Whitehorse, qui n'avaient rien accompli d'autre dans leur vie que d'atteindre cette cime. Je me demande parfois si Conrad n'a pas réalisé ses objectifs et s'il ne va pas prendre sa retraite très tôt, comme son père. Car il ne prend guère soin du corps qui abrite son cerveau."

L'un des associés de Black dans Argus, Peter White, prétend le contraire: "Conrad est aux prises avec un problème constant qu'il ne résoudra probablement jamais: comment tirer le meilleur parti possible de ses talents. Il est parfaitement conscient qu'il ne leur ferait pas justice en se contentant d'être un homme d'affaires toute sa vie. Son gros problème, c'est qu'il est plus intelligent que 99 pour cent des gens qu'il côtoie, et il ne s'est jamais fait faute, surtout à ses débuts, de le leur montrer."

Si Black ne semble pas trop préoccupé par l'avenir de sa carrière, il n'en reste pas moins vrai qu'un jour viendra où le fait de multiplier ses acquisitions perdra de l'intérêt à ses yeux. Il parle vaguement d'écrire d'autres livres, mais ceux qui le connaissent le voient plutôt se lancer en politique, quoiqu'ils ne lui attribuent pas encore un rôle précis.

Nick Auf der Maur (son ami montréalais): "Si Conrad était né en France au XVIIe siècle, il n'aurait certes pas été du nombre des princes marchands sanguinaires. Il aurait été conseiller du Roi-Soleil en personne, et rudement compétent par-dessus le marché."

Feu *Igor Kaplan* (son avocat): "Je parie, disons à trente contre un, qu'il sera un jour premier ministre du Canada. Et pourquoi pas?"

David Smith, député (son copain libéral): "Il adorerait acheter un siège au Sénat, quoique je ne sois pas sûr que cela se fasse encore. Mais peu importe, il adorerait ça."

Larry Zolf (son humoriste favori): "Conrad réussirait à se faire élire même sous la bannière marxiste-léniniste. Lorsqu'il revêt l'habit d'un politicien, il est doué d'une nature foncièrement charmante, du style bon enfant. Il a vraiment un don."

Ron Graham (son producteur au réseau anglais de Radio-Canada): "Black a le potentiel d'un politicien fascinant, mais pas très réjouissant."

Donald Early (son conseiller en investissements): "Conrad serait un excellent politicien. Malheureusement, ce pays n'est pas mûr pour lui. Il serait un bon dictateur, mais les dictatures ne sont guère prisées de nos jours."

Jonathan Birks (son ami): "Il est hors de question pour lui de devenir un vulgaire député. S'il se lançait en politique, ce serait pour être le Numéro Un. Mais le Canada n'a peut-être pas assez d'envergure pour lui offrir un défi suffisant à long terme."

John Bosley, député (son copain conservateur): "Offrez-lui la fonction de premier ministre, garantissez-lui un siège et dites-lui qu'il n'aura rien d'autre à faire que de gouverner... et il le fera parfaitement."

Monte Black (son frère): "Nous étions ensemble le 15 mars 1978 lorsque nous apprîmes que Bud McDougald, notre président, venait de mourir. C'est ainsi que le manège s'est mis à tourner. Il a fallu tendre la main, se cramponner et regarder où cela nous conduirait. Qui sait ce que l'avenir nous réserve?''

Laurier LaPierre (son ancien professeur): "Je ne pense pas que Conrad veuille vraiment devenir premier ministre; ce qu'il veut *en fait* c'est être le pouvoir caché dans l'ombre du trône, et il croit que l'argent peut lui donner ce type d'influence. Je ne crois pas qu'il accepterait facilement de se voir refuser ou enlever ce rôle et je ne pense pas qu'il sache faire bon usage de son autorité. Il est une des rares personnes que je connaisse pour qui la conquête du pouvoir constitue un objectif totalement absorbant. En fait, Lord Acton disait dans sa fameuse épigramme que le pouvoir absolu corrompt absolument parce qu'il ne laisse aucune place à l'amour. Lorsqu'il aura fini de consolider son univers financier, Conrad essaiera de se bâtir un univers politique à sa mesure. Il y a inévitablement, dans les James Bond ou dans les romans de John Le Carré, un génie désaxé qui possède une bombe atomique et menace de l'utiliser pour purifier la race humaine. Conrad est un peu comme ça: il reproduira ses coups de force financiers sur le plan politique afin de réprimer ce qu'il considère comme les plaies morales de ce bas monde.''

TENANT BIEN EN MAIN LES FILS INVISIBLES qui tissent la trame de l'économie canadienne, Black admet volontiers qu'il est peut-être l'un des fils de l'Histoire, encore qu'il s'abstienne de prétendre faire l'objet d'une intervention divine à cet égard. Sa carrière s'est dessinée à grands traits, grâce à une série de décisions soigneusement planifiées et méticuleusement exécutées, ce qui ne l'empêche pas de souscrire quelque peu à la notion de destin. "Il est essentiel d'avoir un minimum de convictions, susurre-t-il, et de croire que l'on est prédestiné à profiter de certaines occasions. Il faut énormément de discernement pour distinguer le possible de l'impossible... pour choisir de s'imposer dans certaines situations, de tolérer des gens qui, au bout du compte, n'éprouvent aucune sympathie pour votre cause. La capacité de juger si une chose est possible ou non et, si elle l'est, si elle vaut la peine de s'engager, fait appel à une démarche intuitive, presque métaphysique.''

Black nie les ambitions politiques qui lui sont prêtées, encore qu'il ait déjà déclaré publiquement qu'il ne s'intéressait "à aucune fonction politique, si ce n'est celle de premier ministre". Il envisagerait probablement une carrière politique s'il faisait davantage confiance aux institutions en place au Canada, s'il avait l'impression qu'un tel rôle lui permettrait d'organiser la société de façon plus efficace ou si sa position idéologique conservatrice se gagnait une audience plus large. "Je ne me fais pas d'illusions sur la vie d'un homme politique, dit-il. Ce ne serait pas de gaieté de cœur que je constaterais éventuellement que tous mes voisins ont voté contre moi, et ainsi de suite. Qui voudrait de ça? Je me rebelle à l'occasion contre l'idée d'être un minable homme d'affaires de plus, mais ce n'est pas une raison pour que je veuille faire mon chemin en politique.'' Le seul geste politique posé par Black jusqu'à présent a été d'engager Jim Coutts comme conseiller privé.

Conscient, à l'heure actuelle, de l'incapacité qu'ont les Canadiens d'accepter son succès précoce, Black est décidé à faire passer une partie au moins de ses investissements à l'étranger et à transformer le groupe qu'il dirige en une "importante entreprise aux activités multiples qui servira à exporter le nom du Canada aux quatre coins du monde''. Sa tentative de mainmise sur Hanna ne constitue qu'une première étape destinée à lui permettre d'entrer dans les ligues majeures de l'Establishment américain.

SI CONRAD BLACK N'EXISTAIT PAS, il s'inventerait lui-même. Ses détracteurs prétendent que c'est exactement ce qu'il a fait. Ses agissements et prétentions sont sans conteste empreints d'une touche théâtrale, convaincu qu'il est que tous les grands spectacles sur scène dépendent de leur effet cumulatif et que l'image publique d'un individu repose autant sur sa réalité que sur sa magie. Black est peut-être le dernier des acteurs à s'identifier totalement avec son personnage, qui, bien qu'il soit nul autre que lui-même, reste sans cesse en mouvement et progresse par le truchement d'une série d'incarnations destinées à lui permettre de vérifier les limites de chacune des situations auxquelles il fait face. L'intérêt du personnage réside dans le fait que Black se comporte comme s'il avait reçu carte blanche pour accomplir le destin qu'il se choisit lui-même.

Il se réjouit, non sans suffisance, d'avoir ramené à la vie le "bric-à-brac antédiluvien de compagnies somnolentes'' qu'était Argus et il est persuadé qu'il n'a pas encore détenu les rênes du pouvoir suffisamment longtemps pour courir des risques de corruption. "Je suis plutôt satisfait de la trajectoire suivie par ma carrière, admet-il, mais je crois profondément qu'il ne faut jamais se laisser hypnotiser par le rythme de sa propre progression. J'ai toujours pensé que Napoléon était animé par une force irrésistible qui le poussait à entreprendre des oeuvres de plus en plus glorieuses jusqu'à ce que sa propre chute devienne inévitable.''

Calculateur et audacieux, naturel et factice tout à la fois, Black vise constamment à devenir le centre de toutes choses, à connaître ceux qui font et défont le monde, à savoir exactement qui détient l'autorité au sein des luttes d'influence qui caractérisent celui-ci. La capacité qu'il a de "s'autoglorifier'' n'est certes pas la moindre de ses audaces. La modestie n'est pas au nombre des valeurs qu'il admire, et il adore s'imprégner du parfum des flatteries, d'où qu'elles viennent. Absorbé dans la tâche qu'il s'est donnée de bâtir à la fois son empire financier et des monuments privés à sa propre gloire avec la conviction qu'il y a tout simplement droit, il n'a jamais subi l'humiliation d'attendre dans les antichambres du pouvoir financier et ne montre guère d'ambivalence, voire même aucune, face au fait d'être riche.

PARCE QU'IL EST ENCORE À DEUX ANS DE SON QUA-RANTIÈME ANNIVERSAIRE (et qu'il se comporte, comme l'a déjà remarqué Trevor Eyton, le président de Brascan, "comme s'il avait soit 17, soit 70 ans"), Conrad Black subit à l'occasion le rejet de ceux de ses aînés qui le considèrent comme un parvenu indigne de porter le manteau de ses prédécesseurs d'Argus. "Nombreux sont ceux, dit-il lui-même, qui sont stupéfaits et indignés de voir un individu de mon âge occuper la position qui est la mienne."

Le problème que rencontre Black à cet égard est que, en raison aussi bien de leur âge plus avancé que des circonstances, ses détracteurs et ses admirateurs ont tendance à le considérer comme un produit fini, alors qu'il est fort loin de cet état de grâce et qu'il lui reste encore à choisir le modèle dont il s'inspirera, ne sachant au juste s'il préférerait devenir un nouvel Howard Hughes, un autre Napoléon Bonaparte, ou même les deux.

Chacune des nouvelles expériences qu'il traverse donne à Black un élan propre à l'aider à déterminer sa direction ultime. Il décrit sa carrière, jusqu'à présent, comme une version professionnnelle de l'offensive déployée en entonnoir conçue par le stratège britannique B.H. Liddell Hart. "Je continue à avancer, explique-t-il, à la manière d'un peloton dont les hommes forment des lignes parallèles suivant des directions différentes dans les bois... et dès qu'une occasion se présente, je la saisis au vol."

Que ce soit par ses figures de style, par l'envergure de ses ambitions ou par son potentiel, qu'il utilise pour le meilleur ou pour le pire, Black diffère énormément des autres princes de la finance. L'esprit de cet homme, qui semble vouloir repousser les limites connues, est en proie à une quête existentielle du pouvoir. Qu'il conclue des affaires, fasciné par le rythme de sa propre rhétorique, qu'il parcoure seul à bicyclette le chemin qui longe le lac Worth en hiver, qu'il muse dans le silence sourd de sa bibliothèque royale, qu'il monte en voiture ou qu'il en sorte, qu'il embarque sur l'un de ses yachts ou de ses avions ou qu'il en débarque, au fil de ses élans intuitifs, il aime chacune des minutes dont sa vie est faite.

Sa course ne fait que commencer.

Modèle parfait de l'homme de l'Establishment, Conrad Black est la somme de tout ce qu'il rêve d'accomplir. "J'ai parfois l'impression, dit-il d'un air songeur, que je corresponds à la description que Spencer Tracy a faite de lui-même... Je fais partie de ceux auxquels les choses arrivent..."

Conrad Black

---

* C'est pourquoi j'ai dû prendre une décision, tout jeune encore... Voulais-je vraiment être premier ministre? "Merde, non! pensai-je. J'aimerais bien mieux être puissant!"

Reproduit avec l'autorisation de l'agence de distribution du Toronto Star.

Annexe A

Voici le texte de l'entente décisive signée par les principaux actionnaires d'Argus le 30 mai 1969, aux termes de laquelle la société de gestion échappait à l'emprise de E.P. Taylor pour tomber aux mains d'une association subtilement équilibrée formée de Maxwell Meighen, de John A. McDougald, de la succession du colonel Eric Phillips, de George Black et du général de division Bruce Matthews. Cette entente visait à évincer E.P. Taylor de la direction de la société de placement à capital fixe qu'il avait fondée en 1945.

ENTENTE INTERVENUE LE 30e jour du mois de mai 1969

ENTRE:
John A. McDougald   de la municipalité de Toronto,

          PARTIE DE PREMIÈRE PART;

A. Bruce Matthews   de la municipalité de Toronto,

          PARTIE DE DEUXIÈME PART;

Canadian General Investments Limited, société constituée
en vertu
des lois de la province de l'Ontario,

          PARTIE DE TROISIÈME PART;

Third Canadian General Investment Trust Limited, société constituée
en vertu
des lois du Canada,

          PARTIE DE QUATRIÈME PART;

Maxwell C.G. Meighen   de la municipalité de Toronto,

PARTIE DE CINQUIÈME PART;

Western Dominion Investment Company Limited, société constituée en vertu
des lois de la province du Manitoba,

PARTIE DE SIXIÈME PART;

George Montagu (*sic*) Black junior de la municipalité de Toronto,

PARTIE DE SEPTIÈME PART;

Grew Limited, société constituée
en vertu
des lois de la province de l'Ontario,

PARTIE DE HUITIÈME PART;

ET

Doris Delano Phillips   de la municipalité de Toronto,

PARTIE DE NEUVIÈME PART.

ATTENDU que les parties aux présentes détiennent la totalité des actions privilégiées (appelées ci-après "actions privilégiées") et des actions ordinaires (appelées ci-après "actions ordinaires") émises à titre de capital-actions par The Ravelston Corporation Limited (appelée ci-après la "Société"), société privée constituée en vertu de la loi ontarienne régissant les sociétés, attendu que les individus qui sont parties aux présentes siègent tous au conseil d'administration de la Société, et attendu que les parties aux présentes sont désireuses de définir les modalités régissant la possession et le transfert desdites actions privilégiées et ordinaires tel que stipulé ci-dessous;

À CETTE FIN, CE CONTRAT ÉTABLIT que, compte tenu de ce qui précède, des conventions mutuelles, des stipulations aux présentes et autres considérations pécuniaires, chacune des parties aux présentes convient et s'engage vis-à-vis des autres parties à respecter ce qui suit:

1. Aucune action privilégiée ou ordinaire ne peut être cédée sans (a) un accord formel des membres du conseil d'administration de la Société exprimé soit sous la forme d'une résolution adoptée à la majorité absolue lors d'une réunion du conseil d'administration, soit sous la forme d'un ou de plusieurs documents écrits officiels et signés par une majorité des membres du conseil d'administration, ou (b) un accord formel des actionnaires de la Société exprimé soit sous la forme d'une résolution adoptée par les détenteurs d'au moins cinquante et un pour cent (51 %) des actions

314

ordinaires émises de la Société lors d'une réunion des détenteurs de telles actions ordinaires, soit sous la forme d'un ou de plusieurs documents écrits officiels signés par les détenteurs d'au moins cinquante et un pour cent (51 %) des actions ordinaires émises.

2. Aucune stipulation aux présentes ne peut empêcher l'inscription au registre des actionnaires du ou des représentants d'un actionnaire décédé, à titre de porteur de la ou des actions détenues par le défunt actionnaire au moment de son décès; ou la cession à une personne d'une ou de plusieurs actions afin que celle-ci puisse siéger au conseil d'administration de la Société à la suite d'une élection ou d'une nomination; ou encore l'admission du ou des représentants légaux de l'actionnaire décédé ou dudit membre du conseil d'administration au nombre des parties contractantes à la présente entente. En outre, aucune stipulation aux présentes ne peut empêcher un actionnaire d'hypothéquer, de mettre en gage ou de nantir un nombre quelconque de ses actions en faveur d'une banque à charte canadienne en garantie d'un emprunt consenti par celle-ci. Ladite banque doit néanmoins être réputée liée par les présentes pour ce qui est de toute cession consécutive, et plus particulièrement par les restrictions énoncées dans la clause 1 des présentes, et seul le détenteur d'actions qui les aura cédées en tout ou en partie à une telle banque à charte aux fins de garantie peut être réputé détenteur de telles actions au sens de la présente entente.

3. Tout détenteur d'actions privilégiées ou ordinaires désireux de céder tout ou partie des actions qu'il détient (et ci-après appelé le "cessionnaire volontaire", expression désignant selon le cas le ou les représentants légaux d'un actionnaire décédé, le curateur ou le tuteur d'un actionnaire frappé d'interdit, le syndic de faillite d'un actionnaire ou le liquidateur d'une société actionnaire) peut faire parvenir à la Société, ainsi qu'à tous les autres actionnaires de ladite Société (appelés ci-après, dans la clause 3, les "actionnaires sollicités") un avis écrit (appelé ci-après "avis de cession volontaire") leur indiquant que ledit cessionnaire volontaire est désireux de céder auxdits actionnaires sollicités, ou à telles personnes ou sociétés qu'il leur plaira de désigner, les actions privilégiées ou ordinaires faisant partie du capital-actions de la Société mentionnée dans cet avis, au prix unitaire déterminé par les vérificateurs de la Société pour les actions privilégiées et ordinaires, sur la base de ce qui est énoncé ci-après, soit celle de leur cours le dernier jour du mois précédant immédiatement le mois au cours duquel un tel avis de cession volontaire est transmis. En outre, il est entendu que, dans le cas d'un avis de cession volontaire, ledit avis doit porter mention du nombre d'actions, tant privilégiées qu'ordinaires, concernées, sachant que l'offre doit comporter une proportion d'actions ordinaires aussi égale que possible à celle des actions privilégiées, et ce, proportionnellement au nombre d'actions de chaque catégorie détenues par le cessionnaire volontaire. Les actionnaires

sollicités peuvent, dans un délai de six mois suivant la réception dudit avis de cession volontaire, soit faire connaître leur intention de l'accepter et d'acquérir les actions privilégiées ou ordinaires indiquées dans l'avis de cession volontaire au prix fixé par les vérificateurs de la Société pour chaque catégorie d'actions, tel qu'indiqué ci-après (ou à tout autre prix convenu entre le cessionnaire volontaire et les actionnaires sollicités), soit autoriser d'autres personnes ou sociétés à acheter ces actions au prix fixé de la manière décrite ci-haut. Le montant total de la transaction doit être payé, net d'intérêts, contre livraison des certificats relatifs aux actions cédées, dûment endossés au porteur. À défaut d'entente particulière entre les parties concernées, les actionnaires sollicités peuvent acquérir par voie d'achat les actions privilégiées ou ordinaires (autres que celles acquises par lesdites personnes ou sociétés qu'il aura plu auxdits actionnaires sollicités de désigner, conformément à ce qui précède), en nombre proportionnel aux actions de chaque catégorie qu'ils détiennent dans le capital-actions de la Société. Il est entendu que, si les actionnaires sollicités négligent soit d'exercer leur option d'achat, soit d'acheter, soit d'autoriser d'autres personnes ou sociétés à acheter les actions privilégiées et ordinaires qui leur sont offertes par le cessionnaire volontaire, ledit cessionnaire volontaire a, au cours des deux mois suivant l'expiration du délai de six mois susmentionné, le droit d'enjoindre par écrit, avec copie conforme à la Société et à tous les actionnaires sollicités, auxdits actionnaires sollicités d'entreprendre conjointement avec le cessionnaire volontaire toute démarche, de signer tout document ou reconnaissance et d'exercer leurs droits de vote à titre de membres du conseil d'administration et (ou) d'actionnaires de la Société en vue de dissoudre ladite Société, de répartir l'actif d'icelle entre les actionnaires, au prorata des droits et intérêts qu'ils détiennent au sein de la Société et d'abandonner la Charte de la Société et, à ces fins, de conclure une entente avec ladite Société et de l'autoriser à solliciter les autorisations souhaitables et requises auprès du lieutenant-gouverneur de l'Ontario.

4. Advenant le cas où les détenteurs d'au moins cinquante et un pour cent (51 %) des actions privilégiées et d'au moins cinquante et un pour cent (51 %) des actions ordinaires alors en circulation de la Société l'exigent d'un quelconque actionnaire (y inclus le ou les représentants légaux d'un actionnaire décédé, le curateur ou le tuteur d'un actionnaire frappé d'interdit, le syndic de faillite d'un actionnaire ou le liquidateur d'une société actionnaire) par un avis écrit (appelé ci-après "avis de cession obligatoire"), l'actionnaire qui reçoit ledit avis de cession obligatoire (appelé ci-après "cessionnaire contraint") doit céder aux actionnaires de la Société signataires dudit avis de cession obligatoire (appelés ci-après "actionnaires acquéreurs"), ou aux personnes ou sociétés qu'il leur plaira de désigner, la totalité (et pas moins que la totalité, sauf accord préalable entre les cessionnaires contraints et les actionnaires acquéreurs)

des actions privilégiées et ordinaires faisant partie du capital-actions de la Société et détenus par ledit cessionnaire contraint, et ce, au cours fixé par les vérificateurs de la Société, tant pour les actions privilégiées que pour les actions ordinaires, sur la base de ce qui est énoncé ci-après, soit celle de leur cours le dernier jour du mois précédant immédiatement le mois au cours duquel un tel avis de cession obligatoire est transmis. En outre, il est entendu que sur réception dudit avis de cession obligatoire, le cessionnaire contraint est tenu de céder auxdits actionnaires acquéreurs, ou aux personnes et (ou) sociétés qu'il leur plaira de désigner, la totalité (ou le nombre entendu conformément à ce qui précède) des actions privilégiées et ordinaires faisant partie du capital-actions de la Société et détenues par ledit cessionnaire contraint aux cours sus-mentionnés calculés de la manière indiquée ci-après par les vérificateurs de la Société. Les actionnaires acquéreurs (tels que définis ci-dessus dans la clause 4) sont irrévocablement tenus, conjointement et solidairement soit d'acquérir, soit d'autoriser d'autres personnes ou sociétés à acquérir lesdites actions au prix fixé pour chaque catégorie. Le montant total de la transaction doit être payé, net d'intérêts, à une date déterminée par les actionnaires acquéreurs, mais pas plus tard que six mois après l'envoi de l'avis de cession obligatoire, contre livraison des certificats relatifs aux actions cédées, dûment endossés au porteur. À défaut d'entente contraire entre les parties concernées, les actionnaires acquéreurs peuvent acquérir par voie d'achat les actions privilégiées et ordinaires (autres que celles acquises par telles personnes et (ou) sociétés qu'il leur aura plu de désigner), en nombre proportionnel aux actions de chaque catégorie qu'ils détiennent dans le capital-actions de la Société.

5. (1) Les dividendes payables, le cas échéant, sur des actions privilégiées et (ou) ordinaires cédées en vertu de l'avis de cession volontaire prévu dans la clause 3 des présentes reviennent de plein droit au cessionnaire volontaire, à condition qu'ils soient annoncés entre la date où l'offre de cession de ces actions est acceptée et la date à laquelle la transaction a effectivement lieu.

(2) Les dividendes payables, le cas échéant, sur des actions privilégiées et (ou) ordinaires cédées en vertu de l'avis de cession obligatoire prévu dans la clause 4 des présentes reviennent de plein droit au cessionnaire contraint, à condition qu'ils soient annoncés entre la date où l'avis de cession obligatoire est transmis et la date à laquelle la transaction a effectivement lieu.

6. (1) Suite à l'expédition soit de l'avis de cession volontaire prévu dans la clause 3 des présentes, soit de l'avis de cession obligatoire prévu dans la clause 4 des présentes, les parties doivent charger les vérificateurs de la Société de déterminer, pour les fins de la présente entente, la valeur respective des actions tant privilégiées qu'ordinaires de la Société (cette

valeur constituant le prix de vente des actions de chaque catégorie). Lesdits vérificateurs doivent déterminer la valeur attribuée à ces actions le dernier jour du mois précédant immédiatement le mois au cours duquel l'avis de cession volontaire ou obligatoire, selon le cas, a été transmis et sont tenus de procéder comme suit:

(a) La valeur des actions privilégiées et ordinaires vendues à la suite de l'avis de cession volontaire prévu dans la clause 3 des présentes doit être calculée par les vérificateurs sur la base de la valeur marchande de tout l'actif de la Société, y compris des actions que possède ladite Société.

(b) La valeur des actions privilégiées et ordinaires vendues à la suite de l'avis de cession obligatoire prévu dans la clause 4 des présentes doit être calculée par les vérificateurs sur la base soit de la valeur marchande, soit de la valeur de rachat (en choisissant la plus élevée des deux) pour les actions ordinaires d'Argus Corporation Limited détenues par la Société et sur la base de leur valeur marchande pour tous les autres éléments d'actif de la Société.

(c) Aux fins des sous-paragraphes (a) et (b) du présent paragraphe (1) de la clause 6, les vérificateurs peuvent, sans y être tenus, déterminer la valeur marchande des actions détenues par la Société en fonction du cours de clôture atteint par ces actions (si elles sont cotées sur un quelconque marché boursier) le jour où ladite valeur marchande doit être établie. Si ces actions ne sont pas cotées en Bourse ou si un tel cours de clôture ne peut être obtenu, les vérificateurs ont toute latitude pour déterminer la valeur marchande des actions en se fondant sur les rapports annuels, ainsi que sur tout renseignement ou information disponibles.

(d) La valeur des actions privilégiées et ordinaires vendues à la suite de l'avis de cession volontaire prévu dans la clause 3 des présentes ou à la suite de l'avis de cession obligatoire prévu dans la clause 4 des présentes ne doit pas excéder un montant égal à leur valeur au pair, dans le cas des actions privilégiées, ni être inférieur à Un Cent (1¢) dans le cas des actions ordinaires.

(e) La valeur de l'achalandage de la Société est de Un Dollar (1 $).

(2) Nonobstant les stipulations des clauses 4 et 6 des présentes, il est entendu que:

(a) Si, au cours de l'année suivant une transaction portant sur des actions privilégiées et ordinaires de la Société, vendues conformément à l'avis de cession obligatoire prévu dans la clause 4 des présentes, la Société vend un nombre quelconque des actions ordinaires d'Argus Corporation Limited qu'elle détient à un prix excédant tant leur valeur marchande que leur valeur de rachat (telles que fixées par les vérificateurs de la Société dans le but d'établir conformément à ce qui précède le prix d'achat des actions privilégiées et ordinaires cédées par ledit cessionnaire contraint), chaque actionnaire ayant acquis un nombre quelconque d'actions de ce cessionnaire contraint doit payer à celui-ci l'équivalent (déterminé par les vérificateurs de la Société) de ce que ledit cessionnaire contraint aurait obtenu de cet actionnaire si, au moment de la cession obligatoire, les actions ordinaires d'Argus Corporation Limited avaient été évaluées au prix de vente que la Société devait en tirer par la suite.

(b) Si, au cours de l'année suivant une transaction portant sur des actions privilégiées et ordinaires de la Société, vendues conformément à l'avis de cession obligatoire prévu dans la clause 4 des présentes, un actionnaire quelconque de la Société vend des actions qui équivalent ensemble à la majorité des actions privilégiées et ordinaires en circulation constituant le capital-actions de la Société, et ce, à un prix ou à des prix excédant les prix d'achat payés respectivement par chaque actionnaire de la Société à un cessionnaire contraint, les actionnaires de la Société qui ont acquis lesdites actions privilégiées et ordinaires dudit cessionnaire contraint doivent payer sur-le-champ à celui-ci la différence entre les deux prix.

(3) Lorsqu'ils établissent la valeur respective de chaque catégorie d'actions de la Société, conformément aux stipulations du paragraphe (1) de la présente clause 6, et lorsqu'ils établissent le montant payable à un cessionnaire contraint, conformément aux stipulations du paragraphe (2) de la présente clause 6, les vérificateurs jouent un rôle d'experts et non d'arbitres. Par conséquent, les dispositions de la loi relative aux arbitres et aux arbitrages ne s'appliquent pas dans un tel cas, et toute décision des vérificateurs relative tant à la valeur des actions qu'aux montants à rembourser est considérée comme finale, sans appel et liant toutes les parties en cause.

7. Tant qu'une des parties aux présentes détient un nombre quelconque d'actions ordinaires faisant partie du capital-actions de la Société, toutes les personnes et sociétés qui sont et seront parties aux présentes sont tenues, au cours de toutes les réunions d'actionnaires de la Société organisées afin d'élire les membres du conseil d'administration de ladite Société, d'exercer, en personne ou par procuration, selon le cas, le droit de vote qui leur est conféré par l'ensemble des actions qu'ils détiennent et (ou) détiendront au sein du capital-actions de la Société, afin d'appuyer l'élection et la réélection des parties, s'il s'agit d'individus, ou des représentants des parties s'il s'agit de sociétés, ou encore du ou des représentants légaux d'une telle partie en cas de décès, au sein du conseil d'administration de la Société. Nonobstant ce qui précède, il est entendu que les parties aux présentes de troisième et de quatrième part n'auront droit qu'à un siège commun au sein du conseil d'administration. En outre, il est entendu que, pour les fins de la clause 6 qui précède, la partie de neuvième part représente actuellement la partie de huitième part, que la partie de septième part représente la partie de sixième part et que la partie de cinquième part représente conjointement les parties de troisième et de quatrième part.

8. Toute personne ou société qui, quoique n'étant pas à l'origine partie à la présente entente, devient bénéficiaire de la cession d'un nombre quelconque d'actions faisant partie du capital-actions de la Société, doit, en vertu des stipulations aux présentes, signer la présente entente, en devenir partie prenante et donc liée par ses dispositions.

9. Sous réserve des dispositions limitant la cession des actions contenues dans les lettres patentes ou autres lettres patentes supplémentaires, le cas échéant, de la Société, les termes et dispositions des présentes peuvent être retranchés, ajoutés ou modifiés de telle façon et à tel point qu'il plaira d'en convenir par écrit aux personnes ou sociétés parties aux présentes qui détiennent ensemble au moins soixante-quinze pour cent (75 %) tant des actions privilégiées de la Société émises et en circulation que des actions ordinaires de la Société émises et en circulation. Tout retrait, ajout ou modification ainsi adopté lie les personnes et sociétés parties à la présente entente.

10. Tous les certificats d'actions tant privilégiées qu'ordinaires émises par la Société ou détenues par une quelconque des parties aux présentes doivent porter mention de la présente entente au verso.

11. Tout avis émis en vertu des présentes peut être soit remis en personne par l'expéditeur au destinataire, soit expédié par lettre recommandée à l'adresse connue dudit destinataire. Un tel avis entre en vigueur le jour où il est remis à son destinataire, dans le premier cas, et le jour où il devrait normalement parvenir à destination, dans le second cas.

12. La présente entente lie toute personne ou société qui en est ou en sera signataire, et ce, indépendamment du nombre d'actions qu'elle détient ou détiendra au sein du capital-actions de la Société ou des modifications au sein des parties à la présente entente. Chaque signataire est tenu, que ce soit à titre d'actionnaire, de membre du conseil d'administration ou à tout autre titre, d'agir et d'exiger de la Société et de ses vérificateurs qu'ils agissent de façon à appliquer les dispositions aux présentes.

13. La présente entente s'applique aux héritiers, exécuteurs testamentaires, administrateurs, successeurs, représentants désignés ou représentants légaux des parties aux présentes et les lie irrévocablement.

Annexe B

*Voici le texte de l'entente controversée, signée le 15 mai 1978
à Palm Beach, qui permit à Conrad Black de s'emparer des
intérêts majoritaires détenus dans Ravelston Corporation, et
par ricochet dans Argus Corporation, par les veuves de deux
de ses associés, soit le colonel Eric Phillips et John A.
McDougald.*

ENTENTE INTERVENUE le 15e jour du mois de mai 1978

ENTRE: CROWN TRUST COMPANY, DORIS DELANO
PHILLIPS et DIXON S. CHANT, exécuteurs testamentaires survivants et administrateurs de la succession de feu
W. Eric Phillips
(ci-après appelés les "administrateurs Phillips"),
> PARTIE DE PREMIÈRE PART;

et

DORIS DELANO PHILLIPS
(ci-après appelée "Madame Phillips"),
> PARTIE DE DEUXIÈME PART;

et

W.E.P. INVESTMENTS LIMITED
(ci-après appelée "W.E.P."),
> PARTIE DE TROISIÈME PART;

et

DIXON S. CHANT
(ci-après appelé "Chant"),
> PARTIE DE QUATRIÈME PART;

321

et

HEDLEY MAUDE McDOUGALD, DORIS DELANO PHILLIPS et CROWN TRUST COMPANY, exécuteurs testamentaires et administrateurs de la succession de feu John Angus McDougald
(ci-après appelés les "administrateurs McDougald"),
PARTIE DE CINQUIÈME PART;

et

HEDLEY MAUDE McDOUGALD
(ci-après appelée "Madame McDougald"),
PARTIE DE SIXIÈME PART;

et

WESTERN DOMINION INVESTMENT COMPANY LIMITED
(ci-après appelée "Western Dominion"),
PARTIE DE SEPTIÈME PART;

et

CONRAD M. BLACK et GEORGE MONTEGU BLACK,
TROISIÈME DU NOM,
(ci-après conjointement appelés "Black"),
PARTIE DE HUITIÈME PART.

Les parties aux présentes conviennent mutuellement de ce qui suit:
1. (a) Aux fins de la présente entente les mots et phrases suivants sont utilisés, sauf indication contraire, dans le sens indiqué ci-dessous:
   (i)   Les "intérêts Phillips" désignent la proportion du capital-actions de The Ravelston Corporation Limited (ci-après appelée la "Société") détenue conjointement par les parties de première, deuxième, troisième et quatrième part.
   (ii)   Les "intérêts McDougald" désignent la proportion du capital-actions de la Société détenue conjointement par les parties de cinquième et sixième part.
   (iii) Les "intérêts Black" désignent la proportion du capital-actions de la Société détenue conjointement par les parties de septième et huitième part.
   (iv)   Les "directives des parties aux présentes" désignent les directives données par les administrateurs des intérêts Phillips, McDougald et Black. Il est en outre convenu que, en cas de divergence de vues,

la majorité des administrateurs de ces intérêts (qui comprennent ceux de Phillips et ceux de McDougald) l'emporte sur la minorité.

(b) Aux fins de la présente entente:

(i) Les administrateurs Phillips ont toute latitude pour agir au nom des intérêts Phillips en cas de nomination, désignation, signification d'avis, consentement, décision, directive ou d'approbation;

(ii) Les administrateurs Phillips ont toute latitude pour agir au nom des intérêts McDougald en cas de nomination, désignation, signification d'avis, consentement, décision, directive ou d'approbation;

(iii) Conrad M. Black ou, à défaut, George Montegu Black, troisième du nom, ont toute latitude pour agir au nom des intérêts Black en cas de nomination, désignation, signification d'avis, consentement, décision, directive ou d'approbation.

2. La présente entente doit demeurer en vigueur pour une durée de dix (10) ans à compter de la date de sa signature et lie les successeurs et cessionnaires ayant droit de W.E.P. et de Western Dominion. En cas de décès ou de départ à la retraite d'un quelconque administrateur Phillips ou McDougald, la présente entente s'applique aux administrateurs restants, ainsi qu'à tout nouvel administrateur, des successions de feu W. Eric Phillips et de feu John Angus McDougald, de même qu'elle les lie irrévocablement. En cas de décès de madame Phillips, de madame McDougald, de Dixon S. Chant, de Conrad Black ou de George Montegu Black, troisième du nom, la présente entente s'applique à leur représentant personnel et le ou la lie irrévocablement. Aux fins de la présente entente, "représentant personnel" désigne également les exécuteurs testamentaires et les administrateurs.

3. Tant et aussi longtemps que la présente entente demeurera en vigueur:

(a) Les parties conviennent de ne pas vendre, transférer, mettre en gage, hypothéquer ou disposer de quelque façon que ce soit ni de grever de quelque manière que ce soit quelque action qu'elles détiennent au sein du capital-actions de la Société sans avoir au préalable obtenu l'assentiment des intérêts Phillips, McDougald et Black à cet effet.

(b) Les parties aux présentes conviennent d'exercer en personne ou par procuration, selon le cas, le droit de vote qui leur est conféré par l'ensemble des actions qu'elles détiennent et (ou) détiendront, et ce, conformément aux directives des parties aux présentes, au cours de toutes les assemblées des actionnaires. Ceci s'applique à tout règlement, proposition ou question soumis à l'approbation des participants au cours desdites assemblées. En outre, et sans atteinte à la portée de ce qui précède, les parties conviennent que lors des assemblées tenues dans le but d'élire les membres du conseil d'administration de la Société, elles exerceront le droit de vote que leurs confèrent lesdites actions conformément aux directives des parties aux présentes, relativement à l'élection ou à la réélection des personnes suivantes:

(i) trois personnes proposées conjointement par les intérêts Phillips et McDougald; et

(ii) une personne proposée par les intérêts Black et, lorsque les actionnaires sont tenus de donner leur consentement ou leur aval par écrit plutôt qu'à l'occasion d'une telle assemblée générale, les parties aux présentes conviennent également de se conformer aux directives des parties aux présentes, relativement auxdits consentement ou aval.

(c) Les parties de première, deuxième, troisième et quatrième part, représentant les intérêts Phillips, les parties de cinquième et sixième part, représentant les intérêts McDougald, et les parties de septième et huitième part, représentant les intérêts Black, conviennent de mandater leur(s) représentant(s) au sein du conseil d'administration de la Société afin qu'il(s) se conforme(nt) aux directives des parties aux présentes, relativement à tout vote ayant lieu au cours des réunions dudit conseil.

(d) Les parties de première, deuxième, troisième et quatrième part, représentant les intérêts Phillips, conviennent d'exercer, au cours de toutes les assemblées des actionnaires, le droit de vote qui leur est conféré par l'ensemble des actions que lesdits intérêts détiennent et (ou) détiendront au sein du capital-actions de la Société, et ce, conformément aux directives des parties aux présentes. En outre, elles conviennent de mandater par écrit la ou les personnes choisies pour représenter les intérêts Phillips et voter pour et au nom desdits intérêts au cour de toute réunion des actionnaires de la Société.

(e) Les parties de cinquième et sixième part, représentant les intérêts McDougald, conviennent d'exercer, au cours de toutes les assemblées des actionnaires, le droit de vote qui leur est conféré par l'ensemble des actions que lesdits intérêts détiennent et (ou) détiendront au sein du capital-actions de la Société, et ce, conformément aux directives des parties aux présentes. En outre, elles conviennent de mandater par écrit la ou les personnes choisies pour représenter les intérêts McDougald et voter pour et au nom desdits intérêts au cours de toute réunion des actionnaires de la Société.

(f) Les parties de septième et huitième part, représentant les intérêts Black, conviennent d'exercer, au cours de toutes les assemblées des actionnaires, le droit de vote qui leur est conféré par l'ensemble des actions que lesdits intérêts détiennent et (ou) détiendront au sein du capital-actions de la Société, et ce, conformément aux directives des parties aux présentes. En outre, elles conviennent de mandater par écrit la ou les personnes choisies pour représenter les intérêts Black et voter pour et au nom desdits intérêts au cours de toute réunion des actionnaires de la Société.

(g) Tous les certificats d'actions détenues par les parties aux présentes au sein du capital-actions de la Société doivent porter mention de la présente entente au verso ou, à défaut, un exemplaire de cette entente peut leur être annexé.

4. Les parties de première, deuxième, troisième et quatrième part, représentant les intérêts Phillips, et les parties de cinquième et sixième part, représentant les intérêts McDougald, conviennent par les présentes de se joindre aux parties de septième et huitième part, représentant les intérêts Black, afin de transmettre un avis de cession obligatoire à tous les autres actionnaires de la Société conformément aux stipulations de la clause 4 de l'entente intervenue le 30e jour du mois de mai 1969 entre John Angus McDouglad, A. Bruce Matthews, Canadian General Investments Limited, Third Canadian General Investment Trust Limited, Maxwell C.G. Meighen, Western Dominion Investment Company Limited, George Montegu Black junior, Grew Limited (devenue depuis W.E.P. Investments Limited) et Doris Delano Phillips. La date à laquelle ledit avis sera transmis doit être déterminée par les représentants des intérêts Black, dont la décision en la matière est finale et lie les intérêts susmentionnés. Tout avis de cession obligatoire doit désigner la partie de septième part, ou toute personne et (ou) société choisie par icelle, comme actionnaire acquéreur.

Les parties de septième et de huitième part, représentant les intérêts Black, conviennent par les présentes de tenir quittes et de dédommager les parties de première, deuxième, troisième et quatrième part, représentant les intérêts Phillips, et les parties de cinquième et sixième part, représentant les intérêts McDougald, de toute réclamation ou demande en dommages-intérêts pour pertes, frais, honoraires et dépenses qui pourraient être imputés aux intérêts Phillips et McDougald en raison de l'incapacité de la partie de septième part ou de la personne et (ou) société choisie par icelle d'acheter les actions faisant partie du capital-actions de la Société et faisant l'objet dudit avis de cession obligatoire.

5. Toute disposition incluse dans la présente entente qui s'avérerait illégale ou inapplicable doit être considérée indépendamment des autres dispositions aux présentes, qui demeurent en vigueur et lient les parties comme si ladite disposition n'y avait jamais été incluse.

Annexe C

Ces quatre lettres adressées à titre personnel en 1980 par Conrad Black au ministre de l'Industrie et du Commerce, Herbert Gray, alors que la situation financière de Massey-Ferguson était des plus précaires, eurent un retentissement qui permit à l'entreprise d'équipement agricole d'obtenir un répit.

Argus Corporation
Limited
10 Toronto Street
Toronto, Canada
M5C 2B7

Conrad M. Black
Président du
conseil d'administration

PERSONNEL ET CONFIDENTIEL   le 24 mars 1980

L'honorable Herbert E. Gray, C.P., député
Ministre de l'Industrie et du Commerce,
333, West Block
Édifices du Parlement
Ottawa (Ontario)
K1A 0A7

Cher Herb,

    Suite à la conversation que nous avons eue hier soir, en compagnie de Victor Rice, j'aimerais vous résumer notre position en ce qui a trait au projet de fabrication de moteurs diesel.

Il serait inutile d'évoquer dans les menus détails le passé récent de Massey-Ferguson; vos collègues et vous-même devez être pleinement conscients qu'il s'agit de la plus grande entreprise manufacturière internationale du Canada, qu'elle commerce avec la majorité des pays du monde entier et qu'elle constitue, dans la plupart d'entre eux, le principal représentant du Canada sur le plan commercial. Il s'agit enfin, depuis bien des années déjà, du plus important producteur de tracteurs et de moteurs diesel au monde.

À l'été 1978, lorsque Victor et moi-même sommes entrés en fonction chez Massey-Ferguson, l'entreprise venait d'enregistrer en un an des pertes s'élevant à 262 millions de dollars américains, et ce, essentiellement du fait d'une mauvaise gestion. L'équipe dirigeante précédente avait fait un grand nombre d'investissements, qui s'étaient avérés désastreux et se traduisaient par un accroissement des dettes plutôt que de la valeur nette du capital. Et, pour tirer avantage de la baisse du cours de la livre par rapport aux dollars américain et canadien, elle s'était entêtée à maintenir l'ancien système consistant à produire les moteurs, les essieux et les transmissions de la plupart des tracteurs et moissonneuses-batteuses que nous vendons en Amérique du Nord, au Royaume-Uni et en France. La conjonction de plusieurs facteurs, tels que la détérioration de certaines de nos divisions, le bouleversement radical du marché des devises et la montée vertigineuse des taux d'intérêt, a mené cette compagnie aux portes de la faillite. Au moment où j'ai accédé à la présidence de l'entreprise, ses créanciers, qui formaient un groupe cosmopolite comptant plus de 200 banques de divers pays, avaient déclaré qu'à moins que des mesures draconiennes ne soient prises sur-le-champ ils ne pourraient plus nous fournir de crédit. Massey-Ferguson risquait alors d'être morcelée en divers établissements nationaux et donc vraisemblablement liquidée, ce qui aurait certes permis de rembourser ses créanciers, mais ne laissait pas un sou aux actionnaires et éliminait de la scène commerciale cette compagnie prestigieuse.

Depuis lors, nous avons réussi à nous débarrasser de presque toutes celles de nos divisions qui n'étaient pas rentables, nous avons réduit notre main-d'oeuvre internationale de 67 000 à 46 000 employés cette année (le Canada a été très peu touché par ces restrictions de personnel, je suis heureux de le souligner) et nous avons comprimé nos dépenses annuelles d'environ 200 millions de dollars en sabrant dans les frais administratifs. Simultanément, nous avons considérablement amélioré la qualité de nos produits, déployant en outre des efforts considérables dans le domaine de la commercialisation. Enfin, à l'année 1978, presque catastrophique, succéda un exercice au cours duquel nous avons enregistré un profit de 37 millions de dollars, et nous prévoyons des bénéfices encore plus considérables pour cette année. Nous avons, en même temps, procédé à une recanadianisation importante de Massey-Ferguson. Ainsi, nous sommes actuellement en train de rapatrier au Canada le siège social pour l'Amérique du Nord, situé aux États-Unis, et nous faisons en sorte que notre entreprise, tout en restant aussi internationale que par le passé, soit dirigée par des Canadiens résidant au Canada.

Nous avons atteint le point où il est possible et souhaitable de refinancer la compagnie, en remboursant des dettes importantes qui nous coûtent en moyenne plus de 20 % par an en intérêts, alors que nos investissements ne nous rapportent guère que la moitié de ce pourcentage. Pendant que ces changements, qui, je puis vous l'assurer, nous ont apporté toutes sortes de difficultés, étaient effectués chez Massey-Ferguson, le groupe Argus, soit le principal actionnaire de Massey-Ferguson, a subi une transformation tout aussi radicale et peut à présent (ce qui n'était guère le cas il y a deux ans) venir au secours de Massey-Ferguson de manière très concrète afin de l'aider à rétablir sa situation financière. Comme je vous l'ai souligné à deux reprises lors de nos entretiens téléphoniques, nous devons cependant être conscients de nos limites; et, quoique nous puissions participer à un refinancement, qui permettrait à Massey-Ferguson de retrouver des bases saines tant au niveau de ses capitaux propres qu'au niveau de son rendement d'exploitation, nous nous trouvons dans l'incapacité de fournir en même temps les capitaux nécessaires pour créer une usine nord-américaine de fabrication de moteurs, qui nous épargnerait d'avoir à souffrir des fluctuations des marchés internationaux des devises.

Cela nous amène à notre projet actuel. Il est véritablement paradoxal que cette compagnie, forte d'une multitude de concessionnaires et de succursales, qui a produit plus d'un demi-million de moteurs diesel l'an dernier, n'en ait fabriqué aucun au Canada et un nombre négligeable aux États-Unis, et encore, dans une usine peu rentable que nous avons dû fermer depuis. Nous pensons donc qu'une solution visant à prévoir, dans le cadre de l'aide que le gouvernement fédéral songe à apporter à la société Chrysler du Canada, des installations destinées à permettre la conversion des blocs-moteurs pour automobiles à essence en moteurs diesel, ainsi que des installations destinées à produire des moteurs diesel pour machines agricoles ou autres, nous permettrait d'obtenir les résultats suivants.

Une telle usine serait polyvalente et revêtirait donc une importance à laquelle une usine normale de la société Chrysler ne pourrait aspirer. Quel que soit le sort réservé dans le futur à la société Chrysler, et ceci n'entraîne aucun pessimisme quant à son avenir, l'introduction d'un secteur de fabrication et de conversion de moteurs à essence en moteurs diesel pourrait être une source permanente d'emplois et d'exportations, à commencer par nos propres achats pour nos tracteurs, ceci n'étant que l'un des débouchés possibles.

Deuxièmement, le Canada pourrait ainsi percer sur le marché du diesel, qui est promis à un avenir très brillant et dont une compagnie canadienne est déjà considérée comme l'un des chefs de file sur le plan mondial. En plus d'approvisionner Chrysler à l'avenir en moteurs diesel pour automobiles, une telle entreprise pourrait vendre ses produits à Ford, International Harvester, etc., ce qu'une usine de Chrysler ne pourrait faire. Nous avons été d'importants fournisseurs pour Chrysler et Ford en divers endroits du monde et pendant des années.

Troisièmement, ce projet nous permettrait de tirer parti de l'état actuel du marché des devises, ce qui serait particulièrement bienvenu après la terrible érosion subie par nos profits, au cours de ces dernières années, en raison de la hausse de la livre et de la baisse des dollars canadien et américain.

Quatrièmement, puisque nous nous sommes fixé comme but de raffermir notre position sur le vaste marché des tracteurs aux États-Unis et peut-être de rapatrier certains éléments d'actif d'origine canadienne, dans ce domaine, nous pourrions voir là une source prometteuse d'exportations pour le Canada.

Cinquièmement, en plus de donner à l'aide que vous envisagez d'apporter à Chrysler un caractère plus positif, cette formule constituerait, à mon avis, une combinaison particulièrement fructueuse des ressources du secteur privé et du secteur public dans une entreprise tout entière vouée à l'intérêt du pays, qui servirait celui-ci bien plus que ne pourrait le faire la simple amélioration des perspectives d'avenir de la filiale d'une compagnie automobile appartenant à des intérêts étrangers.

Comme je l'ai déjà souligné, il ne nous est pas possible en ce moment de refinancer Massey-Ferguson et de nous engager pour notre propre compte dans un projet tel que la construction d'une usine de moteurs diesel, qui nécessiterait un important investissement. Si, cependant, et c'est là notre suggestion, le gouvernement pouvait envisager une participation relativement modeste dans notre refinancement, équivalant à pas plus de la moitié du montant que nous-mêmes, du groupe Argus, investirions dans la compagnie, et si le gouvernement pouvait faire preuve de suffisamment de persuasion afin que Chrysler coopère à notre projet, nous pourrions, de notre côté, fournir les connaissances nécessaires à la construction d'installations de fabrication et de conversion de moteurs diesel. Nous suggérons que le fédéral, soit directement, soit par l'entremise d'une agence ou d'un organisme para-gouvernemental, telle la Société canadienne de développement, investisse 100 millions de dollars dans une émission d'actions privilégiées de Massey-Ferguson. Le groupe Argus, pour sa part, investirait dans ce cas 200 millions de dollars dans Massey-Ferguson, et je pense qu'il nous sera possible de convertir les créances bancaires en capital-actions et de garantir une émission supplémentaire d'actions d'au moins 100 à 250 millions de dollars. Grâce à cet apport de capitaux, le ratio du passif à l'avoir des actionnaires de Massey-Ferguson s'améliorerait, passant d'un 2,3/1 fort précaire à environ 0,75/1, et le rendement des actions ordinaires augmenterait de plus de 50 millions de dollars.

Nous aurions ainsi les moyens d'accélérer nos programmes de pénétration du marché, tout en poursuivant notre propre canadianisation, et fournirions les connaissances techniques nécessaires pour mettre sur pied cette usine de moteurs diesel en tenant compte des normes internationales les plus exigeantes.

Comme nous vous l'avons expliqué à titre confidentiel, nous avons déjà posé de nombreux jalons pour trouver des débouchés auprès d'une tierce partie et avons étudié avec Daimler-Benz la possibilité de lui fournir l'équipement diesel dont elle a besoin en Amérique du Nord, tout en envisageant l'acquisition d'autres compagnies dans le secteur de l'équipement agricole, ainsi que la rationalisation de la production des locomotives électriques, des camions et des moissonneuses-batteuses à moteur rotatif. Un gouvernement antérieur au vôtre a naguère accordé d'importantes subventions à la compagnie White Motor afin de lui procurer l'aide technique nécessaire au développement de la moissonneuse-batteuse à moteur rotatif, et il a déjà été fortement question de fournir une aide gouvernementale à la compagnie allemande Deutz, qui envisageait de faire une percée dans le secteur du diesel au Québec. Sans dénigrer ces initiatives, je suis d'avis que le projet que nous envisageons sera infiniment plus avantageux pour le pays et aura un impact économique beaucoup plus considérable sur le marché américain.

Je tiens à souligner qu'une entente telle que celle que j'ai décrite éviterait au gouvernement de se faire accuser de soutenir une compagnie en difficulté. Investissant pour notre part deux fois plus que le gouvernement ou ses organismes dans Massey-Ferguson, nous évitons ainsi qu'on nous fasse le reproche de nous maintenir sur le marché grâce aux subsides du gouvernement. Inutile d'ajouter que Hollinger Argus Limited, ses mandataires et ses filiales ne seraient jamais partie à une telle entente si elle consistait uniquement à rechercher une aide gouvernementale fondée sur des investissements aussi peu sains que rentables. Nous ne saurions mettre des fonds en jeu que dans le but de collaborer avec vous à la création d'une grande entreprise canadienne.

Je sais également qu'il est superflu de souligner l'effet positif qu'un tel projet aurait sur les relations liant le gouvernement au milieu des affaires de l'ensemble du pays. Il m'est en outre aisé de prévoir de nombreuses retombées positives, notamment la réduction des inégalités engendrées par le "pacte automobile" et l'accroissement de la participation canadienne dans Massey-Ferguson, qui passerait d'environ 55 % à 80 %.

Nous nous ferons un plaisir d'étoffer nos propositions si vous en exprimez le désir et sommes heureux d'être en mesure de mettre de l'avant un projet qui s'avérera, sans nul doute, de la plus haute utilité pour notre pays.

Je vous prie d'agréer, mon cher Herb, l'expression de mes sentiments dévoués.

Conrad M. Black,
Président du comité
de direction
HOLLINGER ARGUS
LIMITED

CMB/jea

Conrad M. Black
Président du
conseil de direction

Le 4 juillet 1980

L'honorable Herbert E. Gray, C.P., député
Ministre de l'Industrie et du Commerce,
333, West Block
Édifices du Parlement
Ottawa (Ontario)
K1A 0A7

Cher Herb,

J'aimerais vous donner un bref aperçu de la situation tant de
Massey que du projet dans lequel cette compagnie s'est lancée et qui
pourrait se révéler d'un grand intérêt pour le gouvernement fédéral.
Cette lettre me fournira également l'occasion de préciser les relations
qui lient Massey-Ferguson au groupe Argus et l'évolution qu'elles ont
suivie. Bien que je n'aie pas l'intention de revenir ici sur l'envergure de
Massey, ni sur son importance en tant que représentant du Canada
dans la quasi-totalité des pays du monde entier ou sur la place qu'elle
occupe dans l'histoire canadienne et dans la vie économique actuelle
de notre pays, je crois cependant utile d'entreprendre un rapide survol
historique à son sujet.

Au lendemain de la guerre, Argus Corporation est devenu le
plus important actionnaire de Massey-Harris, nom sous lequel l'entreprise était connue à l'époque, mais n'eut presque pas voix au chapitre
pour ce qui avait trait à l'administration de l'entreprise jusqu'en
1956, date à laquelle de sérieuses divergences de vues opposèrent
Argus à M. James S. Duncan, alors président de Massey, à la suite
d'une augmentation vertigineuse des stocks et d'une mauvaise
évaluation du potentiel de la compagnie dans un marché limité au
renouvellement du matériel déjà en service, dans les principaux pays
occidentaux. Le colonel W.E. Phillips, président du conseil
d'administration d'Argus Corporation et de celui de l'Université de
Toronto, a assumé la direction de Massey-Ferguson de 1956 à 1964.
Industriel remarquable, il assainit l'exploitation de Massey. Avec ses

333

collègues d'Argus, il exerça au sein de Massey-Ferguson une influence qui outrepassait largement les 12 % de voix auxquelles la compagnie de gestion avait droit en vertu du capital investi dans Massey-Ferguson.

Lorsque le colonel Phillips s'éteignit en décembre 1964, les divergences de vues entre ses deux principaux associés, J.A. McDougald et E.P. Taylor, s'accentuèrent et aboutirent à un schisme au sein du groupe Argus, qui paralysa effectivement les initiatives de la société jusqu'à ce que M. Taylor cède les intérêts considérables qu'il détenait au sein d'Argus à un groupe dirigé par Paul G. Desmarais de Montréal en 1975. Ni M. McDougald, ni M. Taylor n'étaient disposés à s'abandonner l'un à l'autre le pouvoir décisionnel que le colonel Phillips avait exercé chez Massey-Ferguson. Pour combler ce vide relatif, l'administration de Massey-Ferguson fut attribuée à un groupe d'Américains qui nourrissaient de grandes ambitions pour la compagnie et qui étaient dotés personnellement d'intelligence et d'intégrité, mais qui devinrent progressivement prisonniers de leurs rêves. La relative incapacité pour Argus d'exercer une influence décisive sur Massey fit qu'en dernier lieu celle-ci cessa temporairement d'être une compagnie canadienne et qu'elle commit une série d'erreurs d'une extrême gravité, dont les plus évidentes sont les suivantes:

1) La compagnie a négligé de se tailler une place sur le marché des gros tracteurs (au-dessus de 100 chevaux-vapeur) en Amérique du Nord. Il paraissait évident que cette fraction du marché de l'équipement agricole était destinée à connaître la croissance la plus accélérée et qu'en outre elle était favorisée par une marge bénéficiaire plus élevée; Massey-Ferguson s'abstint d'aborder ce secteur jusqu'au milieu des années 70, où elle mit en marché un gros tracteur affligé de graves vices de conception et auquel la compagnie doit une réputation désastreuse pour ce qui est de la fiabilité de ses produits.

2) Massey-Ferguson s'engagea dans un programme très ambitieux dans le domaine de l'équipement de construction, particulièrement en Allemagne. L'ensemble du projet était à la fois insuffisamment mûri et inopportun. La compagnie, qui ne possédait pas le réseau de distribution nécessaire pour de tels produits, non plus que les ressources techniques et financières pour concurrencer sérieusement des compagnies comme Caterpillar, a concentré ses investissements en Allemagne, alors que la hausse du cours du mark rendait virtuellement impossible de rentabiliser les exportations. Cette aventure coûta environ 25 millions de dollars à Massey-Ferguson.

3) L'entreprise a continué à assembler en Amérique du Nord des tracteurs composés de pièces provenant en grande partie de ses usines d'Europe. Les moteurs des tracteurs apparemment produits à Detroit et des moissonneuses-batteuses sortant de l'usine de Brantford étaient en fait fabriqués au Royaume-Uni, et, dans le cas des

tracteurs, les essieux et les transmissions provenaient soit du Royaume-Uni, soit de France. Quoique ce système ait présenté certains avantages à l'époque où le cours des dollars canadien et américain était favorable par rapport aux devises britanniques et françaises, l'équipe dirigeante de Massey-Ferguson ne parvint pas à saisir les conséquences découlant du jeu des forces économiques et politiques en présence qui, au cours des dernières années, avaient entièrement inversé les relations entre les devises d'Amérique du Nord et celles d'Europe de l'Ouest. Cet accroissement colossal des coûts de fabrication a imposé un énorme handicap à la compagnie tant sur le marché mondial que sur le marché nord-américain.

4) Lorsqu'il fut question de mettre sur pied une usine de fabrication de moteurs en Amérique du Nord, il fut décidé de construire une gigantesque usine à Canton, en Ohio. Or celle-ci, qui ne devait jamais être exploitée à plus de 30 % de sa capacité de production, n'a pas été vendue, quoique fermée, et a déjà coûté à Massey-Ferguson plus de 100 millions de dollars en pertes sèches.

5) Pratiquement tous les projets d'expansion mondiale de Massey-Ferguson ont été financés par des emprunts bancaires et des prêts à taux fluctuants, malheureusement jamais assortis de niveaux de rentabilité acceptables permettant à la compagnie de réaliser un gain marginal, et qui, au cours de ces dernières années marquées par l'augmentation vertigineuse des taux d'intérêts, ont été autant de facteurs de ralentissement et de déstabilisation.

6) L'équipe dirigeante de Massey-Ferguson a porté la responsabilité, en toute connaissance de cause, d'avoir toléré un niveau inacceptable et non concurrentiel d'inefficacité et un climat général d'indolence, qui peut être illustré par le fait que, au début de 1978, le chiffre de ventes de Massey s'élevait à environ 78 % de celui de Deere et Cie (John Deere), tandis que le nombre de ses employés équivalait à 115 % de celui de Deere. Massey n'est pas parvenue à s'adapter à une ère de commerce plus libre et elle s'est retrouvée avec un trop grand nombre d'usines dans beaucoup plus de pays qu'il n'était nécessaire. Quoique son réseau de distribution et de commercialisation ait fait ses preuves sur les marchés mondiaux périphériques, cet avantage était annihilé par un mode d'exploitation compliqué et désuet, qui consistait à expédier des pièces fabriquées aux quatre coins du monde pour les assembler près du point de vente. De cette manière, la compagnie affaiblit considérablement sa position sur les marchés nationaux canadien et américain où, au cours des dernières années, les ventes s'étaient élevées à près d'un milliard de dollars canadiens alors que les profits demeuraient rares et espacés.

Je pourrais encore broder fort longtemps sur ce thème, mais je n'ai exposé ce qui précède que dans le but de fournir un résumé pertinent des principales erreurs stratégiques commises par l'équipe dirigeante de Massey-Ferguson, erreurs qu'une direction canadienne, stable et réaliste, dominée par le principal actionnaire aurait permis d'éviter. À mon avis, ni M. Taylor ni M. McDougald, quoique l'on puisse en dire par ailleurs, n'auraient manqué de mettre fin à la plupart de ces graves erreurs d'orientation et à faire machine arrière, si chacun avait été disposé à accorder à l'autre le pouvoir nécessaire pour agir ainsi.

Ce bref aperçu historique vous permettra de comprendre pourquoi le groupe Argus, tel qu'il a été réorganisé après la disparition de M. McDougald, refuse de se considérer comme responsable de quelque manière que ce soit de la situation de Massey-Ferguson. Notre investissement total dans cette entreprise, qui s'élevait à 36 millions de dollars, a été passé par pertes et profits. Il ne peut s'agir là d'un investissement significatif ou important, tant du point de vue de notre société, qui a investi environ un milliard de dollars dans d'autres branches industrielles, que, de celui de Massey-Ferguson elle-même, qui a contracté environ 1,8 milliard de dollars de dettes à court terme et 800 millions de dollars de dettes à long terme.

Le groupe Argus s'avéra néanmoins le seul point d'appui suffisamment solide et crédible de Massey-Ferguson lorsque cette dernière "récolta la tempête", en 1978, accusant une perte totale de 262 millions de dollars américains. Plusieurs groupes de prêteurs américains vinrent successivement me voir au cours de l'été 1978, présumant que mes associés et moi-même prendrions les rênes d'Argus Corporation après la mort de M. McDougald, survenue en mars de la même année. Je fus informé qu'à moins que des mesures draconiennes ne soient prises au sein de Massey-Ferguson, ses créanciers internationaux lui retireraient leur soutien financier, provoquant le morcellement de la compagnie en divers établissements nationaux et la liquidation judiciaire des éléments d'actif qu'elle détenait dans presque tous les pays importants du monde non communiste. C'est à ce triste destin qu'elle semble inéluctablement promise d'ici l'année prochaine, à moins qu'elle ne soit refinancée. Une telle situation serait catastrophique non seulement pour la compagnie elle-même mais pour la crédibilité du Canada à travers le monde.

Mes objectifs étaient de garantir que le rendement d'exploitation de Massey-Ferguson serait amélioré à un point tel que le refinancement de la compagnie devienne possible; de faire en sorte de modifier la situation d'Argus, qui semblait avoir contracté un engagement illimité à l'égard de Massey-Ferguson, indépendamment des fluctuations des taux d'intérêt et des cours mondiaux des devises et de celles des marchés de l'équipement agricole; et enfin de parvenir à métamorphoser Argus elle-même et de transformer cette société de gestion passive à la situation précaire et sclérosée en une entreprise industrielle d'exploitation des ressources, capable de prêter concrètement main-forte à Massey, le cas échéant.

Tous ces objectifs ont été atteints à présent. Sans m'étendre trop sur le premier point, je voudrais seulement mentionner qu'au cours de ces deux dernières années Massey-Ferguson s'est débarrassée de près d'un million de mètres carrés de locaux et que, d'ici l'an prochain, elle aura réduit le nombre de ses employés de 68 000 à 44 000. En outre, la production aurait augmenté de manière significative si les conditions du marché n'avaient pas entraîné récemment la fermeture temporaire d'un certain nombre d'usines. Notre stratégie de rétablissement visait à améliorer l'exploitation de l'entreprise afin de rendre ensuite possible un refinancement public raisonnablement orthodoxe. Or, vers l'automne 1979, un groupe de souscripteurs composé de cinq firmes est parvenu à la conclusion, après avoir effectué l'étude la plus fouillée de l'histoire de la finance canadienne, que rien ne s'opposait au financement de Massey-Ferguson, dans un contexte économique normal. Et d'ailleurs, notre déficit de 262 millions, en 1978, s'est transformé en un profit de 37 millions, en 1979.

Malheureusement, comme vous le savez déjà, les conditions économiques ne cessant de se détériorer, les taux d'intérêt grimpèrent, la livre britannique monta en flèche par rapport aux dollars canadien et américain et les marchés d'équipement agricole aux États-Unis s'effondrèrent. Nous fûmes, par conséquent, obligés d'inverser complètement notre stratégie et de tenter de refinancer Massey-Ferguson afin d'obtenir des résultats satisfaisants, au lieu d'attendre de tels résultats pour pouvoir effectuer le refinancement.

L'effondrement du marché américain de l'équipement agricole, qui a forcé tous les fabricants à fermer leurs usines ou à suspendre leur production, aura, de l'avis de tous les observateurs, une influence véritablement désastreuse sur le troisième bilan trimestriel de Massey, qui sera rendu public à la fin du mois d'août. Il n'est guère possible de compter sur une souscription publique de type classique pour aider au refinancement de Massey tant que les résultats d'exploitation n'auront pas été améliorés de façon incontestable, et ce, pendant une période suffisamment longue. Massey-Ferguson fait déjà face, en ce qui concerne les placements privés, à la fois aux réticences naturelles des investisseurs et à l'avidité de certains éléments de l'industrie qui, bien que tout à fait prêts à acquérir une participation dans une entreprise refinancée, ne peuvent cependant résister à la tentation d'attendre que celle-ci devienne insolvable afin d'acquérir au rabais les éléments d'actif de leur choix.

Les documents ci-joints indiquent qu'une injection de capital conjuguée à la conversion d'une partie du passif en capital-actions pour un total de 400 millions de dollars, même si elles doivent être assorties de taux de dividendes et de conditions de convertibilité hautement avantageuses pour un investisseur potentiel, permettraient à Massey-Ferguson de s'autofinancer de manière sûre et même de générer des profits. Par conséquent, j'en suis arrivé à la conclusion provisoire qu'un projet de financement sérieux devrait être joint aux résultats du troisième trimestre afin d'éviter que l'hystérie ne s'empare des milieux financiers et de nos créanciers. Puisque, compte tenu des circonstances, Massey ne peut compter ni sur le public ni sur un quelconque groupe privé pour assurer le rétablissement de sa situation financière, nous devons envisager un refinancement basé sur nos propres ressources et celles de la Banque de Commerce.

Comme je l'ai mentionné plus haut, nous avons jugé essentiel, afin d'insuffler une certaine dose de réalisme à nos créanciers étrangers (qui ont avancé à eux tous presque deux milliards de dollars à Massey-Ferguson, dont près de 65 % provenaient du secteur manufacturier, le reste étant fourni par des sociétés de placement), de leur faire comprendre que le groupe Argus n'était pas prêt à protéger Massey-Ferguson à n'importe quel prix contre toutes les difficultés imprévisibles qui l'ont assaillie. C'est pour cette raison, et afin de conférer une plus grande crédibilité à tout investissement que nous ferons en dernier lieu dans Massey-Ferguson, que je me suis efforcé dans une certaine mesure d'établir un "cordon sanitaire" entre Massey et Argus. Je ne fais plus partie du conseil de direction de Massey, et nous avons officiellement annoncé notre décision de passer les intérêts que nous détenons dans cette compagnie par profits et pertes, sans que cela signifie pour autant que nous ayons rayé Massey-Ferguson de nos préoccupations.

En effet, nous nous sommes attaqués avec succès à tous les problèmes majeurs de la compagnie, notamment à son inefficacité dans le domaine de la fabrication et au manque de qualité de ses produits; il nous reste à régler le problème de la sous-capitalisation et de l'approvisionnement permanent en moteurs diesel produits outre-Atlantique. En raison de ces deux facteurs, la compagnie est tributaire des brusques variations des taux d'intérêt et du cours des devises. Afin d'assurer à l'entreprise non seulement sa survie, mais également un avenir florissant, tout refinancement devra prévoir à la fois une refonte de son capital et au moins un projet d'usine de moteurs diesel en Amérique du Nord.

Comme je vous l'ai mentionné dans ma lettre du 24 mars, je pense qu'il nous serait possible de refinancer Massey-Ferguson, à condition de parvenir à réduire concrètement sa dépendance vis-à-vis de ses sources d'approvisionnement en moteurs situées outre-mer. C'est dans ce domaine, et en fonction d'un projet bien plus que d'un cautionnement global de la compagnie, que la collaboration avec le secteur public serait la plus profitable à Massey, ainsi qu'au pays tout entier. Comble de l'ironie, cette compagnie, qui compte tant de concessionnaires et de filiales, et qui a produit plus d'un demi-million de moteurs diesel l'année dernière, ne dispose pas en Amérique du Nord d'usine lui permettant de fabriquer ces produits. Il s'agit d'un secteur industriel promis à un avenir des plus brillants, au sein duquel une sociétée dotée de capitaux canadiens occupe le premier rang à l'échelle mondiale et dont le Canada est pourtant totalement absent.

Il est virtuellement possible de rapatrier graduellement l'essentiel des activités commerciales de Massey dans le domaine du diesel, ainsi qu'une grande partie de ses services de recherche et de développement, et de donner ainsi au Canada une place, dans ce secteur industriel, qui lui permettra de bénéficier des liens existant entre le dollar canadien et le dollar américain. Il y a déjà eu des discussions en profondeur entre Massey-Ferguson et les représentants de votre ministère sur le plan technique, que je crois superflu de rappeler dans cette lettre; il suffit de préciser que le projet est fondé sur la création d'une usine modeste, en premier lieu, qui effectuerait l'assemblage de moteurs diesel pour automobiles, à laquelle seraient progressivement adjointes des installations de recherche qui devraient à long terme permettre la production à pleine capacité des moteurs Q.14 destinés aux engins agricoles et Q.16 utilisés pour les véhicules commerciaux.

De plus, puisque Massey compte au nombre des chefs de file mondiaux dans le domaine de l'utilisation des combustibles de remplacement et dans la recherche sur les carburants à bas indice d'octane, presque toutes ses activités en cours dans ces domaines pourraient être concentrées dans ce pays. J'en ai assez longuement discuté avec le premier ministre Davis, et il m'a autorisé à souligner qu'il est favorable au projet et prêt à y répondre positivement. Nous pensons donc que les deux paliers de gouvernement pourraient assumer conjointement l'aide requise pour la mise sur pied par une entreprise de projets précis dont le pays bénéficierait incontestablement, et ce, sans pour autant soulever plus de controverses que les mesures de stimulation prises récemment en faveur d'autres compagnies, Ford et Stelco, par exemple.

Le président de Massey-Ferguson, M. Rice, auquel cette dernière doit une bonne part des améliorations apportées à son exploitation, communiquera avec vous sous peu en vue de poursuivre ces discussions et de parvenir à une conclusion positive avant la fin d'août. Si nous obtenons la ferme assurance d'être soutenus, quand bien même ce ne serait pas sous la forme d'un engagement formel de la part des gouvernements fédéral et provincial, dans le cadre de ce projet et, bien entendu, à condition que ces gouvernements se déclarent convaincus que le projet présente un intérêt économique indéniable pour le Canada et un défi à la mesure de Massey, tant sur le plan financier que sur le plan technologique, je suis persuadé que nous parviendrons à restructurer la composition des capitaux de Massey-Fersugon en collaboration avec la Banque de Commerce.

Tout cela ne signifie pas, et je n'ai ni le droit ni l'intention de le sous-entendre, qu'il incombe à Ottawa ou à Queen's Park de créer un climat favorable aux seules fins de satisfaire les besoins de Massey en capitaux, et encore moins que le groupe Argus sollicite une aide gouvernementale en sa faveur, surtout pour un projet qui ne serait pas rentable. Ce que nous souhaitons simplement ici, c'est de voir appliquer à une réorganisation définitive et logique de la structure financière de Massey-Ferguson les politiques fédérales et provinciales élaborées depuis longtemps déjà pour aider les nouvelles industries dont l'avenir s'annonce prometteur.

Monsieur Harrison (le président de la Banque de Commerce, au conseil d'administration de laquelle je siège également) a lu la lettre que je vous ai adressée le 24 mars et m'a assuré de son soutien pour ce projet. Il m'a autorisé à vous informer par écrit que sa banque, à laquelle Massey-Ferguson doit maintenant 295 millions de dollars américains et qui s'attend de toute évidence à perdre une somme importante si aucune solution n'est apportée au manque de liquidités dont Massey-Ferguson souffrira d'ici peu, est prête à participer à une conversion du passif en capital-actions, à condition que le total de l'injection et de la conversion soit suffisant pour redonner des bases saines à Massey-Ferguson. Je serais prêt à recommander à mes associés et actionnaires d'investir dans Massey-Ferguson à des conditions similaires à celles formulées par la Banque de Commerce, quoique notre investissement puisse être d'une nature quelque peu différente puisqu'il proviendrait d'un éventuel détenteur d'actions ordinaires plutôt que d'un prêteur convertissant ses créances.

Dans la mesure où nous pourrons fournir la preuve d'un soutien officiel à l'endroit d'une forme quelconque du projet de fabrication de moteurs diesel auquel j'ai fait allusion, ainsi que de l'appui concret du principal actionnaire de Massey-Ferguson et de son principal prêteur, il sera probablement possible de réorganiser le réseau complexe des relations qu'elle entretient avec ses autres banquiers en convertissant les dettes à court terme en dettes à long terme, et de supprimer certaines incertitudes dues aux fluctuations du taux d'intérêt, afin de permettre à Massey de planifier, d'emprunter et de s'administrer globalement d'une manière aussi stable que convenable.

Je n'ai nul besoin de m'appesantir une fois de plus sur les retombées bénéfiques qu'aurait un tel projet sur le climat des relations existant entre les milieux d'affaires et le gouvernement ni sur des questions telles que la nécessité d'atténuer les inégalités qu'entraînent le "Pacte automobile" ou l'accélération de la recanadianisation de Massey-Ferguson. En tant que député de Windsor, vous devez être particulièrement sensible aux avantages que ce projet peut procurer à votre région. Il est non seulement insatisfaisant mais même risqué de maintenir indéfiniment cette entreprise manufacturière canadienne, renommée et respectée à travers le monde entier, au bord du gouffre. Et c'est de plus tout à fait contre nature, puisque, en fonction des critères habituels à ce sujet, Massey est saine, efficace, digne d'être financée et qu'elle conserve la suprématie dont elle jouit depuis bon nombre d'années sur la plupart des marchés du monde, pour ce qui est des moteurs diesel et de l'équipement agricole.

Quoique nos compagnies ne possèdent pratiquement aucun intérêt dans Massey-Ferguson et n'assument aucune responsabilité en ce qui concerne la détérioration temporaire de la situation de la compagnie, nous serions prêts, en collaboration avec les institutions financières et les autorités qui ont misé sur Massey-Ferguson et ses perspectives d'avenir, à contribuer à revivifier cette entreprise et à lui rendre son rôle prédominant sur le plan international. Notre projet est réalisable sur le plan économique, inattaquable sur le plan politique et tout à fait en harmonie avec les intérêts nationaux et la bonne réputation de notre pays sur le plan international.

Veuillez agréer, mon cher Herb, l'expression de mes sentiments dévoués.

Conrad M. Black

CMB/jea
p.j.

Hollinger Argus Limited
10 Toronto Street
Toronto, Canada
M5C 2B7

Conrad M. Black
Président du conseil
de direction

Le 27 août 1980

L'honorable Herbert E. Gray, C.P., député
Ministre de l'Industrie et du Commerce
333, West Block
Édifices du Parlement
Ottawa, Ontario
K1A 0A7

Cher Herb,

Étant donné que Massey-Ferguson fait l'objet de discussions intensives depuis quelque temps déjà et que, en raison des circonstances, des décisions importantes doivent être prises sous peu à son sujet, je crois utile de vous mettre au courant de mes agissements et de vous communiquer mes observations.

L'examen approfondi du potentiel de Massey-Ferguson effectué par la Banque Canadienne Impériale de Commerce a permis de confirmer les conclusions qui se dégageaient d'autres études du même genre (y compris celles réalisées par le groupe de souscripteurs et nous-mêmes) selon lesquelles Massey était une entreprise des plus saines et qu'elle était plus fermement établie que toute autre compagnie de cette branche de l'industrie, exception faite de John Deere et, probablement, de International Harvester, si ce n'était du déplorable ratio de son passif à l'avoir de ses actionnaires. Mes discussions suivies avec des porte-parole des milieux financiers, notamment sir Siegmund Warburg, m'ont plus que jamais convaincu que si Massey était libérée, ne serait-ce qu'en partie, de ce déséquilibre, qui trouve son origine dans les erreurs commises par le passé, elle pourrait jouer un rôle efficace au niveau de la production internationale d'équipement agricole et de moteurs diesel.

En dépit de ces perspectives optimistes, le grave manque de liquidités, exarcerbé par les conditions du marché, qui sont lourdes de conséquences pour tous les concurrents de Massey, y compris John Deere, et par le climat actuel de crainte qui règne parmi les prêteurs de Massey, confère à la date du 11 septembre une signification particulière. Comme je le prévoyais dans ma lettre du 4 juillet, les résultats du troisième trimestre seront médiocres pour Massey comme pour les autres compagnies de ce secteur de l'industrie. Or, si l'annonce de tels résultats ne coïncide pas avec celle de l'amélioration du ratio du passif à l'avoir des actionnaires, Massey-Ferguson sera vite engloutie sous une avalanche de demandes de remboursement qu'elle sera bien incapable de satisfaire, ce qui entraînera inévitablement sa dissolution aux mains d'innombrables syndics de faillite de toutes nationalités, comme je le prévoyais également dans mes lettres précédentes.

Puisqu'il est universellement admis que ce sort serait à la fois tragique et totalement inutile, je désirerais vous faire savoir ce que nous, du groupe Argus, comptons faire pour éviter ce résultat. Vous comprendrez facilement que nous nous trouvons dans une situation délicate. J'ai récemment été la cible de critiques de la part de la presse financière (critiques complètement injustifiées, à mon avis) pour n'avoir pas mis les petits investisseurs au courant des plans de réorganisation de notre entreprise. Aucune de nos compagnies ne dispose actuellement d'un surplus de liquidités significatif, quoique toutes (à l'exception naturellement de Massey-Ferguson) aient enregistré d'excellents résultats dans l'ensemble. De ce fait, toute tentative de participation au refinancement de Massey, de notre part, susciterait un scepticisme et une inquiétude considérables, dans la mesure où nos compagnies publiques seraient contraintes d'emprunter de fortes sommes afin de les réinvestir dans une entreprise plutôt hasardeuse. Comme vous le savez déjà, nous n'assumons aucune responsabilité quant à la situation présente de Massey-Ferguson et revendiquons modestement, au contraire, que soit portée à notre crédit une bonne part de l'amélioration de l'exploitation, constatée par tout un chacun, qu'a connue la compagnie depuis deux ans.

Nonobstant les risques inhérents à un investissement massif dans Massey-Ferguson en ce moment, compte tenu de ses graves problèmes de structure, de communication et de relations avec les actionnaires, nous sommes prêts à faire de notre mieux, en escomptant des chances de succès raisonnables, pour rassembler et investir jusqu'à 150 millions de dollars dans Massey-Ferguson. Un tel investissement devra être soumis à un programme global de rétablissement des capitaux propres, comprenant le rachat de 600 millions de dollars de dettes, et exigera l'accord des parties sur certaines questions élémentaires de gestion. Il ne pourra en outre se faire qu'avec l'assurance que les créanciers internationaux conserveront par la suite une attitude calme et de soutien et seront prêts, entre autres, à faire des concessions raisonnables en ce qui concerne les conditions de paiement ou les taux d'intérêt de leurs prêts à Massey-Ferguson.

Je pense que la Banque de Commerce serait prête à convertir 150 millions de dollars, voire peut-être même 200 millions, des dettes de Massey en capital-actions. À la condition préalable que de tels engagements soient pris par la Banque de Commerce et par nous-mêmes, le groupe de souscripteurs pense, quant à lui, sans toutefois pouvoir le garantir, qu'il pourra réunir jusqu'à 100 millions de dollars au moyen d'une émission de droits de souscription plus ou moins orthodoxe. J'ai rencontré des représentants du gouvernement de l'Ontario, notamment le premier ministre Davis, ainsi que M. Harrison, président du conseil d'administration de la Banque de Commerce et je rencontrerai par ailleurs le premier ministre vendredi matin pour tenter de regrouper nos énergies et d'amener Massey-Ferguson aussi près que possible du chiffre global de 600 millions de dollars, qui, nous le reconnaissons volontiers, devrait être atteint pour que cet investissement présente un risque acceptable par le truchement de l'effet de levier.

La direction de Massey et moi-même avons entrepris de nombreuses démarches visant à explorer les sources d'investissement traditionnelles, qui se sont tout simplement avérées inexistantes au Canada. Les compagnies qui disposent de ressources importantes, comme Canadien Pacifique et Seagrams, se refusent à engager des capitaux dans une entreprise qui semble présenter de tels risques. D'autres, moins opulentes, ne s'effraient pas de ces risques, mais ont des ressources insuffisantes pour être d'une quelconque utilité, ou encore se déclarent prêtes à investir à condition qu'une compagnie du groupe Argus, et plus particulièrement Norcen Energy Resources Limited, leur rende la pareille, ce à quoi je ne peux consentir par souci de loyauté envers les actionnaires de cette dernière ou de toute autre société envisagée. Par ailleurs, les investisseurs potentiels sur le plan international sont, comme je l'ai signalé dans ma dernière lettre, tellement obnubilés par la perspective de l'insolvabilité de Massey et par le risque de voir tomber son actif aux mains des syndics qu'ils n'ont déposé aucune proposition sérieuse, quoique les offres de rachat des meilleurs éléments d'actif de Massey pour une maigre fraction de leur valeur réelle ne manquent pas. Il serait probablement possible de réunir quelques capitaux propres supplémentaires auprès des prêteurs (autres que la Banque de Commerce), les fournisseurs et quelques relations d'affaires, mais il est mathématiquement impossible que la compagnie atteigne l'objectif fatidique des 600 millions de dollars sans une aide supplémentaire.

Je ne partage pas l'opinion de Bob Johnstone, qui croit que ce refinancement pourrait être effectué sans avoir recours au gouvernement fédéral. Je doute qu'une déclaration faite conjointement par la Banque de Commerce et nous-mêmes puisse, même si le gouvernement provincial se joignait à nous, produire autre chose qu'une rémission de deux ou trois mois, si elle ne s'accompagne pas de l'expression par Ottawa du désir de nous soutenir, quand bien même, comme je l'écrivais en juillet, "ce ne serait pas sous la forme d'un engagement formel" ou, comme je l'ai suggéré au moment de ma rencontre du 14 août avec Bob Johnstone, quand bien même ce ne serait que par le biais de "rumeurs favorables".

Comme je l'ai affirmé à plusieurs reprises, tout encouragement exprimé par les gouvernements provincial ou fédéral à l'endroit de Massey-Ferguson devrait se faire dans le cadre d'un projet précis, qui prévoirait enfin la mise sur pied dans ce pays d'une usine de moteurs diesel importante et permettrait du même coup de résoudre simultanément les deux grands problèmes cruciaux de Massey, soit sa vulnérabilité désespérante vis-à-vis des taux d'intérêt et des fluctuations du cours des devises dues au déplorable ratio de son passif à l'avoir de ses actionnaires, ainsi que sa dépendance à l'égard d'une source étrangère d'approvisionnement, bien que cette dernière ne soit qu'une filiale.

J'ai discrètement abordé la question, en la présentant sous forme d'hypothèse, avec Joe Clark et Mike Wilson, qui ne semblent pas, selon moi, vouloir s'opposer à une telle initiative.

De toute façon, il ne m'appartient pas d'évaluer les conséquences politiques des décisions gouvernementales, quoique j'essaierai de faire preuve de collaboration à cet égard, dans la mesure de mes moyens. Je peux néanmoins vous assurer que le groupe Argus, lorsqu'il envisage le sort de Massey-Ferguson, n'est motivé par aucun vague sentiment de nostalgie et se refuse absolument à hériter d'une responsabilité permanente dans cette compagnie, au sein de laquelle il a effectué un investissement dérisoire, d'ailleurs publiquement radié puisqu'il n'a aucune valeur, et ce, d'autant plus que les erreurs de gestion remontent à une époque où aucun de nos dirigeants actuels ne pouvait exercer une quelconque influence sur la prise de décision.

Ce n'est qu'au moyen d'une véritable coalition de toutes les énergies disponibles que Massey-Ferguson pourra être sauvée d'un sort aussi ignoble qu'évitable. Puisque nous connaissons bien la compagnie, que nous croyons en son avenir et que nous pouvons supporter les risques inhérents au projet (alors qu'ils font à toutes fins pratiques fuir tous les autres investisseurs sérieux du monde entier), nous sommes prêts à jouer un rôle essentiel dans la reconstruction financière de Massey. La société Argus et ses filiales ne cherchent pas à obtenir quoi que ce soit des gouvernements pour elles-mêmes, pas plus qu'elles ne leur demanderont de traitement de faveur ni ne tenteront de rendre le secteur public responsable de ce qui est essentiellement un problème du secteur privé, tant que les dirigeants actuels seront en fonction. L'impasse dans laquelle se trouve Massey-Ferguson ne résulte pas plus des erreurs du gouvernement que des nôtres, et rien ne nous oblige à y remédier. Cependant, je crois utile de vous aviser sans ambiguïté, que, à moins que le gouvernement fédéral ne soit prêt à faire courir au moins quelques "rumeurs favorables" suivies de certaines mesures concrètes, aussi modestes soient-elles, nous devons tous nous préparer à une effroyable débâcle, sans précédent dans l'histoire financière du Canada, et rarement vue à l'échelle mondiale.

Veuillez croire, mon cher Herb, à l'assurance de mes sentiments les meilleurs.

Conrad Black

CMB/jea

P.-S.: Bob Johnstone vient de m'appeler pour m'informer de la décision du conseil du Cabinet. Il se peut que, pour toutes les raisons énumérées ci-dessus, vous soyez amené à réviser cette décision. J'ai soigneusement évité de supplier ou de menacer le gouvernement fédéral, mais vous êtes mieux placé que moi pour comprendre que le refus de ce dernier d'apporter son aide, même modeste, à Massey, contribuera de façon déterminante à l'effondrement désastreux autant qu'inutile de cette compagnie. C'est ce qui se produira sans aucun doute si votre décision n'est pas modifiée.

C.M.B.

Conrad M. Black
Président du conseil de
direction

Le 15 septembre 1980

L'honorable Herbert E. Gray, C.P. député
Ministre de l'Industrie et du Commerce
333, West Block
Édifices du Parlement
Ottawa, Ontario
K1A 0A7

Cher Herb,

Au point où est parvenue l'étude portant sur la situation de
Massey-Ferguson, il me semble utile de rétablir par écrit les faits
relatifs à certaines légendes qui se colportent actuellement et de
cerner une partie des véritables obstacles qui restent à surmonter,
tout en développant à votre intention la stratégie que je recommande
d'appliquer afin de régler le problème qui nous préoccupe tous depuis
quelque temps.

Ce sont surtout les relations Argus-Massey, ainsi que la nature
des démarches entreprises par Massey-Ferguson auprès du
gouvernement fédéral, qui font l'objet de jugements erronés. Ceux-ci
peuvent être résumés comme suit, en des termes caricaturaux qui,
pour l'essentiel, font le bonheur des échotiers d'Ottawa: Black "a mis
sa réputation en jeu dans Massey"; Argus et Massey sont
pratiquement indissociables; les propriétaires actuels d'Argus sont les
dignes héritiers de ceux qui, par le passé, attaquaient les
gouvernements libéraux et ce qu'ils représentaient; l'administration
des deux compagnies est plus ou moins indissociable des nantis de Bay
Street qui prêchaient la guerre au Toronto Club en faveur d'un
laissez-faire poussé à l'extrême et qui sont à présent, du fait même
de leur incompétence, obligés de "mendier" un "cautionnement" qui
leur permettrait de se sortir d'une nouvelle "affaire Chrysler".

Comme vous le savez parfaitement, quoique certains de vos
collègues puissent l'ignorer, les faits démentent radicalement ces
affirmations grotesques. Pendant les quinze années qui suivirent le
décès de W. E. Phillips, Massey-Ferguson fut en toute bonne foi

347

gérée maladroitement par une coterie d'Américains extravagants et rêveurs, tandis que les fondateurs d'Argus se querellaient, vieillissaient, quittaient la scène ou n'y prêtaient plus la moindre attention. Je suis arrivé chez Massey au mois d'août 1978, après avoir été averti sans détours par les créanciers américains de l'entreprise de ce qui attendait celle-ci, à moins que des mesures draconiennes ne soient prises sur-le-champ. Il était évident que la compagnie avait besoin d'un dégraissage en règle au niveau de l'exploitation, suivi d'un refinancement complet. Sans me faire d'illusions sur la gravité de la situation, j'ai mis sur pied un premier train de mesures, que M. Rice et sa nouvelle équipe de gestion ont en grande partie réussi à mener à bien.

Cependant, j'ai expliqué clairement à tous les intéressés que mon principal objectif était de transformer le groupe Argus, qui était alors "une société de gestion passive et sclérosée" (pour citer la lettre que je vous ai adressée le 4 juillet) exerçant un contrôle ténu par le biais d'actionnaires symboliques dans des secteurs d'activité à faible rendement, en une compagnie gérée par ses propriétaires et orientée vers l'exploitation des ressources naturelles. Massey-Ferguson, en dépit de sa réputation et de son envergure, exigeait une masse considérable de main-d'oeuvre et de capitaux. En outre, elle était vulnérable et de toute manière techniquement au bord de l'insolvabilité. Elle constituait une entreprise risquée. Mais, quoi qu'il en soit, elle avait été une grande compagnie et méritait bien que l'on fasse un effort en sa faveur.

S'il est vrai que les fondateurs d'Argus ont laissé derrière eux un héritage globalement considérable, que nous tenons à perpétuer plutôt que de le laisser péricliter, il n'en est pas moins indubitable que ces hommes ont été dépassés par le temps et les événements, et ce, aussi bien sur le plan politique que sur le plan commercial. Contrairement à eux, les actuels propriétaires de la société de gestion se sentent parfaitement à l'aise dans les milieux d'affaires contemporains.

De toute manière, Massey-Ferguson recherche aujourd'hui bien plus un investissement qu'une bouée de sauvetage superflue pour une compagnie qui, au cours de ces deux dernières années, a été remise sur pieds. Ce qu'Argus recherche, au nom de Massey, est même plus modeste et plus éloigné encore de toute forme de mendicité. Nous n'avons rien demandé de plus que quelques "rumeurs favorables" ou "d'être soutenus, quand bien même ce ne serait pas sous la forme d'un engagement formel". Je n'ai apparemment pas réussi jusqu'à présent à convaincre le gouvernement fédéral que je n'essayais pas de le piéger en lui soutirant une souscription sans limites définies en faveur de Massey, pas plus d'ailleurs que je n'ai réussi à convaincre Massey-Ferguson que de telles rumeurs, en elles-mêmes, seraient peut-être suffisantes. J'exposerai en détail pourquoi, à mon avis, elles pourraient suffire, après avoir passé en revue les autres obstacles qui nous barrent la route.

Si l'on en croit les réserves le plus communément entendues et rapportées par mes informateurs à Ottawa, les réticences du gouvernement fédéral portent sur les points suivants: avons-nous réellement passé au crible les possibilités de soutien disponibles dans le secteur privé? Si Massey présente un tel intérêt à nos yeux, il est incompréhensible que le reste du secteur privé ne se précipite pas à sa rescousse, argent en main; tout soutien du fédéral constituerait inévitablement une occasion pour Argus de s'enrichir indûment, très vite et sans risque; le gouvernement fédéral ne peut se permettre d'intervenir davantage dans les circonstances; une aide de sa part créerait un précédent dangereux et nuisible; Massey-Ferguson n'est pas vraiment une compagnie canadienne tant au niveau de sa main-d'oeuvre qu'aux niveaux de la production, de la recherche et de l'exportation; aucune somme ne suffirait à stabiliser une compagnie qui s'est montrée si prodigue par le passé; les appuis politiques de Massey sont insuffisants.

Il suffirait à mon avis, pour que la plupart de ces réserves s'évanouissent, que les gouvernements d'Ottawa et de l'Ontario fassent des déclarations aussi vagues que conditionnelles. De telles "rumeurs favorables" n'iraient à l'encontre d'aucun principe économique et ne créeraient aucun précédent. Même une personne comme moi, que certains semblent juger particulièrement âpre au gain, à Ottawa, peut difficilement remplir ses poches de vent. Quant au côté aventureux du secteur privé, il se peut que vous soyez les victimes inconscientes d'une tortueuse propagande individualiste. Massey-Ferguson a accumulé un lourd passif aux yeux des investisseurs et se trouve à présent dans une situation extrêmement difficile. Nous connaissons bien l'entreprise et ne voudrions pas y investir à des conditions moins rigoureuses que celles que le gouvernement lui-même imposerait. C'est demander beaucoup à l'investisseur privé que de mettre toute sa confiance dans une compagnie dont le passé est à ce point terni par des promesses non tenues, des déceptions et des décisions médiocres.

Nous ne pourrons nous engager, indépendamment des sommes requises pour renflouer le capital-actions de l'entreprise, sans qu'au préalable la situation occupée par Massey sur les marchés internationaux n'ait fait l'objet d'importantes mesures de redressement. Nous sommes violemment opposés à toute proposition qui viserait à recueillir des fonds dans ce pays pour sauver la mise d'un groupe de prêteurs étrangers. Les créanciers internationaux qui détiennent des intérêts dans Massey-Ferguson devraient être les premiers à chercher à résoudre le problème. Ce n'est qu'une fois cette draconienne condition préalable satisfaite qu'il sera possible aux investisseurs de nous, et a fortiori de vous considérer comme d'éventuelles sources d'appui tangibles. Cette méthode pourrait apaiser l'inquiétude légitime que vous éprouvez quant à "la pertinence de soutenir le secteur privé" et entraînerait une concentration soutenue des installations de production de la compagnie à l'intérieur du Canada, des États-Unis, du Royaume-Uni et de la France, ce qui présenterait l'avantage de faciliter la gestion de Massey, tout en mettant l'entreprise relativement à l'abri des fluctuations des devises et des bouleversements politiques. Une telle démarche effectuée de manière sensée permettrait d'alléger considérablement les ratios de l'actif et du passif à l'avoir des actionnaires tout en démystifiant Massey-Ferguson au point de rendre l'idée d'investir dans cette entreprise moins paralysante pour le secteur privé.

Je reviens aux craintes qui ont été exprimées à Ottawa relativement au fait que Massey-Ferguson ne serait pas réellement une compagnie canadienne; que l'argent ne peut seul suffire à résoudre ses problèmes, et ce, quel que soit le montant envisagé, étant donné son passé lourd de dépenses extravagantes; au fait, enfin, que sa cause n'est guère populaire sur le plan politique. J'ai affirmé à plusieurs reprises qu'à mon sens l'aide envisagée ne devrait être fournie que dans le cadre d'un projet précis permettant de poursuivre la canadianisation de la compagnie, ce qui est souhaitable aussi bien pour des raisons commerciales que pour des raisons nationalistes. Un travail considérable a été effectué sur le projet de fabrication de moteurs diesel, que je persiste à considérer comme des plus prometteurs, à condition toutefois que la position globale de Massey-Ferguson puisse être stabilisée. La concentration de la compagnie et la conversion de sa dette en actif devra régulariser sa marge brute d'autofinancement et améliorer son rendement, sinon aucun de nous ne peut songer sérieusement à investir dans cette entreprise.

Il ne fait aucun doute que Massey-Ferguson est considérée comme une entreprise canadienne sur la scène internationale et qu'elle constitue même le symbole canadien le plus familier dans la plupart des pays du monde entier.

Vous êtes plus qualifié que moi pour juger des aspects politiques de cette affaire, mais je ne voudrais pas sous-estimer les remous qui risqueraient de se former si cette compagnie sombrait corps et biens sans que le gouvernement bouge le petit doigt. Je tiens à réitérer que rien à mes yeux ne m'autorise, pas plus qu'Argus Corporation, à jeter la pierre au gouvernement pour ce qui est du sort actuel de Massey-Ferguson. Comme je vous l'ai écrit le 27 août, le fait que Massey-Ferguson soit acculée à cette impasse ne relève pas de notre responsabilité, et ni nous ni le gouvernement ne sommes tenus d'y remédier.

La stratégie que je propose engage dans un premier temps les gouvernements provincial et fédéral à faire quelques commentaires indiquant qu'ils seraient favorablement disposés à soutenir le refinancement de Massey-Ferguson, au cas où ceci s'avérerait nécessaire, et sous réserve que certaines conditions préalables aient été remplies, à commencer par la réorganisation des relations de la compagnie avec ses créanciers internationaux, ainsi que toute autre condition posée par Ottawa dans le but d'apaiser sa défiance légitime. Il suffirait que votre déclaration précise que votre décision finale sera prise non pas le 8 septembre mais à la fin de ce mois.

Grâce à ce qui pourrait ressembler à un "front commun" d'investisseurs éventuels, comprenant les gouvernements provincial et fédéral, le principal prêteur et actionnaire en un vaste groupe de souscripteurs, Massey-Ferguson pourrait envisager une réorganisation massive de sa dette, en partant d'une position de force relative (ce qui éliminerait une fois pour toutes les analogies éventuelles entre sa situation et celle de Chrysler).

À mon avis, Massey-Ferguson devrait poursuivre ses objectifs dans l'ordre suivant.

Tout d'abord, il serait souhaitable de conclure rapidement une entente avec les banques canadiennes, américaines et britanniques, auxquelles pourraient se joindre certaines banques françaises. Barclay's, qui est à l'heure actuelle la banque la plus rentable du monde, est le second créancier de Massey après la Banque de Commerce. J'ai eu un entretien avec le vice-président de Barclay's, sir Richard Pease, à Toronto la semaine passée, et je pense que sa banque ainsi que les autres institutions bancaires britanniques sont prêtes à coopérer. Du côté des banques américaines, qui sont plus nombreuses et mieux nanties, les négociations devraient être un peu plus épineuses, mais je crois qu'il s'agit là d'une difficulté surmontable. Les banques canadiennes (Banque Royale, Banque de Montréal et Toronto-Dominion, auxquelles Massey-Ferguson doit environ 65 millions de dollars américains, en ce moment) ne devraient pas poser trop de problèmes.

Deuxièmement, ces banques permettraient à Massey-Ferguson de couvrir ses emprunts internationaux, garantis par une compagnie mère (Massey-Ferguson Limited), indépendamment des prêts canadiens, américains et britanniques ainsi garantis. Comme les besoins en liquidités de cette branche de l'industrie diminuent en automne, les moyens de garantie requis ne devraient pas dépasser 150 millions de dollars américains en novembre.

Troisièmement, des négociations serrées avec les banques secondaires des pays périphériques auraient alors lieu. Un grand nombre d'entre elles seraient invitées à prendre des actions de Massey-Ferguson ou à s'attribuer certains éléments d'actif locaux de la compagnie, qui, dans certains cas, comme en Argentine, feraient de toute façon double emploi une fois Massey réorganisée. Certaines de ces institutions financières risqueraient d'être traitées plutôt rudement, quoique honorablement. Les méthodes de ce genre sont toujours déplaisantes, mais, étant donné les circonstances, nous n'avons pas le choix, et il existe bon nombre de précédents en la matière dans les milieux d'affaires. Nous n'envisageons rien d'autre qu'une réorganisation à peu près normale, et je dirai même relativement modérée du passif de Massey.

Quatrièmement, une partie de la dette serait convertie en capital-actions, cependant que les créanciers assoupliraient les taux et les conditions de leurs prêts à long terme. La Banque de Commerce pourrait prendre la direction des opérations au cours de cette phase.

Cinquièmement, Massey-Ferguson pourrait resolliciter ses bailleurs de fonds qui auraient alors la possibilité d'examiner plus clairement qu'ils ne le peuvent aujourd'hui les besoins de la compagnie. Je fais mienne l'opinion que vous avez exprimée, selon laquelle ce serait à ceux qui aujourd'hui détiennent des intérêts dans Massey de prendre en mains le refinancement de la compagnie avant d'avoir recours à nous. De cette manière, l'aide gouvernementale viendrait absolument en dernier lieu, demeurerait fort limitée et ne serait, une fois de plus, accordée que sur la base indéniablement constructive du soutien à ce fameux projet de fabrication de moteurs diesel. Le gouvernement pourrait avec raison s'attribuer le crédit des concessions des créanciers, à la fois en les posant comme condition préalable à son aide et en les rendant possibles par cette déclaration favorable de soutien conditionnel.

En résumé, la "coalition des efforts", dont je parlais dans ma lettre du 27 août, émanerait de Massey-Ferguson en cercles concentriques, incluant la Banque de Commerce, le groupe Argus, les gouvernements fédéral et provincial de l'Ontario, les créanciers canadiens, britanniques et américains jusqu'à ce que le périmètre soit assez vaste pour que Massey puisse s'y retrancher afin de mettre de l'ordre dans ses affaires, et ce, de façon rationnelle. La compagnie en serait radicalement changée et partiellement canadianisée, comme nous désirerions le stipuler dans les conditions de notre participation à la nouvelle émission d'actions.

Sans ces proverbiales "rumeurs favorables" émanant du gouvernement fédéral, Massey-Ferguson se retrouvera dans l'impossibilité d'obtenir de tels arrangements, si ce n'est en s'abaissant à proférer les plus viles supplications. Le refus par les gouvernements de faire une telle déclaration obligerait les autres participants, y compris Argus Corporation, à subordonner leur aide à des exigences telles que Massey devrait rencontrer ses créanciers sans le moindre appui à long terme et n'aurait rien d'autre à leur montrer qu'une sébile de mendiant industriel. Les créanciers étrangers seraient particulièrement sensibles à une collaboration entre le fédéral et l'Ontario, compte tenu notamment de la publicité qui a entouré les divergences fédérales-provinciales à l'étranger.

Je ferais preuve de négligence si j'omettais de mentionner les rapports voulant que certains éléments du Cabinet et hauts fonctionnaires d'Ottawa soient disposés à aider Massey-Ferguson à condition toutefois de voir "Black gravir à genoux les marches du

Parlement et mendier". Dans cette lettre, je n'ai pas besoin d'insister de nouveau sur tous les efforts déployés tant par Argus Corporation que par moi-même pour aider Massey à traverser la crise dont nous avons hérité en dépit de notre prodigieux manque d'enthousiasme et du fait qu'aucune responsabilité n'ait pu nous être imputée en la matière. Il est totalement exclu que nous acceptions d'accroître l'embarras dans lequel nous a mis le fait de maintenir un semblant de solidarité avec Massey, solidarité qui a été la seule bouée de sauvetage de cette société au cours des deux dernières années qui ont vu son exploitation rationalisée de manière impressionnante.

J'ai été accusé à la fois d'abandonner Massey-Ferguson et d'être indissociable de son futur effondrement. Ses deux allégations sont erronées. Mes associés et moi-même avons entrepris d'aider Massey au moment le plus crucial de toute son histoire, par respect pour son passé et avec une vision de son avenir que nous persistons à voir prometteur, malgré tout. Nous répugnons à abandonner cette tâche. Seules les perspectives que lui ouvrirait un geste favorable ainsi que des preuves tangibles de notre solidarité peuvent épargner à Massey le sort infâme auquel elle est promise. Je ne saurais en aucun cas sous-entendre qu'il existe entre le groupe Argus et le gouvernement fédéral une équivalence ou une intimité quelconque, mais si vous ne pouvez même pas offrir un encouragement verbal conditionnel à Massey-Ferguson, nous ne pourrons en toute honnêteté garantir qu'à l'avenir nous apporterons une aide matérielle à cette entreprise. Avec votre collaboration et notre soutien, cette grande compagnie peut cependant sortir renforcée de ses épreuves passées et présentes. Sans eux, le désastre à l'échelle internationale dans ce secteur commercial est inéluctable. Nous pouvons faire mieux que cela, je n'en doute pas.

Veuillez croire, mon cher Herb, à l'assurance de mes sentiments les meilleurs.

Conrad M. Black

CMB/jea

Annexe D

La liste qui suit indique comment les dirigeants d'Argus Corporation se sont succédé à la tête de la société de gestion, depuis sa fondation en 1945.

Nom	Période	Remarques

Présidents du conseil d'administration

W.E. Phillips	Nov. 1945 — déc. 1964	Décédé le 26 déc. 1964
E.P. Taylor	Juin 1969 — mars 1971	Retraite en mars 1971
John A. McDougald	Mars 1971 — mars 1978	Décédé le 15 mars 1978
Maxwell C.G. Meighen	Avril 1978 — juil. 1978	Démission en juil. 1978
Nelson M. Davis	Juil. 1978 — mars 1979	Décédé le 13 mars 1979
Conrad M. Black	Juin 1979 —	

Adjoint au président du conseil d'administration

A. Bruce Matthews	Juil. 1978 — juin 1979	Démission en juin 1979

Présidents

E.P. Taylor	Nov. 1945 — mars 1969	Élu président du C.A. en juin 1969
John A. McDougald	Juin 1969 — mars 1978	Décédé le 15 mars 1978
A. Bruce Matthews	Avril 1978 — juil. 1978	Démission en juil. 1978
Conrad M. Black	Juil. 1978 — juin 1979	Élu président du C.A. en juin 1979
G. Montegu Black	Juin 1979 —	

Nom	Période	Remarques

Présidents du conseil de direction

E.P. Taylor	Nov. 1945 — janv. 1964	
John A. McDougald	Janv. 1964 — juin 1969	Élu président en juin 1969
Maxwell C.G. Meighen	Juin 1969 — avril 1978	Élu président du C.A. en avril 1978
A. Bruce Matthews	Avril 1978 — juil. 1978	Élu adjoint au président du C.A. en juil. 1978
Conrad M. Black	Juil. 1978 —	

Vice-président et administrateur délégué

M. Wallace McCutcheon	Nov. 1945 — août 1962	Démission (pour entrer au Cabinet fédéral)

Vice-présidents directeurs

A. Bruce Matthews	Juin 1969 — avril 1978	Élu président en avril 1978
Alex E. Barron	Avril 1978 — juil. 1978	Démission en juil. 1978
Dixon S. Chant	Juil. 1978 —	

Vice-présidents

John A. McDougald	Août 1962 — juin 1969	Élu président en juin 1969
A. Bruce Matthews	Sept. 1964 — juin 1969	Élu vice-président directeur en juin 1969
Maxwell C.G. Meighen	Juin 1969 — avril 1978	Élu président du C.A. en avril 1978
George M. Black jr	Juin 1969 — juin 1976	Décédé le 29 juin 1976
H.N.R. Jackman	Juil. 1978 —	
Fredrik S. Eaton	Fév. 1979 —	
F. David Radler	Juin 1979 —	
John R. Finlay	Sept. 1980 —	

Annexe E

Le dîner traditionnellement offert par Hollinger Argus Limited au Toronto Club, à la suite de l'assemblée annuelle de la compagnie, est devenu le caucus de l'Establishment canadien. Non seulement la liste des invités mais aussi les tables qu'ils occupent sont des indices de l'importance de chacun. Conrad Black vérifie cette liste (qui comporte un certain nombre de dignitaires locaux) et l'attribution des places au début du printemps de chaque année. Voici à titre d'exemple la liste des invités au dîner Hollinger qui eut lieu le 7 mai 1981.

Ackroyd, Jack
Chef de la police de
Toronto

Aird, l'hon. John B.
Lieutenant-gouverneur
de l'Ontario
Toronto

Albino, George R.
Président-directeur général
Rio Algom Ltd.
Toronto

Allan, John D.
Président
Stelco Inc.
Toronto

Anderson, Robert F.
Président du
conseil d'administration
Compagnie minière IOC
Cleveland

Archer, Maurice
Président du
conseil d'administration
Archer, Seaden & Associés
Brome, Québec

Asper, I.H.
Président du C.A.
et directeur général
CanWest Capital Corp.
Winnipeg

Ayre, Lewis H.M.
Président du C.A. et
président-directeur général
Ayre & Sons Ltd.
Saint-Jean

Barford, Ralph M.
Président
Valleydene Corp. Ltd.
Toronto

Barkwell, Donald D.
Premier vice-président
Norcen Energy Resources Ltd.
Calgary

Barron, Alex E.
Président
Canadian General Investments
Ltd.
Toronto

Barry, l'hon. Léo
Ministre des Mines
et de l'Énergie
Saint-Jean
Terre-Neuve

Bassett, Douglas
Président-directeur général
Baton Broadcasting Inc.
Toronto

Bassett, John W.H.
Président du
conseil d'administration
Baton Broadcasting Inc.
Toronto

Bata, Thomas J.
Président
Bata Ltd.
Toronto

Battle, Edward G.
Président-directeur général
Norcen Energy Resources Ltd.
Toronto

Beaubien, Philippe de Gaspé
Président du C.A.
et dir. général
Télémedia Communications Ltée
Montréal

Bélanger, Michel F.
Président-directeur général
Banque nationale du Canada
Montréal

Birks, G. Drummond
Président-directeur général
Henry Birks & fils Ltée
Montréal

Birks, H. Jonathan
Président
Henry Birks & fils (Montréal)
Ltée
Montréal

Black, Conrad M.
Vice-président du
conseil d'administration
Hollinger Argus Ltd.
Toronto

Black, G. Montegu, III
Président
Hollinger Argus Ltd.
Toronto

Blair, S. Robert
Président-directeur général
Nova
Calgary

Bolton, Thomas G.
Adjoint au président du C.A.
et directeur général,
Dominion Stores Ltd.
Toronto

Bonnycastle, Richard A.N.
Président du C.A.
et de la société
Cavendish Investing Group
Calgary

Bonus, John L.
Directeur
Mining Association of
Canada
Ottawa

Bovey, Edmund C.
Président du
conseil d'administration
Norcen Energy Resources Ltd.
Toronto

Brinkos, Joseph S.
Avocat
Toronto

Bronfman, Charles R.
Président du
conseil de direction
Seagram Co. Ltd.
Montréal

Burbidge, F.S.
Président
Canadien Pacifique Ltée
Montréal

Burns, Latham
Président du
conseil d'administration
Burns Fry Ltd.
Toronto

Byrne, J.C.
Président-directeur général
Discovery Miners Ltd.
Toronto

Campbell, Donald G.
Président du C.A.
et directeur général
Maclean Hunter Ltd.
Toronto

Carter, G. Emmett
Cardinal
Archevêque de Toronto
Toronto

Chant, Dixon S.
Vice-président directeur
Hollinger Argus Ltd.
Toronto

Coleman, John H.
Président
JHC Associates Ltd.
Toronto

Cooper, Marsh A.
Ex-président
Falconbridge Nickel Mines Ltd.
Toronto

Courtney, James E.
Vice-président directeur
Hanna Mining Co.
Cleveland

Courtois, E. Jacques
Associé
Courtois, Clarkson,
Parsons & Tétrault
Montréal

359

Coutts, James A.
Premier secrétaire
du premier ministre
Ottawa

Cowan, C.G.
Secrétaire général
Hollinger Argus Ltd.
Toronto

Crang, J.H.
Courtier en Bourse
Toronto

Creighton, J. Douglas
Éditeur
Toronto Sun
Toronto

Culver, David M.
Président-directeur général
Alcan Aluminium Ltée
Montréal

Daniel, C. William
Président-directeur général
Shell Canada Ltée
Toronto

Davey, l'hon. Keith
Sénateur
Ottawa

Davis, Glen W.
Président
N.M. Davis Corp. Ltd.
Toronto

Davis, l'hon. William G.
Premier ministre de l'Ontario
Toronto

Desmarais, Paul
Président du C.A.
et directeur général
Power Corp. du Canada
Montréal

Dewar, John S.
Président
Union Carbide du Canada Ltée
Toronto

Dobrin, Melvyn A.
Président du C.A.
et directeur général
Steinberg Inc.
Montréal

Dunlap, David M.
Président
Taper Manufacturing Ltd.
Newmarket, Ont.

Dunlap, J. Moffat
Investisseur
King, Ont.

Early, Donald C.
Greenshields Inc.
Toronto

Eaton, Fredrik S.
Président
Eaton
Toronto

Eaton, George R.
Vice-président directeur
Eaton
Toronto

Eaton, John Craig
Président du
conseil d'administration
Eaton
Toronto

Eaton, Thor E.
Vice-président
Eaton
Toronto

Eby, Peter B.M.
Vice-président du
conseil d'administration
Burns Fry Ltd.
Toronto

Edmison, H.H.
Secrétaire général
Argus Corp. Ltd.
Toronto

Eggleton, Arthur
Maire
Toronto

Elliott, R. Fraser
Associé
Stikeman, Elliott,
Robarts & Bowman
Toronto

Eyton, J. Trevor
Président-directeur général
Brascan Ltd.
Toronto

Fairley, A.L., junior
Ex-président
Hollinger Mines Ltd.
Birmingham, Alabama

Fell, Anthony S.
Président-directeur général
Dominion Securities Ltd.
Toronto

Finlay, J.R.
Vice-président
Argus Corp. Ltd.
Toronto

Finlay, P.C.
Président du C.A.
et directeur général
Hollinger Argus Ltd.
Toronto

Fisher, Gordon
Président
Southam Inc.
Toronto

Frazee, Rowland C.
Président du C.A.
et directeur général
Banque Royale du Canada
Montréal

Fullerton, Donald
Vice-président du C.A.
et président
Banque Canadienne
Impériale de Commerce
Toronto

Gallagher, John E.P.
Président du C.A.
et directeur général
Dome Petroleum Ltd.
Calgary

Gardiner, George R.
Président
Gardiner, Watson Ltd.
Toronto

Geren, Richard
Vice-président directeur
Compagnie minière IOC
Sept-Îles, Québec

Gerstein, Irving R.
Président
Les bijoutiers
diamantaires Peoples
Toronto

Gillespie, l'hon. Alastair
Président du
conseil d'administration
Carling O'Keefe Ltd.
Toronto

Godfrey, Paul V.
Président du
conseil d'administration
Conseil de la communauté
urbaine de Toronto
Toronto

de Grandpré, A. Jean
Président du C.A.
et directeur général
Bell Canada
Montréal

Gray, l'hon. Herbert E.
Ministre de
l'Industrie et du Commerce
Ottawa

Hampson, H. Anthony
Président-directeur général
Canada Development Corp.
Toronto

Harrison, Russell
Président du C.A.
et directeur général
Banque Canadienne
Impériale de Commerce
Toronto

Heller, Frederick
Premier vice-président
Hanna Mining Co.
Cleveland

Hewitt, Robert
Président du C.A.
et de la société
Hewitt Équipement Ltée
Montréal

Honderich, Beland H.
Président du C.A.
et directeur général
Torstar Corp.
Toronto

Hughes, J.M.
Administrateur délégué
Ontario Mining Association
Toronto

Humphrey, George M., II
Premier vice-président
Hanna Mining Co.
Cleveland

Jackman, H.N.R.
Président du
conseil d'administration
Empire Life Insurance Co.
Toronto

Jackson, Allen C.
Président
Dominion Stores Ltd.
Toronto

Juneau, Pierre
Sous-secrétaire d'État
Ottawa

Keenan, P.J.
Président-directeur général
Patiño NV
Toronto

Kilbourne, William T.
Vice-président
et secrétaire général
Norcen Energy Resources Ltd.
Toronto

Knowles, H.J.
Président du
conseil d'administration
Commission des valeurs
mobilières de l'Ontario
Toronto

Knudsen, C. Calvert
Président-directeur général
MacMillan Bloedel Ltd.
Vancouver

Kolber, E. Leo
Président
Cemp Investments Ltd.
Montréal

Lalonde, l'hon. Marc
Ministre de l'Énergie,
des Mines et des Ressources
Ottawa

Langan, Fred
Commentateur
Réseau anglais
de Radio-Canada
Toronto

Lebrun, François
Délégué général du Québec
Toronto

Leitch, John D.
Président
Upper Lakes Shipping Ltd.
Toronto

Livingstone, James G.
Président
Compagnie
pétrolière Impériale
Toronto

Lodge, Lorne K.
Président du C.A.
et de la société
IBM Canada Ltée
Don Mills, Ont.

Logan, Frank H.
Président du
conseil d'administration
Dominion Securities Ltd.
Toronto

Lutsky, Irvin
Analyste financier
Toronto Star
Toronto

MacCulloch, P.C.
Président
Selco Inc.
Toronto

Macdonald, l'hon. Donald S.
Associé
McCarthy & McCarthy
Toronto

Macdonald, R.D.
Ex-géologue en chef
Labrador Mining
& Exploration Co. Ltd.
Toronto

MacDougall, Hartland M.
Vice-président directeur
Banque de Montréal
Toronto

McCain, H. Harrison
Président du
conseil d'administration
McCain Foods Ltd.
Florenceville,
Nouveau-Brunswick

McCarthy, Leighton
Président-directeur général
McCarthy Securities Ltd.
Toronto

McCloskey, Paul H.
Président
Madsen Red Lake
Gold Mines Ltd.
Toronto

McCurdy H.T.
Président
Standard Broadcasting Corp.
Toronto

McCutcheon, Frederic Y.
Président
Arachnae Management Ltd.
Markham, Ont.

McCutcheon, James W.
Associé
Shipley, Righton & McCutcheon
Toronto

McIntosh, D.A.
Associé
Fraser & Beatty
Toronto

McKeough, W. Darcy
Président
Union Gas Ltd.
Chatham, Ont.

McKillip, John H.
Sous-ministre des Mines
Saint-Jean
Terre-Neuve

McMartin, Allen A.
Membre honoraire
du conseil d'administration
Hollinger Argus Ltd.
Bermudes

McMartin, Duncan Roy
Actionnaire de Hollinger
Bermudes

McQueen, R.M.
Rédacteur en chef
Maclean's
Toronto

Maloney, Douglas W.
Président du
conseil d'administration
Banque Continentale du Canada
Toronto

Mara, George E.
Président du
conseil d'administration
Jannock Ltd.
Toronto

Matthews, A. Bruce
Président
Matthews & Co. Inc.
Toronto

Matthews, Beverley
Associée
McCarthy & McCarthy
Toronto

Medland, C. Edward
Président-directeur général
Wood Gundy Ltd.
Toronto

Meighen, Michael A.
Vice-président
TV Guide Inc.
Toronto

Meisel, John
Président du
conseil d'administration
CRTC
Ottawa

Michener, le très hon. D. Roland
Ex-gouverneur général
Toronto

Miller, l'hon. Frank S.
Trésorier de l'Ontario
Toronto

Monast, André
Associé
Létourneau & Stein
Québec

Mulholland, William D.
Président-directeur général
Banque de Montréal
Montréal

Mulroney, M. Brian
Président
Compagnie minière IOC
Montréal

Newman, Peter C.
Rédacteur
Maclean's
Toronto

Nichols, Lawrence M.
Président
Bushnell Communications Ltd.
Ottawa

Nickels, Carl E. junior
Vice-président directeur
Hanna Mining Co.
Cleveland

Nixon, Peter M.
Président
Algoma Steel Corp. Ltd.
Sault-Sainte-Marie, Ont.

Osler, Gordon P.
Président du
conseil d'administration
Stanton Pipes Ltd.
Toronto

Ostiguy, Jean P.W.
Président du
conseil d'administration
Greenshields Inc.
Montréal

Pearce, R.C.
Président du
conseil d'administration
Northern Miner Press Ltd.
Toronto

Peckford, l'hon. A. Brian
Premier ministre
de Terre-Neuve
Saint-Jean

Perry, E.A.
Ex-directeur général
Hollinger Mines
Toronto

Phillips, John C.
Président du
conseil d'administration
Gulf Canada Ltée
Toronto

Pitfield, P. Michael
Greffier du Conseil privé
Ottawa

Powis, Alfred
Président du C.A. et de la société
Noranda Mines Ltée
Toronto

Radler, F. David
Président
Sterling Newspapers Ltd.
Vancouver

Redpath, James B.
Membre du
conseil d'administration
Dome Mines Ltd.
Toronto

Reichmann, Albert
Président
Olympia & York Developments Ltd.
Toronto

Reichmann, Paul
Vice-président directeur
Olympia & York Developments Ltd.
Toronto

Rice, Victor A.
Président-directeur général
et président du C.A.
Massey-Ferguson Ltd.
Toronto

Richardson, George T.
Président
James Richardson & Sons Ltd.
Winnipeg

Riley, Conrad S.
Président du
conseil d'administration
Dominion Tanners Ltd.
Winnipeg

Riley, C.S., III
Directeur général
Wickett & Craig Ltd.
Toronto

Riley, Ronald T.
Vice-président
Canadien Pacifique
Montréal

Ritchie, C.E.
Président du C.A.
et directeur général
Banque de Nouvelle-Écosse
Toronto

Robarts, l'hon. John P.
Associé
Stikemen, Elliott,
Robarts & Bowman
Toronto

Roberts, Dr Kenneth A.
Président du C.A.
et directeur général
Goldale Investments Ltd.
Toronto

Rogers, Edward S.
Vice-président du C.A.
et directeur général
Canadian Cablesystems Ltd.
Toronto

Roman, Stephen B.
Président du C.A.
et directeur général
Denison Mines Ltd.
Toronto

Rohmer, Richard
Avocat et écrivain
Toronto

Ross, C. Bruce
Vice-président directeur
Hollinger Argus Ltd.
Toronto

Ryan, Patrick A.
Associé
Thorne Riddell
Toronto

Sarlos, Andrew
Président
HCI Holdings Ltd.
Toronto

Schmitt, D.E.G.
Président
Pamour Porcupine Mines Ltd.
Toronto

Scott, Fenton
Vice-président
Esso Minerals Canada
Toronto

Sinclair, Ian D.
Président du C.A.
et directeur général
Canadien Pacifique
Montréal

Skerrett, G.D.F.
Associé
Aird & Berlis
Toronto

Stock, V.N.
Président-directeur général
Canada Packers Inc.
Toronto

Stoik, John L.
Président-directeur général
Gulf Canada Ltée
Toronto

Stubbins, John B.
Ingénieur en chef
Labrador Mining &
Exploration Co. Ltd.
Toronto

Taschereau, Malcolm
Président
Dome Mines Ltd.
Toronto

Taylor, E.P.
Lyford Cay Club
Nassau

Taylor, Howard
Associé
Deloitte Haskins & Sells
Toronto

Thomson, Kenneth R.
Président du C.A.
et directeur général
Thomson Newspapers Ltd.
Toronto

Thomson, Richard M.
Président du C.A.
et directeur général
Banque Toronto-Dominion
Toronto

Timmins, Gerald L. junior
Investisseur
Toronto

Timmins, Robert N.
Vice-président du
conseil d'administration
Burns Fry & Timmins Inc.
New York

367

Tomenson F. Rogers
Membre du
conseil d'administration
Tomenson Saunders
Whitehead Ltd.
Toronto

Tory, John A.
Président
Thomson Corp. Ltd.
Toronto

Toyne, William E.
Président
Tomenson Saunders
Whitehead Ltd.
Toronto

Turner, l'hon. John N.
Associé
McMillan, Binch
Toronto

Upham, M.A.
Président du
conseil d'administration
Kilborn Engineering Ltd.
Toronto

Van Wielingen, G.A.
Président du C.A.
et directeur général
Sulpetro Ltd.
Calgary

Wadsworth, J.P.R.
Président du
conseil d'administration
Confederation Life Insurance Co.
Toronto

Ward, Douglas H.
Président honoraire
du conseil d'administration
Dominion Securities Ltd.
Toronto

Ward, Walter G.
Président du conseil
d'administration retraité
Algoma Steel Corp. Ltd.
Sault-Sainte-Marie, Ont.

Warren, Trumbull
Président du C.A.
et de la société
Rheem Canada Ltd.
Hamilton

Webster, Donald C.
Président
Helix Investments Ltd.
Toronto

Webster, Lorne C.
Président du C.A.
et directeur général
Groupe Prenor Ltée
Montréal

Weston, W. Galen
Président du C.A.
et de la société
George Weston Ltd.
Toronto

White, Joseph F.
Directeur de l'exploration
Labrador Mining
& Exploration Co. Ltd.
Toronto

White, Peter Gerald
Président
Peter G. White
Management Ltd.
London, Ont.

White, Wendell F.
Vice-président et trésorier
Labrador Mining
& Exploration Co. Ltd.
Toronto

368

Willmot, D.G.
Président du
conseil d'administration
Molson Companies Ltd.
Rexdale, Ontario

Wilder, W.P.
Président-directeur général
Hiram Walker-Consumers Home Ltd.
Toronto

Wolfe, Ray D.
Président du C.A.
et de la société
Oshawa Group Ltd.
Toronto

Remerciements

L'anonymat n'est que trop fréquemment le prix exigé en contrepartie d'une sincère franchise, et, le présent ouvrage contenant un certain nombre d'affirmations fondées sur des confidences personnelles, je ne puis remercier nommément toutes les personnes ressources auxquelles j'ai fait appel. Les citations dépourvues de mention d'origine sont extraites des entrevues que m'a accordées Conrad Black. Ce dernier n'est intervenu en aucune manière dans mon travail, et ce n'est qu'une fois le texte publié qu'il a eu l'occasion de le parcourir.

Je n'aurai pas la place ici de remercier tous ceux qui m'ont gracieusement aidé à rassembler les faits et idées que ce livre contient. Je tiens néanmoins à exprimer ma reconnaissance aux personnes suivantes:

Robert F. Anderson, président-directeur général et président du C.A. de Hanna Mining Co.; Israel H. Asper, président du C.A. et directeur général de CanWest Capital Corp.; l'honorable Ronald Atkey, ex-ministre de la Main-d'oeuvre et de l'Immigration; Nick Auf der Maur, éditorialiste et politicien sur la scène municipale montréalaise; Alex Barron, président de Canadian General Investments Ltd.; Douglas G. Bassett, président-directeur général de Baton Broadcasting Inc.; John W. Bassett, président du conseil d'administration de Baton Broadcasting; Johnny F. Bassett, entrepreneur; Jonathan Birks, président de Henry Birks & fils (Montréal) Ltée; Conrad Black; feu George M. Black; G. Montegu Black III; John Bosley, député de Don Valley West; Robert Bothwell, professeur d'histoire au Trinity College de l'Université de Toronto; Edmund Bovey, ex-président du conseil d'administration de Norcen Energy Resources Ltd.; Rudolp P. Bratty, associé de Gambin, Bratty; G. Allan Burton, ex-président du conseil d'administration de Simpsons Ltd.; J.G. Campbell, ex-président de Canadian Breweries Ltd.; le cardinal G. Emmett Carter, archevêque de Toronto; Dixon Chant, vice-président directeur d'Argus Corp.; Michael Cochrane, ex-vice-président (administratif) de Massey-Ferguson Ltd.; Peter Cotton, décorateur intérieur; l'honorable David Crombie, ancien maire de Toronto; Michael de Pencier, éditeur du *Toronto Life*; Ian Dowie, ex-président de

Canadian Breweries; Donald Early, conseiller en investissements, Greenshields Inc.: Fredrik Eaton, président d'Eaton; John Craig Eaton, président du conseil d'administration d'Eaton; Harry Edmison, secrétaire général et membre du conseil d'administration d'Argus Corp.; Norman Elder, aventurier-explorateur; Harry Elton, animateur au réseau radiophonique anglais de Radio-Canada, à Ottawa; le révérend John Erb, recteur de Saint Michael and All Angels, à Toronto; Albert L. Fairley junior, ex-président de Hollinger Mines Ltd.; Susan Farkas, productrice au réseau anglais de Radio-Canada, à New York; Scott Fennell, ex-secrétaire parlementaire du ministre des Communications; John Finlay, vice-président d'Argus Corp.; P.C. Finlay, principal associé de Holden, Murdoch & Finlay; John Fraser, éditorialiste du *Globe and Mail*; l'honorable Heward Grafftey, ancien ministre d'État des Sciences et de la Technologie; Ronald Graham, ex-producteur en chef de la série télévisée "The Canadian Establishment" au réseau anglais de Radio-Canada; Angela Greig, directrice adjointe de Thornton Hall; Naomi Griffiths, doyenne de la faculté des Arts de l'université Carleton; feu Charles L. Gundy, président du conseil d'administration de Wood Gundy Ltd.; Peter Harris, ex-président du conseil d'administration de A.E. Ames & Co. Ltd.; Derek Hayes, ex-secrétaire général de Massey-Ferguson; George Hayhurst, concessionnaire Canadian Tire Corp. Ltd. sur l'avenue Danforth, à Toronto; Madame Cecil E. Hedstrom, agent immobilier; Henry N.R. Jackman, président du conseil d'administration d'Empire Life Insurance Co.; feu Igor Kaplan; Laurier LaPierre, commentateur à la télévision et historien québécois; Philip B. Lind, premier vice-président de Rogers Cablesystems Inc.; Leighton McCarthy, président de McCarthy Securities Ltd.; Jim McCutcheon, associé de Shibley, Righton & McCutcheon; feu John A. McDougald, président du conseil d'administration d'Argus Corp.; Madame J.A. McDougald; Donald McIntosh, associé de Fraser & Beatty; Brian McKenna, producteur au réseau anglais de Radio-Canada à Montréal; George MacLaren, éditeur du *Sherbrooke Daily Record*; Roy MacLaren, secrétaire parlementaire du ministre de l'Énergie, des Mines et des Ressources; le général de division Bruce Matthews, ex-président d'Argus Corp.; le colonel Maxwell Meighen, président du conseil d'administration de Canadian General Investments; Michael Meighen, vice-président de *TV Guide*; Brian Mulroney, président de la compagnie minière IOC; Carl Nickels, vice-président directeur de Hanna Mining; Gordon Osler, président du conseil d'administration de Stanton Pipes Ltd.; Steven Otto, ancien secrétaire parlementaire du ministre des Approvisionnements et Services; John Parkin, architecte; Richard Pogue, associé de Jones, Day, Reavis & Pogue, à Cleveland; David Radler, associé de Black dans Ravelston et président de Sterling Newspapers; Victor Rice, président-directeur général et président du C.A. de Massey-Ferguson; Conrad S. Riley, président de

United Canadian Shares Ltd.; Jeremy Riley, membre du corps enseignant; Ronald T. Riley, vice-président (planification) de Canadien Pacifique; T. Stewart Ripley, ex-président de Metropolitan Trust Co.; le père Jonathan Robinson, pasteur, Holy Family Church, à Toronto; Edward S. Rogers, vice-président du conseil d'administration et directeur général de Rogers Cablesystems Inc.; George Rogerson, maire de West Bolton, au Québec; Gerald Schwartz, président de CanWest Capital Corp.; Terence Sheard, conseiller, Lash Johnston; Ainslie Shuve, ex-président de Crown Trust Co.; David Smith, adjoint parlementaire du président du Conseil privé et du ministre de la Justice; Brian Stewart, correspondant du réseau de télévision anglais de Radio-Canada, à Ottawa; John Strauch, associé de Jones, Day, Reavis & Pogue; Charles Taylor, écrivain; A.A. Thornbrough, ancien directeur général de Massey-Ferguson; Charles W. Tisdall, conseiller en relations publiques; le général de brigade W.C. Wallace, l'un des associés de feu Eric Phillips; Samuel Wakim, avocat torontois; Douglas Ward, membre honoraire du conseil d'administration de Dominion Securities Corp. Ltd.; le duc de Wellington, membre de conseils d'administration; Peter White, associé de Black dans Ravelston; Helen West, assistante de Robert Anderson, Hanna Mining; et Donald G. Willmot, président du conseil d'administration de Molson Companies Ltd.

Je tiens également à remercier ici le responsable de la division des revues chez Maclean Hunter, Loyd Hodgkinson, ainsi que Jim Miller, éditeur de *Maclean's*, qui m'ont laissé la liberté et la possibilité d'écrire cet ouvrage. Toute ma reconnaissance va également à Michael Levine, avocat et véritable *agent provocateur** littéraire, dont j'apprécie la sagesse au plus haut point. Je ne saurais oublier l'appui constant que Christine Garment a su me prodiguer à toutes les étapes de la préparation du manuscrit, ni l'aide fournie par Ann Young et Bev DuBrule à titre de secrétaires.

Il est de tradition qu'un auteur fasse allusion aux encouragements pleins d'affection ou à tout le moins à la délicate compréhension dont son épouse l'a entouré. Pour ma part, je préfère souligner, tout comme lors de la parution de mes deux derniers livres, à quel point la contribution professionnelle de ma femme, Camille, s'est avérée précieuse, tant grâce à ses qualités de correctrice d'épreuves qu'à ses qualités de conseillère au niveau de la rédaction.

Nombreux sont ceux dont les noms mériteraient également de figurer ici. Par contre, c'est à moi seul qu'il convient d'imputer les inévitables imperfections que comporte cet ouvrage.

Le 15 août 1982   P.C.N.

---

* *N. des T.:* En français dans le texte.

Index

375

379

250n, 261, 295, 296
Radler, Herbert, A., 14n
Radler, Rona, 296
Radziwill, Lee, 230
Rainbow Bar & Grill, 52
Ramillies (navire de guerre), 250n
Randall, Stanley, 246
Ranger Oil Ltd, 173n
Ravelston (yacht), 294
Ravelston Corp. Ltd, 64, 83, 84, 86, 87, 106, 112, 122, 133, 136, 141, 142, 144-146, 148-151, 153-156, 183, 238, 239, 243, 248-252, 256, 257, 260n, 265n, 266, 268, 269 (*pour conseil de direction voir p. 241*)
Reagan, Ronald, 45, 198, 201, 203, 204, 226, 277
Red Wings de Détroit, 44
Redmond, Roland, 230
Reichmann, Ada, 298
Reichmann, Albert, 298
Reichmann, Lea, 268
Reichmann, Paul, 268
Reichmann, Renée, 268
Reitman, Jack, 228
Renown (croiseur de bataille), 188
Research Enterprises Ltd, 79
Reynolds Metals Co., 173n
Rheem Canada Ltd, 89
Rhodes, Daniel P., 275
Rhodes, James Ford, 275n
Rhodes & Co., 275
Rice, Victor, 87, 171, 172, 175, 176, 178, 181-185
Richard, Maurice (Rocket), 44, 71
Richard II, 156
Richmond Review, 59
Rideau Club, 27
Ridley College, 152
Riley, famille, 14n, 23, 121, 257 (*voir arbre généalogique pp. 24-26*)
Riley, Conrad Stephenson, 21, 22
Riley, Jean, 301
Riley, Jean Elizabeth, (*voir Black, Jean Elizabeth Riley*)
Riley, Jeremy Montegu, 53, 301, 305
Riley, Jessie Fulcher, 294, 300
Riley, Margaret Montegu Black, 21n

(*voir Black, Margaret Montegu*)
Riley, Robert Thomas, (1851-1944), 21, 22
Riley, Ronald Thomas, (1909-1959), 21n
Riley, Ronald Thomas, (1935-   ), 36, 250n, 257, 294, 300
Rinfret, juge Thibodeau, 68
Ringling, frères, 256
Ritchie, Harold F. (Carload), 255n
Ritchie, William, 140, 141, 146-148
Riverwood Investments and Sellers, 26n
Robarts, Donalda Dunlap, 255n
Robarts, John, 71, 84, 246
Robarts, Richard, 255n
Robinette, John, 146
Robinson, père Jonathan, 74
Robinson, Jonathan, 54, 61
Roche, Arthur Somers, 224
Rockefeller, famille, 271
Rockefeller, David, 204, 229
Rockefeller, John D., 101, 274
Rogers, David, 148
Rogers, Edward S., 220, 298
Rogers, Loretta, 298
Rogers, William P., 214
Rohan, cardinal de, 169n
Rohmer, Richard, 31
Roman, Stephen, 264
Roosevelt, Franklin Delano, 211, 226n, 228, 293
Roosevelt, Theodore, 183, 274
Rosar-Morrison, (salon funéraire), 101
Ross, Alexander, (Sandy), 296
Ross, C. Bruce, 263
Rotenberg, Kenneth, 117n
Rothermere, Lord, (*voir Harmsworth, Harold S.*)
Rothmans of Pall Mall Canada Ltd, 77
Rothschild & Sons, N.M., 273n
Rothschild, Leopold, 292
Roy, Jean-Louis, 74
Royal Dutch-Shell, 174
Royal Hawaiian Hotel, 216
Royal Military Academy (Woolwich), 128

Table

Lithographié au Canada
sur les presses de
Métropole Litho Inc.

Ouvrages parus aux ÉDITIONS DE L'HOMME

sans * pour l'Amérique du Nord seulement
* pour l'Europe et l'Amérique du Nord
** pour l'Europe seulement

ALIMENTATION — SANTÉ

Allergies, Les, Dr Pierre Delorme
* Cellulite, La, Dr Gérard J. Léonard
Conseils de mon médecin de famille, Les, Dr Maurice Lauzon
Contrôler votre poids, Dr Jean-Paul Ostiguy
Diététique dans la vie quotidienne, La, Louise Lambert-Lagacé
Face-lifting par l'exercice, Le, Senta Maria Rungé
* Guérir ses maux de dos, Dr Hamilton Hall

* Maigrir en santé, Denyse Hunter
* Maigrir, un nouveau régime de vie, Edwin Bayrd
Massage, Le, Byron Scott
Médecine esthétique, La, Dr Guylaine Lanctôt
* Régime pour maigrir, Marie-Josée Beaudoin
* Sport-santé et nutrition, Dr Jean-Paul Ostiguy
* Vivre jeune, Myra Waldo

ART CULINAIRE

Agneau, L', Jehane Benoit
Art d'apprêter les restes, L', Suzanne Lapointe
* Art de la cuisine chinoise, L', Stella Chan
Art de la table, L', Marguerite du Coffre
Boîte à lunch, La, Louise Lambert-Lagacé
Bonne table, La, Juliette Huot
Brasserie la Mère Clavet vous présente ses recettes, La, Léo Godon
Canapés et amuse-gueule
101 omelettes, Claude Marycette
Cocktails de Jacques Normand, Les, Jacques Normand
Confitures, Les, Misette Godard
* Congélation des aliments, La, Suzanne Lapointe
* Conserves, Les, Soeur Berthe
* Cuisine au wok, La, Charmaine Solomon
Cuisine chinoise, La, Lizette Gervais
Cuisine de Maman Lapointe, La, Suzanne Lapointe
Cuisine de Pol Martin, La, Pol Martin
Cuisine des 4 saisons, La, Hélène Durand-LaRoche

* Cuisine du monde entier, La, Jehane Benoit
Cuisine en fête, La, Juliette Lassonde
Cuisine facile aux micro-ondes, Pauline Saint-Amour
* Cuisine micro-ondes, La, Jehane Benoit
Desserts diététiques, Claude Poliquin
Du potager à la table, Paul Pouliot, Pol Martin
En cuisinant de 5 à 6, Juliette Huot
* Faire son pain soi-même, Janice Murray Gill
* Fèves, haricots et autres légumineuses, Tess Mallos
Fondue et barbecue
* Fondues et flambées de Maman Lapointe, S. et L. Lapointe
Fruits, Les, John Goode
Gastronomie au Québec, La, Abel Benquet
Grande cuisine au Pernod, La, Suzanne Lapointe
Grillades, Les
* Guide complet du barman, Le, Jacques Normand
Hors-d'oeuvre, salades et buffets froids, Louis Dubois

DOCUMENTS — BIOGRAPHIES

Provencher, le dernier des coureurs de bois, Paul Provencher
Réal Caouette, Marcel Huguet
Révolte contre le monde moderne, Julius Evola
Struma, Le, Michel Solomon
Temps des fêtes au Québec, Le, Raymond Montpetit
Terrorisme québécois, Le, Dr Gustave Morf

* Treizième chandelle, La, T. Lobsang Rampa
Troisième voie, La, Me Emile Colas
Trois vies de Pearson, Les, J.-M. Poliquin, J.R. Beal
Trudeau, le paradoxe, Anthony Westell
Vizzini, Sal Vizzini
Vrai visage de Duplessis, Le, Pierre Laporte

ENCYCLOPÉDIES

Encyclopédie de la chasse au Québec, Bernard Leiffet
Encyclopédie de la maison québécoise, M. Lessard, H. Marquis
* Encyclopédie de la santé de l'enfant, L', Richard I. Feinbloom
Encyclopédie des antiquités du Québec, M. Lessard, H. Marquis

Encyclopédie des oiseaux du Québec, W. Earl Godfrey
Encyclopédie du jardinier horticulteur, W.H. Perron
Encyclopédie du Québec, vol. I, Louis Landry
Encyclopédie du Québec, vol. II, Louis Landry

ENFANCE ET MATERNITÉ

* Aider son enfant en maternelle et en 1ère année, Louise Pedneault-Pontbriand
* Aider votre enfant à lire et à écrire, Louise Doyon-Richard
Avoir un enfant après 35 ans, Isabelle Robert
* Comment avoir des enfants heureux, Jacob Azerrad
Comment amuser nos enfants, Louis Stanké
* Comment nourrir son enfant, Louise Lambert-Lagacé
* Découvrez votre enfant par ses jeux, Didier Calvet
Des enfants découvrent l'agriculture, Didier Calvet
* Développement psychomoteur du bébé, Le, Didier Calvet
* Douze premiers mois de mon enfant, Les, Frank Caplan
Droits des futurs parents, Les, Valmai Howe Elkins
* En attendant notre enfant, Yvette Pratte-Marchessault
Enfant unique, L', Ellen Peck
* Éveillez votre enfant par des contes, Didier Calvet

* Exercices et jeux pour enfants, Trude Sekely
Femme enceinte, La, Dr Robert A. Bradley
Futur père, Yvette Pratte-Marchessault
* Jouons avec les lettres, Louise Doyon-Richard
* Langage de votre enfant, Le, Claude Langevin
Maman et son nouveau-né, La, Trude Sekely
Merveilleuse histoire de la naissance, Dr Lionel Gendron
Pour bébé, le sein ou le biberon, Yvette Pratte-Marchessault
Pour vous future maman, Trude Sekely
* Préparez votre enfant à l'école, Louise Doyon-Richard
* Psychologie de l'enfant, La, Françoise Cholette-Pérusse
* Tout se joue avant la maternelle, Isuba Mansuka
* Trois premières années de mon enfant, Les, Dr Burton L. White
* Une naissance apprivoisée, Edith Fournier, Michel Moreau

LANGUE

Améliorez votre français, Jacques Laurin

* Anglais par la méthode choc, L', Jean-Louis Morgan

Corrigeons nos anglicismes, Jacques Laurin
* J'apprends l'anglais, G. Silicani et J. Grisé-Allard
Notre français et ses pièges, Jacques Laurin

Petit dictionnaire du joual au français, Augustin Turennes
Verbes, Les, Jacques Laurin

LITTÉRATURE

Adieu Québec, André Bruneau
Allocutaire, L', Gilbert Langlois
Arrivants, Les, collaboration
Berger, Les, Marcel Cabay-Marin
Bigaouette, Raymond Lévesque
Carnivores, Les, François Moreau
Carré St-Louis, Jean-Jules Richard
Centre-ville, Jean-Jules Richard
Chez les termites, Madeleine Ouellette-Michalska
Commettants de Caridad, Les, Yves Thériault
Danka, Marcel Godin
Débarque, La, Raymond Plante
Domaine Cassaubon, Le, Gilbert Langlois
Doux mal, Le, Andrée Maillet
D'un mur à l'autre, Paul-André Bibeau
Emprise, L', Gaétan Brulotte
Engrenage, L', Claudine Numainville
En hommage aux araignées, Esther Rochon
Faites de beaux rêves, Jacques Poulin
Fuite immobile, La, Gilles Archambault

J'parle tout seul quand Jean Narrache, Émile Coderre
Jeu des saisons, Le, Madeleine Ouellette-Michalska
Marche des grands cocus, La, Roger Fournier
Monde aime mieux..., Le, Clémence Desrochers
Mourir en automne, Claude DeCotret
N'Tsuk, Yves Thériault
Neuf jours de haine, Jean-Jules Richard
New medea, Monique Bosco
Outaragasipi, L', Claude Jasmin
Petite fleur du Vietnam, La, Clément Gaumont
Pièges, Jean-Jules Richard
Porte silence, Paul-André Bibeau
Requiem pour un père, François Moreau
Si tu savais..., Georges Dor
Tête blanche, Marie-Claire Blais
Trou, Le, Sylvain Chapdeleine
Visages de l'enfance, Les, Dominique Blondeau

LIVRES PRATIQUES — LOISIRS

Améliorons notre bridge, Charles A. Durand
* Art du dressage de défense et d'attaque, L', Gilles Chartier
* Art du pliage du papier, L', Robert Harbin
* Baladi, Le, Micheline d'Astous
* Ballet-jazz, Le, Allen Dow et Mike Michaelson
* Belles danses, Les, Allen Dow et Mike Michaelson
Bien nourrir son chat, Christian d'Orangeville
Bien nourrir son chien, Christian d'Orangeville
Bonnes idées de maman Lapointe, Les, Lucette Lapointe
* Bridge, Le, Vivianne Beaulieu
Budget, Le, en collaboration
Choix de carrières, T. I, Guy Milot
Choix de carrières, T. II, Guy Milot

Choix de carrières, T. III, Guy Milot
Collectionner les timbres, Yves Taschereau
Comment acheter et vendre sa maison, Lucile Brisebois
Comment rédiger son curriculum vitae, Julie Brazeau
Comment tirer le maximum d'une mini-calculatrice, Henry Mullish
Conseils aux inventeurs, Raymond-A. Robic
Construire sa maison en bois rustique, D. Mann et R. Skinulis
Crochet jacquard, Le, Brigitte Thérien
Cuir, Le, L. St-Hilaire, W. Vogt
* Découvrir son ordinateur personnel, François Faguy
Dentelle, La, Andrée-Anne de Sève
Dentelle II, La, Andrée-Anne de Sève
Dictionnaire des affaires, Le, Wilfrid Lebel

* **Guide des accessoires et appareils photos, Le,** Antoine Desilets, Paul Taillefer
* **Je prends des photos,** Antoine Desilets
* **Photo à la portée de tous, La,** Antoine Desilets
* **Photo de A à Z, La,** Desilets, Coiteux, Gariépy
* **Photo Reportage,** Alain Renaud
* **Technique de la photo, La,** Antoine Desilets

PLANTES ET JARDINAGE

Arbres, haies et arbustes, Paul Pouliot
Automne, le jardinage aux quatre saisons, Paul Pouliot
* **Décoration intérieure par les plantes, La,** M. du Coffre, T. Debeur
Été, le jardinage aux quatre saisons, Paul Pouliot
Guide complet du jardinage, Le, Charles L. Wilson
Hiver, le jardinage aux quatre saisons, Paul Pouliot
Jardins d'intérieur et serres domestiques, Micheline Lachance
Jardin potager, la p'tite ferme, Le, Jean-Claude Trait
Je décore avec des fleurs, Mimi Bassili
Plantes d'intérieur, Les, Paul Pouliot
Printemps, le jardinage aux quatre saisons, Paul Pouliot
Techniques du jardinage, Les, Paul Pouliot
* **Terrariums, Les,** Ken Kayatta et Steven Schmidt
Votre pelouse, Paul Pouliot

PSYCHOLOGIE

Âge démasqué, L', Hubert de Ravinel
* **Aider mon patron à m'aider,** Eugène Houde
* **Amour, de l'exigence à la préférence, L',** Lucien Auger
Caractères et tempéraments, Claude-Gérard Sarrazin
* **Coeur à l'ouvrage, Le,** Gérald Lefebvre
* **Comment animer un groupe,** collaboration
* **Comment déborder d'énergie,** Jean-Paul Simard
* **Comment vaincre la gêne et la timidité,** René-Salvator Catta
* **Communication dans le couple, La,** Luc Granger
* **Communication et épanouissement personnel,** Lucien Auger
Complexes et psychanalyse, Pierre Valinieff
* **Contact,** Léonard et Nathalie Zunin
* **Courage de vivre, Le,** Dr Ari Kiev
Dynamique des groupes, J.M. Aubry, Y. Saint-Arnaud
* **Émotivité et efficacité au travail,** Eugène Houde
* **Être soi-même,** Dorothy Corkille Briggs
* **Facteur chance, Le,** Max Gunther
* **Fantasmes créateurs, Les,** J.L. Singer, E. Switzer
* **Frères — Soeurs, la rivalité fraternelle,** Dr J.F. McDermott, Jr
* **Hypnose, bluff ou réalité?,** Alain Marillac
* **Interprétez vos rêves,** Louis Stanké
* **J'aime,** Yves Saint-Arnaud
* **Mise en forme psychologique, La,** Richard Corriere et Joseph Hart
* **Parle moi... j'ai des choses à te dire,** Jacques Salomé
Penser heureux, Lucien Auger
* **Personne humaine, La,** Yves Saint-Arnaud
* **Première impression, La,** Chris. L. Kleinke
* **Psychologie de l'amour romantique, La,** Dr Nathaniel Branden
* **S'affirmer et communiquer,** J.-M. Boisvert, M. Beaudry
* **S'aider soi-même,** Lucien Auger
* **S'aider soi-même davantage,** Lucien Auger
* **S'aimer pour la vie,** Dr Zev Wanderer et Erika Fabian
* **Savoir organiser, savoir décider,** Gérald Lefebvre
* **Savoir relaxer pour combattre le stress,** Dr Edmund Jacobson
* **Se changer,** Michael J. Mahoney
* **Se comprendre soi-même,** collaboration
* **Se concentrer pour être heureux,** Jean-Paul Simard

* **Se connaître soi-même,** Gérard Artaud
* **Se contrôler par le biofeedback,** Paultre Ligondé
* **Se créer par la gestalt,** Joseph Zinker
  Se guérir de la sottise, Lucien Auger
  S'entraider, Jacques Limoges
  Séparation du couple, La, Dr Robert S. Weiss
* **Trouver la paix en soi et avec les autres,** Dr Theodor Rubin

* **Vaincre ses peurs,** Lucien Auger
* **Vivre avec sa tête ou avec son coeur,** Lucien Auger
  Volonté, l'attention, la mémoire, La, Robert Tocquet
  Votre personnalité, caractère..., Yves Benoit Morin
* **Vouloir c'est pouvoir,** Raymond Hull
  Yoga, corps et pensée, Bruno Leclercq
  Yoga des sphères, Le, Bruno Leclercq

SEXOLOGIE

* **Avortement et contraception,** Dr Henry Morgentaler
* **Bien vivre sa ménopause,** Dr Lionel Gendron
* **Comment séduire les femmes,** E. Weber, M. Cochran
* **Comment séduire les hommes,** Nicole Ariana
  Fais voir! W. McBride et Dr H.F.-Hardt
* **Femme enceinte et la sexualité, La,** Elizabeth Bing, Libby Colman
  Femme et le sexe, La, Dr Lionel Gendron
* **Guide gynécologique de la femme moderne, Le,** Dr Sheldon H. Sherry
  Helga, Eric F. Bender

Homme et l'art érotique, L', Dr Lionel Gendron
Maladies transmises sexuellement, Les, Dr Lionel Gendron
Qu'est-ce qu'un homme? Dr Lionel Gendron
Quel est votre quotient psycho-sexuel? Dr Lionel Gendron
* **Sexe au féminin, Le,** Carmen Kerr
  Sexualité, La, Dr Lionel Gendron
* **Sexualité du jeune adolescent, La,** Dr Lionel Gendron
  Sexualité dynamique, La, Dr Paul Lefort
* **Ta première expérience sexuelle,** Dr Lionel Gendron et A.-M. Ratelle
* **Yoga sexe,** S. Piuze et Dr L. Gendron

SPORTS

ABC du hockey, L', Howie Meeker
* **Aïkido — au-delà de l'agressivité,** M. N.D. Villadorata et P. Grisard
  Apprenez à patiner, Gaston Marcotte
* **Armes de chasse, Les,** Charles Petit-Martinon
* **Badminton, Le,** Jean Corbeil
  Ballon sur glace, Le, Jean Corbeil
  Bicyclette, La, Jean Corbeil
* **Canoé-kayak, Le,** Wolf Ruck
* **Carte et boussole,** Björn Kjellström
  100 trucs de billard, Pierre Morin
  Chasse et gibier du Québec, Greg Guardo, Raymond Bergeron
  Chasseurs sachez chasser, Lucien B. Lapierre
* **Comment se sortir du trou au golf,** L. Brien et J. Barrette
* **Comment vivre dans la nature,** Bill Riviere
* **Conditionnement physique, Le,** Chevalier-Laferrière-Bergeron
* **Corrigez vos défauts au golf,** Yves Bergeron

Corrigez vos défauts au jogging, Yves Bergeron
Danse aérobique, La, Barbie Allen
* **En forme après 50 ans,** Trude Sekely
* **En superforme par la méthode de la NASA,** Dr Pierre Gravel
  Entraînement par les poids et haltères, Frank Ryan
  Équitation en plein air, L', Jean-Louis Chaumel
  Exercices pour rester jeune, Trude Sekely
* **Exercices pour toi et moi,** Joanne Dussault-Corbeil
  Femme et le karaté samouraï, La, Roger Lesourd
  Guide du judo (technique debout), Le, Louis Arpin
* **Guide du self-defense, Le,** Louis Arpin
* **Guide de survie de l'armée américaine, Le**
  Guide du trappeur, Paul Provencher
  Initiation à la plongée sous-marine, René Goblot

Imprimé au Canada/Printed in Canada